走家乡 看变革

学习党的二十大精神
成果转化调研报告

刘海泉 秦淑娟◎主编

中国经济出版社
CHINA ECONOMIC PUBLISHING HOUSE
北 京

图书在版编目（CIP）数据

走家乡 看变革：学习党的二十大精神成果转化调研报告/刘海泉，秦淑娟主编 .--北京 ：中国经济出版社，2024. 10. --ISBN 978-7-5136-7879-7

Ⅰ. F124；D668

中国国家版本馆 CIP 数据核字第 2024UU7747 号

责任编辑 赵静宜
责任印制 马小宾
封面设计 久品轩

出版发行 中国经济出版社
印 刷 者 北京艾普海德印刷有限公司
经 销 者 各地新华书店
开 本 710mm×1000mm 1/16
印 张 20. 5
字 数 356 千字
版 次 2024 年 10 月第 1 版
印 次 2024 年 10 月第 1 次
定 价 99. 00 元
广告经营许可证 京西工商广字第 8179 号

中国经济出版社 **网址** http：//epc. sinopec. com/epc/ **社址** 北京市东城区安定门外大街 58 号 **邮编** 100011
本版图书如存在印装质量问题，请与本社销售中心联系调换（联系电话：010-57512564）

目　录

守住沂蒙精神根脉，助推非遗传承发展[①]

——以山东省临沂市非物质文化遗产调查研究为例

一、引言

（一）调研背景

习近平总书记指出："我们要结合新的时代条件传承和弘扬中华优秀传统文化，传承和弘扬中华美学精神。"非物质文化遗产是文化多样性中最富活力的重要组成部分，是人类文明的结晶和最宝贵的财富。

临沂古称"琅琊""沂州"，拥有几千年的发展历史，在漫长的发展过程中，积蓄了丰富的历史文化遗产和传统文化资源。在革命战争年代，沂蒙人民在党的领导下形成了"党群同心、军民情深、水乳交融、生死与共"的沂蒙精神，其成为沂蒙人民进入改革开放和社会主义建设新时期的一面精神旗帜。临沂市非遗的传承发展需要汲取沂蒙精神的思想伟力，在其伟大引领下绽放新的光芒。近年来临沂市文化和旅游局坚持"保护为主，抢救第一，合理利用，传承发展"的非遗保护工作方针，创新思路、强化措施，扎实有效地开展了非遗保护传承各项工作，主要体现在以下几方面：

①"非遗+产业"，助力乡村振兴。探索"非遗工坊+电商服务"线上线下结合的新路径，形成乡村特色文化产业发展新模式，带动村民居家就业增收。

②"非遗+教育"，助力文化振兴。积极推动非遗进校园、非遗进社区、非遗进乡村、非遗进景区等举措，不断创新非遗的传承模式。

③"非遗+人才"，助力艺术振兴。不断完善代表性传承人制度，建设非遗工坊，推动将优秀非遗工坊带头人培养成乡村文化和旅游能人、乡村工匠。

④"非遗+社会"，助力文明振兴。在建设宜居宜业和美乡村过程中，不断将非遗与民族文化精神培育融入乡村生活，使非遗生命力不断增强。

---

① 作者：郭红阳、高思文、李舒同、王晓凤、徐丽英、陈芦盾；指导教师：刘海泉。

当前，非遗传承发展仍存在一些问题，比如开发形式严重同质化，缺乏创新；文化开发流于表面，对文化内涵本质挖掘不彻底，存在形式化问题；非遗传承人收入低，从事传统工艺的人员缩减……在此次调研中，团队选取了其中具有代表性的5项作为案例进行分析，分别是费县手绣、沂蒙山小调、郯城木旋玩具、柳琴戏以及琅琊剪纸。选取的这些案例既能反映沂蒙作为革命老区的红色传统，又能体现在乡村振兴背景下传统非遗与现代的融合发展，涵盖了传统美术、音乐、戏曲等不同方面，尽可能多地展现临沂的非遗魅力和文化底蕴，在开展调研之前，我们对所选案例的发展现状做了一定的了解。

我们期望能够从这些案例中找到解决问题的方法，传承沂蒙精神，助推非遗发展，让非遗在新时代绽放应有的光彩。

（二）研究意义

1. 理论意义

非物质文化遗产是具有重要价值的文化信息资源，也是历史的真实见证。首先，非物质文化遗产具有重大的历史文化价值。它孕育了各民族人民的智慧，积淀了不同民族的文化意识，有利于增强中国人民的文化自信和民族自信。其次，非物质文化遗产具有深厚的民族精神价值。将各族人民多姿多彩的非物质文化遗产展现给世人有利于促进民族团结，增强民族凝聚力。最后，非物质文化遗产具有极高的经济价值。从民间文学、民间舞蹈等民间艺术中收集素材用于文化创作、影视拍摄、旅游开发等方面，通过不同的技术手段还原、复制、创作不同的非遗产品，有利于让非遗走入人民的生产、生活中，让人民充分利用其巨大的价值，从而造福各民族、各地区。

2. 实践意义

临沂市探索“非遗+扶贫”模式，支持设立非遗扶贫就业工坊，带动民众就业增收。把非遗文化的传承、保护和发展放在突出位置，充分发挥非遗文化的独特优势，围绕中心、服务大局，在助力脱贫攻坚、推进乡村振兴上发挥重要作用，有利于均衡地区发展水平，促进产业繁荣和经济增长，从而促进民富村强乡兴，取得显著的经济社会效益。同时，开展大中小学实践活动，促进学生德智体美劳全面发展。此外，沂蒙精神与非遗保护为党建活动、红色研学提供了新路径、新形式，有利于推动当地党建工作，构建中国共产党人精神谱系，传承红色基因。

二、基本调研情况

为了让调研结果更加鲜明与清晰，我们选取了5个代表性非物质文化遗产进行深入调研与探究，分别是“琅琊剪纸”“郯城木旋玩具”“柳琴戏”“沂蒙山小调”“费县手绣”，用实地考察的方式来了解它们的现状，真正帮助非遗摆脱困境，为非遗的传承和保护提出相应的解决措施，通过“非遗 1+6”的创新发展路径，真正为非遗传承注入青春力量，让青年成为文化传承的生力军，促进青年与非遗文化的双向奔赴。

（一）沂蒙精神

1. 基本特征

沂蒙精神是红色革命精神之一，是临沂人民在长期的革命和建设实践中形成的先进群体意识，是中华民族优秀文化的重要组成部分，是临沂人民乃至全国人民宝贵的精神财富，其基本内涵为“党群同心、军民情深、水乳交融、生死与共”。

2. 基本介绍

习近平总书记把沂蒙精神的特质高度概括为“水乳交融、生死与共”。2013 年 11 月 25 日，习近平总书记在临沂考察时指出：“沂蒙精神与延安精神、井冈山精神、西柏坡精神一样，是党和国家的宝贵精神财富，要不断结合新的时代条件发扬光大。”2021 年 9 月 29 日，沂蒙精神被中央宣传部梳理为中国共产党人精神谱系第一批伟大精神。2022 年 3 月，经党中央批准，沂蒙精神基本内涵正式表述为“党群同心、军民情深、水乳交融、生死与共”。

3. 调研时间

2023 年 7 月 4 日。

4. 调研地点

山东省临沂市沂南县马牧池乡常山庄村。

5. 调研对象

红嫂家乡旅游区各展馆讲解员等。

6. 调研内容

调研沂蒙精神的历史渊源以及发展现状，了解其变革之处、发展的优势以及不足之处。

（二）沂蒙山小调

1. 基本特征

沂蒙山小调诞生于山东省临沂市沂蒙山望海楼脚下的费县薛庄镇上白石屋村，其前身是 1940 年驻沂蒙山区抗大文工团团员李林和阮若珊等人采集创作的《反对黄沙会》，经多次改编后，沂蒙山小调正式版本诞生于 2006 年，被列入山东省第一批省级非物质文化遗产项目名录。

2. 基本介绍

沂蒙山小调起源于沂蒙山区本地花鼓调《王禅修仙在云蒙山》，改编于抗日战争时期，定型于 1953 年。它曲调优美，朗朗上口，易于流传，是沂蒙人民熟悉的民歌。简单的旋律背后传颂的是艰苦奋斗、朴实无华的沂蒙精神。歌曲的作者是一对夫妇，词作者和编曲者分别是驻沂蒙山区抗大文工团团员阮若珊和李林。

3. 调研时间

2023 年 7 月 6 日。

4. 调研地点

山东省临沂市费县薛庄镇上白石屋村。

5. 调研对象

沂蒙山小调诞生地各展馆讲解员等。

6. 调研内容

调研沂蒙山小调的历史渊源以及发展现状，了解其变革之处、发展的优势以及不足之处。

（三）柳琴戏

1. 基本特征

柳琴戏是一种曲调流畅活泼，节奏明快，并有多种花腔的剧种，俗称“拉魂腔”，清朝乾隆年间起源于临沂市的兰山区、郯城县一带，距今约有 200 年的历史，是山东省影响较大的地方戏曲剧种，2006 年 5 月 20 日，经中华人民共和国国务院批准列入第一批国家级非物质文化遗产名录。

2. 基本介绍

柳琴戏俗称“拉魂腔”，又有“拉呼腔”“拉后腔”等名称，1953 年正式定名为柳琴戏。它形成于清代中叶后期，主要流行于山东、江苏、安徽、河南四省接壤地区。柳琴戏的内容以历史故事、现实生活、爱情故事为主。剧本戏词通俗生动，包含大量的俚俗语言，直白诙谐，妙趣横生。表演粗犷朴实、节奏明快，乡土气息浓厚，其身段、步法多具有民间歌舞的特点。

3. 调研时间

2023 年 7 月 8 日。

4. 调研地点

山东省临沂市郯城县新时代文明实践中心。

5. 调研对象

柳琴戏传承人张开红老师及文化馆相关人员等。

6. 调研内容

调研柳琴戏的历史渊源以及发展现状，了解其变革之处、发展的优势以及不足之处。

（四）郯城木旋玩具

1. 基本特征

郯城木旋玩具是一种古老的汉族传统手工艺品，俗称“要货”，始于元末明初时期山东省临沂市郯城县港上镇北部的樊埝村，在发展中形成了以圆柱形为主，局部凹凸、粗细结合、曲线流畅的表现形式，具有造型精巧、形象逼真、色彩艳丽、夸张传神等特点。2014 年 11 月 11 日，经中华人民共和国国务院批准列入第四批国家级非物质文化遗产名录。

2. 基本介绍

郯城木旋玩具发祥于明成化年间，发源地是鲁南地区临沂市郯城县港上镇樊埝村。据传，最早制作木旋玩具的是樊氏先祖樊木，他根据木工手拉皮带使钻头旋转的道理，变手拉为脚蹬，制成了简易的旋车、旋制刀把等日用品，后来开始旋制哗啦棒槌等玩具，从而开启了樊埝村制作玩具的历史。

3. 调研时间

2023 年 7 月 7 日。

4. 调研地点

山东省临沂市郯城县港上镇后埝村。

5. 调研对象

郯城木旋玩具国家级代表性传承人樊继美老师及相关人员等。

6. 调研内容

调研郯城木旋玩具的历史渊源以及发展现状，了解其变革之处、发展的优势以及不足之处。

（五）琅琊剪纸

1. 基本特征

琅琊剪纸是沂蒙红色文化的代表，有着独特的艺术魅力。据史料记载，明末清初，民间艺人开始制作喜花、丧花、年花、窗花等，到 19 世纪 30 年代，琅琊剪纸在沂蒙地区逐渐盛行起来，于 2016 年 3 月被山东省评为省级非物质文化遗产。

2. 基本介绍

琅琊剪纸是临沂乡村年节喜庆生活的文化标志之一，也是现代人所需要的一种文化生活补充。琅琊剪纸具有浓厚、鲜明的地方特色和民间特色，其图案和文字始终演绎着世代相传的避祸驱邪、纳福求祥的意义和积极上进的精神。

3. 调研时间

2023 年 7 月 9 日。

4. 调研地点

山东省临沂市文化馆以及兰山区旭洋·阳光花园。

5. 调研对象

琅琊剪纸传承人李玲老师及临沂市文化馆非遗办公室主任等。

6. 调研内容

调研琅琊剪纸的历史渊源以及发展现状，了解其变革之处、发展的优势以及不足之处。

（六）费县手绣

1. 基本特征

费县手绣是鲁绣的优秀代表，绣法以破线绣、合线绣、立体绣为主，一件绣品从开始到成品通常需要几万针，手绣多以花草蔬果、飞禽走兽为题材，内容丰富、栩栩如生，严谨复杂，带有浓郁的沂蒙特色，2021 年 5 月 24 日，鲁绣经中华人民共和国国务院批准列入第五批国家级非物质文化遗产名录。

2. 基本介绍

费县手绣流行于沂蒙地区，是一种以针引线在纤维织物面料上绣制装饰花纹的传统手工技艺，须经打袼褙、画样、剪样、贴布、绘图、绣制、合边、填充、缝合、穿珠、整理等十几道工序方可完成，制品包括香荷包、虎头帽、虎头鞋等。

3. 调研时间

2023 年 7 月 5 日。

4. 调研地点

山东省临沂市费县沂蒙大姐灵活就业基地。

5. 调研对象

费县手绣第五代传承人卞成飞老师以及费县手绣基地手艺人等。

6. 调研内容

调研费县手绣的历史渊源以及发展现状，了解其变革之处、发展的优势以及不足之处。

三、调研方法及调研过程

本次的调研活动主要运用了实地调研法和人物访谈法。在调研过程中，小组成员主要走访了沂蒙红嫂家乡旅游区、沂蒙大姐灵活就业基地、沂蒙山小调诞生地、郯城县后埝村、郯城县新时代文明实践中心以及临沂市文化馆等地，对相关人员进行了访谈。

在对费县手绣传承人卞成飞老师进行访谈时，小组成员主要了解到面对村民就业难的问题，卞成飞建立了费县手绣扶贫车间和就业孵化基地，这不仅为非遗传承培育了后备力量，而且在脱贫攻坚助力乡村振兴中起到了模范带头作用；在对郯城木旋玩具传承人樊继美老师进行访谈时，小组成员主要了解到郯城木旋玩具的发展现状以及郯城木旋玩具的创新发展、与时俱进；在对柳琴戏传承人张开红老师进行访谈时，她向小组成员讲述了柳琴戏的历史渊源以及发展现状，并介绍了郯城县文化馆所组织的“非遗进社区”“非遗进校园”等活动；在对临沂市文化馆非遗办公室王乔主任进行访谈时，小组成员主要了解到临沂市对非遗发展的重视以及对促进非遗发展所作出的努力，例如积极开展“非遗月”、“非遗进校园”、非遗实践课、非遗传承人公益培训班等活动；在对琅琊剪纸传承人李玲老师进行访谈时，她向小组成员讲述了琅琊剪纸的渊源和现状，小组成员了解到李玲老师积极与各县区、各学校、各企业合作，希望能够将琅琊剪纸发扬光大，为非遗发展贡献力量。

四、原因分析

在调研了山东省临沂市的五个典型非物质文化遗产后，我们实践小队认为造成临沂市非物质文化遗产保护和传承现状的原因主要有以下几方面。

（一）专业人才不足，传承人延续性低

随着经济社会的发展，人的生存方式和价值观也在不断改变，很多年轻人对传统的民间艺术缺乏兴趣，许多传统的非物质文化遗产无法为人们带来较高的经济收益，因此，很多非物质文化遗产的发展情况都不尽如人意。实

践小队调研的临沂地区的非物质文化遗产，政府也在持续性地开展保护与发展工作，团队成员在采访中提出了有没有新一代传承人，您的徒弟有多少等问题，琅琊剪纸传承人李玲老师告诉我们，尽管她们一直在大力推广琅琊剪纸这一非遗技艺，但是琅琊剪纸也面临学习的人不多的问题，因为很少有人愿意学习。木旋玩具传承人樊继美老师也表示由于以做木旋玩具为生，收益不高，很多人不愿意深入学习，主要是老一辈的手艺人还在坚守这块阵地。这几项非物质文化遗产普遍存在缺少传承人的问题，尽管不少人想要参与非遗的保护与发展，但是真正想要学习的人却不多，人们对传统工作的淡漠，直接影响了非物质文化遗产的传承与保护。

（二）人们对非物质文化遗产的认同感不高，非物质文化遗产保护意识淡薄

文化认同和人们的价值取向有着高度的关联性。文化认同度直接影响传统文化的发展及生存空间。社会公众如果对传统文化有着较强的文化认同，那么该传统文化就能繁荣发展，反之就会逐渐消失在公众的视野中。人们对非遗淡漠的主要原因是西方文化的强势传播对中国非遗的冲击，以及社会节奏加快导致人们无暇关注非遗，非遗教育的缺乏更加剧了危机。木旋玩具传承人樊继美老师在采访中告诉团队成员，近些年随着时代的发展，再加上塑料玩具的兴起，木旋玩具更加需要保护和传承。琅琊剪纸传承人李玲老师也很担忧琅琊剪纸的保护和传承状况，担忧在未来琅琊剪纸会被人们淡忘。柳琴戏传承人张开红老师说很感谢郯城文化馆举办送戏下乡等活动，在一定程度上提升了人们对非物质文化遗产的认同感，增强了人们传承和保护非物质文化遗产的意识。非物质文化遗产的保护和传承不仅需要政府和传承人的认同，更需要社会公众保护意识的增强。文化认同度低和公众保护意识弱导致非物质文化遗产认同感低。当大众不再关注这些非物质文化遗产时，它们就有可能被永远封存于历史一隅。

（三）政府重视力度不够，非物质文化遗产经费投入不足

在临沂市非物质文化遗产的保护进程中，政府无疑发挥了主导作用，财政的资助与有关政府的引导，有助于非物质文化遗产得到良好的保护和传承。但是相应的措施制度还不够完善，使得部分非物质文化遗产在保护和传承的进程中面临很多阻碍。在调研过程中，团队成员也重点关注了当地政府对这几项非物质文化遗产给予了什么帮助和支持的问题。通过采访我们得知政府已经在逐渐重视非物质文化遗产的保护和传承工作，例如郯城文化馆就经常

举办“非遗进社区”“非遗进校园”等活动，并聘请了专业的指导老师，助推临沂市非遗传承发展，但是投入“非遗”保护的资金不足，经费难以满足保护工作的要求。没有资金补贴，传承人的生活得不到保障，学习培训机会很少。民间“非遗”普查、保护、研究、开发工作，需要大量经费支持。政府虽然不断加大资金投入力度，但落实到相关基层的很少。没有经费的支持，仅凭老一辈手工艺人及民间爱好者的执着、守护，“非遗”保护工作很难延续下去。

五、解决措施

实践团队提出“非遗 1+6”的创新发展路径，即“非遗+党建”“非遗+政府扶持”“非遗+旅游”“非遗+新媒体”“非遗+文创”“非遗+大中小研学”，在政府的扶持下，让非物质文化遗产与党建、旅游、新媒体、文创产品和大中小研学相结合，在沂蒙精神的引领下，助推临沂市非物质文化遗产的传承与保护。

（一）非遗+党建

在传承和保护临沂市非物质文化遗产道路上，坚持“党建引领非遗传承”的思路，引导、鼓励党员学习和宣传临沂市非遗文化，依托党建活动阵地，聚焦非遗在群众健康生活中的重要作用，高度重视非物质文化遗产的保护传承工作，积极打造“非遗”党建品牌，完善非遗人才的认定机制、管理机制、保障机制，加强非物质文化遗产的传承。

（二）非遗+政府扶持

首先，要落实规章制度，加强政策扶持。政府要充分发挥牵头、引导和扶持作用，各相关部门要积极作为，为非遗的发展提供方案、资金、人才等方面的支持。其次，要明确部门权责，强化协同治理。政府、文化等行政部门要加强协同制度和措施的制定；旅游部门、宣传部门要定期举办非遗项目的展演，建立非遗示范旅游区。最后，要明确各部门分管责任，及时获取非遗保护工作的相关内容，实现部门间信息互通、互享，及时解决非遗保护过程中的问题，逐步形成非遗保护协同联动机制。

（三）非遗+旅游

坚持创造性转化、创新性发展，找准临沂市非物质文化遗产与临沂市当地旅游融合发展的契合处，推出体验性、互动性强的非遗与旅游融合业态产品。立足非遗代表性项目、非遗工坊培养临沂文化旅游带头人，开展临沂非遗研学活动，推出临沂旅游精品线路，让非遗传承人、村民、居民成为旅游的主要参与者和受益者，可以有力促进临沂市旅游发展。推进非遗与旅游在更广范围、更深层次、更高水平上实现融合发展，推进文化自信自强，实现非遗的系统性保护和生命力激活、旅游的文化内涵提升和行业的高质量发展。

（四）非遗+新媒体

让新媒体助力临沂市非遗传承与发展，新媒体对非遗文化的宣传，能增强社会对非遗文化的认知。新媒体在发展进程中不断拓展传播渠道，在生活的各个领域获得广泛应用。在新媒体的助力下，能够增加临沂市非遗文化的曝光度，扩大传播范围，随着互联网商务的发展，临沂市非遗文化传承人可在多媒体中展示独具特色的非遗产品，消费者可以实现个性化私人定制。在新媒体的推动下，非遗文化传播有了新的活力，能够营造更加浓厚的文化氛围，充分展示非遗文化之美。

（五）非遗+文创

和传统工艺产品相比，创新性的现代文创产品具有更大的深度和广度，能将自身固有的文化情怀和现代审美更好地结合起来，从而吸引更多的消费者。非遗文创产品的转化中心点就是“传统+创新”。一方面，在文创产品中融入传统非遗，能为非遗文化的发展和转化开辟新途径，将传统的文化内涵进行再创造，可以将非物质文化内涵用新的设计语言诠释和展现出来，更好地促进非物质文化遗产的传承和发展；另一方面，非遗文创产品设计生产的过程，就是将传统文化的精髓创新性物化的过程，这一过程，既拓宽了文创产品的设计思路，又提高了文创产品的文化价值和历史价值。

（六）非遗+大中小研学

结合临沂市非物质文化遗产，引导大中小学生参与“非遗+研学”活动，使同学们了解这片土地上所蕴含的丰富的文化底蕴，进一步激发其学习、传承非遗的兴趣。走进非遗、了解非遗、关注非遗，增强学生们保护、传承、弘扬非物质文化遗产的责任感与使命感。

六、收获与感悟

2023 年暑假，炎炎烈日下的“非遗不遗，沂脉相承”社会实践小分队以饱满的热情来到山东省临沂市，走访四个县区，调研了五个非物质文化遗产发源地和手工作坊，以及沂蒙红嫂家乡旅游区。游古村，观展览，体验沉浸式红嫂剧场和传统粮食制作；大中小研学，学唱沂蒙山小调；采访非遗传承人，在传承人的带领下体验非遗技艺；采访临沂市文化馆负责人，了解临沂市对非遗保护与传承所作的努力。几天的研学很快过去，小组成员印象深刻，受益匪浅。

在调研前期准备的过程中，我们通过多种渠道收集资料，对临沂市非遗项目、地区现状有了大致的了解，通过商议，我们选择了其中比较有代表性的五个非遗项目作为我们研究的重点，以及一个沂蒙精神发祥地的代表——红嫂家乡旅游区。有了目标以后，大家各司其职，每个人负责一个项目，与手艺传承人和展馆负责人取得联系。在调研过程中，组长妥善安排调研的时间与地点，对每一天的调研结果进行总结，并根据实际情况对调研计划进行调整，对调研过程中产生的问题及时与老师进行沟通交流。小组成员也团结协作、配合默契，分别负责摄像、采访、记录和公众号的运营等，调研活动在预期时间内顺利完成。在调研后期，组内经常线上沟通，召开线上会议，整理调研内容和素材，对党课、团课和非遗推荐官视频的剪辑制作、与当地官媒的联系推广、公众号的运营和调研报告的撰写进行妥善规划，取得了丰富的实践成果。

暑期社会实践顺利结束，通过调研我们感受到可歌可泣的沂蒙精神，深入了解了沂蒙精神对临沂非遗作品内容和形式的影响，了解了非遗走进中小学和社区的过程，以及非遗产业对当地脱贫攻坚的贡献。实践小分队在调研过程中也遇到了一些问题，比如村子内交通不便、小组成员采访的专业性不够等。小组成员意识到在日后进行类似调研时，需要进行更充足的准备，提升专业素质。百尺竿头，更进一步。

附录：访谈提纲

一、费县手绣访谈提纲

（一）访谈时间：2023 年 7 月 5 日。

（二）访谈地点：山东省临沂市费县沂蒙大姐灵活就业基地。

（三）访谈对象：费县手绣第五代传承人卞成飞老师。

（四）访谈问题：

1. 您是费县手绣的第几代传承人？
2. 您能讲述一下费县手绣的渊源吗？

3. 您是如何接触到费县手绣的？
4. 您在发扬费县手绣的过程中做了哪些工作？
5. 您认为近些年来费县手绣有哪些变革之处？
6. 您有没有培养新一代的传承人？有多少个成熟的徒弟？
7. 沂蒙大姐灵活就业基地主要雇用的是哪些人？
8. 他们的薪资大概能达到多少呢？
9. 当地政府对费县手绣的发展有没有提供一些帮助？

二、郯城木旋玩具访谈提纲

（一）访谈时间：2023 年 7 月 7 日。
（二）访谈地点：山东省临沂市郯城县港上镇后埝村。
（三）访谈对象：郯城木旋玩具国家级代表性传承人樊继美老师。
（四）访谈问题：
1. 您是如何接触到木旋玩具的？
2. 您能介绍一下木旋玩具的发展历史吗？
3. 您能讲述一下木旋玩具的制作过程吗？
4. 您做好一个木旋玩具大概需要多久？
5. 一般什么年龄段的孩子玩木旋玩具比较多？
6. 您认为近些年来木旋玩具的发展有没有困难之处？
7. 您认为近些年来木旋玩具有哪些变革之处？
8. 木旋玩具的市场大概有哪些？
9. 您有没有培养新一代的传承人？有多少个成熟的徒弟？
10. 当地政府对木旋玩具的发展有没有提供一些帮助？

三、柳琴戏访谈提纲

（一）访谈时间：2023 年 7 月 8 日。
（二）访谈地点：山东省临沂市郯城县新时代文明实践中心。
（三）访谈对象：柳琴戏传承人张开红老师。
（四）访谈问题：
1. 您是柳琴戏的第几代传承人？
2. 您是如何接触到柳琴戏并且去学习的？
3. 您能介绍一下柳琴戏的起源吗？
4. 您认为在学习柳琴戏的过程中哪个阶段比较困难？
5. 您认为近些年来柳琴戏的发展有没有困难之处？

6. 您认为近些年来柳琴戏有哪些变革之处？
7. 您有没有培养新一代的传承人？有多少个成熟的徒弟？
8. 学习柳琴戏的小孩子多不多？
9. 当地政府对柳琴戏的发展有没有提供一些帮助？

四、琅琊剪纸访谈提纲

（一）访谈时间：2023 年 7 月 9 日。
（二）访谈地点：山东省临沂市兰山区旭洋·阳光花园。
（三）访谈对象：琅琊剪纸传承人李玲老师。
（四）访谈问题：
1. 您是琅琊剪纸的第几代传承人？
2. 您是如何接触到琅琊剪纸的？
3. 您能介绍一下琅琊剪纸的起源吗？
4. 您比较擅长的剪纸类型有哪些？
5. 您认为近些年来琅琊剪纸的发展有没有困难之处？
6. 您认为近些年来琅琊剪纸有哪些变革之处？
7. 您在发扬琅琊剪纸的过程中做了哪些工作？
8. 您有没有培养新一代的传承人？有多少个成熟的徒弟？
9. 琅琊剪纸的市场大概有哪些？是怎么销发的？
10. 当地政府对于琅琊剪纸的发展有没有提供一些帮助？

红星闪耀大别山①

——红色资源赋能乡村振兴的五维价值与优化路径研究

一、引言

（一）调研背景

巍巍大别山，横卧中原，地跨鄂豫皖三省，是重要的战略支点，在中国革命历史进程中有着举足轻重的地位，大别山红色资源亦在革命历史长河中闪耀着光芒。习近平总书记指出，“红色资源是我们党艰辛而辉煌奋斗历程的见证，是最宝贵的精神财富”。红色资源是调整革命老区经济结构、实现农民增收、推动乡村党的建设、提升乡风文明、改善农村环境的重要载体，对于新时代推进革命老区振兴发展具有巨大的现实价值。

革命老区是巩固脱贫攻坚成果、全面实施乡村振兴战略的难点区域和主战场之一，大部分革命老区分布在偏远的山区或农村，人力不足、物力匮乏、财力有限。为此，我国高度重视革命老区与乡村振兴发展问题：党的二十大报告指出，要用好红色资源，促进区域协调发展，支持革命老区加快发展。国务院印发《关于新时代支持革命老区振兴发展的意见》，指出要支持革命老区在新发展阶段巩固拓展脱贫攻坚成果，让革命老区人民逐步过上更加富裕幸福的生活。表 1 为 2021—2023 年我国革命老区与乡村振兴政策汇总。

表 1　2021—2023 年我国革命老区与乡村振兴政策汇总

日期	文件	政策内容
2021 年 1 月	《国务院关于新时代支持革命老区振兴发展的意见》	研究建立发达省市与革命老区重点城市对口合作机制
2022 年 10 月	《党的二十大报告》	用好红色资源；支持革命老区加快发展

① 作者：巫嘉骏、雷小兰、李鑫玥、何俊婷、侯文静、李诗婷、张瑜、赵艺丹、王佳兴；指导教师：刘诚洁。

续表

日期	文件	政策内容
2023 年 1 月	《关于做好 2023 年全面推进乡村振兴重点工作的意见》	落实巩固拓展脱贫攻坚成果同乡村振兴有效衔接

红色资源作为中华民族的宝贵财富，正逐渐成为革命老区乡村振兴的新引擎。如图 1 所示，近年来大别山革命老区深度开发和应用红色资源，推动乡村振兴发展，地区生产总值稳步增长。基于此，开展本暑期社会实践探索红色资源何以赋能乡村振兴，具有重要的现实意义。

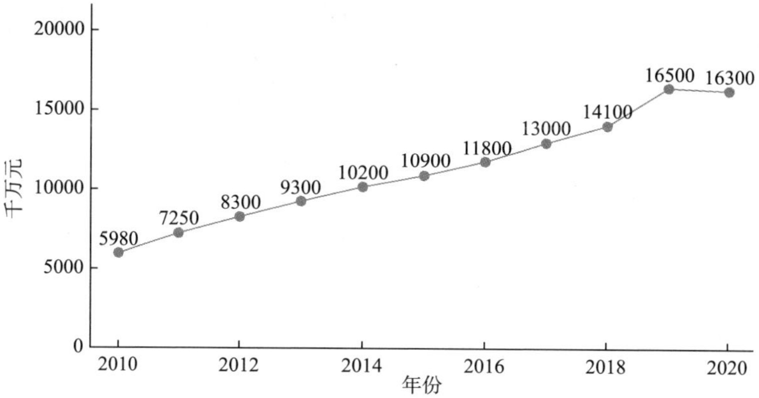

图 1　大别山革命老区[①]生产总值增长趋势

（二）调研目的

本研究通过对大别山革命老区三大将军县的实地调研走访，得到一手访谈语录与调研数据，从产业、人才、生态、组织、文化五个维度分析大别山红色资源何以赋能乡村振兴，以及红色资源开发利用的先进之处与现存问题，能够帮助社会更全面地了解当前大别山革命老区乡村振兴的真实情况。

（三）调研时间与地点

本调研小组选取红色资源较为丰富的大别山革命老区三大将军县：红安县、金寨县、新县作为调研地点，选取当地政府相关部门负责人、居民、游

① 由于安庆市宜秀区、大观区地区生产总值数据未公开，此处统计了大别山革命老区其余 57 个县区数据。

客等作为调研对象。于 2023 年 7 月 9 日至 14 日实地走访了 39 处红色革命旧址，并对 42 位受访者进行了访谈。

二、主体

（一）调研地点概述

金寨县被誉为“红军的摇篮、将军的故乡”，2020 年入选第二批国家全域旅游示范区名单，红安县被誉为“中国第一将军县”，新县素有“红色首府、将军故里”之美誉，红安县与新县于 2022 年入选“全国红色旅游融合发展试点单位”。调研地红色资源概述详见表 2。

表 2　调研地红色资源概述

调研地	红色资源
红安县	黄麻起义和鄂豫皖苏区革命烈士纪念馆、董必武纪念馆、七里坪革命旧址、观音阁村革命烈士纪念陵园等
金寨县	汤家汇镇赤南县苏维埃政府旧址、金寨县革命博物馆、洪学智将军纪念碑等
新县	许世友将军故里、鄂豫皖苏维埃政府税务总局旧址、鄂豫皖苏区首府革命博物馆等

（二）调研方法

本次调研主要采用访谈法、实地调研法、案例研究法、文献研究法。调研方法思路如图 2 所示。

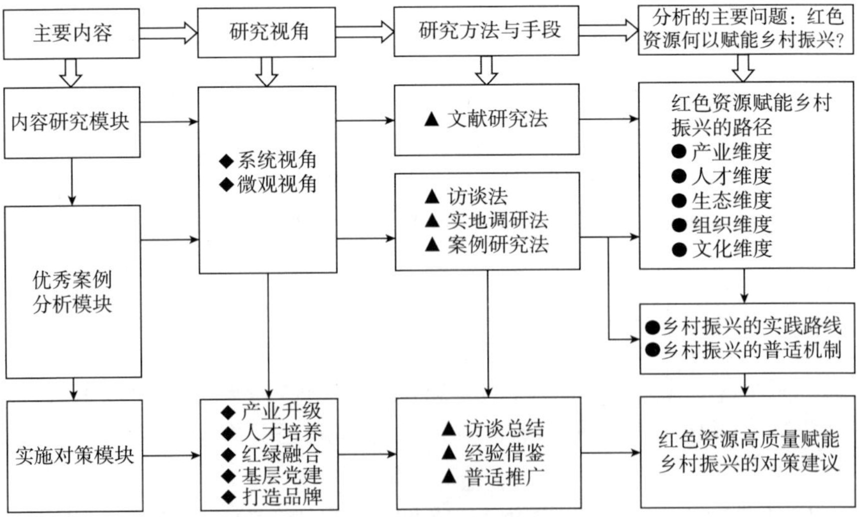

图 2　调研方法思路图

（三）调研的实施

1. 预调研

本调研小组事前收集并分析了三个县近十年国民经济和社会发展统计公报，如图 3 所示，三县地区生产总值稳步上涨。如图 4 所示，以金寨县为例，近年来金寨县通过红旅融合，红色旅游接待游客人数持续增加。

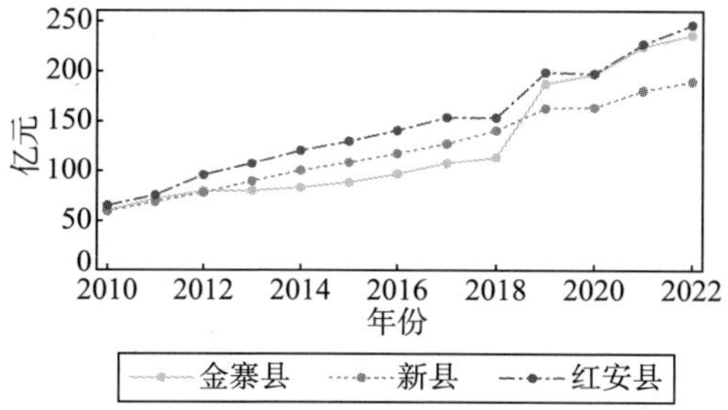

图 3　调研地区的生产总值增长趋势

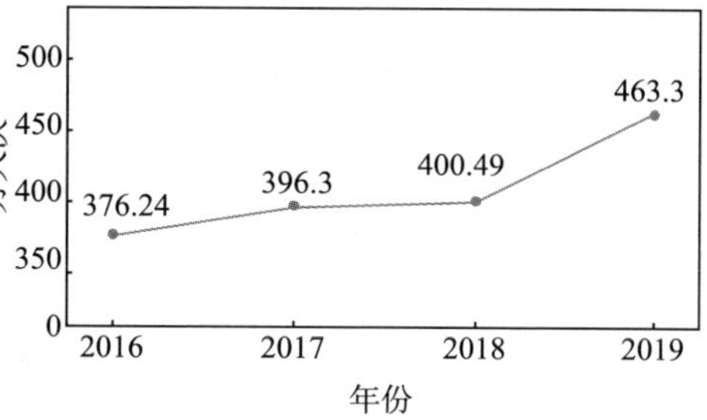

图 4　金寨县红色旅游接待游客人次变化

进一步，本调研小组选取金寨县汤家汇镇、花石乡大湾村作为预调研地点，于 2023 年 7 月 10 日实地走访了汤家汇镇赤色邮政局等革命旧址，并对大湾村村务监督委员会主任汪建国、2016 年习近平总书记考察脱贫攻坚走访户陈泽申进行了访谈，预调研过程顺利且调研结果优于预期。

2. 正式调研

本调研小组于 2023 年 7 月 11 日至 14 日正式开展调研，首先在金寨县开展集中调研，随后分为两队，分别前往新县与红安县，实地走访了 39 处红色革命旧址，并与 42 位受访者开展了访谈，受访者包括新县文化广电和旅游体育局副局长朱国浩、红安县七里坪镇观音阁村党支部书记兼村委会主任（红军后代）秦秋平等人。

（四）访谈概述

1. 大别山革命老区政府相关部门负责人访谈语录概述

本调研小组基于红色资源如何五维赋能乡村振兴开展了访谈，从访谈语录中我们了解到：一是红色资源的发掘直接助推产业振兴。各地利用红色资源这一“红色名片”发展红色旅游，带动旅游产业发展。二是推动人才振兴。红色旅游产业推动地区经济发展稳步上升，吸引外出务工者返乡发展，结合相关激励政策，引进外来人才留下发展，让更多的人才投入革命老区建设。三是助推生态振兴。红色旅游景点与旅游线路的建设离不开优美的生态环境，各地通过“红绿交融”（李忠叶）或“红、绿、古融合”（韩启俊）的方式，不断优化旅游线路周围与景区内外部生态环境。四是借助红色资源发展组织振兴，间接促进产业振兴。通过开展红色研学教育活动、干部学院培训、“‘三同’教学”（秦秋平）等，既能促进当地县委组织部更加重视组织振兴，又能促进外来研学者的组织振兴（朱国浩）。五是带动文化振兴。“革命先烈作为一种精神引领”（韩启俊），其革命事迹所形成的红色资源是教育与培养后人的有力武器。

2. 大别山革命老区居民访谈语录概述

从访谈中我们得知，受访地居民对居住地的建设十分满意，原因如下：一是居住环境有所保障。通过修缮旧房，搭建新房，新建路灯等“切实改善了居住环境”（董昌秀）。二是红色旅游带动交通条件得到改善。多位居民表示：“之前是泥巴路，现在家家户户都通水泥路”“从前下雨走路满脚泥巴，现在下雨走路脚上不沾泥巴”（陈泽申、何正华）。三是红色旅游助推乡村经济建设迅速发展，吸引外出务工者返乡回流。返乡回流者投入红色旅游相关产业，诸如开宾馆、农家乐等，收入有所提高，甚至“翻倍”（吕敏）。四是切实享受红色革命老区帮扶政策。包括光伏发电、无息贷款、土地流转、免房租等。

（五）大别山地区红色资源赋能乡村振兴的价值分析

一是积极推动红色资源开发，促进文旅融合发展。红安县着重打造典型红色村落，规划红安苕产业基地、红旅农家乐等品牌农业建设，发展乡村红旅产业；金寨县立足“两源两地”定位，着力打造“红色教育基地、红色旅游目的地、红色旅游带动经济发展示范地”，开发“红色记忆”影视体验馆等旅游项目，将红色文物保护与旅游相结合；新县发挥县域资源优势，开发红色文化游、特色农业游等多种文化旅游产业，擦亮“九镇十八湾”乡村旅游品牌，推动风景变“钱景”。

二是大力发展旅游相关产业，带动产业发展，创造大量就业岗位，促进村民返乡回流与就业创收。三地将红色研学与红色旅游有机结合，发展乡村民宿产业和餐饮服务产业，让群众吃上了“旅游饭”。如红安县倡导红色研学“同吃同住同工作”，金寨县设计“重走红军路”等研学体验课程，为各地打造生态农业、特色农业提供了发展空间。

三是结合红色资源挖掘与绿色生态保护，切实改善生态环境，推动生态宜居。红色资源的开发与建设，有利于推动革命遗迹的修缮、乡村自然环境的保护、古村落古建筑的重整与翻新、新型环保设施及理念的贯彻与落实。

以新县为例，新县田铺大塆自2014年作为美丽乡村建设试点开始，积极将红色资源与当地绿色资源黄毛尖省级森林公园、古色资源豫南古民居相结合，打造多元立体的文化形态。

四是红色资源的有效挖掘与合理开发有助于强化地区与基层党组织的领导核心地位，发挥其战斗堡垒作用。组织振兴是乡村振兴的基础，大别山革命老区近年来十分注重红色资源对党员的培训教育作用，如河南新县充分利用大别山干部学院平台，持续开展党性教育的研学培训。截至2022年底，累计承接省内外各级各类培训班5200余期，培训学员30多万人次。

五是发挥红色文化的积极性和先进性，丰富文化生活，引领乡风文明。文化振兴是乡村振兴的灵魂，学习感悟红色文化，有利于正确引导主流价值取向，提升群众整体思想文化素质。如新县持续开展“小小讲解员进景区”活动，充分发挥红色文化教育人、滋养人、激励人的作用。红安县不断丰富文化活动形式，按照“有址可寻、有物可看、有史可讲、有事可说”的要求，建设了英烈广场、忠诚党史馆等，编排红色剧目弘扬大别山精神，通过沉浸式、互动式体验，让人们全方位感受红色文化魅力。

（六）大别山地区红色资源赋能乡村振兴的现实困境

一是产业结构单一，红旅发展资金短缺。首先，产业融合程度不高，目前大别山地区大部分红色革命遗址仍以观赏和传统讲解为主，缺少沉浸式体验和数字化讲解。其次，产业发展较为低端，农业产业发展主要以初加工为主，缺乏深加工和完善的产业链。最后，革命文物遗址的保护、红色旅游基础设施的修建均需要资金，免费开放的景区运营维护费用较高，入不敷出。资金短缺使得开发新的红色资源进程变缓，也不利于加大对红色资源的宣传力度。

二是年轻人才稀缺，专业素质较低。由于大别山革命老区红旅高级管理人员较少，专业能力不足，导致对红色资源保护认识不到位，一些革命老区的红色遗址遗迹由于没有得到有效管理和保护，出现不同程度的破坏，造成不可挽回的损失。

三是基础设施有待强化。受地理、资金等因素影响，基础设施建设存在短板，例如，金寨县火车站和高速下道口至各景区的旅游道路等级比较低，火车站至各景区还没有开通旅游公交车，景区交通的通达度有待提高。

四是基层党组织引领作用薄弱，相关机制较落后。基层党组织发展积极主动性不足，相关机制比较落后，行政效能不高，存在虚位缺位的问题。部分基层党组织开发红色资源的力度不够而且作用有限，在红色资源管理上的责任、协同、保障和执行等体制机制不够完善。

五是红色资源缺乏整合，同质化严重。大别山红色资源地跨三省，但各个市县仅专注于当地红色资源开发，大别山红色资源整体缺乏系统的规划和整合。且大别山地区红色资源的发展呈现同质化趋势，金寨县、红安县、新县各地区红色品牌缺乏鲜明特色，宣传主题和内容差异不大，尚未形成独特的品牌。

（七）对策建议

1. 延长红色资源产业链，助推产业振兴

首先，大力推动数字技术与大别山红色景点结合，助推大别山红旅景点数字化、科技化，提升游客游览的体验感、观赏感，从而增加游客数量，带动相关收入。其次，延长红色产业链，衍生相关产业。最后，将红色资源赋能乡村农业产业发展，发展特色农家乐、乡村采摘、乡村民宿等项目（如图5所示），重视打造红色品牌农业，提升农业品牌效应。

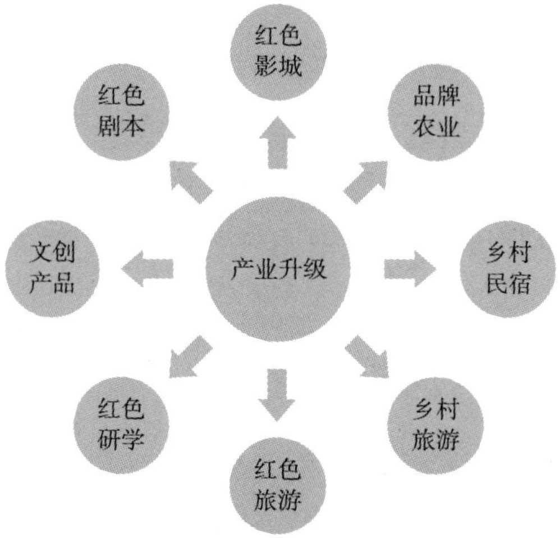

图5　红色资源赋能产业振兴的优化路径

2. 优化老区队伍建设，助推人才振兴

第一，持续加强乡村人才队伍建设（优化路径见图6）。实施乡村振兴人才支持计划，加大对人才引进政策和资金支持力度，不断完善人才奖励机制，搭建人才培养平台。对返乡创业农民和农村创业带头人实施高素质农民培育计划，在培训过程中要深耕红色资源，切实提高农民的红色文化素养。

第二，加大对大别山红色资源的宣传力度，吸引优秀人才投身乡村建设。

推动大别山地区红色文化和人才政策进高校、进人才市场、进招聘会，吸引更多青年人才。同时，借助新媒体和数字技术，将大别山的红色教育通过短视频、纪录片等形式上传至云端，打响大别山红色资源的品牌知名度，进而吸引更多优秀外来人才自主加入乡村建设。

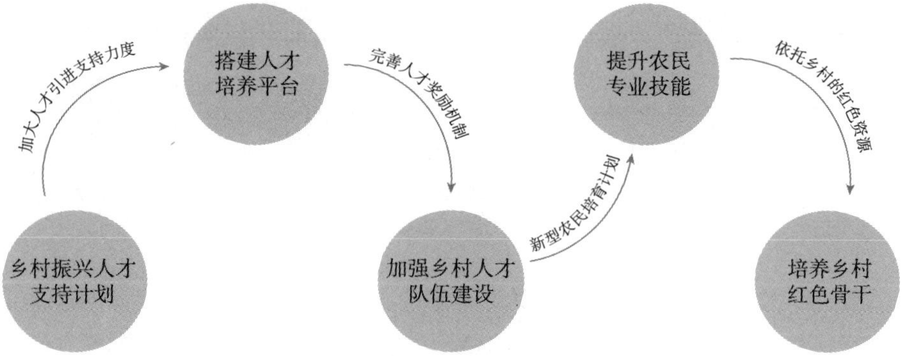

图 6　红色资源赋能人才振兴的优化路径

3. 合理开发红色资源，助推生态振兴

第一，坚持生态优先、整体优化的原则，加大对红色遗址遗迹的保护与统筹规划力度。因地制宜、合理开发，对现有红色资源进行分级保护，制定不同级别保护政策，将大别山地区建设成绿色生态与红色资源融合发展的美丽乡村。

第二，坚持以人为本、可持续发展原则，改善区域内生态环境和整体乡村面貌，完善交通基础设施及红色资源周边配套设施建设。尽量使用绿色环保的建筑材料，尊重自然、顺应环境，依托山水脉络让红色景点融入自然；补齐革命老区交通短板，提高路网连通水平，发展红色旅游专机、专列、公交旅游专线。优化路径如图 7 所示。

4. 坚持加强党的领导，助推组织振兴

第一，毫不动摇地坚持和加强党对农村工作的领导，确保党在农村工作中始终总揽全局、协调各方。坚持“党委领导、政府负责、部门协同、社会参与”的原则，凝聚社会层面多元主体的活力。支持引导各类社会组织、企业以及民众个人等社会力量深度参与乡村治理过程，建立健全多元主体在红色资源赋能乡村振兴中的意见表达机制、利益分配机制和评估表彰机制，拓展资金、技术、人才等关键要素的来源和渠道，在党组织的领导下共促乡村振兴的实现。

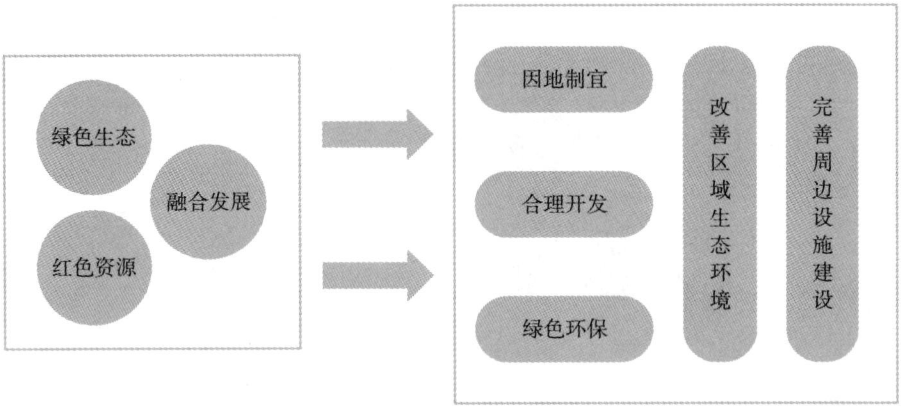

图 7　红色资源赋能生态振兴的优化路径

第二，完善党的乡村振兴工作的体制机制，有效利用红色资源对乡村振兴的促进作用。首先，要建立“全链条”责任机制，各基层党组织要“一级管一级、层层抓落实”，切实保障各项保护和开发红色资源的政策能够落地实施。其次，要构建“一体化”协同机制，注重对红色资源的系统性、整体性的开发与利用。再次，要完善“一体两翼”保障机制，发挥法律法规以及资金在红色资源管理中的合力作用。最后，要优化“红色资源+”执行机制，在突出红色资源的独特性的基础上促进产学研深度融合。优化路径如图 8 所示。

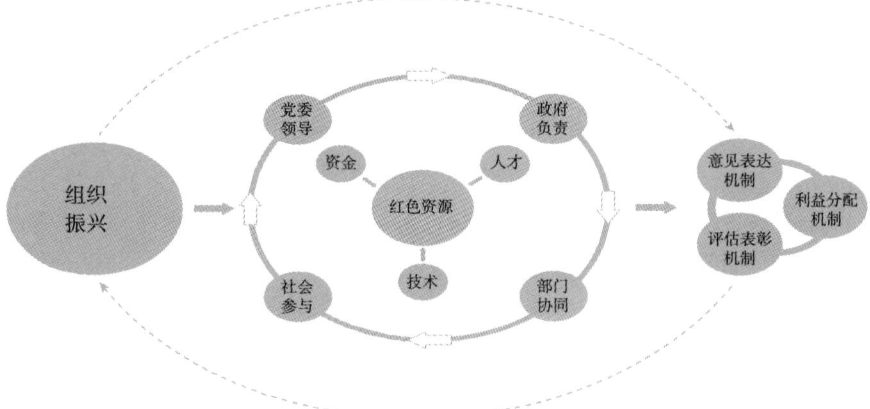

图 8　红色资源赋能组织振兴的优化路径

5. 深挖红色文化内涵，助推文化振兴

第一，构建大别山地区联动机制，推动红色文化资源整合。要树立整体意识，三省协作开发，共同弘扬大别山精神。要加强大别山各个红色遗址之间的交通与基础设施建设，打造区域红色旅游乡村共同体。

第二，深入挖掘红色资源内涵，打造独特红色文化品牌。要进一步拓展红色文化资源开发的广度和深度：广度方面，着力开发革命事迹、革命文献、革命文艺等非物质形态的红色文化资源；深度方面，抓紧建立“红色文化遗产”保护制度，保护好重大战役、历史事件及民间留存的“红色文化”文物遗址原有风貌。优化路径如图 9 所示。

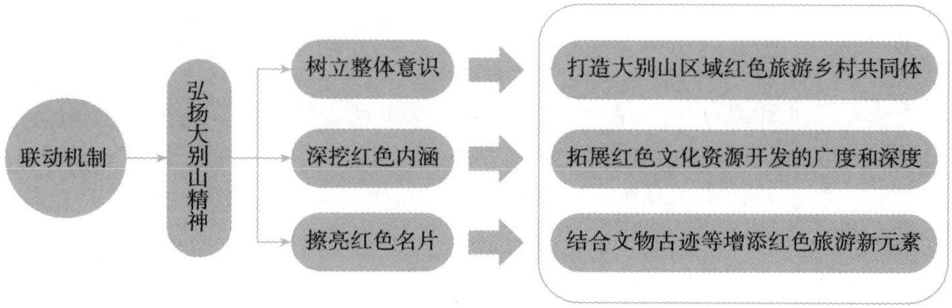

图 9　红色资源赋能文化振兴的优化路径

三、调研结论

各地利用红色资源这一“红色名片”发展红色旅游，带动旅游产业发展，红色资源的发掘直接助推产业振兴；红旅产业推动地区经济发展稳步上升，吸引外出务工者返乡发展，引进外来人才留下发展，让更多的人才投入革命老区建设，带动人才振兴；各地通过“红绿交融”或“红、绿、古融合”的方式，不断优化旅游线路周围与景区内外部生态环境，促进生态振兴；各地通过开展红色研学教育活动、干部学院培训、“三同”教学等，促进当地与外来研学者的组织振兴；各地通过开展红色资源与红色历史研究，弘扬传统精神，提升居民整体文化素质与精神面貌，带动文化振兴。

各地发展中暴露出的问题可概括如下：产业结构单一；留乡发展年轻人才较少，红色资源开发利用专业人才整体素质有待提高；部分遗存破坏较为严重，基础设施建设存在短板；基层党组织发展积极主动性不足，存在一定程度上的“等、靠、要”思想；红色资源整合度不高，发展模式单一，缺乏红色资源之间的融合。

四、收获与感悟

连绵的群山，见证了革命的风雷激荡；峥嵘的岁月，赋予了乡村坚韧的品格。这里，是中国的大别山革命老区。沿着习近平总书记的足迹，我们踏上了大别山这片红色热土。

首先，我们抵达了实践调研的第一站——金寨县。追寻习近平总书记的足迹，我们看到翻天覆地焕新颜的大湾村，带给生于斯长于斯的村民们莫大的欣喜。走访红色遗址，我们感受到革命岁月大别山精神的厚重底蕴。

然后，我们抵达了第二站——红安县。循着习近平总书记的足迹，我们走访了七里坪镇长胜街，切实感受到基层干部的亲民好客和村民的热情纯朴。身为红军后代的秦秋平告诉我们，在红色血脉的感召下，他学成后回到了家乡，在乡村建设上一干就是 15 年。

最后，我们抵达了第三站——新县。在习近平总书记曾走访的田铺大塆创客小镇里，我们深刻了解到新县通过深挖红色旅游潜力，坚持绿色发展，保留传统古村韵味，打造特色文旅品牌，革命老区乡村振兴的画卷正徐徐展开。

习总书记曾寄语广大青年，要让青春在全面建设社会主义现代化国家的火热实践中绽放绚丽之花，我辈当以敢为人先又续征的豪情，响应号召，深入乡土，“自找苦吃”，成为红色精神的弘扬者、乡村振兴事业的主力军。

附录

调研日程安排表

<table>
<tr><th>调研日期</th><th>调研地址</th><th>调研方式</th><th>调研内容/访谈对象/调研地点</th><th>组别</th></tr>
<tr><td>2023 年
5 月 15 日
至 7 月 8 日</td><td>校内</td><td>前期准备</td><td>阅读参考文献、撰写立项书、设计调研路线与日程安排表、撰写访谈提纲</td><td>全队</td></tr>
<tr><td>2023 年
7 月 9 日</td><td rowspan="5">金寨县</td><td>实地调研</td><td>桂花公园八月桂花遍地开纪念广场</td><td rowspan="5">全队</td></tr>
<tr><td rowspan="2">2023 年
7 月 10 日</td><td>访谈调研</td><td>金寨县花石乡大湾村村务监督委员会主任汪建国、2016 年习近平总书记考察脱贫攻坚走访户陈泽申等人</td></tr>
<tr><td>实地调研</td><td>汤家汇镇赤南县苏维埃政府旧址、赤色邮政局、豫东南道委、道区苏维埃政府旧址
大湾村 2016 年习近平总书记考察脱贫攻坚走访户座谈会地址</td></tr>
<tr><td rowspan="2">2023 年
7 月 11 日</td><td>访谈调研</td><td>金寨县乡村振兴局办公室工作人员李忠叶、金寨县文化旅游体育局办公室工作人员王政超等人</td></tr>
<tr><td>实地调研</td><td>金寨县红军广场、金寨县革命博物馆、革命烈士纪念塔、红军纪念堂、洪学智将军纪念碑、红军烈士墓园</td></tr>
</table>

续表

调研日期	调研地址	调研方式	调研内容/访谈对象/调研地点	组别
2023年7月12日	红安县	访谈调研	红安县乡村振兴局办公室主任夏玉桥、红安县文化与旅游局文物与非遗保护股负责人卢崇军、红安县文物事业发展中心工作人员吴国宏等人	B组
		实地调研	黄麻起义和鄂豫皖苏区纪念园、黄麻起义和鄂豫皖苏区革命烈士纪念碑、纪念碑广场、英烈广场、鄂豫皖苏区中心烈士陵园、将军墓园、老红军墓园、黄麻起义和鄂豫皖苏区革命历史纪念馆、黄麻起义和鄂豫皖苏区革命烈士纪念馆、董必武纪念馆、李先念纪念馆、红安将军馆、董必武故居纪念园	
2023年7月13日	新县	访谈调研	新县田铺乡田铺居委会村党支部书记韩启俊、新县田铺大塆创客小镇游客中心讲解员吴曼、新县田铺大塆创客小镇创业村民与游客等人	A组
		实地调研	新县田铺大塆创客小镇、许世友将军故里	
	红安县	访谈调研	红安县八一村村委会副主任王佳、红安县七里坪镇观音阁村党支部书记兼村委会主任秦秋平	B组
		实地调研	七里坪工会旧址、列宁市苏维埃合作饭堂旧址、鄂豫皖特区苏维埃银行旧址、鄂豫皖中西药局旧址、列宁市经济公社旧址、红安县赤色邮政局、中国工农红军第四方面军指挥部旧址、八一村七里坪革命旧址、方和明起居室、观音阁村革命烈士纪念陵园	
2023年7月14日	新县	访谈调研	新县文化广电和旅游体育局副局长朱国浩、新县红四方面军总部旧址红色文化讲解小小志愿者杨蕊嘉、新县红歌团佚名受访者等人	A组
		实地调研	中共中央鄂豫皖分局旧址、鄂豫皖苏维埃政府税务总局旧址、红四方面军总部旧址、鄂豫皖苏区首府烈士陵园、鄂豫皖苏区首府革命博物馆	
2023年7月15日至2023年底	线上	后期整理	编辑与发布宣传推文、整理调研照片与访谈语录、剪辑宣传视频、撰写调研报告	全队

脱贫攻坚结硕果，乡村振兴正当时[①]

——以湖南省桑植县彭家湾村为例

乡村振兴是指通过城乡融合发展、产业振兴等措施，来改善乡村发展落后的状况，促进乡村经济和社会的发展。习近平总书记曾在中央乡村工作会议上指示“要全面推进产业、人才、文化、生态、组织‘五个振兴’，统筹部署、协同推进，抓住重点、补齐短板”，为乡村振兴指明了方向。近年来，乡村振兴成果显著，但依然存在一些问题亟待解决，在推进现代化建设的过程中，持续推进乡村振兴是重中之重。

桑植县，隶属于湖南省张家界市，是湖南省最后一批脱贫的县，由于受地形制约，地势由西北向东南倾斜，广泛分布中山、低山地貌。而彭家湾村便是桑植县脱贫攻坚与乡村振兴的典型案例，其位于沙塔坪乡北部，距县城 49 公里、距乡政府 4 公里。全村面积 14.7 平方公里，辖 15 个村民小组，共有 586 户 1694 人，广泛分布山地与丘陵，地势起伏较大，夏季多暴雨，多碱性土壤，主要物产有油茶、花生、玉米、黄豆、木材等，崎岖的山路和贫瘠的土壤，导致彭家湾村脱贫的特殊与艰难。但大自然带来的困难并没压垮彭家湾人，在党组织的带领下，村民们努力奋进，经过十年的脱贫攻坚战，彭家湾村现有 6700 亩茶园，人工造林面积已达 3000 多亩。年粮食总产量达 300 多吨，年总收入 160 万元，人均纯收入近 2800 元。

彭家湾村是如何脱贫攻坚的？新发展阶段，彭家湾村又将如何巩固脱贫攻坚成果，持续推进乡村振兴？我们小组带着这样的问题于 2023 年 7 月 17 日对桑植县彭家湾村进行实地走访调查，经采访整理出彭家湾村产业发展现状，对其进行分析调查并形成报告。

---

① 作者：刘滨雁、黄锦洋、朱乃超、许婼涵；指导教师：秦淑娟。

一、脱贫攻坚的主要做法和取得的成绩

（一）坚持绿色发展，推动乡村产业发展

近年来，绿色发展和可持续发展的观念逐渐深入人心。各级政府也更加注重经济和环境的协调发展，既要金山银山，也要绿水青山。在上级政府的帮助下，彭家湾村坚持全面、协调、可持续的发展理念，引进循环经济。既大力发展经济，又加强对水资源、农林资源等自然资源的保护。具体措施如下：

（1）推动油茶产业发展。2022 年县林业局牵头在彭家湾村开展森林提质项目，杨家庄组森林内树木进行抚育增优，剔除劣质苗木，促进大树成长，提供更多的氧气，净化环境。近两年，彭家湾村共计发放油茶苗 58760 株，油茶肥料 54 吨，实施了油茶低质量改造 500 亩。在提高产业收益的同时提高了植被覆盖率，真正实现了可持续发展。推动油茶产业不断向合作化、自动化的模式发展。通过已存在的 6700 亩茶园，积极探索油茶采摘园的发展之路，利用油茶产业来增加村民工作岗位，增加村民工作收入，提高村民生活水平。

（2）引进发展循环经济。将牛羊等牲畜的粪便作为荷花池的基底肥料，缓解村内排污难的问题，同时在荷花池中放养鸭子。莲藕三年一收，莲子一年一收，鸭子三月成熟，利用生物循环做到发展经济、提高农民收入的同时保护好环境。

（3）改善农林环境。截至目前，彭家湾村的耕地面积共 1300 亩，旱涝保收面积 750 亩，森林覆盖率高达 67%，减少了村庄的清洁压力，改善了村庄的农林环境。

在产业的带动下，彭家湾村年粮食总产量达 300 多吨，年总收入 160 万元，年人均纯收入近 2800 元。

（二）完善乡村设施，改善人民生活

乡村基础设施是发展乡村经济和改善村民生活的必备条件，是城乡协调发展的关键纽带，同时也是现代化基础设施体系中亟待提升的重要组成部分。彭家湾村在实现乡村振兴的过程中，以完善基础设施为重点，积极建设乡村基础设施，硬化道路等，优化村民宜居环境，持续改善村民日常生活，保障村民的健康安全，不断增强村民的获得感、幸福感、安全感。主要措施如下：

（1）完善乡村道路建设，奠定乡村振兴基础。2021 年驻村工作队协调县

发改局为彭家湾村筹措资金 20 万元用于村组道路建设，完成了道路硬化 8 公里，产业路建设 9.5 公里，共计完成道路建设 29.15 公里，基本实现了道路硬化。乡村道路的建设极大地方便了村民的对外交通，促进了当地产业的发展。

（2）完善乡村文化设施，推动开展本村精神文化活动。在党和政府的关怀之下，彭家湾村于脱贫攻坚时期建立正式的彭家湾村部，并在村部的屋场上添置了娱乐运动器材。评选“同心美丽乡村带头人+光荣户”，以培育社会主义新型农民为目标，树立身边群众“村兴我荣、村乱我耻”的观念，为创建“同心美丽乡村”工作提供了充分的政策支持，促进了村级文化事业的发展。

（3）改善乡村人居环境，优化人民生活环境，改善人民的身体素质。村支部召集村民有偿清理道路，美化乡村道路，在改善了乡村自然环境的同时，也为村民带来了新的收益。除此之外，彭家湾村村“两委”争取资金 5 万元，修建垃圾处理池 1 处，购买垃圾桶 50 个、垃圾斗车 3 台。成立环境卫生机动小队，组长牵头，清扫河道、水沟、田坎深处多年堆积垃圾；以奖补的方式，发动村民自行对乡村厕所、厨房进行改建，为本村村民沼气池加装沼气盖 200 个。

（三）传承优秀传统文化，唱响乡村“文化之声”

中华优秀传统文化是中华民族的精神命脉，是涵养社会主义核心价值观的重要源泉。乡村传统文化作为中国传统文化的重要组成部分，反映了农民的生活方式、思维方式、价值观念、道德规范、艺术创造，是我们的民族精神和文化基因的重要来源。近年来，彭家湾村采取的相关措施有：

（1）培养乡村“艺人”，营造浓郁的文化氛围。通过宣传、展示、交流等方式，增强人们对乡村传统文化的认识和尊重度，提高人们对乡村传统文化的参与度和满意度。2021 年，彭家湾村通过统战部积极向全国推广彭家湾村艺人李家余、彭清容传承的“渔鼓筒”“三盎鼓”“镐草锣鼓”。为鼓励参与和创新传统文化，对乡村传统文化进行适应时代需要的创新和发展，赋予传统文化新的内涵和功能，展现其新的魅力和价值。除此之外，彭家湾村还成立了 1 支名为“梦之蓝”的女子管乐队，中西乐器结合，为传统文化注入活力。

（2）传承和弘扬本村的民歌文化。彭家湾村的民歌属于桑植民歌，桑植民歌由群众即兴而作，口口相传。彭家湾村利用各种媒体平台和社交网络进行教育、宣传、展示、交流，对桑植民歌文化进行广泛推广，让更多的人了解、欣赏、喜爱桑植民歌文化。鼓励村民们参与网络互动，拍摄桑植民歌相关的视频，推广桑植民歌，也有村民自发通过网络直播的方式，将桑植民歌唱响。为保护传统文化，并进一步传承和发扬。彭家湾村在县政府的领导和支持下，对桑植民歌进行了改编，将现代的音乐元素融合到桑植民歌中去，通过多声部的演绎，从曲式结构、声部、和弦等多方面进行改造，更加生动形象地展示了桑植民歌的民族特色，丰富了歌曲刻画的形象。

（四）大力引育人才，助力鸾翔凤集

人才是乡村振兴的重要基础。大力引进人才，补齐乡村人才匮乏短板，是推进乡村振兴的动力来源。做好新时代乡村人才工作，必须建设一支数量充足、结构合理、素质优良的乡村振兴人才队伍，激励各类人才在乡村广阔天地大展才华，为乡村振兴提供坚实的人才支撑。主要措施如下：

（1）吸引农民工返乡就业，鼓励高校毕业生回乡创业。彭家湾村加大返乡农民工支持力度，建设孵化基地，提高本土人才、乡土人才就业创业能力，以创业带动就业、以就业促进创业，并继续实行“脱贫致富光荣户+带头人”的鼓励政策。拓展全球化视野和互联网思维，用好互联网这个最大资源、最大优势，支持高校毕业生返乡入乡创业，并通过产业发展的现有成果和可发展机会吸引人才回乡创业，村“两委”牵头与农商行协商，放宽创业担保贷款申请条件，培养专业人才，加快乡村电子商务发展，推动优质农产品上行、上线，提高农民综合收入。

（2）大力培养本土人才，带动产业技术发展。彭家湾村积极开拓成才途径，努力“催生”乡村人才能量。村“两委”对彭家湾村所属人才进行分层次、分期、分批培训和轮训，切实提高乡村人才的能力水平。把具有创新创业潜力的新型农民，作为产业带头人加以重点培养，造就一批乡村经济“领头雁”，为乡村振兴提供人才保障。

二、脱贫攻坚的经验总结

（一）党的领导是方向

完善基层党组织建设，强化基层党组织核心地位。党组织是推进乡村振兴的重要力量。各级党组织负责人要坚决担负起第一责任人职责，不断夯实基层党组织战斗堡垒，狠抓常抓乡村基层党组织建设，让乡村振兴各项工作目标得以实现。多年来，桑植县彭家湾村坚持党建引领，立足生态优势，有效破解了乡村振兴人才、资金、资源短缺等难题。坚持党对“三农”工作的

领导，精心做好顶层设计，统筹协调、整体推进、督促落实，才能凝聚起实施乡村振兴的磅礴力量，才能始终沿着中国特色社会主义乡村振兴道路阔步前进，推动农业全面升级、乡村全面进步、农民全面发展。

（二）发展壮大村级集体经济是关键

树立联合开发、抱团发展的观念。积极向上对接，优化支出结构，筹措各项资金，解决盘活项目启动资金短缺问题。与相邻村落合作发展，扩大产业规模，共寻发展之路。在建设美丽乡村中拓展村级集体经济发展空间，走差异化经营美丽乡村的路子，积极发展休闲观光农业、创意农业、养生农业等新型农业业态。盘活存量资产，发挥资源优势。盘活油茶、小花生、蜂蜜、土鸡蛋等农副产品，开展村级存量资产现状调查，摸清家底，对村集体全部资产确权登记颁证，深入开展村集体经济组织成员的资格界定。集中优势资源，进行规模化生产和销售，提高效益，同时有机地整合资源，针对不同的需求和人群，开发差异化的商品和服务。注重品牌建设，利用好当地资源和优势，打造独具特色的产品品牌，加大推广宣传力度，培养品牌忠实度。

（三）基层自治是重点

加强村“两委”班子建设。坚决落实“一肩挑”制度（即村支书与村主任由一人当选），实现党务、村务一手抓，乡村工作全面管，让“一肩挑”干部更全面更具体地接触乡村各项工作，熟悉工作流程，实现干部能力的全面提升，为培养新时代乡村振兴带头人提供干部储备和能力保障。严格按照党支部“五化”建设要求，落实党员“五个到户”，认真开展工作，学习业务技能，提高党员理论文化水平。要求每月按时参加“主题党日”活动，组织党员干部深入学习和忠实践行党规党章、习近平新时代中国特色社会主义思想、习近平总书记关于乡村振兴工作重要论述及系列讲话、十九届六中全会、二十大会议精神、中央一号文件、省委一号文件，并带头讲党课，做好学习笔记，写好学习感悟，以提高思想政治素质，切实增强政治自觉和行动自觉。

三、乡村振兴面临的问题与原因分析

（一）自身“造血”能力不足

在实际探访中，我们发现彭家湾村的发展过于依靠上级组织的支持，依靠外部的投资和转移支付，其自身缺乏自主创新发展的动力，缺乏实现内生增长和可持续发展的能力。其问题的原因在于乡村经济结构相对单一，依赖于农业生产，缺乏多元化的产业和服务业。虽然农业技术在工业革命和科技革命之后实现了质的飞跃，但是农业的发展依然受气候、土壤、水源等自然条件的制约。所以，只发展农业这一个产业难以使乡村经济环境真正得到改善。再者，由于当前农村二、三产业欠缺，在确保粮食生产安全红线的情况下，剩余的可利用发展产业的土地资源不多，尤其缺少项目建设用地。同时，由于乡村客观原因的限制，乡村难以打造“一村一品”特色产业，农产品缺乏市场竞争力，效益不高，村集体经济“造血”活力不够。基于此，彭家湾村能不能依靠自己把步子走稳，能不能把持续发展之路走通仍然是一个亟待解决的问题。

（二）人才缺口较大

通过对全村人口数据的了解和调查，我们发现乡村地区的人力资源相对匮乏，主要表现在人口老龄化、劳动力外流、教育水平低下等方面，缺乏高素质的人才和技术支撑，难以提高经济效率和竞争力。其主要原因是随着我国经济的发展，城市对人才的吸引力远大于乡村，越来越多的人从乡村迁移到城市。同时由于文化认同和归属感的缺失，乡村地区的文化和传统被城市地区的文化和传统挤对，使得乡村人才很难对自己的身份和背景感到自豪和满意，也很难对乡村社区的发展充满责任和热情。因此出生在乡村的人倾向于追求城市化和现代化的价值观和生活方式，从而导致了乡村人口的减少和老龄化。

（三）城乡发展不平衡

相较城市而言，我国农村发展起步晚、欠债较多，城乡经济“二元结构”的问题还没有得到完全解决。城乡除了经济、收入之间的差距，医疗、卫生、教育、文娱等公共服务与社会保障的差距也非常明显。空巢高龄老人由于丧失了劳作能力和经济来源，基本没有按时足额交纳医疗保险等社会保险的经济能力。同时，由于乡村的经济能力低，配套资源差，难以吸引高质量的教师、医生等社会服务型人才，从而影响了乡村的进一步发展。

四、持续推进乡村振兴的对策建议

（一）培养新一代领头人

配备好村“两委”接班人，将年富力强的优秀党员吸纳进村“两委”班子，选优配强村“两委”班子。建立并完善村民议事会和村务监督委员会制度，推进村民议事和村务监督工作常态化；除此之外，积极培养入党积极分子、发展对象和预备党员，让新兴的积极力量带领村民参与发展和建设工作，从而引导村民坚定不移听党话、跟党走。在党的领导下，完善村民选举机制，推选出受村民认可的村民代表和村委会成员，从而进一步提高乡村自治能力，同时还能够帮助村民更好地理解和贯彻党振兴乡村的政策，持续推进乡村振兴。

（二）提高农民综合素养

由村“两委”牵头，积极发掘并培养现有村民，提高其技术水平、思想水平和道德水平，积极组织村民参加种植、养殖、电商、电工等技能培训。每年定期选送优秀人才到省、市、县参加培训，培养致富带头人、产业领头人，为乡村的经济发展厚植人才土壤。进一步加强乡村教育，改善和提高乡村学校的办学条件和教学质量，缩小城乡教育差距，培养更多的乡村人才。同时，加强对乡村成年人的教育培训，为其提供更多的职业技能、法律知识、科学文化等方面的学习机会，不断提高农民的知识水平和技能水平，以帮助他们适应社会的发展。在此基础上，还需要鼓励乡村创新，激发农民的创新意识和创新精神，鼓励他们在生产生活中发现并解决问题、改进生产方法、创造更多价值，为他们提供更多的创新平台和机制，如科技示范、创业孵化、金融支持等，增加他们参与创新活动的机会并提高其创新能力。

（三）优化产业结构

当前乡村产业发展技术水平较低，农业仍然是乡村的支柱产业。基于此现状，首先，村“两委”应当着重培养本土的农业技术人员，学习先进的生产技术，引进高质量的生产工具，推动农业向机械化、高效化等方面发展，从而提高农业的生产效率，推动产业本身的发展升级。其次，村“两委”应该大力推动乡村非农业的产业发展。指导农民将第一产业和第三产业相结合，发展特色旅游产业，吸引来自城镇的游客；补贴率先开展农家乐的农户，邀请其他地区产业融合的先行者来村进行经验介绍和交流。最后，村“两委”可以和邻村进行合作，在产业发展竞争上坚持“求同存异”。在同质类产业上，运用建立合作社的模式追求合作发展，如合力打造一个油茶品牌，推动产业深入发展。在非同质化的产业上，比如百合种植、白茶种植产业，积极展现本产业特色，走好特色产业发展之路。

五、调研总结与感悟

通过此次对彭家湾村的调研，我们切实感受到，近年来在国家精准扶贫政策扶持下，乡村人民通过自身努力紧跟时代发展步伐取得的进步。从产业扶持到医疗保障，推动乡村经济的迅速发展不断提升村民的生活质量。原本只存在于报告上的成就通过村民的话语、改善的环境、完善的基础设施展现在我们面前。

在本次调研过程中，我们参观了白茶、油茶等作物的种植基地，发现乡村不是缺乏土地这样的自然资源，而是缺乏劳动力；不是缺乏对产业化和规模化发展的尝试，而是缺乏因地制宜的措施。

通过在彭家湾村和产业带头人及相关工作人员的交流，我们发现乡村发展的一部分阻力来源于农民“靠天吃饭”的思想意识。他们不愿意改变现有的生产方式，也不相信收入方式的改变能带来更多的收益。我们期待更多有知识有创新精神的青年人加入推动农村经济发展的队伍中，带动村民共同推动乡村振兴。

本次调研，我们走进了乡村，脱离了城市的生活，那些国家出台的政策方针和写进报告的一项项成就，曾经只是我们学习和了解的语句。随着调研的一步步深入，我们看到了国家的方针政策给村民带来的真实好处，看到了那些记录成就的数据被拆分成一点一滴的成绩展现在现实生活中，听到了村户们绘声绘色地讲述近年来的发展，感受到国家对乡村的关心和帮助，感受到国家及人民的伟大力量。

乡村振兴“新战法”①

——以安顺市普定县韭黄村为例探究贵州“兵支书”模式赋能基层治理

一、调研综述

（一）调研背景

习近平总书记在党的二十大报告中指出，要“加强国防动员和后备力量建设，巩固发展军政军民团结”。近年来，贵州省联合退役军人事务部会同中央农办、国务院扶贫办等部门推广“兵支书”模式，选拔优秀退役军人在村“两委”中担任支书、主任、委员，充分挖掘整合退役军人村干部优势，不断提升退役军人村干部决战脱贫攻坚、推进乡村振兴的治理能力，培养出一批摆脱贫困的乡村“领头雁”。全省2023年共有“兵支书”9226人，占村“两委”干部总人数（114313人）的8.07%，为乡村振兴发展和探索共同富裕提供了新的发展路径。

团队成员均为退役大学生，对国家政策有着更深的理解。同时，特殊的身份也能够让成员们换位思考，拉近与调研对象之间的距离，更好地探寻退役军人在脱贫攻坚和乡村振兴等工作中发挥的示范引领作用。

（二）存在问题

1. 乡村振兴人才短缺问题

乡村是中国社会的基础，是国家政治、经济、文化和道德生活的根基。近年来，伴随市场化和城市化进程的加快，乡村面临着更为复杂的治理环境。截至2021年，我国乡村常住人口约4.984亿人，比2016年减少了0.75亿人。乡村普遍存在人才数量、质量、结构等方面的短板，处于“内外交困”的状态，乡村社会治理日趋复杂。

---

① 作者：闵航、徐海慧、敖文杰、葛志远、周瑞哲；指导教师：罗国辉。

因此，推进落实乡村振兴战略的根本路径是解决基层治理制度和治理主体不能满足乡村发展与治理需求的矛盾。作为乡村治理的关键主体，村干部始终是乡村振兴最直接的组织者、领导者和实施者，扮演了国家代理人与村庄当家人的“双重角色”。而伴随乡村振兴战略的深入推进，建设一支能真正扎根于乡村、内化于乡土，且有能力、有韧劲的村干部队伍仍然面临挑战。

2. 退役军人返乡困境

退役军人就业安置工作关系社会稳定和国家长治久安，是新时期党和国家的重点工作之一。2020 年 11 月 11 日，十三届全国人民代表大会常务委员会第二十三次会议表决通过《中华人民共和国退役军人保障法》，旨在进一步加强退役军人保障工作。在每年 70 万~80 万的退役军人中，大量农村籍退役军人以退伍、复员、转业等形式返回家乡，面临着社会与自我的双重困境。

一是社会融入性困境。军营和乡村是两种截然不同的环境，长期纪律严明的军旅生活与散漫、自由的乡村社会是相互排斥的。返乡退役军人在相当长一段时间内处于旧关系未能恢复，而新关系尚未构建的困境状态。

二是自我价值性困境。改革开放以来，尽管国家提倡退役军人自谋职业，但“退役包分配”的认知观念仍然根深蒂固。退役军人往往对就业前景有着较高期待，他们希望有更好的工作环境和更高的收入。一些退役军人尝试融入市场经济，但他们在部队中积累的优势更多源自组织化生活，与市场经济的人力需求并不契合。在社会化就业安置中，由于服役期间与外界联系少，与同龄群体相比缺乏社会经验，返乡退役军人容易产生自我价值期待与自身价值能力的落差①。

3. 贵州省“兵支书”发展现状

贵州省是全国最早开展“兵支书”建设工作的省份，2020 年贵州印发《关于在优秀退役军人中大力培养农村基层组织带头人的指导意见》，提出一系列举措和办法，大力提倡把优秀退役军人培养选拔到农村基层组织干部队伍中，充分发挥优秀退役军人在打赢脱贫攻坚战、推进乡村振兴战略中的作用。目前，贵州省共有“兵支书”9226 位，全省“兵支书”中担任村“两委”主要负责人的人数占“兵支书”总数的 40%以上。安顺市从 2018 年开始推行“兵支书”制度，是贵州省最早的试点地区。截至 2020 年 10 月，安顺市“兵支书”共 709 人，占安顺市村干部总数的 75%②。

---

① 刘晓峰，吴平先．乡村治理中“兵支书”的主体能动优势与示范效应［J］．江苏社会科学，2023（3）：122-130.

② 华姝．不忘“兵之初”建功“兵支书”：贵州充分发挥优秀退役军人在农村基层组织中的带头作用［J］．当代贵州，2020（34）：40-41.

（三）调研意义

1. 探究退役军人在乡村振兴中的能动优势

2021 年退役军人事务部等 16 个部门印发《关于促进退役军人投身乡村振兴的指导意见》，提出了促进退役军人投身乡村振兴，既是响应国家号召、投身国家战略的具体体现，也是引导他们返乡干事创业、实现人生价值的重要途径。此次调研以安顺市普定县韭黄村为个案开展实证研究，通过对韭黄村现状调查、采访“兵支书”杨守亮以及村党委班长和村民，发掘“兵支书”在韭黄村脱贫攻坚、乡村治理过程中的能动优势和示范效应，为退役军人投身乡村振兴的做法和完善“兵支书”工作机制提供经验启示。

2. 探究“兵+X”模式的推广

退役军人为国防和军队建设作出了重要贡献，是党和国家的宝贵财富，是社会主义现代化建设的重要力量。广大退役军人脱下军装后，自觉铭记党和国家的关心关爱，积极投身改革开放和社会主义现代化建设时代大潮①。

随着军事改革和国防建设的推进，越来越多的大学生携笔从戎、投身军营。2001 年，我国启用大学生征兵制度，将全国 90 多所高校作为新兵征集试点。至 2019 年，在网上报名的大学生士兵人数已经超过 124 万人。本调研团有五名成员为上海对外经贸大学退役大学生士兵，相同的退伍军人身份让调研团成员们对“兵支书”有更加深切的体会。此次调研不仅是对“兵支书”工作机制的研究，更是对退伍军人在中国式现代化道路上所扮演角色的一次探究分析，为退伍大学生群体摆脱重返校园困境提供建设性经验。

（四）调研方法

1. 文献查阅

调研展开之前，成员立足退伍大学生群体，以“退役军人”为关键词，收集了大量相关资料，例如媒体报道和论文内容，从而为实践的开展积累了丰富的理论知识。通过对贵州省“兵支书”相关政策的了解，我们将调研地点确定为安顺市韭黄村。

2. 实地调研

首先，实地调研围绕韭黄村的产业发展，在田间地头和韭黄加工车间，通过与村干部和农户交谈、参与韭黄产业全过程，详细了解韭黄产业发展现状。然后，走进韭黄村街道，了解韭黄村基础设施建设、医疗保障和法治建

---

① 本报评论员．维护退役军人合法权益的重大举措［N］．解放军报，2020-11-12（1）．

设等情况。最后，团队成员参观了安顺市西秀区退役军人事务局和“兵支书”之家，深入了解退役军人村干部推进乡村振兴实施意见，探讨贵州省“兵支书”模式经验，探索各行业各领域退役军人作用发挥工作机制。

3. 深度访谈

首先，采访韭黄村党委书记杨守亮、退役军人“1+9”战斗班组成员等，通过访谈了解“兵支书”工作机制的实际开展现状。然后，采访韭黄种植农户及产业工人，以熟悉韭黄种植技术和产业发展情况，并与韭黄村村民和党员群众进行深入交谈，了解韭黄村产业变革和脱贫攻坚前后乡村发展状况，探究国家政策影响乡村振兴的重大意义。最后，聆听西秀区退役军人服务中心主任严冬阳对“兵支书”政策的介绍，熟悉相关政策法规以及具体实施成果。

4. 调查问卷

为了解退伍军人现状及生涯规划情况，在退伍军人群体内发放问卷。所得结果将为后期调研报告提供具体数据以供分析。问卷结果充分说明宣传退役军人就业政策，发挥好就业政策的带动作用，有利于帮助退役军人再就业，营造爱军拥军的社会氛围。收集数据以及具体分析内容详见附录（二）问卷调查。

二、调研过程

（一）安顺市白岩镇韭黄村实地考察

1. “1+9”“兵支书”计划探究

韭黄村占地面积约 8.93 平方千米，有 13 个自然寨，28 个村民组，以村委会为中心分布。曾经的韭黄村，基础设施落后，村“两委”力量薄弱，服务群众的能力有待提高。2008 年，退伍后从事蔬菜生意小有成就的杨守亮受到当地镇政府号召，回到韭黄村担任村干部。秉持着既是退役军人又是老党员的责任感，杨守亮带领村干部，白天走村入户，到田间地头去，和全村的致富带头人、退役军人、贫困群众交心谈心，晚上和村“两委”成员探讨交流，分析发展中存在的问题和症结，积极寻求解决的办法。

韭黄村“1+9”“兵支书”计划是以“兵支书”杨守亮为领头人，将韭黄村 74 名退役军人组织起来，按“1+9”组成战斗班组，实行“支部+合作社+村级公司+农户”模式发展韭黄产业，将韭黄村建设成为靠韭黄产业致富的小康村。

“我觉得退伍回来的人，一是时间观念强，执行能力强；二是个人意识强，作风优良。”杨守亮说道。2016年，杨守亮当选韭黄村村党委书记后，召开退伍军人座谈会，在退伍村民中形成了几个党组，把退伍军人，有经验、有经济头脑、有发展意识、有创业想法的人都放到乡村治理一线去。结合全国推行的网格化管理模式，形成具有韭黄村特色的退伍军人“1+9+9”的网格化管理体系。1个带9个，9个带81个，延伸到各个村各个组各个角落。此模式将全村民众带动起来，使人人都参与到乡村治理的工作中来，共同建设生态宜居乡村。

在杨守亮的带领下，韭黄村充分发扬“兵支书”从群众中来，到群众中去的朴实品格。通过“兵支书”之家实践站、退役军人服务站和志愿宣讲团，狠抓退役军人党员队伍建设，按照对党忠诚、敢于担当、激情满怀、勤奋工作、无私奉献、一心为民的标准锤炼队伍，使“兵支书”成为政府与基层群众之间联系沟通的桥梁纽带，积极向基层群众宣传党和政府一系列富民惠民政策，与基层群众同呼吸、共命运、心连心，成为人民群众的贴心人。依托村扶贫公司、绿色蔬菜合作社等农村经济发展平台，从产、供、销及农特产品品牌打造上着手，韭黄村退役军人群体深入乡村内部，走进田间地头，努力培养农村脱贫致富带头人，使之成为基层党员的“领头雁”，带领广大贫困群众脱贫致富奔小康。

2. “党建+”模式发展

在发展韭黄产业进程中，韭黄村坚持“建机制、淳乡风、促民主、兴产业”的思路，形成了以党建引领“常态机制”“民主管理”“产业发展”等新模式，走出了一条“党建+”助力乡村振兴的新路子。该村党委按照“党建强村、产业富村”的发展思路，全面实施乡村振兴战略，在村民自种的基础上，积极推行“支部+合作社+公司+农户”模式，推动党建和农业产业融合发展，铺筑起农民稳收增收、快速致富的“高速路”。

经过多年发展，全村397户1646人在2019年底实现全部脱贫，农民年人均可支配收入将近1.6万元，村集体经济收入达103万元。到2021年，村里的年人均可支配收入增长了300%。2019年，韭黄村党委荣获“全省脱贫攻坚先进党组织”称号，被认定为全国乡村治理示范村。韭黄成了村民们的“黄金草”，韭黄村也成为远近闻名的小康村。

3. 韭黄村乡村治理新思路

在乡风文明方面，韭黄村依托新时代文明实践中心、党员活动室、道德讲堂等阵地，广泛开展思想道德素质教育活动，大力弘扬社会主义核心价值观，传播正能量，努力在全村范围内营造“学习好人、崇敬好人、礼遇好人、争当好人”的浓厚氛围，从源头上把好思想关。

在乡村治理方面，该村形成“党建+民主管理”模式，党委结合工作实际，以村规民约为统领，进一步提升村级民主管理水平，创新探索出村庄治理的“红绿灯条款”，引导村民崇德向善，推动基层治理提质增效。

在基础设施方面，韭黄村依托韭黄产业，规划建设村庄大道6公里，实现了水泥路村村通户户通、供水管网全村覆盖，修通韭黄基地机耕道12公里，实施农房立面改造5000平方米，兴建了村级服务中心和文体、娱乐、休闲广场，基础设施落后面貌得到根本改善。近两年修建的宽敞商业街和盘山公路，不仅方便了村民生活，也吸引了很多外地游客。

在乡村治理进程中，密切协作的班组成员帮助村民解决生活难题，带动乡村经济发展，特别是在脱贫攻坚、疫情防控过程中，发挥了不可替代的作用。韭黄村从原来的贫困村一步步变成现在全国有名的“小康村”“示范村”，村民生活水平日益提高。

（二）韭黄种植产业分析

杨守亮担任村支书后，带领韭黄种植农户，改进种植技术，创新采用黑桶遮光技术取代了原来耗时费力的培土遮光法，提高了种植效率。为了打开销路，他带头组建销售队，到贵阳、广东、浙江等地跑市场，拓展销售渠道。几年过后，韭黄村成立了韭黄农业有限公司，由公司技术人员从用肥、农药、采收等方面为农户提供服务。韭黄成熟后，无论市场好坏，种植合作社都以2块钱一斤的保底价向农户收购，市场价高出部分再补差价。让农民种出来不亏，有最基础的保障。

经过多年的种植、培育和发展，韭黄种植规模逐渐扩大至5600亩，韭黄种植每家每户全部参与。驻村干部介绍说，现在公司里的工人基本上每天30人到120人，按小时计算，多劳多得，9月至10月收获高峰期用工能达到每天120人到180人。全村每年总产值达6000万元，逐渐成为全国最大的韭黄种植基地。在韭黄加工厂经过清洗、分拣、切割、包装等多道工序之后，原本2元一斤的韭黄通过冷链运输能够在东南亚国家卖到一斤16元以上。近年来，韭黄种植技术已推广至整个普定县，通过与各大蔬菜经销商以及外贸公司签订合作协议，普定县韭黄种植规模达到10万亩，不仅拥有广阔的国内市场，还远销海外。

同时，白岩镇在韭黄村产业种植示范基地建立了韭黄种植大数据综合管理平台，通过农业大数据平台，以农眼智能检测基站、虫感知、智能安防检测系统等终端实现对农业生产的全过程可视化监管。目前，通过监测平台，韭黄村种植基地的天气和土壤等情况能够实时反映到中央农业部，接受相关专家的监督指导。如今，白旗韭黄作为国家地理标志保护产品，在普定县委和县政府的指导下，已经成为全县主导产业。

（三）西秀区退役军人事务局探访

为深入了解退役军人村干部推进乡村振兴的实施意见，探讨“兵支书”模式经验，探索各行业各领域退役军人作用发挥工作机制，团队成员走进安顺市西秀区退役军人事务局，采访相关负责人。

1. 贵州“兵支书”政策现状

2020年9月，全国退役军人村干部决战脱贫攻坚和推进乡村振兴现场交流会在安顺召开。2020年12月，安顺“兵支书”脱贫攻坚代表队荣获全国“最美退役军人”先进集体，安顺市白岩镇韭黄村也作为模范典型成为全国“兵支书”现场会观摩地点之一①。

2. 退役军人帮扶措施

作为退役军人思想政治教育基地和“兵支书”模式的推广地之一，安顺市西秀区退役军人事务局结合自身实际，紧贴退役军人需求，搭建“兵支书+合作社+基地+渠道+市场”平台，充分发挥贵州省“兵支书”区域产业联盟的作用，让退役军人更好地为乡村振兴注入新活力。

为推动退役军人工作高质量发展，西秀区退役军人事务局不断提升党建标准化规范化品牌化水平，为打造贵州省“兵支书”金字招牌，推动退役军人积极投身脱贫攻坚和乡村振兴，开创性地提出“五大职能”“四大行动”“三团建功”建设新路。同时，开发“兵支书”产品品牌，首推“兵支书e贷”，推动“兵支书”产业发展，成为贵州省退役军人事务厅唯一授牌的“贵州省‘兵支书’区域产业联盟基地”，为全国退役军人村干部树立了模范典型。

（四）退役大学生志愿服务队

1. 成立背景

在为期一周的乡村调研结束后，成员们深受退伍军人前辈们打动，在校武装部和上海市长宁区退役军人事务局的大力支持下，成立了上海对外经贸大学第一支退役大学生志愿服务队，将首次志愿服务地点定为上海市长宁区新华街道，并带动身边一批退伍大学生积极投身到志愿服务的热潮中，弘扬

---

① 王乐．安顺市退役军人就业安置政策评价及优化路径研究［D］．贵阳：贵州大学，2022.

志愿精神，展现退伍军人风采。

2. 开展活动

考虑到成员暑期日程安排不同，志愿服务队从7月10日开始进行了为期20天的志愿服务，每次2人轮流担任志愿者，圆满地完成了此次志愿活动。

在此次志愿活动中，我们主要完成了以下事项：

（1）新华街道社区图书馆整理。

按照馆内工作人员的要求摆放书籍、整理书柜。除日常的书籍分类外，团队成员还需回答读者对于书籍的相关询问，同时协助年纪大的读者使用借书还书设备等。

（2）退役军人事务局服务。

在退役军人事务局相关负责人的指导下，整理资料并从事线上文字工作。同时，如遇到物资整理缺少人手的情况，志愿者会协助搬运物资并配合服务群众。

（3）街道办科普展厅讲解。

在街道办的科普展厅内，团队成员充分发挥大学生的优势，为小朋友们撰写了生动有趣的讲解词。同时，应街道办的通知要求，团队成员前往会议礼堂的控音室协助会议开展，保障了新华街道办半年总结会议的顺利召开。

3. 现有成果

在志愿服务工作中，志愿者们不辞辛劳，认真负责，受到街道办主任以及社区群众的广泛好评，相关事迹曾被上海市长宁区新华街道、上海对外经贸大学以及校学工部公众号等多方宣传，并收到来自长宁区退役军人事务局以及上海市新华街道退役军人服务站的书面致谢等，展现了新时代退役大学生优良的个人素养和品质，也充分体现了学校为党育人、为国育才、奉献社会的时代担当。

三、问题讨论与建议

（一）存在问题

通过对贵州省安顺市普定县韭黄村以及安顺市西秀区退役军人事务局的走访，我们发现“兵支书”制度对乡村振兴、社会发展有积极作用，但在现实中“兵支书”模式的发展仍然面临着问题和挑战，离乡村振兴的目标还有差距。

首先，“兵支书”的能动优势尚需进一步开发，让更多优秀的退役军人回到家乡、建设家乡，确保优秀的“兵支书”能够“引得来”。

其次，乡村工作的特殊性使得部分“兵支书”尤其是新时代的退役军人群体对职业的认同感和获得感还不够强。在调研中团队成员发现村支书的工资待遇并不是很高，这对“兵支书”模式的长久发展是个考验，如何确保“兵支书”留得住，这个问题值得探讨。

再次，乡村治理的复杂性、乡村治理关系网的多样性以及宗族关系在基层工作中的重要性等因素极大地考验着“兵支书”。

最后，“兵支书”模式的复制与推广需要国家政策的支持、社会的支持以及军地联合的支持。尤其是地方退役军人事务局的宣传，对模式推广的重要性不言而喻，也直接关系到此模式能够“走多远”。

（二）改进意见

地方政府需要进一步优化制度设计，为“兵支书”更好地投入乡村振兴提供政策支持、制度保障。一是完善“兵支书”激励机制。不仅要提升“兵支书”物质上的待遇，还要多层次保障“兵支书”精神上的需求，提升其获得感和归属感。二是建立“兵支书”能力提升机制。在将“兵支书”纳入现有的基层干部培训体系的同时，开展一系列更有针对性的培训课程，强化其政治素养、组织观念和工作作风，激活其奉献乡村建设的内在动力。三是形成“兵支书”社会资本拓展机制。例如，以地区为单位定期举办“兵支书”论坛或座谈会；以“兵支书”为纽带加强军地联动；鼓励“兵支书”组织和参与战友联谊活动等。地方军人事务局则可以为模式推广和“兵支书”交流培训提供支持。四是形成“兵支书”扩散机制。加强新一代“兵支书”的培养，同时树立“兵支书”乡村治理典型，着力挖掘其中蕴含的可推广可复制的实践经验。

乡村振兴战略的实现离不开乡村现有人力资源作用的发挥，因此应重新认识和深入分析农村籍退役军人的人力资源特点、乡村治理潜力和主体能动性，充分利用当前“三农”政策和退役军人政策利好，吸引更多优秀退役军人投身乡村治理，发挥好退役军人自身素质优势，探索更适合地方特点的乡村振兴路径。

四、调查结论与总结

当前乡村面临着城市化发展与乡村振兴对冲所带来的各种挑战。在这样的背景下，有效利用乡村存量资源，是推进落实乡村振兴战略的理性选择。贵州省安顺市的实践证明，农村籍退役军人可以作为乡村治理型人才的一个有益补充。“兵支书”模式为解决乡村振兴人才短缺问题、退役军人就业返乡困难提供了合理的思路。

五、收获与感悟

习近平总书记指出“幸福都是奋斗出来的”，唯有坚持奋斗，才能奔赴更好的未来。只有亲自到祖国无垠的田野中，才能体会到广大农村工作者的不易与艰辛。

在贵州省安顺市韭黄村的调研过程中，团队成员仿佛亲眼看到一穷二白的乡村，在“兵支书”杨守亮的带领下，经历了脱贫攻坚战和乡村振兴，最终发展成百姓生活富裕，居住环境宜人的全国乡村治理示范村。从村民洋溢着幸福的笑脸上，成员们能够看到繁荣背后是无数劳动人民的艰苦奋斗，是党和国家拼尽全力决胜脱贫攻坚的勇气与毅力。

调研过程中，实践团队获得了来自学校、社会、政府等无数部门机构和个人的支持，在他们的帮助下，团队成员一步步克服困难，提升了沟通能力和自信心。同时，团队五名成员在调研过程中各司其职，相互配合，密切协作，锻炼了团队合作能力，为项目的开展打下了坚实的基础。

团队成员均为退伍大学生，在调研过程中遇到了无数“退伍不褪色”的军人前辈，他们在自己的岗位上以身作则、无私奉献，不断发扬着部队“听党话、跟党走”的工作作风，为我国的社会主义现代化建设事业添砖加瓦。在他们的激励下，实践团队成立了退役大学生志愿服务队，深入社区街道，不辞辛劳，认真负责，带动了一批退伍大学生投身志愿服务的热潮中，展现了新时代退役大学生优良的个人素养和品质。在今后的生活中，成员们也必将不忘军人本色，牢记军人使命，永远把人民利益放在首位，为国家和平稳定而努力。

六、附录

（一）访谈记录

1. 采访“兵支书”杨守亮的记录

问：您其实算是我们的老班长，我们当时在网上看到了韭黄村的“兵支书”模式，而我们团队成员也都是退伍大学生，所以我们很感兴趣，想向您了解一下这个“兵支书”是怎么在乡村治理当中发挥作用的？

答：我们村总共有72名退伍军人，我们在市委、市政府主办的一个“兵支书”培训会议上，由安顺军分区的政委负责培训。经过培训之后，我觉得退伍回来的人，一是时间观念强、执行能力强；二是个人意识强、作风优良。

所以，回来以后我组织了村里所有的退伍军人开了座谈会，形成了几个党组。还有我们村主任这边，他组织乡贤、退休老干部、离休村干部和有工作经验的人，形成了又一股力量。我们退伍军人和这些乡贤还有老干部一起商讨议事，讨论村子的发展问题。年纪大的就负责我们的后勤工作，做思想政治工作；年轻的退伍军人和有工作经验的人就到一线工作。他们在脱贫攻坚、疫情防控中起到了重要的作用，给我们村带来了极大的帮助。当时村子里面也没有什么经济来源，大家都是义务在为村子发展作贡献。我们把退伍军人，以及有经验、有经济头脑、有发展意识、有创业想法的人都放到一线来，经过我们的培养，有 5 个人已经成为正式党员。“1+9”这个模式就是说 1 个“兵支书”带领 9 个致富能人，而这 9 个致富能人又带领 9 个，形成“1+9+9”的这种模式。现在全国在推广网格化管理，同样地，我们就是通过退伍军人推行网格化管理，1 个带 9 个，9 个带 81 个这样的方式，遍布各个村各个组的各个角落，而且我们现在要建设宜居乡村，宜居乡村不是说仅靠我们村干部和极个别人就能完成的，还是要全民参与，人人参与到乡村治理工作中来。

我们韭黄村有 8. 93 平方公里，有 13 个自然寨，28 个村民组，以村委会为中心分布。全国“兵支书”的现场会就是在我们这里举办的，这个会开了以后，我又到北京参加了全国“兵支书”的宣讲会。

问：咱们村子发展起来以后，是不是外出务工的人都少了？

答：少了很多，原来我们村子在外面务工的人有 2700 人左右，现在只有 900 多人了，而这 900 多人中大部分都是在外经商的，务工的很少，务工的可能就五六个人。

问：所以我们村子总体生活水平提高得非常明显？

答：非常明显，我们现在年人均收入已经达到 16200 元了，我没当支书之前，6000 元都不到，但从 2016 年到现在，7 年的时间，我们年人均收入已经翻倍了。

问：那咱们有返乡创业的人吗？

答：有一部分，有种草莓的（退伍军人草莓采摘园），有废旧回收的，我们的白旗韭黄是获国家地理标志的，原来我们有 3700 多亩地种植韭黄，但是现在搞这个粮食化，我们种植基地就只有 800 多亩了。当时的全国“兵支书”现场会就是在这里观摩的。

问：我们韭黄的生产模式和销售模式是什么样子的？

答：我们村成立公司，成立了一个韭黄农业有限公司，这 800 亩种植基地就是我们流转过来的种植土地。而其他的个人种植，我们主要是负责指导，从用肥、农药、采收，到给他们提供服务。村民只管种，而我们负责收。我们给他的保底价是两块钱一斤，而之后市场价高出多少我们再补他们多少。让农民种出来不亏，有一个基础的保障。

问：那我们韭黄农业公司是由谁来负责呢？

答：也是村干部，根据政府指导，我们通过成立公司来进行韭黄产业的发展。我们一个班子有好几套人马。

问：咱们有多少人从事韭黄种植工作呢？

答：韭黄种植全部都参与，每家每户都有种植。而我们公司里的工人基本上每天是 30~120 人，高峰期用工能用到 120~180 人。因为白旗韭黄是我们的特色产品，当时县里就决定选择以白旗韭黄作为普定县脱贫攻坚的一个主打产业，由县委、县政府指导，在全县种植 10 万亩，带动全县发展。当时我还在为我们自己村里种植的 2000 多亩韭黄的销路发愁，如果全县推广了，岂不是更卖不出去，那韭黄村的生活怎么办？但是县里有方法，他们去跑市场，找买家，找销路。现在不是韭黄卖不出去，而是我们供应不上，外面已经供不应求了。

问：您一开始退伍回来的时候想到过走这条路吗？

答：没有，我退伍回来的时候我们村子里是真的穷，泥巴路，瓦房，我是 2008 年进入村委的，退伍回来我其实一直在外做生意，也是做蔬菜生意，在广西、云南、湖南、重庆、成都、贵阳这些地方做生意。后来党委政府叫我回来，说参加村里的工作，带领村子里的人致富。那时候村里面的报酬是 200 元一个人，我家里人还不理解，老婆孩子也不高兴，因为原来一年能赚 10 万~20 万元，现在回到村子里，就没有收入了。但是后来他们也慢慢理解我、支持我了。党委政府也很支持我提出的一些要求。我想说的是既然我要做这个事，我就要做好，如果做不好我就不做；我虽然是初中学历，但还是有一些思维和想法的。我进入村委以后，他们也很支持我，我当时就说，如果我在韭黄村不打一个翻身仗，“誓不为人”，而且当时我没有对外面说过我的想法，我想的是，如果每家每户都有一栋大房子，每家每户都有一辆轿车，我就算是成功了。虽然我自己先富了，但是作为一名党员，我必须带领大家富起来。

问：我们来的时候看见门口这条街很热闹。

答：对，你们进来看见的这条街就是我们打造的白旗新村，这条街为我们带来了商业、餐饮、住宿等多方面发展。我以前做蔬菜生意的时候，印象很深刻的是在云南他们搞的一村一品，就是一个村子只种植一种产品，而且人家的交通很发达，蔬菜采收后直接运走，所以后来我进入村委，第一个想法就是修路。我感受最深的是在2017年，我参加“兵支书”培训会议，那次培训给我的鼓舞最大，鼓励我们回村建设，我敢来，我敢创新，我敢闯。

我今年59岁，也临近退休了，现在我们村委里有11个人，有6位是退伍军人，我也已经发展了两个人做我的接班人，继续把“兵支书”这个模式发展下去，因为这个模式很好，“退伍不褪色，退伍不退志”。特别是军人时间观念强，纪律意识强，比如我说八点开会就是八点开会，他八点零一分到我都可以批评他，你为什么迟到？如果没当过兵可能会觉得迟到一分钟是很正常的，农忙时候事情多可能会来迟一点，但是退伍军人对时间就比较看重，会严格遵守组织纪律。

我在全省做过“兵支书”巡回演讲，获得过“全国模范退伍军人”“全国最美退伍军人”称号，每年有一个月的海南度假期，但是我都拒绝了。

我们这个基地，在中央农业部都能看见，现在我们搞密植化，原来一亩地种1200窝，现在要增加到3600窝，要提高产量。

2. 采访“1+9”战斗班组成员的记录

（1）采访班组成员赵廷江的记录（赵伯伯20世纪八九十年代退伍回村，是最早加入“1+9”战斗班组的一批成员）。

问：伯伯，能简单谈一下“1+9”战斗班组在村民建设和产业推动方面有哪些积极的作用吗？

答：我们“1+9”是带动群众一起致富的，特别是之前带动群众去发展韭黄，修路，本质上就是为了带领大家一起过上好生活。

问：您也是本地人，那是什么样的一个契机让您决定加入战斗班组的？

答：因为我也是退伍回来的，说到底还是为了群众的利益。韭黄村属于安顺市最偏僻的村镇，当时想的就是“退伍不褪色”，带领家里人还有村子里其他群众一起致富，把韭黄村的处境转变过来。

问：听咱们书记讲，当年村口都是泥巴路，现在也修起了水泥路和大道，方便了村里人的交通。

答：确实，我们当时退伍回来的时候，不只是泥巴路的问题，买东西的时候都是挑担子过去，有的地方路还不通，我们需要早上四五点钟起来挑着担子到隔壁村去买。

问：从您的角度来看，您觉得韭黄村这两年在什么方面的改变是最大的？

答：主要是群众的生活，年轻人的工作等方面，最明显的就是这两年村里面修了自来水管道，以前喝水都是拿担子挑来的，现在家家户户水管里面的水都哗哗往外面淌。

问：我们了解到现在村里面有村级的韭黄合作社和农业公司，这对我们当地村民就业是否起到了推动作用？

答：对，包括韭黄采摘还有后续的清洗加工都提供了不少就业岗位，大幅提升了村民的收入水平和生活幸福感。

问：我们现在村里的留守老人多吗？自从我们开办韭黄产业以来，是否有更多的年轻人选择留在家乡工作？

答：以前不时兴外出打工的时候留守老人是不多的，后来年轻人出门在外挣的钱多了，留守老人的人数也一直在增加。但自从我们成立了韭黄加工公司，有一批年轻人留下来参加了工作，现在外面的就业形势说来也不好，年轻人就留在村里自己创业了，现在韭黄村的旅游业也发展起来了，自己做点小生意也方便照顾家庭。

问：所以我们村还是吸引了一批劳动力回来的，对吗？

答：对。

问：我们看到咱们村建的幼儿园和小学，孩子们上学是不是方便多了？

答：对，现在孩子们在家门口上学就可以，相比之前还是很方便的。

（2）采访班组成员赵国元的记录（赵国元2012年退伍后来到韭黄村党支部，是“1+9”战斗班组的中坚力量）。

问：您进入“1+9”战斗班组以来，在村子建设或者产业推动方面做了哪些工作？有什么感想？

答：我负责的主要是调解矛盾纠纷。比如前年韭黄产业涉及的一些土地纠纷，因为大家都是本村人，彼此比较熟悉，我们和他们沟通也比较方便，可以更好地向村民们解释集体经济、农村经济的意义，化解纠纷。

问：您当时为什么会想到回村做这样的事情？

答：我刚退伍回来的时候，也是在外面打工的，后来随着家乡发展越来越好了，就回到家乡，在杨书记的带动下加入了村里的班组。

问：您觉得军旅生涯对自己开展工作有什么帮助吗？

答：主要是在调解矛盾纠纷方面能够起到带头作用，团结左邻右舍，做一下带头示范。而且因为我们退伍的军人都是比较有纪律性的，时间观念强，能够给其他党员村民起到带头作用，提高大家的执行力和服从意识，形成了良好的风气。

3. 对西秀区退役军人服务中心主任严冬阳进行访谈的记录

严主任：政府搭台、企业唱戏，就是这么个意思，相当于我们把台搭好，然后，现在我们“戎耀西秀”的一个队员叫作陈学兰，是我们安顺一个服务有限公司的，她来帮我们经营管理。

小组成员：相当于我们这里是一个平台。

严主任：就是我说的官建民营。官方建设，民间运行。依托贵州省“兵支书”区域产业联盟基地的作用，我们目前能够帮助300多种农特产品进行外销。目前卖得最好的就是我们的刺梨产品和西秀大米，安顺市长江流域邢江河这一段生产出来的大米特别好，时任退役军人事务部部长的孙绍骋来我们这里调研的时候就帮助我们的大米产品进行外销，销到了山东烟台以及退役军人事务部。走，我带你们参观一下。

要让军人从事的职业成为全社会尊重的职业。我们这一档人，包括我们这一档的士官，今年回来的就有20个，符合政府安排工作的，我们就让他们主动加入我们“戎耀西秀”——戎是戎马半生的戎——成为“戎耀西秀”的志愿者，这样一方面可以解决我们西秀区人少事多的窘迫。因为目前有15000多名退役军人，引导他们加入以后可以和我们一起更加高质量地服务退役军人。另一方面也可以让他们用自己的行动来回馈社会。我们这一支服务队就是开展爱国教育、关爱下一代、关爱青少年的队伍。所以我们有很多新闻也被中央的媒体进行了报道。

这里就是根据需要，我不知道你们当了几年兵。

小组成员：我们都是两年兵。

严主任：因为现在兵员的质量要比以前高了，都是大学生，但是像我们当兵的时候，基本上都是高中毕业，所以回来以后，思想要进步，我们就设置了“老兵书屋”板块，这里所有的书基本上都是我们退役军人自己捐赠的，以及相关部门给我们提供的。虽然这边叫作老兵服务室，但是也面向全社会开放。你们背后就是我们设置的一个心愿墙，是我们退役军人关心下一代的一个缩影。学校里品学兼优的学生，或者是家庭比较困难的，我们就收集他们的心愿贴在这个墙上，你看像是需要书、滑板之类的，我们贴在这里，这样愿意提供帮助的退役军人看见就会解决。

我们接着看，这是我们目前开展得最丰富的一个工作，在“兵支书”经验上提炼的，我们区有15336个退役军人，“兵支书”只有171人，所以“兵支书”只能代表其中小小的一部分，所以我们就拓展了兵+X模式，例如“兵校长”等。这是志愿者这一块，“121齐步走，戎耀之光洒西秀”是我们提炼的口号，我们志愿者进校园被《解放军报》所报道，我们也都收录了。

思想要进步，身体也要进步，根据一些老兵的需要，我们准备了这些健身器材，我们在这些地方可以强身健体。走，我带你们下去看。

墙上的是我们的“兵支书”代表，目前西秀区有171个“兵支书”，这一位叫作林显才，也是获得过“最美退役军人”提名的，这一位杨启荣也是优秀“兵支书”，在任期间就一直在搞产业搞生态，同时用苗族语言宣讲党的好政策。二楼是我们区里面授牌的爱国主题教育基地以及“兵支书”之家。为什么叫军地联合，是因为军队和地方一起发挥作用。这一位几十年如一日被亲切称为“兵妈妈”，今年带着几百斤大米走进军营给战士们包粽子，每年一有退役的，她就自己手缝一双鞋垫，送给退役军人。有一部短片叫作《兵妈妈的鞋垫》，就是以她的故事为原型，我们在网上都能看见。

我们西秀区目前有171个“兵支书”，平均分布在24个街道，“兵支书”之家也是围绕“五大职能、四大行动、三大团建功能”开展工作的，“三团”就是先工团、议事团、互助团，先工团在全区范围内收集因房屋受灾、身体重大疾病致贫等目前政策无法解决的情况，交给议事团再次商议，我们同时也会参加，最终借助互助团的社会力量解决问题。例如自从开展党史学习教育以来，我们就解决了180多个问题，金额最多的一家，我们帮助解决了20万元。目前我们“兵支书”不仅是在发展产业，而且是在各个行业都发展。这个就是我们一些志愿服务的工作剪影，我们不仅开展传统的志愿服务，还开展了“轻武器知识进校园”等特色活动，因为大家都清楚，如果不是当过兵，遇到战争，即使拿着枪也不知道使用方法，所以我们就通过讲党史忆军史的方式来进行轻武器讲解，来传授这方面的知识，一人讲解，一人操作。这是我们九支应急志愿分队的其中一支，随时听从区里面的需要开展行动。我们现在说的是九个字——“帮老兵、带老兵、护老兵”。大家目前看见的这个荣誉池，是我们整合了这些资源，把这里打造成未成年人教育研学基地，我们也收藏了各个历史时期的军装军衔，还有墙面上的从“七一”建党，到解放战争，再到国防强军梦，大家可以参观一下。我们西秀区荣获三等功及以上的人员，我们会将照片上墙。所有的奖章都是由我们退役军人捐赠的。

正如展板所示，时任贵州省退役军人事务厅厅长的孙厅长来给我们“贵州省兵支书区域产业联盟基地”揭牌，另外一张图片展示的是时任退役军人事务部部长孙绍骋部长来我们这里参观调研并做出了重要指示。我们西秀区长期以来树立退伍军人先进典型，发扬退役军人精神。见义勇为的杨俊，他在加班时发现液化气罐发生爆燃，不顾个人安危冲进火场将液化气罐从室内移出并进行灭火，被授予了“全国消防志愿者”的称号；还有我们的熊林，“熊支书”十几年如一日为村民服务，他是一名自主择业的军转干部，退役后回到自己家乡，申请加入贵州省的“兵支书”队伍，现在成功发展了当地竹林村的特色产业，并将“村BA”模式引进，吸引了大量游客前来游玩。

我作为退役军人的一员，近两年被全区和全市评选为“最美退役军人”，同时也是安顺市的“优秀志愿者”，虽然我们分布在不同的岗位，但我们坚持

“退役不退报国志，离军不离服务心”。

当年红军路过安顺市的时候，经过我们西秀区的部分乡镇，现在的杨武布依族苗族乡还留存有一座完整的“红军桥”。在现在的岩腊苗族布依族乡还有一块“红军岩”。当年红军在此地留宿，由于连日军阀混战，村民来不及打包自己的粮食就躲入深山，红军队伍留宿期间消耗了村民的粮食，走之前便留下了二十块银圆放在百姓家中，这笔钱对当时的村民来说是一笔巨款。怕百姓们不放心，红军就在岩石上写下“红军是工农自己的队伍”这句话。

作为西秀区的老一辈无产阶级革命家——王若飞烈士生前提出过“一切要为人民打算”，这句话也作为后人学党史、办实事的一个原则，在安顺市西秀区每一名工作人员的心中落地发芽，指引着我们前进。与贵州其他地区的退役军人事务局相比，西秀区最大的特色是敢于创新，我们敢于去做思想的引领者，我们大胆地去做行动的示范者，这也是我们今天能够取得这些成绩的表现。西秀区也在长期推动退役军人的就业创业，打造退役军人就业全要素、全方位的战友合作式就业中心生态圈，为他们提供全流程服务。

为了更好地把脱贫攻坚有效成果和乡村振兴进行衔接，我们搭建了乡村基金国家级大厅。就是刚才给你所说的“政府搭台、企业唱戏”，也就是咱们传统所说的“为车主找货、为货主找车”这种方式方法。从最初搭建的时候，我刚给你们说只有 40 多种产品，但全国现场会的时候，依托贵州省“兵支书”区域产业联盟基地的作用，有 300 多种产品，例如西秀大米，我们现在进部队走访慰问，相关单位提出的需求，大厅里展出的这些产品都可以满足。

可能你们也奇怪，从安顺来说，我们的非物质文化遗产很多，为什么就展示了这三家？因为它们具有咱们安顺的代表性，而且它们也吸纳了我们的现役军人的家属，比如说现役军人的妈妈、配偶、兄弟姐妹，为退役军人的家属提供了就业岗位，这样让 360 多名县级退役军人的家属在这三家企业就业以后，也能让这些退役军人更安心地加入我们的志愿服务团队，达到一个双赢的效果。

我们就是在“兵支书”这个经验上进行提炼升华，那么下一步我们也会运用边探索实践，边健全机制这种方法，然后联合相关单位选好帮好用好“兵支书”，提供从产业扶持到生产销售全周期服务，并且我们也会在“兵支书”的基础上持续地提炼咱们西秀区的其他经验，比如我刚才说的“兵校长”。我给领导也汇报了西秀区探索的“兵+X”系列，就像我们这样打造的“兵网红”，然后还有退役军人投身志愿者。我们也联合现在的“兵网红”，比如给我们带货的陈学兰，也是我们的志愿者，从零开始学习直播带货。在距离这里三公里左右，有一个直播基地，是我们自己入镜，去为退役军人进行带货销售，然后逐步形成具有“贵字号”的艺术品牌，在擦亮“兵支书”金字招牌的同时，也为下一步全省以点带面，深入推进农村产业革命提供咱们西秀力量，这就是我们的目的。

在咱们中国共产党的引领下，经过我们几代人的不懈奋斗和努力，我们生活的城市发生了翻天覆地的变化，从曾经的旧貌变成了如今的新天地，那么肯定和咱们的退役军人的力量是分不开的，他们作为咱们产业兴旺的带头人，生态宜居的治理者，为乡村振兴贡献了力量。

4. 采访韭黄村村民的记录

（1）采访韭黄村老党员赵廷鹏的记录。

问：老爷爷，您觉得现在的日子和之前的日子相比怎么样？

答：现在和以前的生活真的是天壤之别。以前没有水泥路，我们每天都是挑担走山间小路。我记得有一次半夜下雨，山路泥泞崎岖，不好走，家里养的牛脚下打滑，我牵着牛摔了无数次，脚也扭伤了，腿被割破了。现在的交通有了很大改善，老人都有养老保险，每个月的生活都有保障，有了这种兜底保障，生活无忧无虑的。交通也好，卫生搞得也好，我们过得很舒适。

问：您以前为什么想要入党呢？入党之后您觉得自己的身份或者工作发生了什么改变？

答：我是因为以前的工作，以前当老师教书。我们当时工作都要讲一个自觉，特别是在党的领导下，要有自己向党组织靠拢的积极性。入党之后，我积极参加党内的民主生活，每个月都学习党的理论，自己思想水平确实提高了。退休之后，我回到农村给老人们宣传党的政策，帮助村支部宣传相关思想。

（2）采访搬迁至韭黄村生活的王奶奶的记录。

问：奶奶您好，您觉得现在韭黄村的生活怎么样？

答：我是因为政策优惠从隔壁村镇拆迁搬到韭黄村的，韭黄村环境很好，分到的楼房整洁舒适，家里人都很满意。这儿道路宽宽敞敞的，路面干干净净的，确实好住，晚上出门路灯亮堂堂的，门口垃圾天天有人回收，路面随时有人打扫，这里是适合居住的一个好地方，在这儿过得很好！

（二）问卷调查

1. 调查背景

为了对调研背景有更详细的了解，我们针对退役军人群体展开了就业现状的调查，问题设置主要围绕就业意愿和政策影响展开，问题浅显易答。通过微信及 QQ 等平台，共收回有效问卷 88 份。

2. 问卷内容

问卷共设置 8 个问题，问题内容如下：

(1) 您退役时间是哪一年?

(2) 您的服役年限?

(3) 您现在的职业是?

(4) 对现在的职业满意吗?

(5) 将来想要从事哪种职业?

(6) 对当地退役军人就业政策是否了解?

(7) 您是通过哪些渠道了解到的这些政策?

(8) 您觉得退役军人就业政策对您职业发展规划有帮助吗?

3. 结果分析

(1) 退役时间。

为了确保问卷调查的真实性和可靠性，我们设置了退役时间这一问题来确定问卷填写人群的年龄区间和工作经验，由问卷数据可知，有 53.4%的填写者退役时间在 2017 年之后，其余大致平均分布在 2010 年到 2017 年之间。由此可以推断出填写者大多处于退役之后刚步入职场 3～5 年或者仍在上学的状态。

(2) 性别分析。

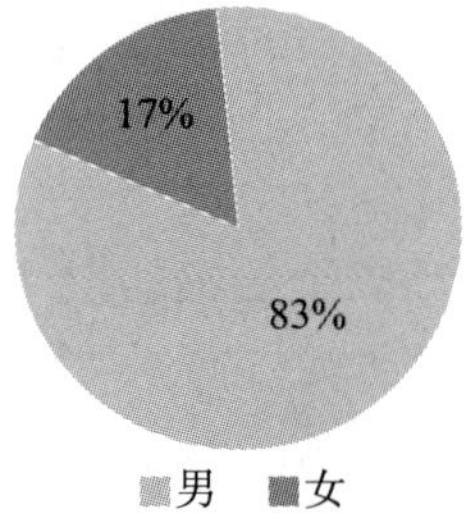

图 1　性别分布

由图 1 可知，在被调查的退役军人群体中，男性占比是女性的四倍多，比较符合实际情况，所以我们认为整体问卷结果更加偏向于男性求职者视角。

(3) 将来想要从事的职业。

由图 2 可以看出，有将近一半的人希望能够从事个体经营或进入私营企业工作。结合相关政策我们发现，在获得国家发放的退伍费以及部分符合条件人员获得转业安置费之后，很大一部分退役军人选择创业；也有 26%的人选择公务员、教师等有编制的岗位，这与国家优惠政策以及全社会崇军拥军的专项加分政策有很大关系。

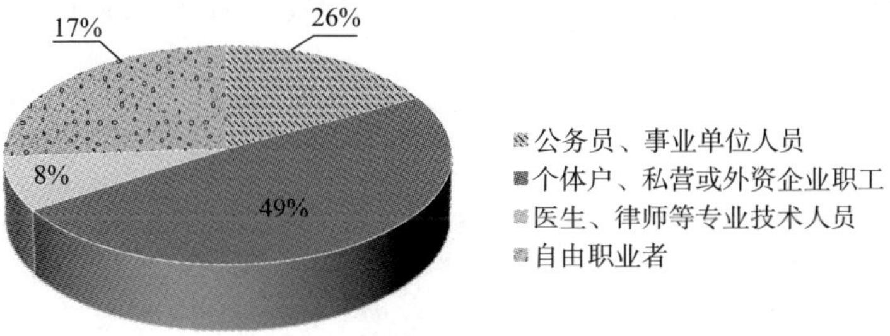

图 2　职业偏好

（4）倾向的工作地点。

由图 3 可以得知，除选择在国内大中型城市工作的人员外，更多的人选择退伍之后返回家乡工作，有 11 位调查对象选择支援落后偏远地区。

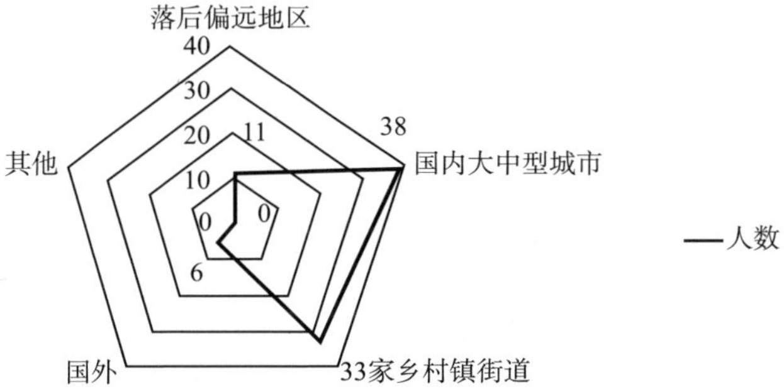

图 3　倾向于在哪里工作

（5）是否了解当地退役军人就业政策？

由图 4 可知，大多数退役军人对当地的就业政策还不够了解。

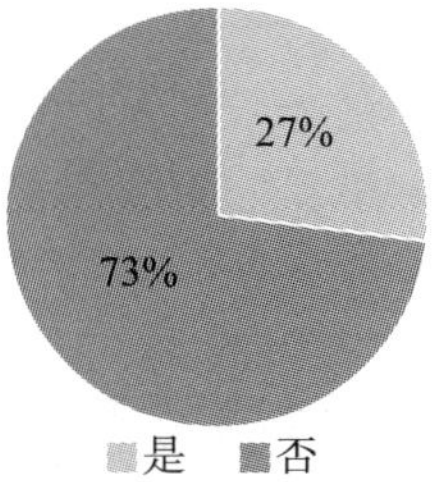

图 4　是否了解当地的退役军人就业政策

（6）了解政策的渠道。

此题为多选题，由图 5 可知，调查人群大多数是通过当地退役军人事务局宣传了解到的就业政策，还有一部分是通过战友和亲朋推荐了解的，政府媒体的宣传效果还不佳。

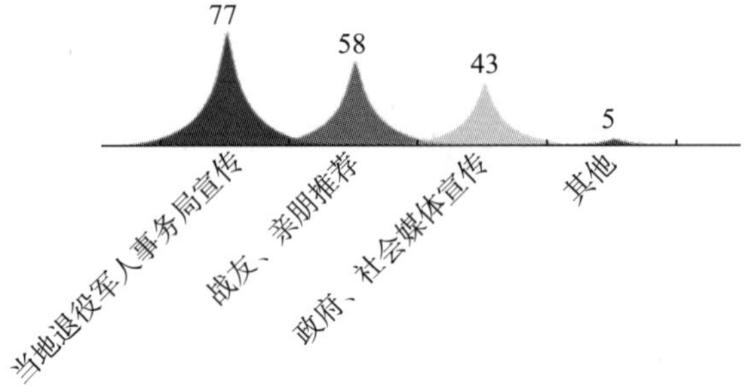

图 5 了解政策的渠道

（7）退役军人就业政策对您职业发展规划的帮助程度。

由图 6 可知，一半以上的调查对象认为退役军人就业政策对自己的职业发展规划有很大帮助，只有 6.82%的人认为没有帮助。结果说明充分了解就业政策对大多数退役军人职业发展具有很大意义。

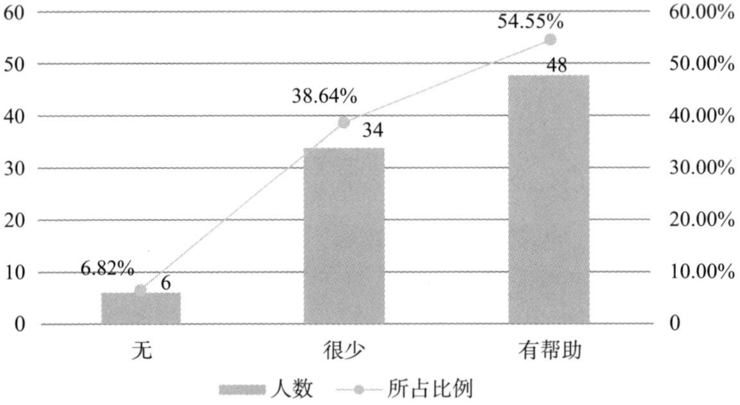

图 6 帮助程度

目前，像贵州“兵支书”等退役军人服务基层的政策已经推广开来，越来越多的退役军人选择返乡创业或者深入基层，传承人民军队奉献精神，积极参与到社会基层治理活动中去，为国家发展贡献力量。团队成员作为退役大学生，更应该协助当地退役军人事务局和政府机构，提高媒体关注度，宣传相关政策，更好地保障退役军人的合法权益。

（三）成员感想

以下是团队五名成员对整个社会实践过程的感想小结。

1. 成员一

这是我第一次实地调研，真正地用脚步丈量土地后方才知道大地的广袤。“纸上得来终觉浅，绝知此事要躬行。”将平日里从书本上得来的知识真正运用到实际问题中才发现自身的不足。这次社会实践意义非凡，我们身为退役大学生，在采访村子里的退役军人前辈们时，与他们产生了强烈的共鸣，无论是从举止还是言语上都能找寻到共同点，在退役军人前辈们的工作中和与其他人的相处交往中，我深深地意识到退役军人虽然离开了部队，但军人的精神使他们仍然能够在社会建设的各个角落发光发热，我们身为青年一代，有义务有责任将这种精神传承下去。

2. 成员二

谋事在人，成事在天。一项社会实践顺利完成最基础也是最重要的因素在于活动的参与者本身。从 6 月初活动申报一直到 8 月中旬项目结项，为期两个多月的社会实践离不开所有指导老师、团队成员、部门领导以及相关工作人员的努力与支持。

在学校发起暑期社会实践活动的大背景下，团队五名退役大学生能够借此机会聚在一起，共同调研关乎当下所有退役军人群体的相关就业政策，这本身就是一件非常有意义的事情。因为身份的特殊性，我们得到了长宁区退役军人事务局、长宁区新华街道办事处等部门以及马克思主义学院罗国辉老师等人的大力支持，没有他们的指导建议，团队成员就不能一步一步克服各种困难，完成整个调研流程，顺利结项。

在整个调研过程中，遇到了很多难题，而这些难题又需要我们通过接触不同的人来解决。从一开始联系贵州当地的村干部，致电普定县政府部门，再到回上海市长宁区和相关办事人员商量志愿者活动，都是在陌生的地点面对不熟悉的人，我们在调研过程中逐渐增强了自己的能力和自信。虽然有不如意、被拒绝的时候，但我们接触到的大多数人都是热情有耐心的，并且很乐意协助我们开展相关实践活动。很感谢一路上遇到的善良的他们，人与人在陌路相逢时的互相体谅和关怀有时候比实践本身更有意义。

团队成员内部的密切协作是除所有外部因素之外最重要的一环。五名成员都是退役大学生，有着一种与其他大学生不同的率真与毅力，从来不会去抱怨环境的恶劣与经历的挫折，每个人都有自己的长处，在最初的分工下各司其职，尽力做好自己分内的工作。一群志同道合的战友，能够齐心协力，互相扶持，踏踏实实地做好一件事，是非常难能可贵的，而实践过程中所有成员共同经历的欢笑与苦累都将成为我们最宝贵的回忆。

3. 成员三

今年的暑期社会实践活动即将结束了。很幸运能遇到四名志同道合的队友，能够一起深入乡村、走进田间地头探寻不一样的景色。

通过此次暑期实践活动，我们发现了乡村这些年的巨变。与自己以往的认知不同，真正的乡村有趣、充实、活泼、充满生机。让我学到在学校里学不到的知识，让我明白学以致用的重要性，这也让单调、乏味的大学生活意义非凡。

在韭黄村和杨守亮书记接触的过程，使我不得不思考作为一名退役大学生如何才能更好地融入社会的发展之中这个问题。杨书记数十年如一日的坚守、浓浓的乡土情、深深的报国志打动了每一位小组成员。韭黄村村民的纯朴、老人小孩的笑容，让我久久不能忘怀。走出校园，融入社会，去感受不一样的乡村与现实，我想这便是我们暑期实践的意义所在。

贵州韭黄村之行结束，团队成员便开始了志愿之旅。爱我家乡，回馈社会，杨守亮书记以及众多“退伍不褪色”的老兵们激励着退伍复学的我们。小组成员深入社区一线，为民众摆放并整理书籍、在社区展厅撰写讲解词、在街道办教社区老人用手机购物、为街道办搬运重物……我们做的虽然不多，但我们在努力做着自己力所能及的事情！

最后，很感谢这次暑期社会实践，让我开阔了视野，也找到了自身前进的方向——尽自己最大的力，为社会作贡献！

4. 成员四

本次的社会实践，我们团队走入贵州省安顺市韭黄村，对当地党建活动、产业发展、生产模式等做了深度调研。韭黄村在 10 多年间从一穷二白到形成完整产业，成立村级公司，极大改善了村民生活，在村党委的带领下，全村成功摘掉了贫困的帽子。在走访期间，我们亲历了村民的生活，幼儿园、小学、中学、广场、新小区等一系列完善的基础设施极大提升了村民的幸福感、获得感。在了解到村子的发展历程后，我明白了繁荣背后是艰苦的奋斗，正如习近平总书记讲的“幸福都是奋斗出来的”，唯有坚持奋斗，才能奔赴更好的未来。

5. 成员五

为探索“兵支书”模式如何赋能乡村振兴，我们小组在贵州韭黄村进行了为期一周的实地调研。初到贵州时，我就被贵州人民的热情与美丽的自然景观所折服。在此后的调研过程中，我逐渐认识到“兵支书”模式对乡村振兴的重大贡献和可行性，我为一个个默默扎根农村，冲在脱贫攻坚第一线的基层干部所感动。作为一名退役大学生，我受到了巨大的鼓舞，我会在以后的生活中不忘军人本色，牢记军人使命，永远把人民利益放在首位，为国家和平稳定而努力！

“锦官绣梦”：探索蜀绣传承与发展新模式①

——基于成都蜀绣产业的调研分析

一、引言

随着中国特色社会主义伟大事业进入新时代，在习近平总书记的引领下，党的二十大提出“坚持创造性转化、创新性发展，以社会主义核心价值观为引领，发展社会主义先进文化，弘扬革命文化，传承中华优秀传统文化”的纲领。2023 年 6 月，习近平总书记在文化传承发展座谈会上发表重要讲话指出，只有全面深入了解中华文明的历史，薪火相传的同时与时俱进，挖掘文物和文化遗产的多重价值，才能将历史文脉更好地传承下去，向世界传播更多承载中华文化、中国精神的价值符号和文化产品。十年间，全国非遗系统始终坚持以习近平新时代中国特色社会主义思想为指导，截至 2022 年 6 月，各地设立非遗工坊 2500 余家，共有各级非遗代表性项目 10 万余项，各级代表性传承人 9 万余名，累计投入国家非遗保护资金 96.5 亿元。

作为中国四川省的省会城市，成都是蜀地文化的重要代表之一。作为成都传统手工艺品的瑰宝，蜀锦和蜀绣有着悠久的历史和深厚的文化底蕴。在当代，蜀锦蜀绣得到了广泛的重视和保护。成都建立了许多传统工坊和刺绣培训机构，推动着刺绣艺术的创新发展。现代设计元素融入传统技艺，使蜀锦蜀绣在当代生活中焕发出新的活力。中国新时代十年间，四川成都安靖街道围绕蜀绣产业全产业链全生命周期的需求，制定了蜀绣产业发展规划，出台了《成都市郫都区推动蜀绣产业创新发展若干政策》。截至 2023 年 3 月，该街道的蜀绣培训基地和蜀绣学院先后开展蜀绣技能培训班 72 期，培训绣工 8000 余人，累计向蜀绣企业输送 1300 余名合格学员。与此同时，在小组调研期间成都大运会的开展更是将蜀锦蜀绣推上了国际舞台——大运会开幕式的“锦绣之路”、蜀绣引导牌、引导员服装、大运会奖牌绶带以及大运会周边等，

---

① 作者：樊家渝、罗海鹏、蒋思玥、赵潇淳、张天彤、张嘉逸、胥思妙、李郡、杜茗天；指导教师：牟雪莲。

中国政府通过大运会向国际友人展现了中国文化。

然而，在现代社会背景下，随着时代的变迁和生活方式的改变，蜀锦蜀绣的传承与保护面临着新的挑战。为深入学习贯彻习近平新时代中国特色社会主义思想，进一步增强师生对中国特色社会主义的道路自信、理论自信、制度自信和文化自信，“锦官绣梦”小组于2023年7月在四川省成都市及其周围地区开展了以“锦官绣梦：探索蜀绣传承与发展新模式——基于成都蜀绣产业的调研分析”为主题的社会实践活动。我们小组重点探索四川蜀绣产业的现状，研究蜀绣的传承与发展。从蜀绣产业现状与发展因素、传承与创新关系、文化教育与保护三个方面分析其在文化传承与保护方面的问题与挑战，提出促进蜀绣产业可持续发展的对策与建议。为蜀绣传承与保护工作提供有益的参考，与此同时将蜀绣调研结果与对策延伸至中国的其他非遗，为中国非物质文化遗产的传承与保护贡献一份微薄之力。

二、蜀锦蜀绣基本情况简述

四川古称“蜀”“蜀国”“蚕丛之国”，是中国丝绸文化的发祥地之一。蜀锦兴于春秋战国而盛于汉唐，因产于蜀地而得名，历史悠久，影响深远。蜀绣又名“川绣”，与苏绣、湘绣、粤绣齐名，为中国四大名绣之一。“追溯历史，反观当下。”对蜀绣保护与传承的研究与历史文化有着千丝万缕的联系，通过文献的查阅与博物馆的走访，我们了解到蜀锦蜀绣的起源发展、历史文化特征、传承机制与现实情况，对蜀绣在当今社会的传承与保护有了更深的思考。

（一）蜀锦蜀绣的历史渊源

蜀锦的历史可以追溯到中国汉代。在汉代时，蜀锦就已经是一种重要的丝织品，被广泛用于宫廷服饰和贵族礼品。汉代的蜀锦以其细腻的织造工艺和精美的图案受到社会的高度重视。在唐宋时期，蜀锦的发展达到了鼎盛时期。在明清时期，蜀锦虽然在政治动荡和社会变革中受到了一定的影响，但传统的蜀锦制作工艺仍然得以保留。蜀绣历史悠久，最早可上溯到三星堆文明期。蜀绣的发展基于蜀地富饶的物产，尤其是所产丝帛质好、量大。据文献记载，蜀国最早的君王蚕丛已经懂得桑蚕养殖技术。五代十国时期，四川省相对安定的局面为蜀绣的发展创造了有利条件，社会需求的不断增大，刺激了蜀绣业的飞速发展。在宋代，蜀绣之名已遍及神州，蜀绣的发展达到鼎盛时期。清朝中叶以后，蜀绣逐渐形成行业。这一时期，刺绣产品开始由专业的设计师进行设计，产品逐渐划分为穿货、戏衣、灯彩三类。

（二）蜀绣的传统传承方式及特点

在古代，师徒传承是蜀绣传承的主要方式，经验丰富的蜀绣师傅会选择有潜力的学徒，将技艺逐步传授。在师徒传承中，实践占据主导地位。学徒通常通过模仿师父的动作和示范，逐步练习和熟练技艺。在实际操作中，师父会给予指导、纠正和建议。

师徒传承制度在许多传统技艺和文化领域中得到广泛应用，因其独特的优势而备受推崇。这一制度有助于传统知识的保护与传承，确保它们不会因为时间的推移而逐渐消失。师徒传承注重实践与理论的结合，让学徒亲身参与工作，使他们能够在实际操作中学习，并将理论知识与实际技能相结合，提高学习的质量和效果。同时，可以根据学徒的学习能力、兴趣和发展阶段对其进行个性化的指导和教学，确保每位学徒都能得到最适合自己的培训。通过与师父紧密协作，学徒能够从他们的实际经验中获益，不仅包括书本上的知识，还包括解决问题的方法、应对挑战的技巧等。与此同时，师徒传承制度保持了传统技艺的纯粹性，避免了外界因素的干扰和商业化的影响，保护了技艺的原汁原味，促进了文化的传承和保护。

（三）蜀绣的现实境遇

围绕“加强文化遗产系统性保护利用”“增强中华文明传播力影响力”的目标，不断思考与实践，到目前为止，蜀锦蜀绣的传承与保护取得了一系列的显著成就。

（1）农商文旅新模式，延伸蜀绣产业创新链价值链：四川省成都市郫都区安靖街道充分挖掘蜀绣文化内涵，以“蜀绣+”创意开发、场景营造，依托安靖蜀绣公园、锦江绿道生态资源，植入绣咖啡、绣茶坊、蜀绣创意中心、安靖蜀绣学院、七彩绣坊等多元消费体验场景，形成安靖蜀绣文化创意公园。推动蜀绣文化价值向经济、美学、社会等多元价值转化，每年累计吸引游客达50余万人次。

（2）制定蜀锦蜀绣产业发展规划，出台相关政策：郫都区政府出台《成都市郫都区推动蜀绣产业创新发展若干政策》，设立每年1000万元的产业发展财政专项引导资金，在政策、资金上大力支持蜀绣发展。

（3）聚力人才多元化培养：设立蜀绣学院、蜀锦学院，联合蜀绣大师编辑规范性教材，与专科学校合作，设立蜀绣专业。

（4）运用数字化手段，保护宣传：强化蜀绣创作知识产权保护，创新建立蜀绣电子数据库，利用媒体、电商搭建官方平台，扩大影响力与知名度，更好地宣传与销售蜀锦蜀绣。

然而，随着现代生活方式的改变和市场需求的多元化，蜀绣在传承与保护方面面临着一些现实问题。同时，市场竞争愈加激烈，蜀绣产业在市场中也遇到了挑战。

第一，随着工业化发展，机器替代人工。相较于人工，机器能在更短时间内生产出更多成品，大大节约了人力、物力、财力，这样的成品与人工手绣的成品相比价格更低。

第二，古代的师徒传承制度，学徒需要投入大量时间和精力，与现代人的生活方式不太兼容，可能难以适应现代生活的要求和节奏。蜀绣学徒因社会变化、家庭压力造成的不稳定性，导致传统技艺的传承速度较慢或停止以及蜀绣人才断层等问题。特别是在现代社会的快节奏环境下，可能难以满足个人需求与市场需求。

第三，随着社会发展，传统蜀绣图案与单一织品很难满足市场需求，缺少创新创意，使蜀绣在市场竞争中缺乏竞争力。

第四，蜀绣虽然位于四大名绣之首，但其知名度远小于苏绣。其社会知名度、传播力度较弱。

三、调查研究分析

我们在调查研究中运用了深入访谈、实地考察和问卷调查等方法与工具。我们走访了孟德芝蜀绣大师的蜀绣工坊，通过绣娘的亲自讲解与耐心示范，同学们亲身感受到传统工艺的精湛技艺。此外，通过查阅大量资料与实践经历，我们小组编写了面向游客的调查问卷，以及涵盖蜀绣工作者、政府部门、游客三方面的采访提纲。并在四川美术馆蜀绣精品展上进行了一定数量的问卷调查，以收集更广泛的意见和建议，对蜀绣的发展作出更全面的分析。

（一）问卷调查

调研目标：收集更广泛的意见和建议以对蜀绣的发展作出更全面的分析。

调研内容：从问卷填写人员的基本信息（年龄、地域、职业）、对蜀绣的了解程度、对蜀绣现状的认知和思考、对蜀绣传承发展的建议四方面展开问卷调查。

调研结果分析：此次线下问卷调查结果共 78 份，通过人口统计学分析、开放性问题分析、因果关系分析等，我们小组得出了以下结论：

蜀绣在四川本地人中知名度较高，且年轻人更关注蜀绣文化。在基本信息调查中，前来四川美术馆蜀绣精品展参观的游客 70%是四川本地人，年轻人群所占比例为60%。数据显示，越来越多的年轻人开始关注、学习以蜀绣为代表的非遗文化。但是在我们调查问卷的一个选择题中，我们给出了四幅分别为中国四大刺绣代表作品的图片，让大家从中选择蜀绣作品，只有一半的人回答正确。由此可见，对蜀绣蜀锦的了解学习还有待加强。

大部分人认为蜀绣的传承与保护存在困境（见图1），在参与问卷调查的人员中，80%以上的人认为传承人的老龄化是导致蜀绣传承与保护存在困境的主要原因（见图2），文化受众面窄、群众保护意识较弱、市场化程度低等也是重要因素。

数字化赋能非遗与文旅新模式是大众较倾向的非遗未来之路。随着信息化的时代变革，越来越多的年轻人通过互联网、媒体等数字化平台接收外界信息。数字化赋能非遗已经成为大众了解学习非遗的主流趋势。IP影视、主流媒体宣传、AI展馆等发展渠道更容易被大众接受。文化与旅游有机结合是当代年轻人提升文化修养、追求生活品质的体现之一。

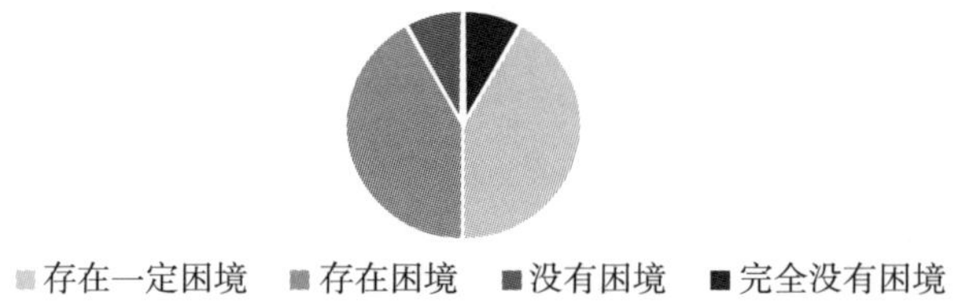

图1 蜀绣传承存在困境程度

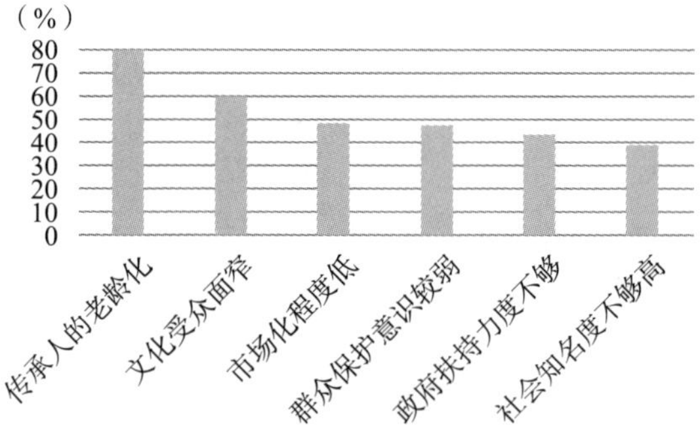

图2 蜀绣传承存在困境的原因

（二）采访

调研目标：对蜀绣工作者、政府部门、游客三个群体进行采访，更全面地了解蜀绣的现状与面临的处境。

调研内容：从政府的政策资金扶持，蜀绣行业以及蜀绣工作者的现实情况等展开详细采访调查。

调研结果：我们分别对安靖蜀绣创意公园里的蜀绣创意馆的工作人员和孟德芝大师工作室的绣娘进行了采访。采访发现：

数字化赋能蜀绣已经取得较明显的成果：蜀绣创意馆积极运用现代科技手段，如电商平台、VR技术、动漫、抖音等，传播和展示蜀绣文化。它们不仅在传统展馆中展示作品，还通过数字化、虚拟化的方式吸引更多人了解和参与。然而，目前在传承方面，尚未提供系统性的教程和教学视频，可能需要进一步探讨如何在数字化时代下更好地传承和推广蜀绣技艺。

蜀绣工作者和蜀绣产业目前仍存在困境：蜀绣产品市场化程度较低、产品难以销售等，拓宽市场是当务之急。

蜀绣人才断层：尽管政府与蜀绣相关产业大力积极培养蜀绣学员，但是老一批蜀绣工作者年龄在50岁左右，而新一批蜀绣学员大多数在20岁左右。十年过后随着前一批工作者退休，将出现蜀绣人才断层问题。

四、从作坊到文化符号，蜀绣的新时代十年历程

（一）蜀绣的改革

近年来，蜀绣产业发展、市场监管等一系列环节的政策逐步完善。国务院相继出台了两项与蜀绣紧密相关的政策文件，分别是：

（1）《国务院关于实施中华优秀传统文化传承发展工程的意见》：这份文件强调了对非物质文化遗产的保护、传承和发展。其中包括对蜀绣等非物质文化遗产的保护和支持。

（2）《中共中央、国务院关于实施乡村振兴战略的意见》：这份文件明确了加强农村文化振兴的要求，其中包括推动农村非物质文化遗产的传承和发展，促进农村文化多样性和创新性发展。

（二）改革采取的主要措施

（1）文化再生产与创新性发展：文化再生产指的是通过传承与创新，将传统文化融入当代社会，实现文化的持续传承和发展。在蜀绣传承与保护方面，创新性发展至关重要。坚持创造性转化，即在传统文化基础上进行创新，加强对蜀绣文化的挖掘和阐发，使其文化基因与当代文化相适应、与现代社会相协调。与时俱进，才能够使传统文化更好地适应现代社会的需求。

（2）国家文化数字化战略与前沿技术：党的二十大明确提出要实施国家文化数字化战略，这对非物质文化遗产的传承与保护具有重要意义。通过数

字化手段，可以将蜀绣等传统文化以数字形式进行记录、展示和传播，从而使这些文化资源更广泛地传播开来。

(3) 传承制度转变与教育培训：因师徒传承制度不能很好地与现代社会契合，在近十年的摸索中，教育培训顺势而生，在蜀绣传承与发展中起到了重要作用，通过开设培训班、工作坊等方式，吸引年轻人参与，传承蜀绣技艺。

(三) 取得的成绩

自蜀绣改革以来，蜀绣在保护、传承和创新方面取得了一系列显著的成绩。以下是部分蜀绣改革取得的成绩。

(1) 探寻技艺传承新路径，聚力人才多元化培养：通过设立蜀绣学院、蜀锦学院，联合蜀绣大师编辑规范性教材，与专科学校合作，设立蜀绣专业等方式，成功吸引了一些年轻人参与蜀绣技艺的传承，使更多年青一代获得了传统技艺的学习和传承机会。位于安靖蜀绣文化创意园的蜀绣学院，由政府出资、最大蜀绣国有公司负责，面向群众招收蜀绣爱好者进行公益性的培训。以低学费、高质量、灵活时间为特点吸引更多蜀绣爱好者前来学习。

(2) 打造研发设计平台，增强蜀绣市场竞争力：政府和相关蜀绣产业共同研发设计平台，目前入驻蜀绣企业10家、设计团队4个、独立设计师9名，共研发蜀绣饰品、外套、丝巾等新文创产品25类300余款。对蜀绣在传统基础上进行了创新，融合了现代设计元素，创造出适应现代审美和市场需求的作品，增加了蜀绣的市场竞争力。

(3) 数字化赋能蜀绣，让非遗走进生活：通过VR技术、数字化展示等方式，将蜀绣作品和文化以现代化的形式呈现，拓展了宣传和传播的渠道。如安靖蜀绣公司与川农大学生合作，把蜀绣的展馆和作品用VR方式呈现，只需要戴上VR眼镜就可以观赏我们的作品。同时，蜀绣通过电商平台、社交媒体等途径拓展了市场渠道，如安靖蜀绣公司在抖音上通过“蜀绣小讲堂”账号，定期科普蜀绣相关知识，通过社交媒体扩大蜀绣影响力和知名度。

(4) 推动蜀绣国际化，增强文化影响力：蜀绣的知名度和影响力逐渐提升，其成为中国非物质文化遗产的重要代表之一，参与了国内外文化交流与合作。2023年成都市开展全球大学生运动会，通过大运会向国内外民众宣传、展示蜀绣蜀锦文化。

（四）存在的问题

在实际调研过程当中，我们发现蜀绣的传承与保护虽然取得了显著成效，但是随着数字时代的高速发展，蜀绣的传承与保护仍存在两个严重的问题：数字化传承的安全挑战与传承人才断层。

1. 数字化传承与保护

背景：

数字化传承需要保障数据安全，虚拟现实技术需要硬件支持，智能化创新设计需要技术研发，蜀绣系统性教学需要巨大精力。为此，需要政府、产业界和学术界共同努力，构建数字化、智能化的蜀绣传承与保护体系，确保传统文化与现代技术相得益彰，发挥更大的活力和影响力。

解决方法与建议：

（1）数据安全保障。

政府：建立严格的数据隐私法规和安全标准，监督数据采集、存储、传输的合规性，确保个人隐私和蜀绣相关数据的安全。

产业界：投入资金和资源，建立安全可靠的数据存储和管理系统，采取加密技术、防火墙等手段，防范数据泄露和黑客攻击。

学术界：开展数据隐私保护技术研究，探索安全的数据共享和传输方式，为数字化传承提供可行方案。

（2）虚拟现实技术支持与研发。

政府设立专项资金，支持虚拟现实技术的研发和应用，鼓励企业投入相关领域的创新和开发。与此同时，设立创新基金，支持蜀绣智能化创新项目，鼓励科研机构与企业合作，加速技术研发和应用。学术界与产业界合作，进行虚拟现实技术的学术研究，提出改进和创新建议，提高技术的稳定性和逼真度。开展智能化蜀绣相关技术研究，如图像识别、人工智能等，为产业界提供技术支持和解决方案。

2. 蜀绣人才断层

背景：

尽管政府与蜀绣相关产业大力积极培养蜀绣学员，但是老一批蜀绣工作者年龄在50岁左右，而新一批蜀绣学员大多数在20岁左右。十年过后，随着前一批工作者的退休，将出现蜀绣人才断层问题。

解决方法与建议：

（1）聚力人才多元化培养，育强蜀绣产业生力军：政府和学校可以共同制订蜀绣传承人才培养计划，与各大高校开展蜀绣兴趣教学班，与纺织高等专科学校合作，开设蜀绣专业，重点设置蜀绣设计、新品开发等课程。

（2）传承人才补贴，延迟人才退休年龄：政府可以提供经济补贴，如传承人才补贴、奖励计划等，鼓励绣娘继续传承技艺，推迟退休年龄。

（3）数字化教学平台：利用现代技术，开发数字化教学平台，让绣娘可以在不同地点进行传承教学，吸引更多年轻人参与。在各大媒体平台如哔哩哔哩上传蜀绣系统性学习教程，让四川以外的青年人接触并且系统、专业地学习蜀绣，鼓励年轻人学习和传承蜀绣技艺。

（4）社区开展营造蜀绣学习氛围：在社区内设立蜀绣传承小组，让年轻人可以在家门口学习和传承，改善人才断层现状，让蜀绣融入大众生活中。

五、结论

蜀绣作为中国非物质文化遗产，拥有悠久的历史和丰富的文化内涵。在党的二十大提出国家文化数字化战略的背景下，蜀绣在保护、传承和创新方面取得了一系列成绩。

但是蜀绣在数字时代面临挑战，包括数据安全、技术研发、虚拟现实应用等问题。为了构建数字化传承体系，需要政府、产业界和学术界的共同努力，确保数字化技术与蜀绣传统艺术的结合。同时，蜀绣传承人才断层问题亟待解决，需要政府支持培养年青一代的绣娘，制订年轻人培养计划、传承人才补贴等措施，确保技艺代代相传。

六、学生调查后的收获或感悟

通过这次蜀绣传承与保护的调查，我们深刻地认识到传统文化传承的重要性和其面临的现实挑战。

“作为土生土长的成都人，此次线下考察带给了我很棒的近距离全方面了解和体验这两项非遗的机会，让我对它们有了全新的了解。刺绣纯手工制作，工序繁多复杂，培养成熟的工匠周期非常长，而且产出少，即使一幅作品卖得再贵，也总感觉和工人们所花费的精力不成正比。但是对于普通人来说，它的价格确实不够亲民。可以说考察的前半段我对这两种非遗又添了几分忧虑。”——张天彤

“实践过程令我对蜀绣的发展产生了思考。我意识到如何拓展线上销售渠道，如何解决工艺传承问题，蜀绣如何与文创产业相结合，如何宣传和获得政府支持等都与蜀绣扩大影响力，传承发展息息相关。”——张嘉逸

“传统文化需要与时俱进，融合现代科技和设计元素，才能在当今社会保持活力。同时，我们也看到了年轻人对传统技艺的兴趣和热情，只要给予合适的培训和支持，年青一代也能成为传承者。”——樊家渝

追寻总书记深圳足迹，看党建引领“改革开放再出发”①

一、引言

2020年10月14日，习近平总书记在深圳经济特区建立40周年庆祝大会上发表重要讲话时指出，深圳是改革开放后党和人民一手缔造的崭新城市，是中国特色社会主义在一张白纸上的精彩演绎。改革开放初期，深圳坚持实行“引进来”和“走出去”的政策，为全国改革开放提供了经验范本；改革开放中期，深圳从外向型经济走向高科技发展，为全国各地提供了转型升级的实践范例；中国特色社会主义进入新时代，深圳又开始了建设中国特色社会主义先行示范区的探索。深圳奇迹般的探索成果，无不彰显着中国共产党的革命意识和创新智慧。党的十八大以来，习近平总书记两次赴深圳考察调研，并在深圳前海发出了“改革开放再出发”的号召，宣示着中国改革不停顿、开放不止步的决心。为此，本次实践以习近平总书记在深圳的足迹为主线，我们先后走访了前海石公园、莲花山公园、深圳城市规划展览馆、大潮起珠江——广东改革开放四十周年展览馆、渔邨社区、前海党群服务中心等地，旨在从新时代十年以党建引领“改革开放再出发”的生动实践和鲜活案例中总结有益的经验和启示，为全国持续深化改革开放，扎实推进中国式现代化提供可借鉴的“深圳样本”。

二、调研基本做法

（1）确定调研目标：明确本次调研的目的是总结深圳在党建引领下的改革开放经验，为全国的深化改革开放提供启示。

（2）制订调研计划：确定调研时间、地点和范围。考虑到这次调研旨在总结“深圳样本”，我们选择一些具有代表性和典型性的地点进行走访，比如前海石公园、莲花山公园、深圳城市规划展览馆、大潮起珠江——广东改革开放四十周年展览馆、渔邨社区、前海党群服务中心等。

① 作者：叶锦涛、裴悦、莫晓婷；指导教师：胡婷。

（3）收集资料：在调研开始前，收集相关的文献资料，包括深圳的改革开放历程、重要政策文件、党建工作的指导文件等。这些资料可以在调研过程中供参考和查阅。

（4）实地走访和观察：在实地走访过程中，与相关单位和个人进行面对面的交流，了解他们在党建引领下的“改革开放再出发”实践经验。并利用观察法，细致观察被调研单位和地点的发展情况，对各种政策、创新措施进行深入了解。

（5）数据分析和总结：整理整个调研过程中收集到的数据和素材。对数据进行分析，找出其中的共性和特点，总结出可供借鉴的经验和启示。

（6）撰写调研报告：根据整理好的素材和分析结果，撰写一份详细的调研报告。

三、党建引领深圳改革开放的历史沿革

深圳作为中国改革开放的先行区和示范区，在历史上取得了经济社会发展的巨大成就，成为创建社会主义现代化强国的城市范例，为全国乃至全球提供了可借鉴的经验和模式。本章旨在以史为鉴，回顾深圳在改革开放 45 年中的理念探索与实践所得，把握促进“改革开放再出发”的历史伟力。

（一）小渔村到大都市：深圳的历史发展

深圳 40 多年来的沧桑巨变是党理念与实践探索的奇迹，也是深圳人民所书写的奋斗故事。在短短四十余年的时间里，深圳从一个沿海的小渔村，实现了从落后到先进、从封闭到开放、从农业到工业和服务业的历史性跨越。

在调研中我们了解到，深圳的改革开放始于 1978 年 12 月。党的十一届三中全会作出了把党和国家工作中心转移到经济建设上来、实行改革开放的历史性决策。1980 年 8 月，深圳经济特区正式成立，成为中国改革开放的窗口。其后的四十多年，深圳经济特区在党和人民的奋斗下迎来了包括经济、政治、文化、生态、民生等多个维度的历史巨变。

第一，深圳奋力解放和发展社会生产力，大力推进科技创新，坚持实行“引进来”和“走出去”，地区生产总值从 1980 年的 2.7 亿元至 2022 年突破 3 万亿元大关，稳居全国第三，外贸总额从 1980 年的 0.18 亿美元飙升至 2022 年的 5044 亿美元，实现从一个人口不足 30 万、年财政收入仅 3000 多万元、人均 GDP 不到 200 美元的边陲小镇，发展成为一个人口超过 2000 万、年财政收入超过 4000 亿元、人均 GDP 超过 3 万美元的国际化大都市。

第二，坚持解放思想、与时俱进。深圳于 1980 年率先进行行政改革，走

出了政企分开的第一步，并在推进国有企业改革、建立现代企业制度、完善市场经济体制、构建法治型政府、营造良好的营商环境、加强社会管理和公共服务等方面进行了大胆探索和实践，在体制、机制和发展模式上为全国改革开放和社会主义现代化建设作出了重大贡献。

第三，坚持绿色发展理念，建设生态文明示范区，党的十八大以来，深圳秉持“山水林田湖草是一个生命共同体”的理念，落实“山海协作”战略，规划“一核一带两区三轴多节点”的生态空间格局，打造了国家级和省级自然保护区、湿地公园、森林公园等生态工程，展现了“城在园中、园在城中”的美丽景观，提升了城市环境品质和居民生活品质。

第四，坚持发展社会主义民主政治，坚持以人民为中心，加强社会主义精神文明建设，创造以“敢闯、敢冒、敢试、敢为天下先”为代表的特区精神。同时，深圳人民群众的生产生活条件持续得到改善，民生福祉进一步得到丰富和体现，教育、医疗、住房、社会保障等发生翻天覆地的变化，2022年居民人均可支配收入7.27万元，比1985年增长了37倍，实现了由解决温饱到高质量全面小康的历史性跨越。

（二）兼顾守正与创新：深圳的历史经验

深圳不仅是中国改革开放的见证者，也是中国改革开放的贡献者。在实践中，我们继续跟随习近平总书记的脚步，在走访深圳城市规划展览馆过程中发现，深圳在改革开放进程中积累了大量卓有成效的有益经验和行动方案。通过调研，我们可以看到深圳在经济体制改革、社会管理创新和对外开放合作方面的一些值得记录的经验，这些经验同样是深圳进行“改革开放再出发”的甘露。

1. 经济体制改革

在深圳经济特区发展之初，“中央给政策”和“民众杀血路”两大理念成为特区经济腾飞的支撑。党中央赋予深圳一系列优惠政策，最大限度地给予自主和减少束缚。在经济体制改革方面，深圳坚持以市场化、法治化为导向，不断激发市场主体活力和创新能力，勇当“首吃螃蟹”的人。例如深圳率先打破曾经被视为社会主义公有制标志的劳工“铁饭碗”；率先建立多种分配方式的分配制度等。深圳还实施了国有企业改革，引入了混合所有制、股权激励、市场化选聘等机制，打造了一批具有国际竞争力的国有企业集团。此外，还大力支持民营经济发展，营造公平、有序的市场环境，培育了一批知名的民营企业和创业明星。这一系列的试验一改传统体制，弱化了行政力量对企业和其他主体的管控，充分保障了企业的其他主体的财产和自由，为新进入者创造了新的经济空间和制度空间。

2. 社会管理创新

深圳经济体制改革的进一步深入，必然要求加快适合管理体制的创新。关于社会管理领域，深圳有着明显的阶段性特征。从1992年全国人大授予深圳特区立法权，深圳早期社会管理创新主要集中在解决经济发展中的制度障碍问题，例如取消企业的行政级别，解除政企之间的隶属关系，倡导政府以政策引导企业，而不直接干预企业。如此一系列举措推进了深圳政治体制的改革，也深刻体现了“发展是第一要务”的阶段特征。到2009年，深圳开始重点推进社会基础设施的建设，集中力量解决基础设施建设落后、上层建筑无法跟上经济基础等矛盾。再到2012年，深圳开始实施首个社会建设法规《深圳经济特区社会建设促进条例》，旨在加快推进基本公共服务均等化、社区建设、社会组织管理等方面的进程，继续先行先试，示范全国。

3. 对外开放合作

深圳是我国最早一批实行对外开放政策的地区之一，在对外开放合作方面，深圳充分发挥了经济特区的先行先试作用，为全国持续深化改革开放提供了总体思路。首先，“开放要跳出深圳看深圳”。坚持全球化视角，在全球城市坐标系中找准城市定位，谋发展举措，聚焦重点领域，完善配套政策，以开放促改革，以改革促开放。其次，“开放的本质是制度的开放”。开放要以制度型开放为重点，既要涉及国际贸易、服务、物流等“边境外的开放”，也要涉及区域劳工、环保、技术、行政等“边境内的开放”。最后，“对外开放需要平台支撑”。根据不同平台的功能定位，探索靶向开放创新。

四、新时代党建引领深圳“改革开放再出发”的现状分析

2012年12月，习近平总书记在党的十八大后首次离京考察的第一站就是深圳。习近平总书记来到深圳前海，在这里发出了新时代“改革开放再出发”的号召。十年来，深圳始终牢记嘱托、勇担使命，以“咬定青山不放松”的定力，栉风沐雨，砥砺前行，奋力书写先行示范答卷。从2012年到2022年，深圳实现从先行先试到先行示范的转型跨越，经济总量连续突破2万亿元和3万亿元大关，全局工作取得全方位进展、历史性成就。本章将继续追随习近平总书记的脚步，在调研走访中感受新时代十年的深圳，并思考如何在变革的洪流中坚守以党建引领“改革开放再出发”的底色。

（一）新时代十年的新实践

新时代深圳在党建引领下的新实践，是深圳特区精神的生动体现，也是深圳改革开放40余年以来不断探索、不断创新、不断发展的历史过程。为

此，我们通过实地调研走访，探索在新形势之下的深圳以党建引领“对外开放、对内改革再出发”的新实践。

1. 对外开放

以走访的前海合作区为例，前海从一片滩涂发展成深圳经济发展要地、全球投资热土，被誉为“特区中的特区”。前海之“特”不在于优惠政策，在于持续深化拓展高度开放环境下的党建模式。据调研，前海合作区党委总揽全局、协调各方，坚持“产业发展到哪里，党的组织和工作就覆盖到哪里”的工作理念。前海坚持用党建工作统揽前海的全盘工作，把党建工作贯穿和渗透到深港合作、推进制度创新、产业发展、城市新中心建设等各项工作中。自2021年《全面深化前海深港现代服务业合作区改革开放方案》发布以来，前海在推动科技创新、跨境执业、法治建设、人才发展、青年交流等深港合作重点领域成效颇丰。譬如打造港人港企党群服务生态圈，设立“党员先锋岗”的港人服务中心和港人服务专窗，为港籍居民提供一站式服务，目的在于大力支持港澳青年融入国家发展大局，不断促进深港澳青年深度交融，解决港人港企的“水土不服”问题。截至2022年，前海实现地区生产总值1948.7亿元，拥有港资企业近万家。真正实现了将党的红色势能转化为发展效能，以高质量党建引领前海实现高质量发展。

总的来说，前海的实践探索主要体现为“六个新”。一是党建工作取得新突破。前海构建了“1+6+9”党建工程体系（即以“拓展融合型”党建模式为1个中心；构建全领域政治引领、全业态组织覆盖、全流程工作运行、全要素队伍建设、全周期风险防控和全方位保障支撑等6大体系；开展组织力提升、初心使命传承、海岸线强基、金色先锋引领、人才服务筑巢、时代声音传播、民间使团培育、红网客厅建设和亲情暖风廉政等9大专项行动），搭建了前海党建四梁八柱。二是党建引领凸显新方向。坚持党建引领中心工作，增强与香港发展关联度，全面实施“两城六区一园一场六镇双港”“前海企业大走访”“前海行动”等专项行动，推动习近平总书记重要讲话精神在前海率先落地生根、结出丰硕成果。坚持利用工作交流会、前海读书会、主题党日、宣传栏、前海先锋、微信群等载体，推进学习教育常态化制度化。三是组织体系得到新巩固。坚持大抓基层大抓支部，积极贯彻落实《中国共产党支部工作条例（试行）》，从前海实际出发，打造“有队伍、有组织、有活动、有阵地、有保障、有作用”的“六有”党支部，建立并完善党支部规范化工作台账，全面提升党支部的组织力。四是“两新”组织党建取得新进展。2020年底，前海“两新”组织党委正式成立，“两新”组织党的工作覆盖、组织覆盖范围进一步扩大。积极开展“两新”组织党建摸排、组织建设、企业服务“三同步”工作，推动前海“两新”党建工作成规模、上水平。五是阵地建设呈现新格局。认真落实市委“1+10+N”党群服务中心体系，突出时代精神、高起点、高标准、高质量打造了前海党群服务中心，为复制推广前海经验提供了重要平台。六是党员和党组织发挥新动力。前海强化责任担当，将党员干部放到重大专项工作中进行思想淬炼、政治历练、实践锻炼、专业训练，充分发挥党组织书记的“头雁”作用。

2. 对内改革

除了扩大对外开放，深圳在“改革开放再出发”的进程中，也充分展现了其引领对内改革的党建之治。通过走访得知，深圳罗湖区委率先建成了“党建+政务+医疗+养老+文化+教育”等一体化的“社区治理+”模式。以渔邨社区为例，渔邨党群服务中心将社区治理与社会组织、社会工作、社会创新等相结合，打造了一批具有特色的社区服务平台和项目，如“社区大学”“社区书屋”“社区法律服务中心”等。渔邨社区党委利用社区党建、政务服务、民主协商、社会协同、法制保障、公众参与、科技支撑这七大平台，充分发挥社区党委的政治功能、组织功能和服务功能，构建以社区党委为核心，居委会、工作站、股份合作公司、机关单位、群团组织、社会组织、物业公司等各方参与的共建共治共享的社会治理格局，走出了新时代党建引领社会治理新路径。渔邨社区还积极推进“数字社区”建设，利用大数据、云计算、人工智能等技术提高政务服务、公务服务的效率和便捷度。通过调研得知，在渔邨社区党委的统筹下，渔邨社区已实现区、街、社区等 431 项服务可在社区党群服务中心办理，同时借助大数据精准服务各类特殊群体。“人治”与“智治”的结合，使社区环境更优美，社会治理更智慧，基层服务更精细。这一切源自深圳罗湖区持续构建以各级党组织为核心、多元力量有序参与的现代化治理体系，以务实举措让罗湖人民的生活更幸福。

综上，为扎实提升党建引领基层治理效能，更好地服务“改革开放再出发”的步伐，渔邨社区工作实践可总结如下：一是做强渔邨阵地，加强党性教育。充分发挥社区集“党建+政务+医疗+养老+文化+教育”于一体的多功能、复合型党群服务中心的作用和功能，引导干部群众传承改革开放精神、特区精神，积极投身深圳先行示范区建设。二是创新联动机制，推动精细治理。深化社区党委领导下的联动机制，精准匹配资源与需求，让服务围着群众转。同时深化社区网格化改革，完善智慧渔邨运行管理系统，为居民提供精准化、精细化的服务。三是深化协同治理，凝聚共治合力。发挥社区党委非深户籍委员作用，引导非深户籍人员参与社区治理，深入推进党建带群建，建立起基层社区治理共建共治闭环模式。

（二）新时代十年的新成效

新时代推动新实践，新实践创造新成效。党的十八大以来，十年稳步跨越，深圳走在高质量发展的康庄大道上。

在经济发展上，深圳始终坚持“发展是第一要务”，致力于打造引领时代的“深圳速度”和“深圳质量”。自成立经济特区以来，深圳的地区生产总值在1980年的2.7亿元的基础上，翻了一万倍。自2012年至2021年，深圳地区生产总值更是连续突破万亿元、2万亿元、3万亿元大关，经济社会发展硕果累累。深圳市统计局公布的相关数据（如图1所示）显示，2012年深圳GDP达1.35万亿元；2016年深圳GDP实现翻番，总量达2.06万亿元，突破2万亿元大关；2021年深圳GDP达到3.07万亿元，成为国内第三个地区生产总值突破3万亿元的城市，经济总量占全省的比重达24.7%，居粤港澳大湾区城市群首位，居亚洲城市第四位；2012年至2021年的十年，年平均增长7.9%，成为“中国之治”的生动范例，在发展这道“必考题”上，深圳交出了一份亮眼的“答卷”。

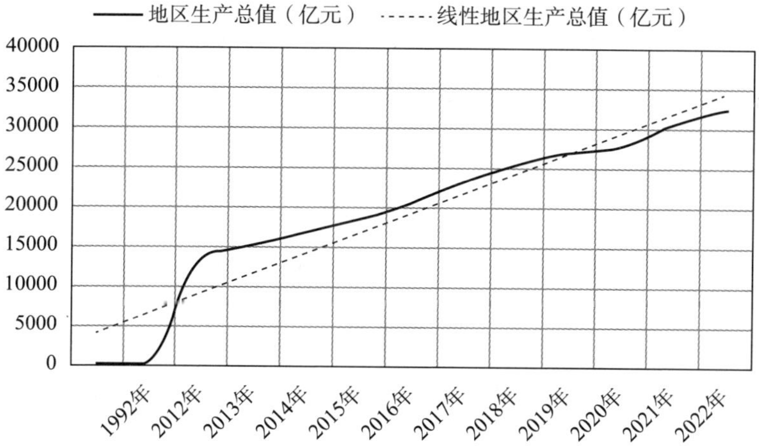

图1　1992—2022年深圳市地区生产总值

数据来源：《深圳市国民经济和社会发展统计公报》（1992—2022）。

伴随时代的变迁和城市的演进，深圳在市民普遍关心的社会民生领域，也取得了跨越式的发展。雄厚的经济实力，带来的是深圳政府加大对民生财政的投入力度。自党的十八大以来，深圳贯彻落实“以人为本”的根本宗旨，牢牢兜住基本的民生保障网，财政支出重心向社会保障、公共卫生、教育等基本公共服务领域倾斜（如图2所示），地方一般公共预算支出由2012年的1569.01亿元增加到2022年的4997.24亿元，年均增长9.3%，十年累计支出

3.87万亿元。其中，2022年深圳市教育、卫生等九大民生支出占财政支出的比重达70%，社会教育支出比重由2012年的约15.7%提高到2022年的19%，卫生健康支出比重由2012年的约6.7%提高到2022年的13.5%。这些实实在在的变化，正是深圳打造民生幸福标杆过程中交出的亮眼答卷，使得市民的获得感更加充足、幸福感更具持续性、安全感更有保障。

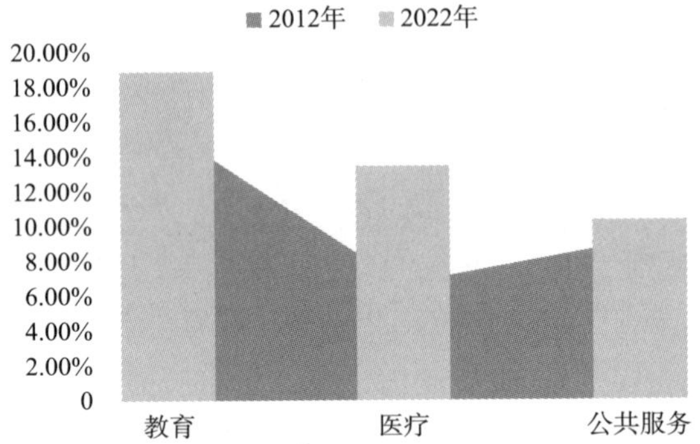

图2　2012、2022年深圳市民生支出占公共预算总支出的比例（部分）

数据来源：《深圳市国民经济和社会发展统计公报（2022）》。

一座城市的生态文明建设是实现高质量发展的重要组成部分，与社会民生幸福息息相关。深圳经济特区从建立之初就一直强调经济与环境相协调、宜居与宜业相结合，从倡导绿色产业发展，到发布环保限制项目清单和划定基本生态控制线，再到开园护河打造绿色空间，深圳始终在积极探索先发地区可持续发展之路的最前线。在2012年至2022年的十年间，城市绿度建设保持高增速，“深圳绿”和“深圳蓝”成为特区的城市名片。表1为2012、2022年深圳市生态环境数据表（部分）。

良好的生态环境是最普遍的民生福祉，也是关系社会稳定与发展的重大课题。从2012年至2022年，深圳坚持以高品质的生态环境支撑高质量的发展，为实现中国式现代化提供了“深圳实践”。

表1　2012、2022年深圳市生态环境数据表（部分）

类目	2012年	2022年
城市绿化面积（公顷）	97600	101400
城市公园总量（处）	841	1260
城市绿道里程（千米）	1200	3119
城市水体优良率（%）	22.9（2020年）	67.6
城市自然保护面积（公顷）	15921.64	44309.11

续表

类目	2012 年	2022 年
生物多样性（鸟类）（种）	141	382
生物多样性（维管植物）（种）	约 1500	2173
城市湿地面积（公顷）	43. 33	35000

数据来源：深圳市生态环境局、广东改革开放 40 周年展览馆。

围绕党的十八大以来“五位一体”总体布局的发展要求，深圳市在政治体制、文化事业方面均取得了成就，为实现中国式现代化贡献力量。基于文献学视角及已有的研究发现，深圳改革开放发展进程中的政策机制和路径研究成为如今的研究热点之一。通过对中国知网等数据库的检索和统计，发现有 40 余名学者分别从不同角度研究了党的理论和城市实践之间的关系（表 2 列举了部分作者及其研究方向），如教育强国理论、南方谈话思想、企业管理实践、改革开放理论、党的创新理论等，多方面论证了深圳经济特区建设中党的鲜明特色，即要始终坚持党的领导，始终以敢闯敢试的精神态度推进党建改革创新。尤其在 2012—2020 年，相关研究成果数开始明显增多，并呈现快速增长趋势，如图 3 所示，突显深圳在推进政治体制改革中的经验贡献。此外，在深圳改革开放的建设历程中，精神文明建设方面取得了显著的成效，展示了先行示范区的精神风貌。深圳坚持创新“文化+”融合衍生出了各种新型业态，在做强自身文化资本的同时，也在不断探索可复制、可推广的经验，力求成为新时代举旗帜、聚民心、育新人、兴文化、展形象的引领者，彰显在全区域的辐射力和影响力。

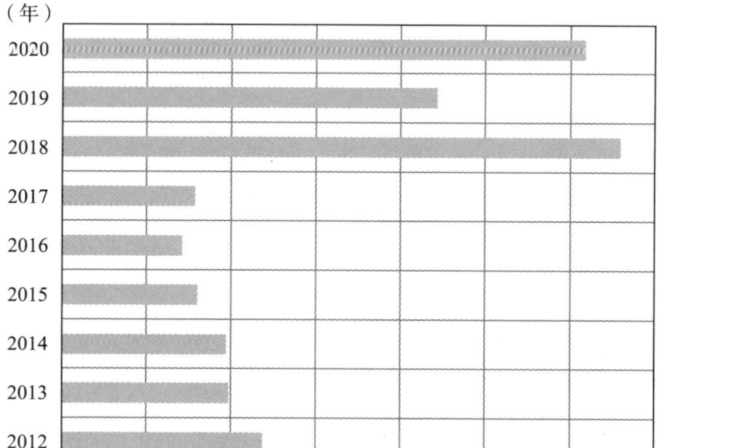

图 3　基于深圳改革开放相关研究成果

数据来源：中国知网数据库。

表 2　深圳改革开放研究核心作者及研究方向

核心作者	研究方向
钟坚	深圳经济特区改革开放的历程回顾与经验研究
罗清和	经济特区转型发展与中国模式联系的研究
苏东斌	深圳实践中的理论研究
黄卫平	经济特区发展的政治意义与逻辑
李罗力	新时期深圳改革开放的定位与方向
吴松营	深圳精神文明建设的回顾与展望
陶一桃	中国特色“渐进式改革”

数据来源：中国知网数据库。

（三）新时代十年的新经验

历经 40 余年的风雨，深圳以令人瞩目的姿态展现在世人眼前。深圳的建设历程给我们带来了许多启示，并为我国快速全面发展提供了一系列可供借鉴的党建经验。

1. 筑牢基层党建思想基础

深圳经济特区的发展历程可以被视为一部党领导人民进行改革开放和社会主义现代化建设的实践史。党的坚强领导是深圳取得辉煌成就的动力源泉，也是特区事业不断朝着胜利前进的根本保障。深圳始终以习近平新时代中国特色社会主义思想为指导，确保城市基层党建工作朝着正确方向迈进。通过这一政治理念的引领，深圳得以保持良好的发展势头，并且在城市发展和社会进步方面取得了显著成就。这种坚定的领导力量使得深圳能够持续推动经济繁荣、社会稳定和人民福祉水平的提升。在深圳市委领导下坚决贯彻“第一议题”学习制度，各级党组织在召开党委（党组）会议和“三会一课”时将习近平新时代中国特色社会主义思想列为第一议题。为了加强党员教育和宣传工作，深圳采取了一系列切实有效的措施，如在全市范围内设立 1050 个“新时代大讲堂”，以推进“铸魂”工程。每周四举办高品质、开放式、共享化的讲党课活动，通过多方会议系统直播到区、社区、园区党群服务中心，覆盖了 300 多万名党员群众，2023 年已经进行了 195 期。除此之外，各级党员领导干部、专家学者等也进行常态化的宣讲工作。筑牢党建工作的思想基础是确保城市管理顺利进行的关键，为党的事业发展提供可靠支撑，才能更好地推动城市管理顺利进行，为建设美好城市作出更大贡献。

2. 坚持以人民为中心的发展理念

深圳始终坚持以人民为中心的发展思想，直击群众关注的民生痛点、热点，落实多层面民生项目，努力解决群众急难愁盼问题，增强人民群众的获得感、幸福感。

自党的十八大以来，深圳市委全面贯彻新时代党的建设总要求和新时代党的组织路线，将党建作为最重要的工作，不断加强党的组织体系建设。从2015年开始，深圳全面推进城市基层党建的“标准+”模式，完善城市基层党建制度体系，并出台了23项制度文件，着力将制度优势转化为基层治理效能。从2018年起，深圳按照省委的部署，实施了三年行动计划，每年明确若干重点任务，使城市基层党建和基层治理不断深入和推进。全市的677个社区已全面达到党建标准化的要求，包括党组织建设、党员管理、治理结构、服务群众、工作职责和运行保障等“六个标准”。解决了社区党建频繁更换主题、全天候提供信息和不断改变政策的问题，提升了社区党组织的政治功能和服务水平，夯实了党在城市边缘的执政基础，提升了党组织在人民群众心中的形象。深圳还不断推动资源、服务和管理向社区下沉，使社区党委有能力为群众提供资源和服务。每年为每个社区提供高达200万元的“民生微实事”经费，用于快速解决居民身边的小事、急事和难事。同时，建立了党群联席会议、居民议事会和民情恳谈会等议事平台，吸纳了党组织、党员代表、居民代表和驻区单位等的参与，关注民众需求和意见，实现了民事民提、民主讨论和民主决策，让居民在参与中感受和获得更多。

3. 党建融入新兴领域，打造发展“红色动能”

近年来，深圳在党建工作中不断创新，并将新兴领域党建作为重点。该城市从非公企业到社会组织再到互联网企业，在线上和线下均持续着力于组建和覆盖，以构建紧密的基层组织网络。作为改革开放的窗口城市，深圳早早地步入市场经济发展的前列，成为非公有制企业生存发展的沃土。早在1995年，深圳就成立了全国首个统管民营企业党委，为非公企业党建开启了从“地区性零散的自发实践”向“统一指导下的整体推进”转变的新模式。通过以园区党建为抓手推进非公企业党建，深圳市明确由街道党工委直接管理，小微非公企业党建则由社区管理。如今在300多个园区内设立了党委，统一管理并为园区内的6000多个非公企业党组织和12万余名党员提供服务。另外，深圳还以行业协会商会为重点带动社会组织党建。在2004年，深圳率先实现了行业协会与党政机关的脱钩，但仍坚持不脱离党的原则，在全市范围内推动律师、注册会计师等行业协会以及潮商商会等异地商会建立党组织，确保社会组织“长在红旗下，跟着党旗走”。深圳还探索适应互联网企业特点的新型党建模式。制定了加强互联网企业党建工作的措施，并率先成立了互联网行业联合会及党委。通过龙头引领、区域统一建设和行业联合建设的三个措施，深圳在新闻信息、电子商务、互联网金融、社交媒体、网络游戏等领域建立了800多个互联网企业党组织，引领互联网企业健康发展。这些举措表明了深圳在党建工作中的积极探索和创新精神。

4. 持续推动党建工作创新

作为改革开放的先锋，经济特区对加强党的全面领导和党的建设提出了更高的要求。在过去的40多年里，深圳始终秉持着敢于冒险、勇于尝试的精神，推动特区党建的改革创新，采用创新的方法解决党建工作中遇到的难题。随着时代的变化和环境的演变，党建工作必须与时俱进。为了适应信息化社会和互联网时代对党建工作的新要求，近年来，深圳大力推进“智慧党建”系统的建设，将大数据、人工智能等现代科技与城市基层党建紧密结合起来，将智慧党建延伸至街道社区，覆盖每个支部，为基层党建和治理提供强有力的支持。在建设中国特色社会主义先行示范区的新征程中，党建工作不仅是特区改革开放事业的重要组成部分，也是特区推进改革开放的根本政治保证。深圳为其他地方党建发展提供了重要启示，即坚决贯彻新时代党的建设总要求，以改革创新的精神加强党的全面领导和党的建设，在扩大基层党的组织覆盖和工作覆盖方面树立示范，不断推进党建创新，始终坚持从严管党治党。

五、调研总结

在本次调研中，我们跟随习总书记的足迹，深入了解了深圳经济特区的发展成就和宝贵经验。通过参观深圳城市规划展览馆和大潮起珠江——广东改革开放四十周年展览馆，我们对深圳改革开放以来理念探索和实践取得的成果有了更深刻的认识。在前海合作区，我们看到了中国对外开放取得的巨大成就，高质量党建为高质量发展提供了有力支撑。在前海党群服务中心和渔邨党群服务中心，我们目睹了党建在内部改革中的成果，以及新型社区治理模式为党建引领社会治理开辟了新路径。调研过程中，我们总结出在新形势下，深圳以党建引领“对外开放、对内改革再出发”的新实践以及所取得的新成效。从“杀出一条血路”到“走出一条新路”，深圳在探索实践中承担起中国特色社会主义先行示范区的新使命，以生动的方式推动经济特区步入新的发展阶段。通过一系列的调研走访，我们深刻认识到中国共产党的坚强领导，中国特色社会主义制度的显著优势，习近平新时代中国特色社会主义思想的科学指引，全国人民的大力支持，是创造经济特区发展奇迹的根本原因。深圳市以党的建设为引领，通过创新思维和务实举措，迅速崛起为中国改革开放的重要窗口和现代化建设的先行示范。其积极的党建工作为政府和社会各界筑就了坚实的基石，有效推动了经济、社会和文化的发展与进步。深圳在党建引领发展方面的先行实践为其他地区提供了可借鉴的发展经验。未来希望更多的地区能够借鉴“深圳样本”，进一步加强并完善党建工作，推动全面深化改革发展事业不断迈上新台阶。

绍兴市中小学中华优秀传统文化教育实践与经验调研①

——以“越俗、越艺、越学”校园传统文化节打造教育新模式

一、摘要

本调查报告积极响应党的二十大提出的“推进文化自信自强，铸就社会主义文化新辉煌”的新要求，由教育层面入手，树立文化自信，落实文化强国战略。调研团队2021级国际商务专业孟益可同学、2021级国际经贸规则专业张可馨同学、2021级国际商务专业曹浩同学、2021级国际商务专业王轶锋同学、2021级国际商务专业王钰芃同学、2021级国际商务专业施霖同学、2021级国际会计专业徐箐妍同学和带队教师朱丹、韩慈组成。团队以绍兴地区越文化教育为切入口，以问卷调研、实地调研、访谈调研三种方式考察了绍兴地区中小学传统文化教育情况，对绍兴地区小学、初中、高中三个阶段传统文化教育情况及问题进行了透彻分析，对传统文化教育经验及模式进行了系统归纳，最后结合绍兴地区教育资源和文化资源，开展了具有可操作性的传统文化教育活动——“越俗、越艺、越学”校园传统文化节，得到了绍兴市教体局的高度肯定（见附件3）。为全国中小学探索传统文化教育新模式，发掘中华优秀传统文化教育新理念提供了思路。

二、引言

党的二十大提出“推进文化自信自强，铸就社会主义文化新辉煌”的新要求，指明了中华优秀传统文化传承与发扬的航向。中华优秀传统文化源远流长，博大精深。马克思主义真理之树只有根植于本民族文化沃土、汲取中华民族智慧结晶才能枝繁叶茂。坚定历史自信、文化自信，坚持古为今用、推陈出新，只有将中华优秀传统文化同马克思主义相结合，融入社会主义核

① 作者：孟益可、张可馨、曹浩、王轶锋、王钰芃、施霖、徐箐妍；指导教师：朱丹。

心价值观，推动中华优秀传统文化创造性转化、创新性发展，才能满足人民日益增长的精神文化需求，提升国家软实力和中华文化影响力。

传统文化，即文明演化而汇集、反映民族特质和总体风貌的文化，是各民族历史上各种思想文化、观念形态的总体表现。中华优秀传统文化，指中华民族历史演进形成的传统文化中的结晶。优秀的中华传统文化是中华民族的根与魂。在历史长河中，在华夏土地上形成了为政以德、民为邦本的政治观；凝练了革故鼎新、推陈出新的社会观；培育了入孝出悌、善仁亲邻的道德观。

在诸多特色鲜明的中华传统文化分支中，越文化属吴越文化之细分，指江南地区吴越部落先民留下来的物质文化遗存，现主要在江浙一带，以浙江绍兴为典型。越文化是中华优秀传统文化的重要组成部分，也是长三角区域文化的重要源头和内驱动力之一。在2500多年的传承发展中，越文化于绍兴城扎根，以“越俗、越艺、越学”这三项为重点，凝练出具有地域特色的民俗风情，创造出承载劳动人民汗水与智慧的手工艺品，诞生了诸多瑰丽生动的精神文化产品。截至2022年10月，在绍兴政府的政策支持下，包括绍兴莲花落、嵊州吹打、新昌调腔等在内的传统越式戏剧被列入国家非遗名录。兰亭遗址、天姥云峰成为探访历史人物风姿、领略诗词歌赋之美的重要景点，以大禹祭典、舜王庙会为传统习俗，以孝德文化为核心的虞舜文化流传至今。流淌越文化的绍兴古城，成为我们深入探索中华优秀传统文化、领略江南水乡魅力的首选地。

在推进中华优秀传统文化继承与发扬的过程中，各级学校重任在肩。其中，青少年作为国家与民族未来的栋梁，肩负着传承中华民族积淀五千年的古国文明的重任与扬威兴邦、开拓未来的伟大使命。因此，在中小学进行中华优秀传统文化教育的意义尤为重大。国务院印发的《中国教育现代化2035》强调了推进教育观现代化的八大基本理念，提出坚持马克思主义指导地位，注重以德为先、坚持中国特色的重要内容，为推动中华优秀传统文化在新一代群体中生根发芽提供理论指导。教育部印发的《关于进一步加强新时代中小学思政课建设的意见》也提到要在中小学课堂中加强中华优秀传统文化的相关主题教育，使其与马克思主义基本原理、社会主义核心价值观相融。

因此，我们小组以党的二十大精神为指引，坚持将中华优秀传统文化与马克思主义相结合、与社会主义核心价值观相融合，秉持学校教育立德树人、传播中华文明智慧的要义，以中华优秀传统文化为底色，通过实地考察、交流访谈与问卷调查等方式，对绍兴市中小学传统文化教育模式展开分析，了解各级学校当前在传统文化教育方面的可鉴之处与不足之处，突破现实教育瓶颈，推出“越俗、越艺、越学”校园传统文化节活动策划案（见附件1），打造传统文化教育“越”模式。

三、基本调查情况

2023年1月28日—2月2日，我们小组紧锣密鼓地安排计划和行程，重点采用问卷调查、线下考察、访谈等调研方法，深入实地考察了上虞区重华小学、绍兴市上虞区实验中学、春晖外国语学校、上虞区百官中学、上虞区城北实验中学、绍兴市新昌中学等多所学校。同时，我们对绍兴市教育专家姚小清进行了采访。

四、调查内容

（一）问卷调查

1. 问卷样本分析

为更好地了解绍兴市小、初、高各学校进行中华优秀传统文化教育的现状，以及各年龄段学生对学校传统文化教育的看法，团队在指导老师的带领下，经过讨论、整理、设计了问卷，此问卷以“各级学校传统文化教育实践调查研究——以绍兴地区越文化为例”为主题，共设计了12个问题。除基本信息调查外，问题包括受访者对包括越文化在内的传统文化的了解程度、受访者了解中华优秀文化的渠道、受访者对传统文化的兴趣、学校进行传统文化教育的方式和频率、受访者认为限制传统文化教育的原因等（问卷详见附件2）。本次调查采用线上和线下相结合的方式，截至报告撰写日期，本次问卷调查共收到有效问卷1154份，中小学各年龄段均超过100份，受访者年龄主要集中在7~18岁，性别相对均衡。问卷调查对此次社会实践前期开展、中期补充、后期总结起到了重要作用，为团队打造“越艺、越俗、越学”校园传统文化节活动策划案提供了思路支持。

2. 问卷综合分析

（1）受访者对传统文化的了解程度及其了解传统文化的渠道。

传统文化在学生中的普及度较为良好。相较于分支越文化，学生对传统文化本身了解得更多。因此，绍兴市开展传统文化教育具备良好基础，越文化特色亟待发掘。学生了解传统文化的渠道主要是学校教育、课本及课外阅读。父母长辈的教导、影视作品、综艺节目、自身的生活经历对其也有一定影响。由此可知，学校仍发挥着传统文化教育的主体作用，文学阅读持续施加影响的同时，学生了解传统文化的渠道呈现“电子化”“线上化”特征。

（2）受访者的学校进行中华优秀传统文化教育的频率。

绍兴市中小学进行传统文化教育总体频率较高。根据受访者年龄信息与该问题的交叉调查，小学、初中及高中进行传统文化教育的平均频率分别为79.11%、57.67%和72.3%。由此可见，各级学校进行中华优秀传统文化教育的频率总体较高，但初中进行传统文化教育的频率明显低于小学和高中。经了解分析，初中传统文化教育缺失的主要原因是校方对此缺乏重视，高中传统文化教育频率较小学稍低的原因在于高中主课学业压力较大，学生空闲时间被压缩，可供开展传统文化教育的时间极少。

（3）受访者对学校进行传统文化教育的喜爱程度与类别。

受访者对学校进行传统文化教育的喜爱程度平均值较高。据交叉调查，小学、初中、高中受访者对学校进行传统文化教育的喜爱程度差值较小。由此可见，各年龄段学生对学校进行传统文化教育均持欢迎态度，学校开展传统文化教育有着较好的学生基础。在中华传统文化的喜爱类型上，大部分受访者对传统手工艺、传统文艺作品、传统习俗有浓厚兴趣，传统思想对受访者的吸引力相对较小。除此之外，还有少数受访者提出对传统服饰感兴趣。这种现象说明受访者更倾向于中华优秀传统文化中理论同实践相结合的部分。传统手工艺、文艺作品及习俗相较于纯粹的文化理论更符合中小学生的年龄阶段和性格特点。在“其他”的详细填写中，受访者提出传统服饰，为学校开展相关主题的传统文化教育活动提供了思路。至此，团队受到启发，以“越俗、越艺、越学”为主题打造校园传统文化节。

（4）中华优秀传统文化教育存在的问题。

受访者认为“缺乏合适的传统文化教育形式或活动”是限制传统文化教育最主要的因素。“进行传统文化教育的资金、人才、技术等短缺”“没有时间了解传统文化”以及“学校对中华优秀传统文化宣传不到位”等现状也引起了受访者共鸣。持“对传统文化本身不感兴趣”观点的受访者人数最少。由此可知，绍兴市中小学目前对中华优秀传统文化的教育仍存在漏洞。总体来看，绍兴地区中华传统文化教育机制体制有待加强。作为教育主体的学校缺乏相关基础支持，在进行文化教育的硬性条件方面存在限制；学校在内容宣传、活动形式上缺乏重视与新意；学校在学生时间安排方面有待改善。

（5）受访者学校进行传统文化教育方式的现状与改善。

在受访者的学校进行中华优秀传统文化教育的原有方式中，老师授课（带领学生阅读名著）的方式占比最多。而在推动中华优秀传统文化教育创新的具体方式中，支持“以传统文化为主题开展校园活动”的受访者占比最多。“加大传统文化宣传力度”“为中华传统文化融入地域因素，增强特色”“利用互联网信息技术开展传统文化教育”以及“推动其他主体与学校进行传统文化建设联动”同样占据较高比例。由此可见，针对目前校园中老师授课、名著导读的传统教育方式，受访者将传统文化教育融入校园活动中的意愿强烈。针对“Z 世代”及之后出生、求异心理较强的学生群体，在文化教育中利用互联网技术、融入地域特色能更好地为中华优秀传统文化注入时代特色，完成传统文化的创造性转化、创新性发展。

同时，受访者对学校当前进行中华优秀传统文化教育方式的满意程度较高，可见绍兴地区各级学校在传统文化教育方面总体较好。根据受访者年龄信息与该问题的交叉调查，小学、初中、高中受访者的满意程度平均值分别为 87.41%、45.67%、62.75%。可见，初中受访者对学校中华优秀传统文化教育方式较为不满。

此外，受访者向学校提出促进中华优秀传统文化教育的建议中，提到较多的分别是“多多开展相关活动”“开设中华优秀传统文化教育课”。另有一些受访者认为可以“开设图书角，增加相关内容的书籍”“让学生观看相关影视作品”。部分受访者提出学业压力过大，影响了他们对中华优秀传统文化的学习，可以通过适当减少学业任务的方式来增加他们学习传统文化的时间。

（二）实地调查

团队经过对上虞区重华小学、浙江省绍兴市新昌县新昌中学及浙江省绍兴市多所初中的实地考察，深入探究各级学校进行包括“越文化”在内的中华优秀传统文化教育的频率，获取了学校关于传统文化教育的一线资料，了解了各校开展传统文化教育的各种途径。部分学校在传统文化教育方面的优秀实践经验，为团队撰写“越俗、越艺、越学”校园传统文化节策划案提供了思路。

1. 孝德文化传承与创新的典范——上虞区重华小学

调查团队选择以绍兴市上虞区重华小学为范本之一。该小学地处上虞曹娥江附近。曹娥江以孝女曹娥投江救父的历史典故命名，蕴含着越文化中的孝道思想。自 1997 年开始，重华小学凭借其优越的地理位置，将“孝德”教育融入办学理念，提出“孝心献父母，爱心报社会，忠心效祖国”的内容，引导学生学会“感恩”，把感恩的情感推及全社会成员，实现现代孝德的升华。将孝德文化深度融入学校的建筑设计、教材编写、剧目创作等多方面。

（1）将孝德文化理念嵌入学校建筑设计中。孝德文化的理念在学校建筑设计中随处可见，孝德长廊、孝德碑、微“孝”墙是其中的典型。“孝德长廊”始建于2009年，长廊内古往今来的绍兴孝德名人照片、二十四孝故事错落有致（见图1）。“孝德彩绘酒坛”“孝德灯笼”点缀于校园内，渲染孝德氛围。“孝德大厅”呈现着“孝顺长辈、知恩图报”的重华小学魅力少年们的感恩故事。“微‘孝’墙”记录着重华学子们表达孝心的美丽瞬间（见图2）。可见，重华小学于细微处营造出良好的孝德文化环境。

图1　重华小学孝德长廊

图2　重华小学“微‘孝’墙”

（2）将孝德文化理念融入学校教材中。重华小学在教材上大胆创新，使孝德文化真正“走进课本”。2018年上半年，重华小学在原有浙江人民出版社正式出版发行的《孝德教育教材》《孝德教育大纲》《孝德教育课程标准》的基础上，通过查阅各类与虞舜有关的书籍，结合民间传说，以70幅精美图文、连环画的形式，出版了诠释重华一生的经典图书《重华的传说》（见图3）。

图3　重华小学出版《重华的传说》图书

（3）将孝德文化理念融入各项活动中。重华小学结合当地传统戏剧——越剧，创作出《重华种豆》原创越剧儿童剧（见图4），该越剧儿童剧讲述了少年重华善解人意、孝顺，用爱化解继母难处，维护家庭关系的故事，传播了和谐友善的社会主义核心价值观。该剧目于第三届浙江少儿戏曲小金桂比赛中一举夺魁，并将代表浙江省参加全国戏曲最高奖“小梅花”的角逐。同时，重华小学开展了“日行一孝”教育活动，鼓励学生每天做一件力所能及的小事孝敬长辈并记录下来，在月末由全班投票选举出班级“月度小孝星”。这种方式将孝德文化教育融入学生生活之中、以孝德理念浇灌了学生心田。

图 4　儿童剧《重华种豆》演出剧照

此外，绍兴市上虞区作为虞舜文化的发源地，一直致力于挖掘、传承、发扬虞舜文化。重华小学注重弘扬虞舜文化，每年的中国绍兴（上虞）孝文化节，重华小学的师生们都会积极参与祭祀活动，诵唱《上虞孝德之歌》，吹奏《穿越千年的笛声》。

总而言之，在优秀传统文化教育方面，重华小学善于汲取当地资源，运用优越的地理条件和历史文脉，同时汲取现代元素，发挥自主创新精神，做到传承与发扬并行。重华小学选择当地“越文化”中的孝德文化这一分支，并将其作为学校传统文化教育的重点，这一选择既贴合学校实际又融入本地元素，通过体验孝德文化景点及活动，让学生切身体会传统文化的魅力。同时，孝德文化能够与当代社会主义核心价值观中的“爱国”“友善”相融，响应习近平总书记在党的二十大提出的坚持将中华优秀传统文化与马克思主义相结合、与社会主义核心价值观相融合，秉持学校教育立德树人、传播中华文明智慧的要义。

在传统文化教育的形式上，重华小学勇于创新、寓教于乐。摒弃教条式教育，将孝德文化融入学生生活，通过自编教材、开展各类特色活动的形式，使孝德文化从外来式的输入转为主动吸收，从根源上激发学生们的好奇心，使其在轻松的氛围下进行自主学习。同时，重华小学注重精神文化对现实社会的反作用性，引导学生从仅仅理解优秀传统文化转为身体力行，将奉献社会、报效祖国引为其人生的正确目标。学校也因此涌现出“浙江省十大感动少年”顾诗元，因设计六方会谈会标而两次得到外交部部长李肇星接见的“孝心手杖”发明者王偲婕，“上虞区英才少年”金致臻等一大批优秀学生。

最后，通过调查我们发现重华小学将“孝德”文化水平作为考查学生的重要标准，并与奖励机制紧密联系。在学生的价值观还未成熟时，机制的“一边倒”存在引发功利主义，偏离教育本心的隐患。

2. 有待深化“越文化”教育的初中阶段——浙江省绍兴市上虞区实验中学、春晖外国语学校等

对初中阶段传统文化教育的实践调查，团队主要走访了浙江省绍兴市上虞区实验中学和浙江省绍兴市上虞区春晖外国语学校。

上虞区实验中学传统文化教育的内容较少，主要集中于文科类课程教学。以学校为单位组织的传统文化教育活动同样较少，仅个别班级在假期社会实践中自发开展了相关活动（见图5）。

图5　上虞区实验中学开展文化研学活动照

在对上虞区春晖外国语学校的实地考察中，该校校长向我们介绍了“悦礼春外”的教学理念。作为绍兴文人朱自清、朱光潜、丰子恺曾任教的春晖中学附属初中，该校以“知礼、行礼，培养道德行为完善的个人”为宗旨，以“礼行春外”为目标，注重以国学礼仪培养学子，以“礼”为自己的行为准则、待人方式。然而，“悦礼春外”的内涵仅停留在教案层面，涉及传统文化教育的实质性活动缺失。

随后，我们走访了上虞区百官中学、上虞区城北实验中学等多所初中，同样发现传统文化教育内容的空白。

从走访调查结果来看，绍兴市多所初中传统文化教育机制并不完善。首先，传统文化教育并未在绍兴各所初中得到重视。在对上虞区实验中学的调

查中，我们注意到，学校馆藏中陈列了中西方科学家的资料，缺少历史人物、文学史迹的宣传板块。在其余多所初中也很难找到此类校园陈设。

其次，学校的传统文化教育停留在纸面上，难以焕发活力。以上虞区春晖外国语学校为例，该校具备绍兴文人名士任教的雅史，且环境清幽、历史厚重，具备传承发扬“越文化”得天独厚的自然与历史条件。但“礼行春外”这一教学理念并未在校园生活中得到实践，学生对传统文化知识的汲取仅限于课本教材。

最后，学校缺乏对“越文化”理解、传承、发扬的完整体系。学校团委忽视优秀传统文化对学生的滋养作用，教学团队对传统文化认识亦有欠缺。传统文化的智慧终会在学生本能中弱化。

3. “德育”“智育”齐头并进——浙江省绍兴市新昌中学

实地调查团队选择浙江省绍兴市新昌中学为高中学段范本。作为省重点中学，新昌中学坚持“德育”“智育”齐头并进理念，在教育课程、专项活动两方面进行优秀传统文化熏陶。

（1）传统文化入课程。

党的二十大召开后，该校党委通过学习宣传贯彻党的二十大的精神并进行全面部署，明确在文化教育上“以社会主义核心价值观为引领，发展社会主义先进文化，传承中华优秀传统文化”的基本目标。

针对党的二十大，学校开展了主题课程，通过分享优秀传统文化、红色革命故事，交流解读党的二十大政策，感受文化魅力和红色信念。同时，学校团委挖掘古老的“越文化”历史，从传拓（如图6所示）、题跋两项传统技艺出发，引领同学们在美术课堂中复刻拓印技术，将书法艺术与之交融，亲临魏晋朝代绍兴文人兰亭雅集、以文会友的现场，融入中华民族悠久的文化传统与审美精神。

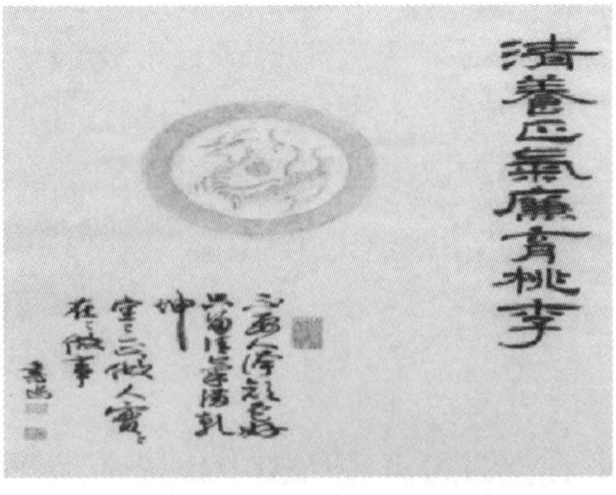

图6　“越文化”传拓技艺美术作品

（2）专项活动齐开展。

2022 年，浙江省绍兴市新昌中学共计开展十余项与“越文化”相关的专项活动。其中包括“立足天姥穷奇韵味、文人清廉气节”的菊花展系列活动（见图 7），展现汉语魅力、以美文美音传扬史迹的诗歌朗诵大赛，以“书香浸润生命”为主题的书香家庭评选大赛等。每到 9—10 月的菊花展黄金期（见图 8），学校将对外开放，吸引游客前来赏菊品诗。活动的数量繁多，种类丰富，文化韵味浓厚。

图 7　天姥菊花书画展

图 8　9—10 月黄金期的菊花

浙江省绍兴市新昌中学在学生完成课业任务的同时，基本兼顾了校园的精神文明建设，为绍兴市高中有效利用资源，促进优秀传统文化的传承发展提供了思路。从全局来看，学校以宏观政策为指导，统筹教学，将传统技艺带入课堂，使学生以亲身体验的方式传播优秀传统文化，达到提高时间利用率、兼顾课业的目的。同时，学校善于发掘绍兴新昌“浙东唐诗之路”的历史渊源，结合天姥山、沃洲湖等当地著名自然历史景区，以史育人，在新一代学子中焕发“越文化”的魅力。菊花展面向全县开展，使该校学生以优秀传统文化体验者、传承者的身份传播中华优秀传统文化。

（三）访谈调查内容分析

为了对中小学传统文化教育有更深入、全面的了解，此次调查我们还特地采访了绍兴当地的教育专家姚小清女士。以下为部分访谈内容。

问题一：现在大部分中小学的传统文化教育存在着拘泥于书本的问题，那么您认为，如何让传统文化教育“走出书本”“走进生活”呢？

答：这是个很实际的问题，我们可以用“起—承—转—合”四字诀来解决它。

（1）起——环境熏陶：重在通过环境的创设进行传统文化的渲染，结合传统文化，如“孝德”文化，去其糟粕，取其精华，剔除不适应时代发展的封建孝道，用图文并茂的方式创设中国古来孝故事的文化长廊。为了使“孝德”内容更符合党的二十大的精神和现代社会发展的需求，在学校层面，将“孝德”融入学生的日常学习生活，以此激发孩子对传统文化的兴趣。

（2）承——深度推进：围绕某一传统文化，通过主题式、系列化的活动来深度推进。以孝文化为例，学校所设计的活动应当结合“四个一”的理念、突显“四个真”的特点，即一个基点——学做人；一个载体——儿童的生活；一条主线——创新的能力；一个核心——实践与体验。在“真生活、真实践、真体验、真环境”中获得发展。按照“孝是什么—寻找身边的孝—孝敬大行动……”形式逐层推进，将孝文化扎根于孩子心中，让孩子能知孝行孝。

（3）转——经典转化：结合当下对传统文化传承和创新中存在的最大问题，甄选相关资源，进行艺术化的呈现，以此将书面的、枯燥的事例演化为艺术作品，借艺术的力量震撼每个人的心灵，激发人们付诸实践的意识和欲望。

（4）合——知行合一：继“起—承—转”之后要达到理论向实践转化的目的，在实践中挖掘对传统文化的传承和创新，回归“学做人”的原点。如以学校层面的孝文化为例，通过参观、收集资料等活动，让孩子对孝德产生更深的认识和理解。最终，达到知行合一的目的，让孝顺成为孩子们本能的行为。

问题二：我们觉得您所提到的知行合一很有意义，能否详细说说在这一方面如何实践呢？

答：这个其实在我们绍兴就有实例，绍兴市上虞区的第一实验幼儿园就有“孝亲敬老月”活动。

（1）日行一孝：每天为长辈做一件力所能及的事。

（2）温暖一信：“给长辈写一封信”活动。学生写下祝福寄语送给家人以表达温情与感谢。

（3）敬老院之行：探望敬老院老人，为他们表演节目，为他们送去欢声笑语。

（4）“小孝星”徽章的争创：通过评比的方式激励孩子争做小孝星，以此吸引更多孩子积极参与尊老爱老活动。

若每个学校都能切实地开展传统文化教育活动，我们的传统文化教育也就自然达到了你所提到的“走进生活”的效果了。

问题三：您认为绍兴地区越文化教育能否与政府、文物局联动，如果可行性高的话，可否给我们提供一个具体的方案呢？

答：撬动政府层面对学生进行“越文化”教育是一个非常好的思路，可以从以下几方面进行推进。

（1）多局沟通，顶层架构：由教体局层面和政府、文物局、建设局、宣传部等相关负责单位进行沟通，建立“越文化”宣传和发扬的管理网络，明确相关的管理职责，商榷有利于“越文化”宣传和发扬的相关机制。

（2）资源审核，及时完善：由政府层面根据教体局的需要，联络相关部门梳理并归纳现有有利于“越文化”宣传和发扬的“资源库”，并从节气、习俗、人文等维度审视现有资源是否完整，并及时补充欠缺资源。

（3）建立基地，实践推进：学校层面根据本校的校本课程或者结合本校学生的实际情况，审视“越文化”资源，甄别并选择适合本校需求的“越文化”实践基地，开展丰富多彩的实践活动，如实地参访、亲身体验、创意表达等，以此感受并体验“越文化”的魅力。

（4）双向互动，反馈调整：在每次实践活动后，学校层面向“越文化”实践基地反馈实践效果，并提出有利于“越文化”更好发扬和传承的建议；“越文化”实践基地则根据学校和当下社会发展的需求，对“越文化”进行不断的调整和完善，让“越文化”在传承中创新，在创新中发展。

问题四：您认为传统文化的创新性转化、创造性发展在教育中应如何体现，可否浅谈一下？

答：我将围绕关键词“突破”来展开回答。

（1）内容上的突破：对传统文化内容需求进行突破，要分析传统文化和当下时代发展之需求，用培养未来社会发展所需人才的眼光审视传统文化之利弊。

（2）方式上的突破：为遵循孩子发展的心理逻辑，符合孩子的认知规律，我们必须对传统文化的教育方式进行突破。要摒除以往出现的灌输式的、说教式的教育方法，应让孩子在亲身体验、实践感知中接纳并习得传统文化，培养其传承文化发扬传统的责任感。

问题五：在本次实地调查中我们发现，各阶段学校对于传统文化教育的衔接问题存在差异化，您可否给出几点关于教育衔接的建议呢？

答：（1）多元调查，合理定位衔接内容：“多元”有两层意思，其一，是指调查方式多元化，如通过调查表、座谈会、访谈会等多种方式，促进信息共享，经验交流，从多角度反映普适的教学经验和问题；其二，是指调查群体的多元化，从校内人员至社会群体，从多层面了解孩子对传统文化的感知力，并有针对性地指出相关教育的重点问题。深度挖掘，解决痛点问题，是教学衔接的主要任务。

（2）双向衔接，科学考量衔接方式：俗话说知己知彼才能百战百胜，教师应以学生为本，尊重学生的原有经验和发展差异，强化理念与实践双层面的衔接意识，通过教师座谈会、跨学校授课等方式，交流经验，总结方法，深入了解各学段学生对传统文化教育的接受程度及重点问题。以实际教育编写发展纲要，科学做好教育衔接工作，搭建教育过渡的桥梁，增强学生学习能力和理解力。

（3）经验交流，不断调整衔接方法：整合多方教育资源，家校共力，各学段教育统筹联动，全面提高各学段学生教育适应力，减小学习坡度。设立学段过渡统筹机构和动态监管机制，严格要求教师于日常总结教学经验，定期召开全学年段教师会议，促使经验共享化，提高经验的精度和广度，不断调整适合学生发展的衔接方法。

五、调查总结

本次社会调查，我们从问卷调查、实地调查、访谈调查三个维度展开，对绍兴地区中小学传统文化教育有了全面、清晰的认知。

总体来看，绍兴市中小学中华优秀传统文化教育情况令人满意，但仍存在相关问题。小学传统文化教育中重华小学的孝德教育令人眼前一亮，但部分小学开展传统文化教育工作存在形式主义和不符合学生接受能力的情况。初中作为衔接阶段传统文化教育的问题较大，在绍兴地区重视传统文化教育的初中寥寥无几，教育频率与学生满意度也呈断崖式下降。高中传统文化教育的主要问题在于主课与传统文化教育之间的平衡，相较于新昌中学“德育”“智育”双线并行的模式，部分高中对学生时间的安排导致其没有时间安排传统文化教育活动，学生对传统文化教育实践板块接触较少。综合三阶段来看，绍兴市传统文化教育存在体制缺失与各教育阶段之间割裂的问题。

因此，我们从中华优秀传统文化教育内涵、形式、体制机制三方面出发，提出挖掘特色文化资源、增强传统文化时代性、利用数字媒体平台、开展专项活动实践、引入大数据云计算服务、加强横向贯通、建立纵向联动七条具体建议。同时，团队以活动策划案的形式糅合实践经验，将“越俗、越艺、越学”特色真正纳入文化教育中。

1. 丰富传统文化教育内涵

从调查结果上看，丰富的文化内涵和引人入胜的文化内容是中华优秀传统文化扎根校园的重要因素。

（1）挖掘特色文化资源。

绍兴具备得天独厚的文化资源，包括曹娥江、天姥山、书圣故里、仓桥直街在内的自然历史景区留存了丰富的名人事迹和文章典籍。选取符合学校历史渊源、教育理念、发展前景的特色文化内容，有助于学校建立优秀传统文化认同感。

优秀传统文化教育需有别于一贯的笼统模式，力求当地化、特色化、鲜明化，结合地理、历史条件，在丰富的传统文化分支中择取“越文化”中的特色理念，作为贯穿校园的精神主干，融入包括环境、课堂、学余生活在内的多方面，辐射带动其余优秀传统品质深入人心。

（2）增强传统文化时代性。

取其精华、去其糟粕是对待传统文化的正确态度。针对中华传统文化中的优秀结晶，注入时代特色更能使其凸显优越性。这种时代性具体体现在与马克思主义基本原理、社会主义核心价值观融合，与中华民族伟大复兴中国梦相联系方面。

基于此，学校对传统文化的教育要剔除其中蒙昧迂腐的部分，将传统文化扩展到家国层面，以施展自身抱负、共筑祖国伟大复兴梦为传统文化实践的最终目标。

2. 创新传统文化教育形式

摆脱传统文化教育停留在书本输出、老师授课的现状，助推中华优秀传统文化教育形式实现创造性转化、创新性发展，是完善绍兴地区传统文化教育的重要途径。

（1）利用数字媒体平台。

绍兴毗邻宁波、杭州等地区，具备良好的互联网基础和数字媒体实力。截至2022年，涉及学校招生、食品安全、校园资金流动的三大数字化平台已经形成，绍兴教育已迈入数字化轨道。绍兴柯桥区经红色资源、人文资源、山水资源的梳理，正式创造出“红色网上游”研学场景，平台日活跃人数超过三千。然而，针对传统文化教育的数字化应用场景还未在绍兴落地。

对传统文化而言，把握“Z世代”特征，以数字媒体技术入校园，借助云平台、云技术将优秀传统文化与短视频、纪录片、游戏应用、AI虚拟场景等融合，激发学生对优秀传统文化的兴趣，能实现技术手段上的创造性突破，创新传统文化传播渠道与形式。

（2）开展专项活动实践。

将优秀传统文化内涵融入活动实践，是推动传统文化教育创新的有效手段。关于传统文化教育的专项活动实践应当符合体系化、常态化、丰富化的要素。各级学校要避免以教师授课、实地调查等形式主导传统文化教育的问题，在以传统文化为主题的活动下创设不同板块，加强板块之间的关联性与互动性，以潜移默化的形式传递文化理念。

（3）引入大数据、云计算技术。

目前云计算、大数据在社会层面热度很高，其被广泛应用于不同领域开展科技革命、推动社会变革，而教育也处于这场变革之中。借助云计算和大数据，教育者在传统文化教育中能分析学生特征、了解学生行为习惯，基于其思维模式提供个性化服务，以此助推其健康成长。借助云计算和大数据技术，教育者在开展教育的过程中能及时了解学生兴趣爱好，提前明确教学方案，推动教育模式个性化，激发学生对传统文化的兴趣，为传统文化的创新性培养优秀的继承者。

3. 健全传统文化教育体制机制

健全的体制机制与传统文化教育紧密相关。在政府的政策指引下，各类组织、社会机构与中小学校进行联动，有利于纵横布局，完善传统文化教育体制。同样，针对小学、初中、高中不同阶段的特点，采用不同的传统文化教育模式，在纵向上健全教育制度，能更好地实现教育意义。

（1）加强横向联动。

①作为传统文化教育的牵头人，政府需在多方面提供扶持。

政府需要为校园基础设施建设及文化宣传划拨相对充足的资金，尽可能地建立健全传统文化教育人才机制，将有关“越俗、越艺、越学”的传统文化守承人引入校园，开展全市范围内的流动课堂及传统民俗文化节。同时，根据教体局实际需求，政府负责与文物局、建设局、宣传部等相关负责单位沟通商榷，建立“越文化”教育网络和“资源库”，明确管理职责，细化资源分类，收集各级学校进行传统文化教育实践后的反馈结果，促进文化教育网络的调整。

②作为传统文化教育的主体，学校负责传统文化教育落实的最终环节。

其一，需加强绍兴市内各学校传统文化教育经验上的流通，学校间相互观摩、借鉴传统文化教育模式，形成“先者帮后者”的局面。其二，学校在进行传统文化教育实践后，建立“学校—政府—学校”正向反馈机制，以教育经验促进全市文化教育网络具体化，再以网络助力各学校形成传统文化教育品牌。

③社会各界为传统文化教育提供多项资源。

在平台上，利用绍兴市现有优质传统文化弘扬活动，推动传统文化守承人、文化团队与学校联动，为学校教育注入新鲜血液。在基础设施方面，为学校传统文化教育提供场地、环境支持，拓展教育思路。

④发挥家庭习俗类教育的作用。

家庭通常是传统文化教育中习俗类教育的第一开展点，通过日常生活中传统文化习俗的熏陶，学生们更容易接受书面化的教育。故学校需要与家长建立密切联系，通过座谈会的方式对家长进行传统文化教育宣传，同时为家长普及基本的教育知识和理念，做到“家校一体、寓教于家”。学校可以为家长发放教育反馈册，以记录孩子在传统文化学习中取得的进展和遇到的困难，老师通过教育反馈册可以及时地为家长提供帮助，为孩子制定个性化的传统文化教育方案。

（2）建立纵向贯通。

发挥小学阶段传统文化教育的启蒙作用。在小学传统文化教育内容的选择上，注重筛选传统文化中的精华部分，潜移默化地为学生们树立正确三观。同时，增强学校设置的教育课程与教育阶段的适配度，依学生实际认知水平开展文化教育。

加强初中阶段中华优秀传统文化教育的衔接作用。针对本次调研发现的初中阶段传统文化教育衔接缺失的问题，可采用“定期考察、多方学习”的解决方案。在教学内容上，利用小学阶段培养的传统文化基础，相应增加文化内涵、思维理念方面的内容，由当地教育局安排小学、初中、高中的老师定期考察其他学校，在学习和借鉴对方教育方法的同时，增强自己教育内容的衔接性。教育局也可组织中小学传统文化教育座谈会，邀请三个阶段的学校老师一同探讨教育衔接问题，在磨合中达成教育上的合理过渡。同时，加强初中阶段学校内部学习借鉴，教育局可推出在传统文化教育衔接上表现亮眼的学校作为模范学校，安排其他学校教师到该校进行学习交流，以提高初中传统文化总体教育质量。

考虑高中阶段主课教育和传统文化教育的平衡。一方面，高中学校可以利用校园环境开展传统文化教育活动，将传统文化理念以环境之美呈现，以美景美德拂去学生心中疲惫。另一方面，把传统文化与学业课程融合，并通过诗词、书画等方式凝练，提升学生的语文素养，丰富学生的精神世界。

六、结语

文化如水，润物无声。团队成员既是调研者，亦是学习者。团队采用三种调查方式，对绍兴市各中小学中华优秀传统文化普及教育及文化传承模式进行了全面了解。走访调查间，放眼越州文化，感受“敢为人先、刚柔并济、经世致用、师法自然”的文化魅力。查阅资料，深入挖掘，更是感叹中华民族 5000 多年积累的独特智慧。然而，如此优秀的传统文化却面临传承教育问题，这也点燃了我们坚定传承传统文化的信念和决心。为解决绍兴传统文化教育问题，经深入分析，我们多角度提出建议及活动策划书，符合党的二十大提出的“推进文化自信自强，铸就社会主义文化新辉煌”的要求，促进中华民族文化基因在广大青少年心中生根发芽，为坚守民族的共同理想信念，铸就民族文化自信，增强国家文化软实力，为中华传统文化的长远发展打牢基础。

在调查过程中，团队分工明确，各司其职。充分发挥个人特长，为调研活动的开展保障质量，提高效率。团队主要负责人孟益可是绍兴本地人，对调研投入了极大的热情，对家乡文化教育的发展也展现出强烈的责任感，为团队调研提供了许多帮助。

结合调查内容，我们从“越俗”“越艺”“越学”三项绍兴地区特色传统文化内容出发，以校园传统文化节为载体撰写活动策划书。该活动旨在让绍兴中小学生体验绍兴特色传统文化的魅力，激发其对优秀传统文化内容的兴趣，为不同年龄段开展适配性传统文化教育提供范例。同时，该项目由绍兴市政府“总体牵头、各方联动”，能最大限度地利用绍兴地区的优质传统文化资源与传播平台，进一步弘扬中华优秀传统文化的魅力。活动策划书提供了详细的开展方式，具有很强的落地性和可操作性，能很好地唤起学校和社会层面对传统文化教育的重视，营造良好的学习氛围，为学校与社会联动不足的问题提供了解决思路。同时，该活动由中小学三个阶段共同参与，可以加强各阶段教育沟通，使教育过渡更为顺利。

综上，团队此次的项目得到了上虞市教育局认可。此外，本次社会调查报告为绍兴市中华优秀传统文化教育提供了新思路，能在一定程度上解决现存的教育问题，推动传统文化教育深入人心，助力绍兴地区优秀传统文化创造性转化、创新性发展，促进中小学生成为新一代“越文化”守承人。同时，该活动方案为全国因地制宜地开展传统文化教育提供了借鉴，为落实文化强国政策、传统文化创新性继承提供了参考模板。

附件 1

绍兴市中小学“越俗、越艺、越学”校园传统文化节

一、活动基本情况

（一）活动名称

绍兴市中小学“越俗、越艺、越学”校园传统文化节

（二）活动时间

2023 年 4—6 月

（三）活动地点

绍兴市各中小学校区内、尧舜故居、书圣故里、仓桥直街、梅渚古村、天姥山等传统历史文化景区

二、活动合理性

（一）活动设计概述

本活动通过挖掘绍兴地区“越俗”“越艺”“越学”三项中华优秀传统文化内容，旨在创新绍兴中小学现有传统文化教育的内涵形式，以传统文化节进校园的新模式激发学生对传统文化的学习兴趣，以“政府牵头、多方联动”丰富绍兴地区传统文化教育体制机制，发挥中华优秀传统文化的教化功能，培养中华优秀传统文化的接班人、守承人。

（二）活动背景及现状

1. 绍兴市传统文化现状

（1）“越文化”底蕴丰富，“三越”内容独特

绍兴地区传统“越文化”历史悠久、内涵丰富。其中尤以“越俗”“越艺”“越学”为文化精髓。“越俗”指绍兴地区越族民俗，闻名于鲁迅笔下，包括绍兴莲花落、脸谱、制扇、黄酒酿造等多项技艺。“越艺”指越地繁盛的艺术文化，以山水文学和抒写性灵为主要特色，体现在魏晋书画、浙东诗派等方面。“越学”指绍兴地区系统的古代学术成果和思想体系，以东汉王充发表“疾虚妄、求实诚”观点的《论衡》为开创标志，演化至南宋理学、陆王心学，其实事求是、经世致用的思想受用至今。

（2）“越文化”发展现状良好

绍兴地区特色传统文化发展具备良好的经济、人才、资源基础。近年来，绍兴市经济发展状况良好，启动了文化原创优秀作品扶持资金与文化发展专项资金，对文化产业投入数额大且增长快。绍兴市文化人才补贴政策和奖励办法出台后，绍兴市传统文化守承人数量迅速上涨。截至 2023 年，绍兴市现有世界文化遗产 1 处，国家级文物保护单位 32 处，国家级非物质文化遗产代表性项目 24 项。

2. 绍兴市传统文化教育现状

（1）传统文化教育形式单一

形式单一是绍兴地区中华优秀传统文化教育最为显著的问题。以课堂教育、书本传授为主要教育手段，不利于激发学生对传统文化的学习兴趣。

（2）传统文化教育内容笼统

部分中小学开展传统文化教育过程中，忽视挖掘当地传统文化的特色与魅力，使学生难以构建对优秀传统文化理念的认同感，身体力行地实践其精

神内涵。

(3) 传统文化教育阶段性不明确

针对小学、初中、高中不同年龄阶段的学生特点和教学特性，缺乏与之对应的传统文化教育内容，导致以学生现有认知水平无法理解、无法处理与课业之间的平衡等问题。

(三) 活动理念及意义

1. 推动传统文化教育走出课本、走向实践。该活动以传统文化节的形式在中小学展开，以春游采风、品诗学赋、书画大赛、剪纸制扇等活动为具体内容，使学生在实践中领略传统文化魅力。

2. 发挥“越俗”“越艺”“越学”特色魅力。以绍兴学子耳濡目染的传统“越文化”为载体，能起到文化教育潜移默化的作用，进一步为“越文化”未来的发展培养人才。

3. 结合文化教育阶段特色，将“越俗”“越艺”“越学”主题分别与小学、初中、高中阶段相联系，以传统习俗技艺观摩激发小学生对传统文化的兴趣；通过传统思想与实地调研结合，培养初中生对传统文化理论与历史人物的系统性探索、研究；在高中学习生活中融入传统文艺，激发高中生对传统文化的喜爱，缓解课业压力。

4. 加强传统文化教育主体联动。通过绍兴市政府“总体牵头、各方联动”的指导方针，充分利用绍兴市传统文化的各项资源。

三、活动可行性

(一) 详细任务分配

1. 政府部门

政府牵头，以座谈会的形式与教育局、文体局及宣传部展开探讨，制定传统文化节总体规划；在文体局帮助下各校向有关传统文化保护机构或单位(如绍兴博物馆、鲁迅故居等地) 发出邀请函，借助相关机构单位场地开展活动，同时邀请本市传统文化传承工匠、书画大师、工艺品制作人进行现场讲解、演示；由宣传部负责传统文化节活动的宣传工作，制作视频、发布公众号等；教育局起草传统文化节具体规划，同时建立完善的反馈机制。

2. 社会机构

为活动提供人员及场地支持。面向学校开放传统文化内容相关场地，完善讲解人员、社会志愿者服务。利用沉浸式展馆体验及 VR 技术，打造学生的交互体验模式。

3. 学校单位

制定本校“三越”传统文化节的具体方案，以校团委为领导，动员教职工，统筹传统文化节工作，形成“总+分”活动格局。以学校、年级为主体积极组织、带领全校学生参观传统文化展馆及历史景区，积极融入、参与政府组织的传统文化传承发扬活动；邀请传统文化手艺人来校进行讲解、演示，与学生进行互动交流；结合不同阶段传统文化节主题，具体展开本校传统文化的特色专项活动；及时归纳总结本校传统文化节开展的具体情况，向同类学校借鉴、学习经验，及时向教育局反馈传统文化节开展结果。

（二）基本运作方式

1. 活动起草阶段

由政府牵头，教育局、文体局、宣传部联合开展座谈会，通过探讨商榷并拟订初步活动方案，明确活动的具体召开时间、地点，进行活动资金预算及财政划拨，宣传部进行相应的宣传活动。

2. 活动开展阶段

活动开展分为两阶段。第一阶段，以在全市范围内开展传统文化节为载体，以绍兴市传统文化传承与弘扬为主旨，整合利用社会资源，借助社会平台，以中小学生参观、观摩传统文化展馆，欣赏传统戏剧、民俗艺术表演等内容为主旨，在总体上激发绍兴市中小学生对传统文化的学习兴趣，培养传统文化接班人，为“越文化”未来的发展奠定基础。

第二阶段，各校根据教育局下发文件及指导意见制定本校范围内的具体传统文化节方案。如小学阶段以“越俗”为文化节主题，学校可以安排兰渚山下的春游踏青活动，重温“曲水流觞”的历史典故，到绍兴市“黄酒小镇”观摩、学习传统黄酒酿造工艺。初中阶段以“越学”为文化节主题，学校可以组织对王阳明、鲁迅等人故居进行探访，通过实地调研了解“越学”中一脉相承的实事求是、经世致用思想，并开展相关社会实践报告的撰写、评比活动，使学生在其价值观迅速成熟的时期埋下以身报国的种子。而对于学业繁忙的高中阶段，学校可以利用校园环境，以最能带给人美好感受的“越艺”开展书画展、汉服节、古诗词大赛等活动，融教于学，缓解学业压力的同时增强学生的文学素养。

3. 活动收尾阶段

各级学校将传统文化节的开展情况及结果反馈至地方教育局，教育局归纳、综合具体经验的同时对各校传统文化节的开展结果进行评比、奖励，发挥先进学校的示范作用，各示范学校可以根据实际情况，保留本次传统文化节衍生项目，开展接下来的教育工作，引领绍兴市中华优秀传统文化教育工程总体向前。同时，政府各部门根据本次传统文化节的活动流程，建立健全绍兴市传统文化教育体制机制，形成传统文化教育网络与资源库。

（三）潜在问题分析

1. 风险评估

（1）文化破坏风险

我们了解到，许多绍兴市传统文化技艺有制作难度系数高、工艺品易碎等特点，包括但不限于越窑瓷器制造、花雕制作等。另外，包括绍兴市博物馆在内的许多展馆文物珍贵、收藏价值高，开展传统文化节过程中如保护、管理不当，可能会对这些文物、工艺品造成损害。

（2）资金划拨风险

在绍兴市范围内开展传统文化节活动涉及主体广、活动安排工程量大、资金支持要求高。因此，需要对活动专项拨款的金额总数，调拨给政府各职能部门、社会单位以及学校的具体资金建立严格详细的报备审批制度。一方面，要使“财有所值”，将资金用到实处；另一方面，要防止流程审批懈怠、办事效率低的问题。

2. 项目落地性分析

（1）贯彻学校“总+分”活动理念

根据活动详细运作方式，在绍兴市政府总体牵头，教育局制定传统文化节方案后，各校需要针对自己的实际情况开展专项活动。此时，部分学校可能存在形式主义的情况。学校并未贯彻上级部门要求，进行本校传统文化节的特色实践，导致活动价值不能真正落地。因此，需要教育局监督各校完成活动反馈，同时进行评比奖励，使各校认识到绍兴市推进传统文化教育的决心。教育局也需要考虑各校的实际情况，警惕教育功利主义的产生，不以活动数量多少和工程量大小为评比标准，按照不同教育阶段的特性展开对比分析，力求活动的真实性与实际意义。

（2）建立健全全市传统文化教育体制

本次活动的顺利进行，倚仗全市传统文化教育体制的建立。缺少政府、社会、学校的任一具体环节，都无法达到预期效果。然而，绍兴市缺乏成熟的传统文化教育体制机制，需要在探索与突破中建立健全体系。因此，可以在活动准备阶段由政府部门邀请社会研究、传统文化及教育方面的专家、展馆代表人、中小学教师代表进行座谈会，明确活动过程中可能出现的问题并提出应急方案。

附件 2

各类学校的传统文化教育实践经验调查研究

——以绍兴地区“越文化”为例

您好！感谢您抽出宝贵的时间参与本次上海对外经贸大学暑期社会实践“各类学校的传统文化教育实践经验调查研究——以绍兴地区‘越文化’为例”项目的线上问卷调查。中华优秀传统文化，指中华民族历史演进过程中形成的传统文化结晶。优秀的中华传统文化是中华民族的根与魂，党的二十大提出“推进文化自信自强，铸就社会主义文化新辉煌”的要求，指明了中华传统文化传承与发扬的航向。我们旨在通过调研各类学校传统文化教育实践情况，分析中华优秀传统文化教育的可借鉴经验、可行性做法，为个人、学校、社会进行传统文化教育和发展提供切实可行的建议。本问卷大概需要您 3 分钟的时间，我们衷心希望得到您的真实回答，帮助我们顺利完成此次调研。

1. 性别 [单选题]

○男

○女

2. 年龄 [单选题]

○7~12 岁

○13~15 岁

○16~18 岁

3. 您是否知道（听说过或者有一定了解）中华优秀传统文化和绍兴地区传统文化越文化？[单选题]

○只知道传统文化

○只知道越文化

○都知道

○都不知道

4. 您对中华优秀传统文化进行了解的渠道有哪些？[多选题]

○学校教育

○课本及课外读物

○综艺节目

○影视作品

○自身的生活经历
○父母长辈的教导
○纪录片
○互联网（抖音、哔哩哔哩、微博、小红书等）
○网络游戏
○其他（请填空）＿＿＿＿＿＿＿＿＿＿＿＿＿＿＿＿

5. 您的学校进行中华优秀传统文化教育的频率（填空题，请打出分数，满分为 100 分，分数越低代表频率越低）：

＿＿＿＿＿＿＿＿＿＿＿＿＿＿＿＿＿＿＿＿＿＿＿＿＿＿＿＿＿＿＿＿＿＿＿＿

6. 您对学校进行传统文化教育的喜爱程度（填空题，请打出分数，满分为 100 分，分数越低代表喜爱程度越低）：

＿＿＿＿＿＿＿＿＿＿＿＿＿＿＿＿＿＿＿＿＿＿＿＿＿＿＿＿＿＿＿＿＿＿＿＿

7. 您对哪些中华优秀传统文化感兴趣？[多选题]
○传统手工艺（如剪纸、泥塑、拓印等）
○传统文艺作品（如书法、绘画、戏剧、书籍等）
○传统习俗（如闹元宵、舞草龙、贴春联等）
○传统思想（如汉儒思想、程朱理学等）
○其他（请填空）＿＿＿＿＿＿＿＿＿＿＿＿＿＿＿＿

8. 您认为当前中华优秀传统文化教育受到哪些方面的限制？[多选题]
○学校对中华优秀传统文化宣传不到位
○传统文化教育体制机制缺失
○进行传统文化教育的资金、人才、技术等短缺
○没有时间了解传统文化
○缺乏合适的传统文化教育形式或活动
○对传统文化本身不感兴趣
○其他（请填空）＿＿＿＿＿＿＿＿＿＿＿＿＿＿＿＿

9. 您认为可以通过什么样的方式去创新中华优秀传统文化教育？[多选题]
○加大传统文化宣传力度
○以传统文化为主题开展校园活动
○利用互联网信息技术开展传统文化教育
○推动其他主体与学校进行传统文化建设联动
○为中华传统文化融入地域因素，增强特色
○其他（请填空）＿＿＿＿＿＿＿＿＿＿＿＿＿＿＿＿

10. 您的学校进行中华优秀传统文化教育的方式有哪些？[多选题]

○老师授课（如提升学生语言基础水平，带领学生品读名著等）

○实地调研历史遗迹

○利用海报、名言等促进文化环境建设

○开展多样性的中华优秀传统文化教育活动（如游戏、歌谣、知识竞赛等）

○通过一些同学科普相关的故事来弘扬中华优秀传统文化

○其他（请填空）＿＿＿＿＿＿＿＿＿＿＿＿＿＿＿

11. 您对当前学校进行中华优秀传统文化教育的方式是否满意（填空题，请打出分数，满分为 100 分，分数越低代表满意程度越低）：

＿＿＿＿＿＿＿＿＿＿＿＿＿＿＿＿＿＿＿＿＿＿＿＿＿＿＿＿＿＿

12. 您对当前学校中华优秀传统文化教育的建议：[填空题]

＿＿＿＿＿＿＿＿＿＿＿＿＿＿＿＿＿＿＿＿＿＿＿＿＿＿＿＿＿＿

本次问卷已完成，感谢您的参与！

附件 3　政府文件

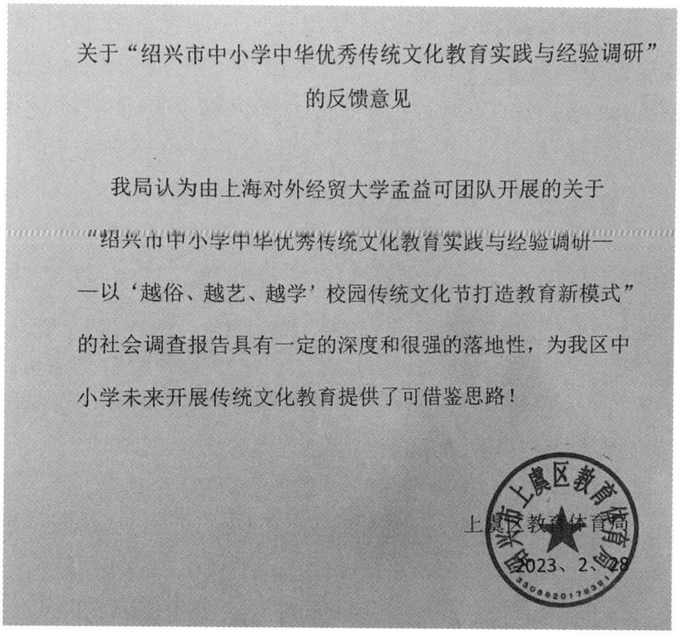

关于“绍兴市中小学中华优秀传统文化教育实践与经验调研”

的反馈意见

我局认为由上海对外经贸大学孟益可团队开展的关于“绍兴市中小学中华优秀传统文化教育实践与经验调研——以‘越俗、越艺、越学’校园传统文化节打造教育新模式”的社会调查报告具有一定的深度和很强的落地性，为我区中小学未来开展传统文化教育提供了可借鉴思路！

上虞区教育体育局

2023、2、28

探寻“绿色文明护小区”项目破解小区民生问题的理论机制与实践路径①

——以上海市松江区岳阳街道高乐社区为例

一、引言

党的二十大报告指出，要坚持以人民为中心的发展思想。要维护人民根本利益，增进民生福祉。这不仅是党和政府政策制定的价值指向，更是社会治理工作的出发点和落脚点。

要在基层社区治理工作中坚持和落实以人民为中心的发展思想，第一，要坚持人民城市人民建、人民城市为人民的原则，提高社区治理水平，实施社区更新行动，加强基础设施建设，打造宜居、韧性、智慧社区。第二，要坚持发展全过程人民民主，保障人民当家做主，积极发展基层民主。第三，要坚持全面依法治国，加快建设法治社会，提升社会治理法治化水平。第四，要坚持完善社会治理体系，健全共建共治共享的社会治理制度。第五，要坚持加强城市社区党建工作，推进以党建引领基层治理。

结合系统论的观点，在社区治理工作中如何坚持和落实以人民为中心的发展思想以破解民生问题是一个复杂的系统性问题。其中，“坚持人民城市人民建、人民城市为人民”是核心，因为它回答了“谁来建设城市，城市发展为了谁”的问题。城市建设的主体是人民，城市发展的目标是满足人民的需求和提高他们的生活质量。所以，它既是以人民为中心的发展理念的具体体现，也是所有工作的出发点和价值归宿。

“坚持加强城市社区党建工作，推进以党建引领基层治理”是动力，因为它回答了“谁来引领人民建设和发展城市，如何引领人民城市建设与发展”的问题。社区基层党组织在这个系统中起着组织、协调和引领的作用，它通过统筹和调度各种资源，推动社区治理的进行。同时，它也在各种治理活动中积极引导和推动群众参与，提升群众的自治能力。

---

① 作者：刘永、戴薛荧、魏强基、谢万杰、赵宏博；指导教师：冯国芳。

“坚持发展全过程人民民主，保障人民当家做主”是基础，因为它回答了“谁决定社区事务，如何决定社区事务”的问题。基层社区治理决策权的主体应是人民，决策的标准是以满足人民利益和需求为核心。而全过程人民民主赋予了人民真正的决策权，确保政策制定的过程公正公平，以此来满足人民的实际需求。在这种模式下，人民不再是被动的政策接受者，而是主动的决策者。

“坚持全面依法治国，推进法治中国建设”是保障，因为它回答了“社区治理应遵循什么规则，规则的来源是什么”的问题。社区治理应遵循相关法律，坚持法治是社区治理的基本原则，坚持全面依法治国可以保障社区治理和决策符合法律法规，从而保护人民的合法权益，使社区的管理更加公平、公正，并且为实现以人民为中心的发展提供有力的法治保障。

“共建共治共享的社会治理模式”是支柱。因为它回答了“谁是社区治理的执行者，以及如何进行社区治理”的问题。在共建共治共享模式下，社区居民、社会组织、政府部门等各个主体共同参与社区治理，这种协同模式不仅能整合各方资源，充分发挥各方优势，提升治理效率，还能让居民在社区治理中发挥更大的作用，增强居民主人翁意识，从而提升他们的归属感和满意度。

因此，“坚持以人民为中心的发展思想”在社区治理领域破解民生问题的理论机制是以“坚持人民城市人民建”为核心，以“坚持加强城市社区党建工作，推进以党建引领基层治理”为动力，以“坚持发展全过程人民民主”为基础，以“坚持全面依法治国”为保障，以“坚持完善社会治理体系”为支撑的系统机制。(见图 1)

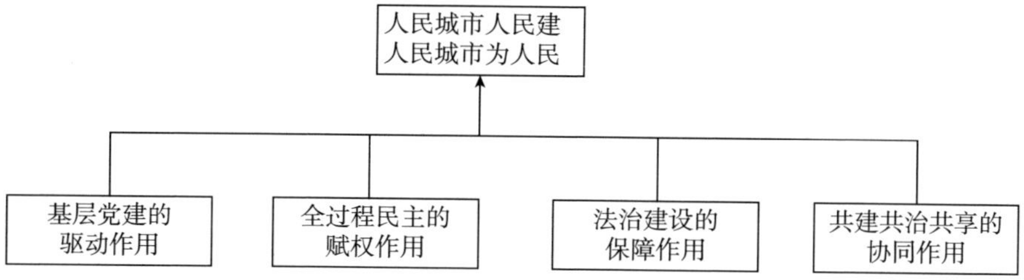

图 1　系统机制

为了更好验证和阐释上述理论机制，也为了进一步探寻与挖掘基层党组织优秀社区治理经验，特发起对上海市松江区岳阳街道高乐社区“绿色文明护小区”项目的调研活动。

二、调查对象的基本情况

上海市松江区岳阳街道位于松江老城区，居民区分布散、设施老，且多建造于20世纪七八十年代，居民们自发在屋前宅后、自家院落、小区空地种植花草树木等现象相当普遍。随着这些居民自栽的花草树木的持续生长，其带来的遮光、挡路、扰民等问题也日渐突出，加之居民爱绿、护绿等环保意识的不断提高以及居民对自身生活环境、公共活动空间和停车场、充电桩等基础设施需求的不断增长，老旧小区居民自栽树木的修剪、迁移等问题开始不断涌现，区绿化市容局接到群众提出迁移树木的申请量也与日俱增。同时，这些树木的后期打理和规范种植问题带来了大量的物业投诉和社区矛盾。

以高乐小区为例，辖区面积不大，只有0.21平方公里，其辖区内有高乐小区和华中公寓两个规范居民小区，居民户数在2100户左右，常住人口近6000人。该小区建造于20世纪80年代末、90年代初，配套的基础设施早已陈旧不堪，其翻新、完善、建设的呼声也越来越高，所以居民生活条件改善、公共活动空间治理以及基础设施更新的矛盾被这一棵棵自栽树木的扰民问题逐渐引发并逐渐放大。

高乐社区党总支在收到居民的绿化问题诉求后，联手区人大代表和城管队员，推出了“绿色文明护小区”项目，专门解决绿植扰民问题。同时，高乐社区党总支联合各方力量共同解决树木移植问题，实现了多元联动，提升了基层社区治理的效率与质量，经过3个多月的努力，终于成功完成了枇杷树的迁移工作。为进一步简化流程、提升效率，切实解决更多类似的民生问题，高乐社区党总支书记赵敏勇与区人大代表胡喜喜共同提出了《关于解决岳阳街道老旧小区公共绿化带内居民自栽树木管理问题的建议》，这一提议得到了区级、市级相关部门的充分认可和积极响应。

三、调查研究的基本做法

（1）通过观察和访谈的方法对“绿色文明护小区”项目的过程与成果进行调查。通过实地走访项目实施的小区，对比项目实施前后的变化，了解“绿色文明护小区”项目在民生改善、社区建设方面的具体成效。

（2）通过访谈的方法对该项目的主要实施者，如党总支书记、社区工作人员、物业管理人员、小区居民代表及相关人员进行调研，深入了解他们在推进项目过程中遇到的挑战、使用的策略和取得的成绩。

（3）通过访谈的方式对执法人员在执法、普法、监督与指导过程中遇到的挑战、使用的策略以及取得的成绩进行调查收集与分析。

（4）通过访谈的方式对区人大代表在积极履行自身职责、汇总多方建议并联合执法部门将项目经验上升为立法建议、打造基层法治建设样板、扩大项目影响以及持续提升社区居民满意度的过程中遇到的挑战、使用的策略以及取得的成绩进行调查收集与分析。

四、调查研究的主要内容

（一）“绿色文明护小区”项目采取的主要举措

1. 加强社区党建工作，创新基层社区治理

高乐社区党总支书记表示，“要做有激情、有热情、有感情的社会活动家，坚持以人民为中心的发展思想、全面贯彻落实新发展理念，不断加强城市社区党建工作，创新城市基层社区治理”。

（1）坚持民生导向，创新治理理念。

面对居民家门口的枇杷树移栽难题，高乐社区党总支联合多方力量，解决了实际问题，充分体现了高乐社区党总支坚持民生导向的创新发展理念。为了进一步简化树木迁移审批流程，高乐社区党总支联合区人大代表提出了立法建议，凸显了以人为本的社会创新精神。

（2）变革观念制度，创新治理过程。

高乐社区党总支通过“变被动等待为主动介入”“变单个应对为协同治理”“变个案处理为制度改革”“变传统自治为依法治理”等四个变革实现社会治理过程的创新。面对居民自种树木移栽难的问题，党总支不再被动等待，而是选择主动介入，坚持以居民的现实民生问题为社会创新的主攻方向。在解决问题的过程中，党总支不再是单独应对，而是选择联合居委会、业委会、物业公司等多方力量，共同协作解决问题。此外，面对树木迁移过程中的审批难题，党总支不再停留在个案处理，而是提出简化审批流程的建议，推动规则制度的改革，以期缩短审批时间，提高办事效率。最后，在解决枇杷树迁移问题的实践过程中，党总支不再仅仅依赖传统的自治方式，而是倡导依法治理，弘扬法治精神，提高居民的法治意识。

（3）积极共享成果，创新治理模式。

高乐社区党总支通过构筑沟通桥梁、引入专业指导、汇聚群众智慧等方式积极地将社区治理创新的成果共享给居民。如由党总支牵头搭建对话平台，邀请职能部门、区域单位和社区代表现场进行对话探讨，为基层治理提供“金点子”；邀请专业人士就项目推进过程中涉及的法律问题进行讲解，提升对话的专业性和质量；建立微信平台，让参与对话的代表们都能加入微信群，

为后期现场会、座谈会等社区邀约打下基础；最后，通过党组织搭台、多部门参与、骨干居民带头，将具体民生问题从政策科普到具体操作流程，再到矛盾纠纷的处理，一个一个讨论、按部就班推进、循序渐进解决。

2. 积极发展基层民主，充分保障居民权益

高乐社区居委会工作人员王浩表示，“做好社区工作，核心就是要及时、专业、负责地解决好人民群众急难愁盼问题，保障好人民群众最切身、最核心的利益”。

（1）构建高效的诉求收集反馈机制。

高乐社区党总支主动牵头，结合线上数字化平台和线下面对面渠道，全面准确及时地收集并及时响应居民的民生诉求。同时，积极倾听和吸纳社区居民的建议和意见，使得利民政策的制定和执行更加符合居民的实际需求和期望，集中体现了积极发展基层民主，落实全过程人民民主。

（2）积极开展基层民主法治教育。

高乐社区党总支通过组织普法宣传活动、收集居民法治建议，以法治教育为引导，帮助居民提升法律素养，让他们理解和掌握如何依法行事和维护自己的合法权益。提升了居民法治意识的同时，使他们更有效地参与到社区的治理中来，实现了基层民主和法治建设的有机结合。

（3）持续完善基层民主参与机制。

高乐社区党总支通过民主联席座谈会和碰头会等方式，积极构建包括政府职能部门、党总支、居委会、业委会、物业公司在内的多元化参与机制，确保所有社区利益相关者能充分参与到决策过程中。此外，他们还将定期召开居民座谈与碰头会，完善基层民主工作的制度化、常态化、规范化，确保每位居民的意见都能得到倾听，每件民生小事都能得到解决，使得每一位居民都有机会参与并影响社区事务的处理和决策。同时，还及时公开透明地将相应结果予以公示，进一步实现了民主参与和居民自治。

3. 强化社区法治建设，提升社区法治水平

区人大代表，城管执法工作人员胡喜喜表示：“民有所呼，我有所应。我是一名基层人大代表，一名普通城管执法队员。面对‘光头树’的深刻教训，不能让老百姓的‘学费’白交；面对‘等得花儿也谢了’的困境，不能让老百姓‘望花叹息’，必须急群众所急，为此做点什么。”

（1）增强居民法治意识。

高乐社区党总支联合城管工作室，通过组建“护绿小分队”微信群、开展以护绿为主题的“谁执法谁普法”专题普法活动，教育并引导居民学习社区绿化、移植树木等环保法律知识，提高居民依法自治的意识，为基层社区

营造良好的法治环境。

（2）提供专业法律援助。

高乐社区党总支牵头，依托城管工作室，发动社区法律志愿者队伍，联合居委会、业委会、物业公司，形成四位一体的“一站式”法律援助机制。全程为有移树诉求的居民提供专业、及时、高效的法律咨询服务和支撑保障，直接促进了移树绿化、保护环境等社区治理工作的制度化、程序化、规范化。

（3）促进科学立法民主立法。

高乐社区党总支书记与区人大代表通过召开民主联席座谈会，充分听取和收集居民意见，认真商议并提出解决公共绿化带管理问题的相关建议。特别是在关于《上海市居住区绿化调整实施办法》的相关立法建议的生成过程中，居民、社区党总支、区人大代表等共同参与，各方主体都能发表意见，畅所欲言。这种多主体参与的方式提升了立法过程的民主性与科学性，使得相关政策与法律文件的制定更加符合实际情况、贴近居民需求，同时还提高了居民对依法自治的认同感和信任度。

4. 优化社区治理模式，整合社区治理资源

（1）优化社区治理模式。

高乐社区党总支通过实施如“绿色文明护小区”项目等活动，倡导和引导居民、社区党总支、区人大代表、城管队员等主体的积极参与，形成多元协同的社区治理网络，优化完善共建共治的社区治理模式。

（2）打通信息沟通壁垒。

高乐社区党总支联合城管工作室开设小区绿化、公共区间治理等相关问题的专项答疑平台，同时配合线下座谈会和居民论坛等方式，让居民、社区党总支、区人大代表、志愿服务队等主体可以进行充分、多元、高效的信息交流和讨论，以便为其共同提出解决社区问题的对策提供充分的信息支撑。

（3）整合社区治理资源。

高乐社区党总支主导，联合居委会、业委会、物业、区绿化市容管理局、岳阳综合执法队等专业力量，整合社区治理的内外资源，提高社区治理的效率和品质。

“绿色文明护小区”项目的实践路径如图 2 所示。

（二）“绿色文明护小区”项目的主要成效

1. 居民民生问题得到有效解决，社区人居环境得到显著改善

高乐社区居民对社区绿化和基础设施管理的需求得到了有效满足，生活水平和质量得到了提升，同时社区基础设施建设与提升也得到了坚实的保障，

为未来的社区发展奠定了良好的基础。例如，社区绿化带来的问题（如树木过大造成的遮光、挡路等问题）得到了解决。特别是对于自栽树木的管理和迁移问题，党总支通过积极开展“微论坛”活动、联合城管工作室进行专项治理，使居民的需求得到了有效满足。

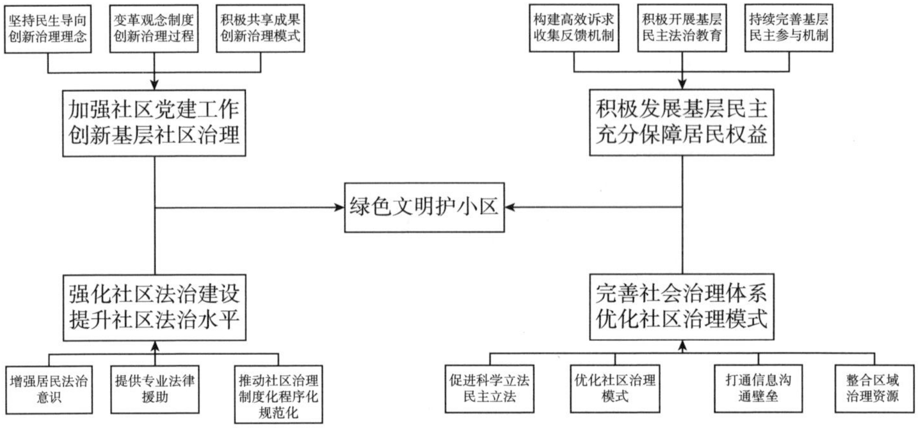

图 2　实践路径

2. 居民的法治意识有效提升，社区治理的法治化水平逐步提高

自实施绿色文明项目以来，社区成功构建了一种依法自治的治理模式，这不仅提升了居民的法治意识，推动了社区治理的法治化，而且有效推进了相关法律制度的完善和优化，共同推动了社区法治建设的全面发展。例如“护绿小分队”微信群、“谁执法谁普法”等活动让居民们有机会主动学习法律，提高了居民们对法律的认知水平和尊重度，增强了他们依法处理问题的能力。此外，该项目进行的每一步工作，都严格遵循法律程序，从接到居民诉求、职能部门上门核实、现场查看，到业委会汇总许可事项材料，居委会负责居民意见征询及方案公示，再到小区物业负责迁移及后期养护管理等，所有的行动都以法律为准则，形成了法治化的社区治理新模式。

3. 治理模式有效优化，治理效能明显提升

自实施绿色文明项目以来，社区在治理能力、治理模式和治理机制方面都有了有效的优化和提升。提升治理能力方面，特别是在处理涉及公共空间使用、绿色公益等复杂问题方面有了明显提升。在优化治理结构模式方面，绿色文明项目引入的新模式更加注重居民参与和社区动员，通过居民自我管理，降低了治理难度，提升了治理效果。在治理机制创新方面，该项目采用居民区党总支、居委会、业委会、物业公司共同参与的方式处理问题，形成

了一种共治的机制。这种机制使得社区治理更加高效和有序，也让居民有更多的参与机会，进一步提升了社区的凝聚力和向心力。

4. 居民家园观念与情感体验有效增强，日常行为更加规范

自实施绿色文明项目以来，居民在思想观念、日常行为以及对社区建设的情感态度方面都发生了积极变化。居民对绿色生活、社区治理、依法办事以及环境保护等概念有了更深入的认识和理解，居民更加重视生态环保，对依法有序参与社区治理以及公共事务的积极性也大大提高，形成了更加积极的公民意识。居民的行为也变得更加规范，尊重公共空间，积极参与社区活动，主动贡献自身力量，充分体现了公民责任和自我管理能力。此外，居民的家园归属感也逐渐增强，更积极地参与到社区的建设中，共同推进社区的发展，对社区未来发展充满了期待和信心。

“绿色文明护小区”项目的治理成效如图 3 所示。

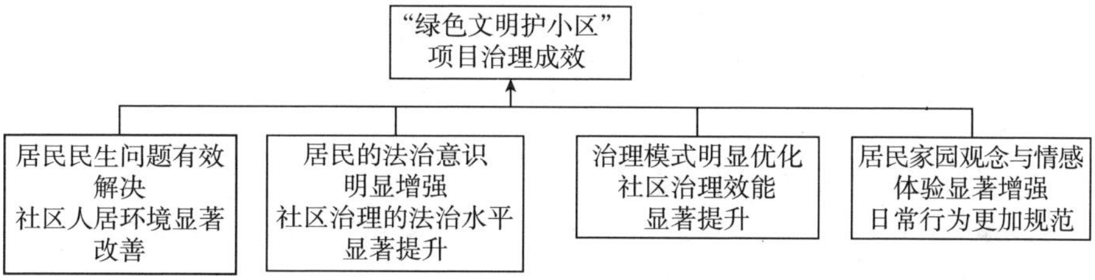

图 3　治理成效

（三）相关建议

1. 加强社区党建工作

（1）建立专项学习案例库，促进经验积累分享。

针对社区党总支处理的各种案例，可以分类整理并建立专题资源库，系统地记录和分析每一个案例的处理过程和结果，以及遇到的问题和解决的策略，然后定期开展案例分享会议，让党员骨干们有机会了解和学习各种案例，从而提升他们处理类似问题的能力。

（2）鼓励党员参与落实项目，提升党员综合能力。

鼓励党员积极参与设计和实施以解决社区民生问题为主题的工作项目，让党员在实际的工作项目中提升自己的组织能力、领导能力和问题解决能力。应允许他们参与明确项目目标和计划，合理分配任务，定期对项目进展进行评估和反馈等过程，并在项目成功后进行庆祝和总结，让党员们能感受到成功的喜悦和成就感，从而进一步提升他们的工作积极性和能力。

（3）优化调整党总支社区治理的资源管理策略。

第一，要构建和强化合作网络。党总支要发挥桥梁和纽带作用，协调社区内外各方资源，包括房主、物业管理、相关部门以及外部专业机构等。通过建立合作关系，形成利益关联，使得各方能够共享资源和信息，实现互补，从而更有效地解决问题。

第二，要优化资源配置与管理。科学合理地分配和管理资源，以提高资源的使用效率。例如，党总支可以帮助协调房主和物业管理之间的沟通，提供相关的权益和责任信息，也可以联系相关部门，引进更多的技术和知识资源。

第三，要建立持续更新的资源机制。社区治理是一个持续的过程，需要不断更新和补充资源。党总支需要建立一种机制，定期评估社区的资源状况，一旦发现缺失和不足，及时进行补充和更新，以保证社区治理的持续进行。

2. 积极发展基层民主

（1）完善民主决策参与平台。

设立一个结合线上线下的民主决策参与平台，例如建立社区论坛或微信群、钉钉群等，使居民能够对社区的重大决策进行讨论和投票，实现居民的广泛参与。

（2）推广“社区议事日”制度。

设立“社区议事日”，让居民集中讨论社区的重大问题，同时居民也可以向社区管理者反馈自己的需求和想法，实现民主决策。

（3）实施“小区议员”制度。

通过民主选举产生“小区议员”，让这些议员定期参与社区的决策，更直接地反映居民的意愿和需求，让民主参与得以实现。

3. 强化社区法治建设

（1）成立民主法治讨论小组。

可以在社区中成立民主法治讨论小组，鼓励居民参与讨论，提出对社区治理和法律问题的看法和建议。这样不仅能够增强居民的法治意识，还能够增加他们对社区治理的参与度。

（2）设置“居民法治建议箱”。

在社区公共区域设立“居民法治建议箱”，鼓励居民随时提交在日常生活中发现的法律问题或者对社区法治建设的建议等。党总支可以定期收集和整理这些建议，将其作为改进社区法治建设的参考。

（3）推广法治决策程序。

在社区的重大决策中，如社区规章制度的制定、公共设施的建设等，推广依法决策的程序，保证决策的合法性、公正性。同时，让居民了解并参与这些决策过程，以提高居民的法治意识和民主意识。

4. 完善社会治理体系

（1）建立智慧社区平台。

可以使用微信小程序和大数据收集等技术，开发一款智慧社区平台。在这个平台上，居民可以方便地报修、缴费、查询社区信息等。同时，该平台还可以作为社区居民与党总支、物业公司等进行交流的渠道，有助于提高社区治理的效率和透明度。

（2）完善丰富民意收集渠道。

可以利用微信、微博等社交媒体进行民意调查，了解社区居民对特定问题的意见和建议。这种方式可以覆盖更多的居民，收集更全面的信息。

（3）建立数字社区志愿服务系统。

一方面，可通过举办各种社区活动和培训，鼓励并引导社区居民参与到志愿服务中来，增强社区的凝聚力和活力。可以依托微信小程序和公众号，开发一款社区志愿服务预约系统，使社区居民可以方便地预约和查询志愿服务，志愿者也可以在该系统上查看和接受服务请求，进行充足的准备，以提高志愿服务的效率和满意度。居民还可以通过该系统对志愿者的志愿服务进行评价，志愿者则可以获得反馈，不断提升服务质量。另一方面，可以通过设立社区志愿服务表彰制度，对在志愿服务中作出突出贡献的居民和志愿者进行表彰，进一步激励大家参与社区志愿服务，实现社区的共建共治共享。

调研组提出的优化建议如图 4 所示。

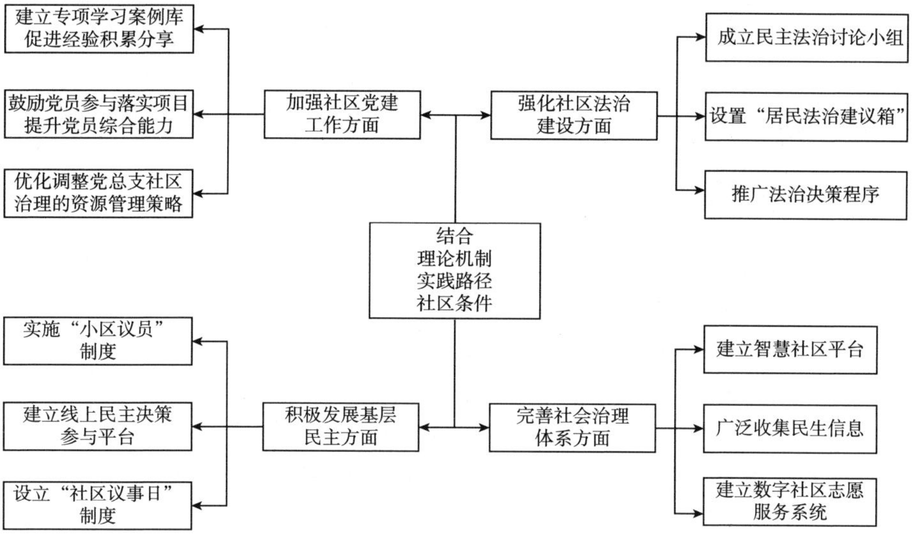

图 4　优化建议

五、总结

(1) 通过本次调查研究，我们发现岳阳街道高乐社区“绿色文明护小区”项目实施后，社区环境得到了显著改善，居民对社区的满意度明显提高。

(2) 通过本次调查研究，我们还发现“绿色文明护小区”项目有效提升了居民的法律意识，推动了社区治理法治化。此外，通过构建共建共治共享的社区治理模式，建立有效的沟通和问询机制，整合汇聚区域治理资源等手段，社区治理体系得到了优化，社区治理效率和品质有了显著提高。

六、启示与思考

本次调查研究全面展现了岳阳街道高乐社区·“绿色文明护小区”项目的成功实践，这为我们理解如何通过社区治理项目改善社区人居环境，提升居民满意度提供了宝贵的经验和启示。

第一，社区治理需要全方位的参与，这不仅包括社区党总支、居委会、业委会、物业，也包括居民和其他利益相关者。每个人都是社区治理的重要组成部分，他们的建议和意见都是宝贵的资源。

第二，社区治理需要依法进行，坚持依法行政，做好严格规范、公正文明的执法工作，可以确保社区治理的公正性，提升社区治理的效率和品质。

第三，社区治理需要以人民为中心，要充分倾听和吸纳居民的意见，紧密结合社区实际，只有这样，才能真正解决居民的实际需求，提升居民的满意度。

第四，社区治理要坚持民生导向，不断创新。无论是在治理模式上，还是在治理策略上，都需要有创新思维并持续推进，以适应社区发展的需要。

七、收获与感悟

第一，通过本次对岳阳街道高乐社区“绿色文明护小区”项目的调研，我们深入了解了社区治理的基本模式和实施细节，体会到项目实施对居民生活的影响，实际感受到基层治理能力提升对社区生活质量的改善。本次调查活动不仅提升了我们的团队合作能力、沟通能力、实践能力以及问题发现和解决能力，也使我们对社区治理有了更深入的理解，增强了我们对社区管理、基层党组织、基层政府、国家和中国共产党的热爱之情，并对未来的社区建设与发展充满了信心。

第二，本次岳阳街道高乐社区“绿色文明护小区”项目的调研活动，给我们带来了许多宝贵的收获和深刻的感悟，让我们认识到良好的沟通在社会工作中的重要性。同时，我们深感自信自强也非常重要，其不仅仅是我们敢于自我展示的一种精神面貌，更是我们对自己能力的肯定。我们可能缺乏社会工作经验，但是我们有信心，有能力去应对和解决问题。

第三，我们学会了如何克服内心的恐惧和胆怯，勇敢面对和解决问题。我们明白，只要我们有勇气，有决心，就没有什么困难是不能克服的。

第四，我们更加深刻地认识到专业知识和工作经验在我们工作生活中的重要性。知识与经验就像我们的指南针，始终能帮助我们找到解决问题的正确道路。这次活动让我们更加深刻地感受到知识与经验的力量，同时增强了我们对知识的渴望和对生活工作的热爱。我们将会把这些宝贵的经验和感悟与自身的学习及生活充分结合，争取从中汲取更多、更深层的力量。

推进健康中国建设　回顾沪医援滇十年①

——以上海市第七人民医院援助巍山县人民医院为例

一、引言

2017年，习近平总书记在党的十九大报告中首次正式提出“健康中国”发展战略，认为人民健康是民族昌盛和国家富强的重要标志，要完善国民健康政策，为人民群众提供全方位全周期的健康服务。《“健康中国2030”规划纲要》《健康中国组织实施和考核方案》等文件一步一个脚印地印证着国家正在为实现健康中国重要战略目标而奋斗。

2022年，习近平总书记在党的二十大报告中提到，要增进民生福祉，提高人民生活品质。实现好、维护好、发展好最广大人民的根本利益，紧紧抓住人民最关心、最直接、最现实的利益问题，坚持尽力而为、量力而行，深入群众、深入基层，采取更多惠民生、暖民心举措，着力解决好人民群众急难愁盼问题，健全基本公共服务体系，提高公共服务水平，增强均衡性和可及性，扎实推进共同富裕是党和国家高度重视的内容。创新医防协同、医防融合机制，健全公共卫生体系，提高重大疫情早发现能力，加强重大疫情防控救治体系和应急能力建设，有效遏制重大传染性疾病传播等举措开始成为推进民众健康发展的关键。

基于以上背景，小组成员结合“走家乡、看变革”学习党的二十大精神暑期专项社会实践项目开展调研。调研小组前往云南省大理白族自治州巍山县，对巍山县人民医院、巍山县南诏镇社区卫生服务中心、南诏镇展开调研，同时对上海市第七人民医院展开调研。团队的调研内容主要围绕以上海市第七人民医院援助巍山县人民医院为例的沪医援滇政策推行情况、巍山县医共体建设推进情况、巍山县人民医院基础设施建设状况、社区医疗满意度等开展。调研时间为2023年7月15日至2023年7月20日。

---

① 作者：胡蓬蕾、刘人玮、王星月、杨蕊宁、文尧、陈宇琪；指导教师：范鸣、费振弘。

二、主体

（一）调研对象简述

党的二十大报告指出，“健康中国建设”的核心内容是深化医药卫生体制改革，促进医保、医疗、医药协同发展和治理。发展壮大医疗卫生队伍，把工作重点放在农村和社区。把保障人民健康放在优先发展的战略位置，完善人民健康促进政策。在政府的指导下开展的沪医援滇政策是建立在省卫生健康委总牵头、三级医院具体落实、上海方支援的体系架构之上的，由上海支援医院“手把手”教会当地医院一系列有关医院管理的规定、制度、流程，并始终坚持问题和需求双导向原则，聚焦医疗服务中的痛点难点问题，精准确定帮扶内容。

巍山县人民医院始建于1939年3月，经过七十多年的建设和发展，成为一所二级甲等医院，是全县医疗教学、医学科研、医疗急救、预防保健等医疗卫生工作的指导中心。上海市第七人民医院，始建于1931年，于2013年晋升为三级甲等中西医结合医院，同时还是上海市区域医疗中心，外高桥医疗联合体牵头单位。谢阿侣，中共党员，巍山县巍宝山乡卫生院原副院长，现为巍山县南诏镇社区卫生服务中心主任。此次实践小组对巍山县人民医院、巍山县南诏镇社区卫生服务中心进行实地调研，对上海市第七人民医院进行线上调研。

（二）研究方法与调查过程

1. 调查基本方法

本次社会实践主要运用文献研究法、问卷调查法、人物访谈法、田野调查法四种方法。

（1）文献研究法。

文献研究法，是指在收集与整理研究领域相关文献的基础上，对文献进行研究之后形成新的认识的一种研究方法。本文参考的文献资料主要涉及政策文章、官方通告、社媒报道、公众号推文四个方面，包括二十大报告关于推进健康中国建设的相关内容、中国政府网与云南省人民政府网对此的发文、云南网与《云南日报》的新闻报道、巍山彝族回族自治县人民政府官网、巍山县人民医院公众号发布的相关推文以及搜狐网、澎湃新闻等社媒网站的报道。

（2）问卷调查法。

问卷调查法，是调查者运用统一设计的问卷向被选取的调查对象了解情况或征询意见的调查方法。调研小组针对巍山县人民医院的在诊患者及家属进行了线下的抽样问卷调查，并特别向得到过上海七院援助的科室病人发放问卷。问卷共设计 17 个问题，最终实际收获 40 份有效问卷。

（3）人物访谈法。

人物访谈法，是指以口头交流的形式，调查者根据调查需要向访谈者提出相关问题，以获取第一手资料和信息的一种调研方法。调研小组对巍山县人民医院副院长侯怡艳、巍山县南诏镇社区卫生服务中心主任谢阿侣进行了线下访谈；此外，为进一步了解帮扶重点与援助中存在的问题，调研小组对上海市第七人民医院马慧芬主任和彭涛医生进行了线上访谈。

（4）田野调查法。

田野调查法，是指研究者通过实地走访、观察等方式，对被调查对象进行直接的观察和记录的调查方法。在巍山县人民医院副院长侯怡艳的带领下，调研小组实地参观了医院的各个科室以及大体构造，切实了解了医院医疗环境与服务水平。

2. 调查过程

第一阶段：小组开会决定调研行程。

7 月 15 日晚上，“1 疗 5 装”调研小组师生在大理市巍山县集合完毕并召开第一次会议。

7 月 16 日上午，在侯怡艳副院长的带领下参观巍山县人民医院，了解医院整体情况并录制视频。下午，针对医院患者进行问卷发放并收集整理数据。

7 月 17 日上午，在巍山县南诏镇社区卫生服务中心进行参观走访。下午，小组成员采访社区卫生服务中心主任谢阿侣。

7 月 18 日上午，参观走访巍山县人民医院行政楼。下午，对巍山县人民医院副院长侯怡艳进行采访。

7 月 19 日上午，小组成员连线上海市第七人民医院马慧芬主任以及神经外科彭涛医生进行采访。

7 月 20 日，数据总结，初步确定调研报告大纲内容。

第二阶段：7 月 16 日上午的实践活动主要围绕巍山县人民医院展开。本次暑期社会实践活动第二阶段主要完成了以下事项。

（1）在侯怡艳副院长的带领下参观巍山县人民医院。

①巍山县人民医院整体构造、历史及科室概况。

②参观医院康复科的针灸理疗室和康复作业室；参观医院的内分泌科，并了解内分泌科的基本情况与职能。

（2）针对医院患者进行问卷发放。

对医院现有患者进行问卷发放，了解巍山县人民医院的医疗诊治情况及民众满意度。

第三阶段：围绕沪医援滇政策展开针对性采访。本次暑期社会实践活动第三阶段主要完成了以下事项。

（1）对巍山县人民医院副院长侯怡艳进行采访。

①巍山县人民医院管理层对实施沪医援滇政策对推进健康中国建设的作用的看法。

②在沪医援滇政策推行过程中遇到的挑战；在管理技术与理念方面的收获。

③对未来在巍山县人民医院的工作展望；对沪医援滇政策接下来的持续推进和发展的建议和想法。

（2）对上海市第七人民医院彭涛医生进行采访。

①从一个基层医生的视角阐述沪医援滇政策对党的二十大中习近平总书记提到的“推进健康中国建设”理念的作用。

②接下来在医疗技术方面的援助重点。

（3）对上海市第七人民医院马慧芬主任进行采访。

①上海市第七人民医院与巍山县人民医院管理模式的异同点。

②对巍山县医共体建设的建议。

③对沪医援滇政策接下来持续推进和发展的建议和想法；对“推进健康中国建设”这一理念的看法。

第四阶段：对社区卫生服务中心主任谢阿侣进行采访。本次暑期社会实践活动第四阶段主要完成了以下事项。

了解社区卫生服务中心开设的医疗服务，以及十年间社区卫生服务中心为提高工作效率及人民满意度所做的改变。包括通过信息系统的建设将医疗系统与数字化相结合、在信息筛查方面得到的改善、当地医疗资源状况、简洁方便的转诊流程、远程医疗服务的开设、紧密型医共体的构建等内容。

（三）对巍山县健康中国建设实地调研的主要内容

1. 重点内容

（1）把握“人民健康”一条主线，以政策带动实地发展。

人民健康是现代化最重要的指标，没有全面健康，就没有全面小康，以人民健康推动健康中国建设，健康中国建设业已上升为国家战略①。在健康中国建设要点中，明确提出要深化医药卫生体制改革，促进优质医疗资源扩容和区域均衡布局，例如改善东西部医疗资源不平衡的问题。早在2009年《中共中央国务院关于深化医药卫生体制改革的意见》就指出，中国医疗事业发展中优质医疗资源分布不均现象尤为突出。2021年3月习近平总书记在三明考察时强调，要均衡布局优质医疗资源，这一工作在“十四五”时期更要大大加强②。

本次调研，我们通过实地寻访与线上采访等多种方式，了解到巍山县积极学习、贯彻党的二十大精神，由上至下全面落实习近平总书记关于健康中国重要论述和关于新时代爱国卫生运动的重要指示批示精神，认真听取省州党委政府工作要求，总结近年来取得的成功经验和做法，在全县范围内开展新的爱国卫生“7个专项行动”、国家卫生县创建行动和健康县城建设工作，并取得了一定效果。同时，巍山县政府、医院、社区卫生中心等各部门联合加强居民健康教育和健康促进工作，整治市容环境、生态环境、重点场所卫生，积极保障食品和生活饮用水安全，提升疾病预防与医疗卫生服务水平③。

调研中，调研小组走进巍山县人民医院，了解到自2019年开始，在多方帮助下，巍山县人民医院的发展驶入“快车道”。2021年，上海市第七人民医院接过帮扶的接力棒，几年来持续对巍山县人民医院提供精准的帮扶援助。以前，巍山县人民医院尚存在科室少、人手结构不合理、无法治疗重病难病、无法进行大型手术等问题；但如今，在党和政府的带领下，随着健康中国建设战略持续推进，沪医援滇政策精准实施，巍山县人民医院大力解决“治不好、难治疗、不想治”等问题，向百姓普及基础医疗知识，让百姓了解身边存在的常见病，减少村民使用“偏方”“怪方”自行治疗的情况，引导百姓加强发现问题及时就医的意识，让“病有所医”落到实处，让百姓就诊简便、住院轻松、出院满意，提高人民群众获得感、幸福感、安全感。

（2）拉近“上海云南”两地关联，以数据突显合作成果。

1996年，上海援滇拉开序幕，位于长江两端的上海和云南，在东西部交流协作中逐渐有了更深的联系。上海将资金、技术、人才、物资源源不断地输送到云南，在高原之上埋下合作的种子、发展的种子和美好生活的种子。而沪医援滇政策是上海援滇行动中的一环，也让沪滇协作的范围更广、渠道

---

① 吴宁，石丹阳．新时代中国特色社会主义健康中国［J］．社会科学家，2022（12）：30-37.

② 杨欢．中国优质医疗资源配置水平的区域差异及动态演进研究［J］．西北人口，2022，43（4）：92-103.

③ 巍山县国家卫生县创建和健康县城建设工作情况（一）。

更多、联结更深。

自沪医援滇政策实施以来，巍山县人民医院的发展速度和建设力度有了很大提高，过去十年的发展对于巍山县人民医院来说，是充满意义、饱含价值的。如今，巍山县人民医院各项医疗指标都得到极大改善。其中开放床位由379张增加至499张，医技人员由454人增至510人（见图1），医疗设备购置投入7500万元，新增核磁共振、32排CT、128排CT、腹腔镜、输尿管镜、眼科OCT、眼底相机、高清电子胃肠镜、高清电子支气管镜等大型医疗设备。自沪医援滇政策实施以来，医院累计查房368次，全院会诊170人次，手术/操作培训228人次，科室及院级培训人数1300余人次，指导完成14例神经外科手术，远程组织病理诊断1266例，参加下乡义诊志愿服务21次，带教开展新技术1项。

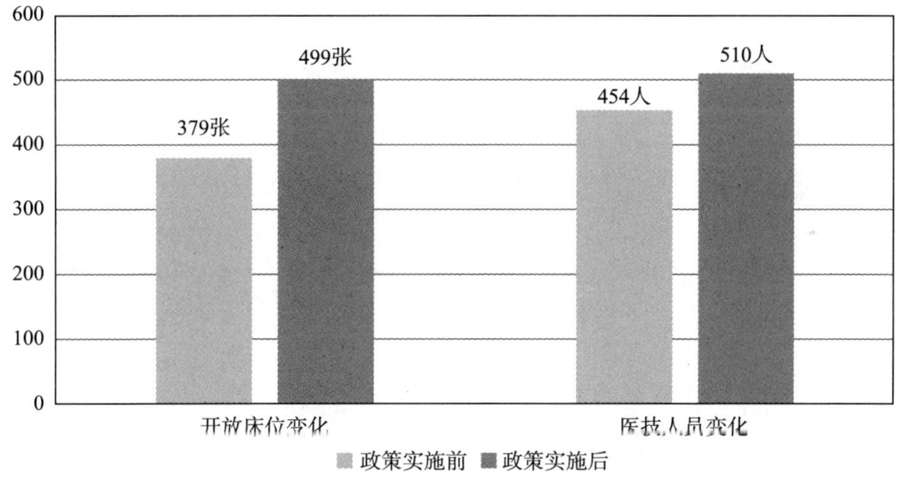

图1 沪医援滇政策实施前后医院基础变化

在上海市第七人民医院对口帮扶过程中，巍山县人民医院建设了一批强专科。原来的外一科经过指导后拆分为普外科和泌尿外科。外二科在接受了上海市第七人民医院的帮扶之后医疗水平有了显著进步，在上海七院专家的指导下进行的神经外科开颅手术实现了巍山县人民医院在神经外科领域从零到一的突破。

（3）拓宽“医疗强化”建设思路，以帮扶解决实际问题。

上海市第七人民医院与巍山县人民医院强调“嵌入式”帮扶合作，既要将先进技术、知识、资源从上海带到云南，又要激发当地医院建设的内生动力，最大限度挖掘现有医疗资源、医疗技术、医疗人才的潜力，并对其进行优化、升级。为此，两院合作主要从组织领导和能力提升两方面拓展建设思路，从根本上解决巍山县人民医院现存实际问题，提升医疗水平。

强化组织领导，紧密协作增活力。上海市第七人民医院与巍山县人民医院签订帮扶协议，以东西部协作“组团式”帮扶国家乡村振兴重点帮扶县人民医院工作方案的精神为指导思想，围绕组织保障、人才交流、等级创建、重点学科建设等，全面落实、落细各项协作措施。重点解决医疗卫生人才资源总量不足、学科建设优势不突出、服务能力薄弱等突出问题。

在上海市第七人民医院帮扶专家的大力推动下，将一批学历高、基础好、冲劲强的年轻医护人员作为突出医疗人才加以培养、引导，夯实巍山县人民医院人才库的基础，并优先选派优秀学员进修、深造；落实“传帮带”理念。对于精准帮扶建设的科室，每位帮扶专家以“老师带学生”的方式，通过带教手术、门诊跟班、教学查房、会诊等方式，将先进管理理念和技术言传身教，全面开拓学员诊疗思路，提升科室诊疗技术水平。同时，上海市第七人民医院助推新技术、新项目在巍山县人民医院落地实行，医治“首例”现象不断涌现，被帮扶科室业务得到拓展，业务水平得到提高。在“上海经验”的加持下，巍山县人民医院整体医疗服务水平得到提升，带动全县医疗卫生服务有了新的飞跃。

强化能力建设，开拓思路促提升。上海市第七人民医院帮扶专家规范康复诊疗流程，强化康复诊疗意识，带领巍山县人民医院康复治疗师主动服务临床科室。同时，各位专家积极参与每日医疗查房，多次进行骨伤科联合查房和会诊；规范康复医疗病史书写和康复评定标准，指导完善康复评估量表书写，规范康复收费及康复治疗方案制定，积极响应院内相关科室会诊，提升临床科室服务能力，拓展科室门诊和住院业务。

在巍山县人民医院神经外科建科后，上海市第七人民医院先后派出两批神经外科帮扶专家指导其开展神经外科患者查房、病例讨论、手术带教、会诊等业务培训学习，并指导神经外科医生规范化诊治颅脑创伤和高血压脑出血患者，科室人员进一步提升了药物保守治疗患者的诊疗技术。除此之外，上海市第七人民医院为巍山县持续开展远程病理诊断帮扶活动，2021 年组织病理诊断 286 例，2022 年组织病理诊断 981 例，还指导其完成了 14 例神经外科手术，协助科室配套完善神经外科手术器械，助推巍山医院手术科室服务能力向纵深发展。巍山县的神经外科疾病患者可以就近得到救治，群众切实得到实惠。

2. *存在的问题和不足*

尽管在过去十年巍山县人民医院取得了一定的发展成就，获得了群众的广泛认可，但是其中仍有不足之处，主要体现在以下四个方面。

（1）医疗水平落后，医学人才紧缺。

以接受重点帮扶的神经外科为例，2018 年神经外科由创伤外科分离出来，作为医院的二级学科，缺乏大量“术业专攻”的技术人员。院内高精尖人才匮乏，医生队伍构成不合理，导致一些重病、难病以及非常见病难以得到有效治疗，进一步延误患者就医时间、影响治疗效果。

（2）技术力量薄弱，服务能力不足。

十年的发展，让巍山县人民医院在多科室完成各项“首例”患者治疗，但在本地的非常见病仍无法得到很好的治疗。沪医援滇政策的实施让巍山县人民医院在五年内得到质的飞跃，但未来仍需加大政策实施力度。

（3）管理意识不足，资源分配不均。

巍山县人民医院的整体管理精细化程度不高。医院管理体系不够完善，管理层精细化、专业化管理意识薄弱，并且缺乏专业的管理人员，组织观念有待提高。

（4）智慧医疗初行，普及程度较低。

“数字鸿沟”依然存在，巍山县大多数文化程度较低的百姓无法熟练使用智慧医疗系统。由于巍山县本地教育水平不高，绝大多数老年人、村民没有识字能力，也无法理解专业的医疗术语，并且老年人对智能手机的使用熟练程度较低，因此巍山县人民医院为信息化、数字化医院发展所作出的改革成效并不明显，医院所创设的线上就医系统对老人及村民来说使用难度太大，导致就医效率低。他们无法完成“线上预约—线下问诊”的便捷就医流程，因此这种不熟练反而会延误治疗时间。

3. 解决的措施与方法

（1）明确医院目标，发挥特色优势。

紧紧围绕省委、省人民政府和省卫健委确定的目标持续努力，健全和完善医院管理制度，实现医院管理规范化、科学化、精细化、信息化、法制化，不断提升医院内涵建设。加强与专家及其团队的协调沟通，加强医院之间的技术协作，充分利用双方医疗资源、优势互补，为广大人民群众提供优质、便利、高效、安全的医疗卫生服务。积极向上海市第七人民医院学习，利用线上系统记录医院精细化管理的各类数据，将每个月的工作绩效在科室间进行横向对比，在时间上进行纵向对比，分析现存风险，寻求改进方向，在明确建设目标、改革目标、发展目标以后，逐步发挥巍山县人民医院的特色和优势。

（2）完善医疗设施，改善就医环境。

增添设备设施，推进重点项目建设，提升诊疗能力。针对新建的重点科室——神经外科，上海市第七人民医院将协助科室配套完善手术器械。针对其余科室则可以购置128排CT以提高医院工作效率；购置大型DSA血管造影机C型臂以提供最理想的介入放射技术支持；购置关节镜用以开展微创外科诊断和治疗。

（3）落实协作措施，解决突出问题。

以东西部协作“组团式”帮扶国家乡村振兴重点帮扶县人民医院工作方案的精神为指导思想，围绕组织保障、人才交流、等级创建、重点学科建设等方面，全面落实落细各项协作措施。解决医疗卫生人才资源总量不足、学科建设优势不突出、服务能力薄弱等突出问题。

（4）创新志愿方式，陪伴中老年人。

建立青年志愿团，组织青少年在节假日期间帮助文化水平较低的中老年人学习拼音，识读汉字，从根本上解决其不识字的问题；帮助弱势群体学习使用智能手机，带动其通过文字记录、视频拍摄等方式熟练应用手机，了解数字化、信息化，同时可以实现在志愿服务的过程中陪伴老人，让老年人不孤独、不无聊、不寂寞；帮助当地百姓学会应用线上就诊功能，最大限度地解决就医手续复杂、就诊等待时间长等问题。除教授应用型的知识、技能以外，志愿者还将通过知识宣讲、趣味互动、话剧表演等方式帮助当地百姓树立健康观念，明确如何进行个人身体健康的养护和疾病的预防，将个人健康与地区健康、国家健康接轨，从细微处打造“健康中国”。

在志愿团后续工作的实施中，主要推行以下三点措施。第一，对志愿者进行定期培训，学习志愿服务知识与技能，学习优秀志愿者服务案例。第二，对汉字拼音进行系统学习复习，保证志愿者能将帮扶对象教对、教会。第三，明晰志愿团内部组织架构和人员情况，保证志愿服务有序、有质、高效进行，保证老人、村民在志愿服务开展中心情愉快、满意度高，且能够学习到真正的技巧，稳定提高医院内整体就诊效率。治国有常，利民为本。为民造福是立党为公、执政为民的本质要求，必须坚持在发展中保障和改善民生，鼓励共同奋斗创造美好生活，不断实现人民对美好生活的向往。

三、调查结论与总结

江山就是人民，人民就是江山。我党始终坚持在发展中保障和改善民生，推进健康中国建设，不断实现人民对美好生活的向往。在推进健康中国建设过程中，我党把保障人民健康放在优先发展的战略位置，深化医药卫生体制改革，促进医保、医疗、医药协同发展和治理，不断促进优质医疗资源扩容和区域均衡布局，提高基层防病治病和健康管理能力，把工作重点放在农村和社区。深入开展健康中国行动和爱国卫生运动，倡导文明健康生活方式。

沪医援滇并非“纸上谈兵”，而是将“一招一式”都落在实处。在调研过程中我们对巍山县人民医院院内患者及家属发放有关问卷，并收回40份有效问卷，其中51.35%的患者对巍山县人民医院的卫生环境、医疗人员服务态度及服务效率、药房取药效率、药房种类齐全程度打出9分及以上分数（满分10分）（见图2），62.16%的患者对就诊流程规范程度表示非常满意，72.97%的患者认为完全能够在巍山县人民医院解决自己的就医问题（见图3）。

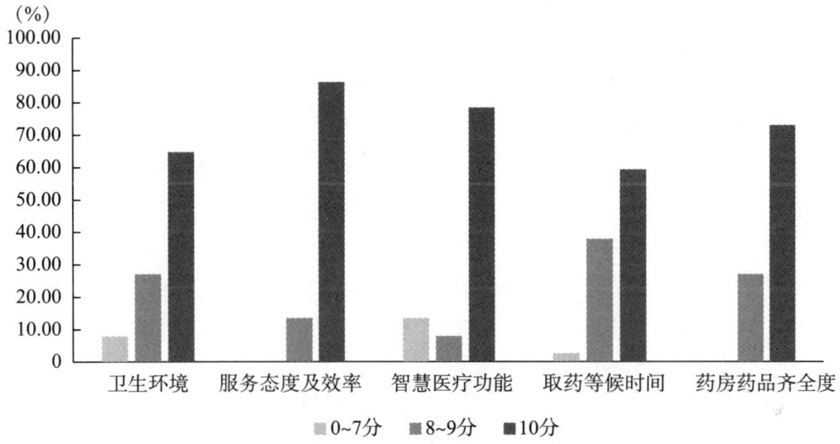

图2 巍山县人民医院现有患者问卷调查部分问题打分各分段占比

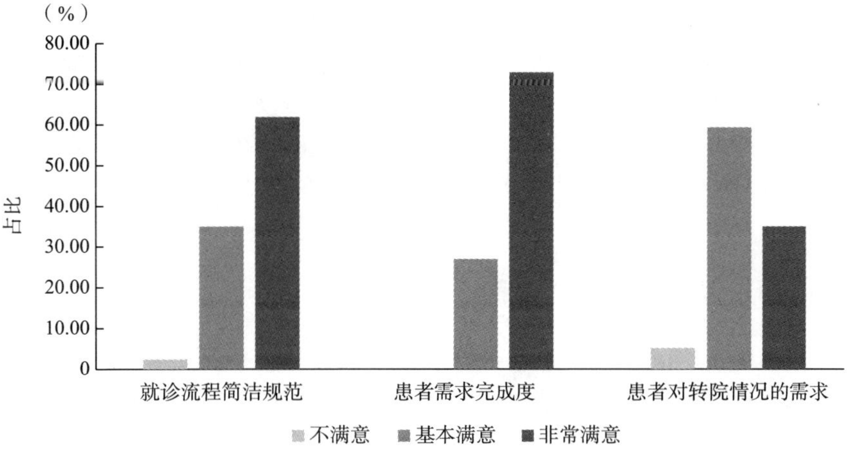

图3 巍山县人民医院现有患者问卷调查部分问题满意情况

在调研中，我们对巍山县人民医院副院长侯怡艳、巍山县南诏镇社区卫生服务中心主任谢阿侣、上海市第七人民医院党政办主任马慧芬、神经外科

主治医生彭涛进行了针对性采访，并了解了两院发展、建设的异同点，对帮扶过程的共同感悟以及对推进健康中国建设的想法。队员们深刻体会到沪医援滇政策给巍山县百姓带来的益处，同时也感受到整个过程的艰辛。我们在为期 6 天的调研中，坚持进行每日总结，并在各大公众平台创建自媒体账号，发布每日调研进程小结（见图 4）。其中，微信公众号“1 疗 5 装”共发表 6 篇推文，浏览量达 1683 次、点赞量达 168 个，其中 7 月 21 日发表的“沪医援滇　十年征旅 | 线上连线　对接上海帮扶团队”推送浏览量达 439 次，为调研系列推送最高浏览量。B 站平台“沪医援滇社会实践”所发视频总播放量达 576 次。小组在各大平台发布推文、视频，公开展示小组调研过程及调研成果，并在党的二十大精神、健康中国建设、沪医援滇政策的实施等方面起到积极的宣传效果。在调研结束后，我们针对巍山县人民医院现有问题，结合医院现实与小组讨论总结的方案，提出了四项解决措施及方案，为巍山县推进健康中国建设提供了高校智慧。

图 4 “1 疗 5 装”小组在各平台发送实践实时数据总结截图

四、学生调查收获与感悟

沪医援滇，情谊永续，一批批援滇医疗队交接着沪医援滇工作的接力棒，一位位医疗专家在云南这片热土上挥洒着汗水与智慧。在为期 6 天的线下实地调研中，调研小组切身体会到沪医援滇给云南医疗带来的巨大帮助。我们深入巍山县人民医院，走近受帮扶医生，走近医院患者，通过问卷调查得到患者的真实体验数据，通过采访了解医院接受帮扶后取得的进步与感悟，并且在线上对沪方医生进行访谈，了解七院对帮扶的看法与建议。七院的援助不仅让巍山县的群众享受到更优质的医疗服务，更为巍山县培养出更高素质的医疗队伍，带来了更先进的医疗器械，使医院综合能力不断提升，高效推进了西部偏远地区的"健康中国"战略建设。

千里支援路，浓浓沪滇情。回顾此次调研之旅，我们深刻体会到"推进健康中国建设"对增进民生福祉的重要性，以及国家对西部地区的医疗援助支持为边远地区百姓带来的健康保障。沪滇援助政策在实践中越来越完善，相信未来也会有更多医生参与到医疗援助中，共同推进"健康中国"建设。

五、附录

（一）"沪医援滇"社会实践针对患者的调查问卷

"沪医援滇"社会实践针对患者的调查问卷

您好！我们是上海对外经贸大学的学生，为深入探索推进"健康中国"建设，我们以上海七院援助巍山县人民医院为例展开调研。本次问卷面向巍山县人民医院的患者及家属，请您根据真实情况对问卷进行填写，谢谢！

1. 您的性别是？（　　）

A. 男　　B. 女

2. 您的年龄段是？（　　）

A. 0～15 岁　　B. 16～30 岁　　C. 31～45 岁　　D. 46～60 岁

E. 61 岁及以上

3. 您长期生活在巍山县吗？（　　）

A. 是　　B. 否

4. 您是否知道上海市第七人民医院援助巍山县人民医院的政策？（　　）

A. 是　　B. 否

5. 您可曾就诊于来自上海医院的医生？（　　）

A. 是　　B. 否

6. 您认为在近几年巍山县人民医院卫生环境是否有变化？（　　）

A. 有　　B. 没有

7. 您对目前巍山县人民医院卫生环境打几分？（满分 10 分，请就实际情况打分）

打分：________________________________

8. 您对医疗人员服务态度及服务效率是否满意？（满分 10 分，请就实际情况打分）

打分：________________________________

9. 您可曾使用过医院所开设的线上预约就诊和线上缴费？（　　）

A. 使用过　　B. 没使用过

10. 您对医院所开设的线上预约就诊和线上缴费等线上功能打几分？（满分 10 分，请就实际情况打分）

打分：________________

11. 您对药房取药的等候时间打几分？（满分 10 分，请就实际情况打分）

打分：________________

12. 您认为医院药房药品种类齐全吗？（满分 10 分，请就实际情况打分）

打分：________________

13. 您觉得就诊流程是否简洁规范？（　　）

A. 非常规范　　B. 一般规范　　C. 不规范

14. 您认为医院是否能满足您的需求？

A. 完全满足　　B. 基本满足　　C. 不能满足

15. 您认为现在还存在县城无法解决问题需到大城市就诊的情况吗？（　　）

A. 完全不存在　　B. 基本不存在　　C. 存在

16. 您家中可有亲戚朋友是医生？（　　）

A. 有　　B. 无

17. 您对“推进健康中国建设”有什么看法吗？

答：________________

____

____

____

（二）采访巍山县人民医院副院长侯怡艳的记录

1. 问：侯医生，首先非常感谢您今天在百忙之中抽出时间来参加我们的采访，我们社会实践小组是想以本院和上海市第七人民医院的帮扶政策、帮扶关系作为一个切口来深化我们对习近平总书记在党的二十大中所提出的推进健康中国建设理念的理解，所以首先我们想问问您，您认为沪医援滇政策对推进健康中国建设有什么作用？

答：习近平总书记提出了推进健康中国建设，把保障人民健康作为我们优先发展的战略，这一理念对于我们边远地区来说意义比较重大，因为沪医援滇这个政策就是认真地践行了习近平总书记所提出的健康中国建设，将优质的一线医疗资源下沉到我们西南边疆地区，为我们西南边疆地区的人民提供了优质的医疗资源服务，践行了习近平总书记所提出的推进健康中国建设的理念。

2. 问：那您认为沪医援滇政策在推行的过程中您所代表的管理层有没有遇到过一些挑战？您能举例跟我们说一下吗？

答：遇到的挑战也有，因为毕竟我们是边疆地区，最大的一个问题就是我们在管理理念上可能和它们一线城市的一些管理理念是有区别的，我们的管理理念相对比较传统陈旧。在管理过程当中我们的广大职工和医务人员在新的管理理念还有一些新的技术方面的接受程度还是有一定差别的。

3. 问：那作为管理层的您在这个政策的实施过程中在管理技术和理念方面有一些什么样的收获呢？

答：在这个政策实施过程当中，作为管理层，我们接触到的东西主要是关于医院的整体规划，在管理方面，根据它们提供的相关资料和专业技术人员指导以及日常培训我们的管理理念得到了更新。并且在专业技术方面，对我们的医务人员提供了一些新技术和新项目，使我们医务人员的视野变得更加开阔。

4. 问：看起来这个政策还是在多层次地推进我们这边医院的发展建设。通过这几年沪医援滇的帮扶，您觉得巍山县人民医院有哪些显著变化？

答：显著的变化肯定是有的，通过上海专家下沉到基层，提高了巍山县人民医院的服务能力，让我们本地的老百姓能够在足不出户的情况下就得到优质的医疗救助。让老百姓在省钱省力的情况下就能够治疗好疾病，使老百姓满意度得到很大的提升。

5. 问：作为管理层，您在上海市第七人民医院医疗队对巍山县人民医院开展的医疗援助活动中学到了什么？

答：我在医疗援助活动中学到的东西有很多，但是让我感悟最深的是上海市第七人民医院的医生来到我们这里后所传达出的一种态度。七院的医生来到我们这里，能够克服基层医院条件设施的简陋，对观点差异和各方面的不同都有很高的接受度，能够俯下身子、扎下根来为我们医院的发展积极建言献策，切实地为我们提供全方位帮助，这种援助态度让我们非常感动，在他们身上看到了属于医生的医德和美好品质。

6. 问：您对该政策接下来的持续推进和更好运行有什么建议和想法？

答：我们最大的想法就是希望下一步上海市第七人民医院能够加大对我们的支援力度，派更多的专家和更多的管理者来我们医院，帮助我们提升医院的整体水平，这样一来能够让本地的人民群众受益更大。

（三）采访社区卫生服务中心主任谢阿侣的记录

1. 问：今天我们主要是想了解一下社区卫生服务中心的大概状况，所以我们准备了一些问题，希望您能够为我们解答一下这些疑问。您可以简单地给我们介绍一下社区卫生服务中心吗？比如说目前社区卫生服务中心开设的服务有哪些？

答：社区卫生服务中心的地理位置比较特殊嘛，因为它位于县城所在地，县城所在地相对其他乡镇来说医疗资源密集程度还是比较高的。比如说县医院、中医院还有小区的个体诊所密度肯定要比其他地方高一些，所以群众的就医选择更宽阔一些。社区卫生服务中心作为一个基层医疗机构，实际更多的是提供预防保健和康复这一块的服务。我们做的是一些最基本的，就是群众可能需求比较大但是技术含量不是太高的服务。至于说危急重症现在还是靠县级医疗机构的服务。就我们自己的定位来说它就是县级单位的一个补充，我们主要负责健康指导、健康干预、后期康复等。中间部分都是县级单位完成了，我们就是做好一二级防御，让康复之后的病人更快地回归社会。实际上我觉得在我们社区相对必要的职责中，临床这块相对于预防和康复来说要弱化一些。因为在我们县城所在的地方这个岗位可能存在一些信息差。

2. 问：那您觉得在工作方面，社区卫生服务中心和医院的主要区别在哪里呢？是不是侧重点有一些不同啊？

答：就医院来说，县级单位就是解决我们基层不能解决的大病重病，基层主要解决常见病、多发病、慢性病这块。对于慢性病，基层是以调理用药、生活方式这块为主，县级单位倾向的是手术治疗之类的。所以基层可能跟县级单位是两个完全不同的存在吧。

3. 问：我们刚刚提到社区卫生服务中心它有一大作用是可以帮助本地的县级医院减轻一定的病患压力，那在我们社区卫生服务中心也会存在医护人员不够，医疗资源紧缺这样的情况吗？

答：这个应该是每个卫生机构都面临的困难吧。按照国家的标准配置的话，每千人应配备一个基层医护人员，像我们南诏居住人口应该是五万多一点儿，因为是县城所在地嘛，人口也比较多，那按这个比例我们就需要 50 多名医护人员，但是现在实际情况是我们就 30 多名医护人员完成了这五万多人的健康服务。所以紧缺这个问题一直都存在，而且短期内也不会改善太多。

4. 问：我们刚刚还提到县级医院负责解决一些我们这边不能解决的问题，那可能就存在一些病患需要从我们这里转诊到大医院的过程，转诊的手续、转诊的流程大概是怎么样呢？是否比较简洁和方便？

答：转诊现在我们都是直接上系统了，不需要复杂的手续，最多就是我们口头给患者交代说给县医院联系了，你上去以后会有人处理的，包括县级往外转也就是通过系统操作。我们有一个家庭社区医院的系统，家庭社区现在应该还是一个比较时尚的话题，就是作为基层的健康守门人嘛，村级处理不了的问题往我们这儿转就是通过这个系统，它转了，我们就知道病人要来了，然后我们往县级转也是通过这个系统完成的。通过这个系统村级给我们转，我们给县级转，是有绿色通道的，就是不需要像普通病患一样去排队的，通过这个系统就能够实现。就算在床位紧张的情况下，都可以当天入住或者最晚第二天入住，就是不会让群众拿过多的手续，通俗地说就是让数据在网络上跑，不让群众跑，现在这个已经比较畅通了。我们这里有急诊中心啊、远程诊疗中心啊，有解决不了的问题，通过这个系统请上级医院来解决也是很便捷的。

我认为基层医疗机构的主要工作是预防疾病，我们需要为人民群众普及健康常识，比如少吃盐、适量运动、合理膳食等，还要为他们做心理辅导。这一过程是缓慢的，因为不会收到立竿见影的效果，所以百姓并不认可。但我们还是要去做，让百姓认识到预防的重要性，不做有损健康的事情，以达到预防疾病的目的。国家需要这样的医生，百姓需要这样的医生，所以我选择了在社区卫生服务中心工作。

基层医务人员付出多，工作量大，但认可度不高，作为基层医疗机构的主要负责人，我认为职业责任、职业道德最重要，我不需要职工有多高精尖的技术，但必须全心全意为人民服务，真正把群众当家人，劝他们改掉不良习惯，预防疾病。这也是我选择合作伙伴和接班人的标准。

（四）采访上海市第七人民医院彭涛医师的记录

1. 问：您认为沪医援滇政策对党的二十大中习近平总书记提到的“推进健康中国建设”理念有什么作用？

答：肯定是一个积极的作用吧，这个理念有利于发挥上海比较先进一点的医疗制度和先进的医疗技术优势，在云南地区可以应用推广，让云南的老百姓享受到更高质量的医疗服务。

2. 问：您在整个帮扶过程中是否遇到过因为地区生活习惯差异产生的不便和问题？

答：生活习惯的话，确实有差异，但是都能克服，都挺好的。

3. 问：您在和巍山县人民医院医生对接交流的过程中是否遇到困难？

答：没有什么问题，巍山县医院的领导们都很热情。

4. 问：相较于上海七院的线上系统，巍山县人民医院的线上系统有何优劣？

答：和七院相比，没有明显的优劣，都很好用。

5. 问：在开展医疗援助活动的过程中，有没有给您留下深刻印象的人或事？

答：在援助的过程当中，印象深刻的人和事有很多。例如巍山县人民医院的领导非常热情，对我们也非常重视，在生活方面也很照顾。我支援的科室是神经外科，在我们去之前，巍山县人民医院的神经外科刚开科，很多医疗器械、手术器械都没有，我向他们提意见，领导层说会逐渐买齐，只有完善医疗设备，才有可能开展一些神经外科的手术，科室里的医生、护士对我们都特别好，他们对医疗援助活动也都特别期待。印象最深刻的人是当地的老百姓，他们当地的老百姓都非常勤劳。例如我遇到的很多病人，入院的时候甚至都不能站立，意识都不清楚，都是推着车到的病房，手术后因为大脑里的压迫解除了，在上海的话，很多病人术后都会接着在病床上休息，但当地百姓一好转，手脚活动能力稍微好一点，他们就要求出院，还没拆线就要求回家。问他为什么这么着急回去，他说“家里的稻子要收了呀，要回家里干活了”，所以巍山县老百姓是让我印象最深刻的人。

（五）采访上海市第七人民医院马慧芬主任的记录

1. 问：在参与完沪医援滇活动后，您对整体的沪医援滇政策有什么见解？为什么会参与到援助活动当中？

答：我们这几年在政府层面上，其实制订了很多关于脱贫攻坚和乡村振兴的工作计划，当中有很多计划跟民生问题和我们医药卫生行业有关联。作为一家上海当地的三级甲等中西结合医院，又是一家公立医院，我们医院开展了很多公益性活动，包括这次的援滇活动。除这次援滇活动以外，我们还有一些援疆、援藏、援摩（摩洛哥）以及援外等各种各样的援助活动，在这些活动中我们单位都会派专家过去，这项工作其实在我进医院以后一直存在，我认为这是政府给予边疆地区的一项重要民生保障工作，因为只有保障了人民的健康，我们的国家才会实现共同发展、共同富裕、达到小康水平，甚至达到更高的层次和水平。

2. 问：我们知道上海和云南这边，从生活的节奏到其他各个方面差异都很大，那么上海市第七人民医院的管理方式是怎样的？与巍山县人民医院对比，双方的管理模式有什么异同点？您对巍山县人民医院管理方式有什么意见和建议？

答：我们两家医院都是公立医院，都是政府办的医院，我们两家医院的历史都还蛮长的，今年上海市第七人民医院已经有92年的建院史了，巍山县人民医院也有将近90年的历史，我们为当地的老百姓提供的医疗服务也已历史久远。其实在整个过程当中，每家医院都一直在寻找最适合自己的生存方式，或者说一种管理模式，根据政府的要求，随着时间的推移，我们也会调整自己的方式。我觉得我们医院作为一家三级甲等的中西结合医院，社会对我们的要求更高，我们需要严管各个方面，进行全方位发展。对巍山县人民医院来说，它们在当地是享有盛誉的，当地的老百姓就诊就医的第一选择就是它们医院，所以它们医院的整体设施其实非常齐全，医疗实力也不差。因为我曾经问过巍山县人民医院的CMI值，CMI值是评判一家医院整个病种收治难度的衡量值，或者说是病种的一个难度指数，它们的CMI值达到了1以上。相对来说，如果一家医院的CMI值能达到1，这个医院就是一家能够接受疑难复杂症的综合性医院了，所以对巍山县人民医院来说，它们能达到这个标准，说明它们的实力不差。

在管理方面，由于我们在上海，医疗资源比较丰富集中，所以除在医疗层面的一些进展进步以外，这几年我们在管理层面也有一个大幅度的倾向。尤其是我们医院作为一个新生代中西结合医院，从二级医院跃升为三级医院一共花了十年的时间，在这十年当中我们不仅是第一家从二级转为三级的医院，也从平常的三级医院转成了大学附属的三级医院，目前我们也在朝着一家研究型医院方向发展。我们医院所提出的口号叫“医院转型，管理先行”，所以我们这几年在管理方面倾注的东西比较多。一个医院的长期生存和发展，管理方面最重要的一点是人员的培养，或者说对一家医院非常重要、在管理方面能够出亮点的工作，其实就是人才管理，业务人员、管理人员与科研战略相关的人员管理都非常重要，虽然我们医院没有太多高层级、国家层级的优秀人员，但是这几年我们采取了许多策略朝这个方向努力发展。我们有着西医的底子，在此基础上我们对医院的大部分人员进行了西学培训，让他们拥有中西结合的资质，进而全面开展我们医院对中医中药的应用。同时，我们医院建立了一套“三星培养体系”，什么是“三星”？第一层是七院的“新星”，对于一些新到我们医院来的年轻优秀人员，他们将有机会在我们医院拿到课题和项目，并且医院会给予一定的资金支持，这些新星可以运用这笔资金向更高的层级努力，资金可能不太多，有2万到3万元，但是有了这笔资金的支持，科室可以减轻压力，他们个人也可以有所成长；第二层是“启明星”，我们在“新星”的基础上建立了“启明星”的机制，该机制对应的是浦东新区区属高级人才项目，我们支持优秀年轻人员积极申报项目，有了这种动力他们也会有更多意愿去努力提升自我；第三层是“北斗星”，“北斗星”对应的是市级重点人才项目。这样一来，我们院独特的培养体系能够对应一些上级的培养政策，培养人才能够更具目标性和方向性，医院新人一进来，我们就为他树立明确发展目标，使他们的工作做到有的放矢。

由于七院注重管理，在“三星”的培养基础以外，我们会把特别优秀的人员向科主任的后备方向，例如科主任的助手方向培养，并且我们会拨出一些年轻人作为七院后备人才，这样一来，我们医院就有了后备人才梯队，科主任也会得到更多得力助手帮助他们去做日常管理性业务。这些后备人员，我们会根据他们的兴趣爱好和特长进行分组培养，我们划分了四个组别。第一个组别是大家比较了解的医务处所属的医疗组；第二个组别是科研组，这些人比较适合进行研究探索，科研组可能还会上升到管理层面上；第三个组别是智慧组，现在大家都知道，我们信息化的发展非常快，人工智能的时代已经到来，很多传统方式方法可能马上就会被替代，所以我们急需进行一些人工转化，把科技创新工作融入日常工作当中，所以建立智慧组向信息化、智慧化方向发展，在临床上进行一些应用的开发，或者说往这方面进行研究；第四个组别是运营组，运营管理是现在非常重要的工作，所以我们专门划分出了运营组。我不知道你们对医院管理运营的想法是什么样的，但是我在20多年前到医院上班时根本不会考虑医院的生存问题，因为当时我认为医院是公益性的，员工的所有收入和劳务都应该由政府投入，但现在随着社会的市场化，老百姓的需求和医务人员的自身需求越来越多，我们可能不再仅仅满足于基础工资，我们想要更多的奖金，更多物质的东西，所以医院的生存和发展就需要在运营上投入大量心血，“如何把一家医院运营好”是摆在我们管理者每个人面前的问题，现在医院的基础建设资金都由政府投入，但是一家医院每天有大量水电煤费用、房屋成本、医生工资需要承担，当一家医院运营不好的时候，可能会发不出工资，甚至一些私立的医院因此面临倒闭。如今除日常的医疗运行和质量管理以外，我们还面临医院运营方面的压力，这项工作其实是值得我们和巍山县人民医院在后续的工作中做进一步交流和推广的事情。2021年国家卫生健康委会同国家中医药局联合印发了《关于加强公立医院运营管理的指导意见》，这从国家层面上要求医院进一步加强运营管理，做好医院激励、医院发展、患者保障工作。

我先单纯从如何做好医院的运营和发展方面和你们讲几句。运营管理这项工作并不像调整医院的绩效考核政策一样需要从底层做起，它需要由院长书记亲自牵头才能够实现，那么我们医院是怎么做的呢？从大面上来说，在院长书记层面，我们建立了一个叫作医院运营管理办公室的部门，设置专门的人员来负责运营管理这项工作，每个月我们都会对医院的盈亏情况、每个科室的发展情况、学科的运行情况做一个比较客观的分析，这些分析都是用数据来说明的。另外，我们在院内每一个科室当中遴选了一些优秀的人员作为科室的运营管理员，可能你们以前听说过，每个科室会有专门负责质量、科研、教学的秘书，在此基础上，我们医院给每个科室都精选了一个质量运营管理员，他负责管理质量和运营两个方面。这些人员作为我们基层的种子选手被投放在每一个科室的科主任身边，协助科主任进行运营管理。我们花了一年时间将这些人员投入整个华西医院的完整培养体系中让他们学习和成长，并把一些优秀人员送到外面医院进行进修学习，包括华西医院、上海周边的新华医院、地市人民医院、浙一浙二医院、邵逸夫医院等，让他们去进行运营方面的学习，掌握足够的理论知识，并且可以运用到自己的学科当中。除此之外，我们还给每一个科室上线了促进医院高质量发展的运营系统，通过这套系统我们可以看到医院精细化管理的各类数据，包括每个月的工作量和一些工作横向和纵向的对比。对我们一家中西结合医院来说，可以了解到每个月中医特色完成的情况，同时我们医院作为一家以大康复为特色建设的医院，也可以了解到我们的康复特色现在的发展情况，这些数据都会在这套体系中得到全面展现。那么我们的运营管理员就可以将这套系统作为抓手，每个月系统地为主任进行分析，让他知道目前发展的优势点和劣势点、我们存在的风险、我们今后需要进一步改进和努力的方向。这样的话，大家就可以明确目标，凝聚好整个科室的力量，然后把这些存在的问题逐一解决，把自己的特色和优势发挥出来，更好地为老百姓服务。

巍山县人民医院现在所做的工作更多的是对当地的一些病人的诊治、急救方面的工作，现在其实已经做得非常不错了，但是我觉得今后巍山县人民医院可以在管理上面更多地进行一些倾向性发展。你们选的这个采访的日子非常巧，就在今天早上，我们医院的全体领导班子欢迎了两位领导来我们医院进行进修学习，这两位领导就是巍山县组织部派过来的两位管理层的领导，一位是巍山县人民医院的党委副书记，另外一位是巍山县中医院的院长，这两位领导要在我们医院接受为期半年的管理层面的进修培训。在这项工作的前期，大概 3 月份的时候，我们的王杰宁院长带队到巍山县人民医院进行援滇帮扶工作时，他们就提出了这个需求。巍山县卫健局和巍山县人民政府都非常重视这件事情，在特地到我们医院和我们的院长进行接洽之后，双方把这件事情明确了，要遴选并且委派他们优秀的管理专家到我们医院进一步学习。今天就是他们正式入驻我们医院学习的第一天，之后他们会在这里进行为期半年的学习进修。我觉得这种交流模式非常好，以前我们可能只注重输血，对于我们来说，我们派技术专家下沉到巍山县人民医院，可能在技术层面能够帮助巍山县人民医院的临床技术做到进一步提升，或者说是相互交流。我是觉得巍山县人民医院在医疗技术上面是不差的，在这个方面大家更多的是相互交流，但是在管理方面，可能是因为缺乏上级明确的政策，也没有专门的扶持管理人员来我们医院进修管理的机制，以前大家只停留在洽谈阶段，今年终于把这个事情给落地实施了，在这个过程中大家都花费了很多心思和精力。我们期待半年以后看看副书记和院长在我们医院学到了哪些东西，有哪些成果，有哪些后续值得进一步发展推广的东西，进一步加强上海市第七人民医院和巍山县人民医院管理层上的双向交流。

3. 问：您在刚刚的采访当中提到过，您在巍山县待过一段时间，那您在整个援助过程中有没有遇到过一些问题？您又是怎么解决这些问题的？

答：我上次来巍山县人民医院的时候就待了一天，当时这里正好是一个援点，因为来的时间不长，我觉得我没有碰到什么问题。巍山县的人民都非常好客，不管是对医院的管理者，还是对我们医院的普通员工，当地的老百姓都非常欢迎，我们感受到非常浓厚的乡情，感觉大家没有把我们当外人，一点都不见外，并且他们非常欢迎上海的专家来。来到巍山，我们做了一些义诊，工作其实都非常顺利，没有什么问题。我看了一下巍山县人民医院整体的环境，医院里窗明几净，但是我觉得他们的一些房屋设施、设备还是偏老化。有时候我们医院的医生想过来开展一些新技术新项目的时候，会在设施、设备上受限，所以需要政府投入更多的资金等来解决，我们想过带来一些新的技术，但这个技术它必需的一些设备缺失的话，这项工作的开展就会有很大的难度，或者说我们开展的这项技术的完成度无法达到我们预期的效果。所以我觉得设施、设备方面需要做进一步的配套和完善，这样的话也能够让巍山县人民医院的医疗技术更上一层楼。

4. 问：我们上午采访了神经外科彭涛医师，他也和您一样提到了医院器材方面的稀缺，那您认为在未来如何让沪医援滇政策得到更好的发展，在技术方面和管理方面，您有怎样的看法？

答：我觉得，对于两家医院来说，我们现在能做的大家已经做得比较尽力了，也比较到位了，我倒是觉得上级的一些政策可能还是要给我们更多的一些支持，我觉得上级的一些政策当中应该要明确的有一些考核的要求。比如说巍山县人民医院你们提出有哪些事是需要帮扶的？我们第七人民医院又能做哪些事情来进行帮扶？把我们所有的事情像目标责任书一样签订下来，使之进入我们管理层的监管中。另外，当达到效果的时候，是不是会给予双方医院一些奖励？我觉得奖励不局限于经济上的奖励，也包括一些精神上的奖励。能不能给予这些人员奖励？我相信所有愿意过来援滇的人员，他肯定有无私奉献精神，我觉得更高层面上的单位能够给予他们精神上的认可。这样的话，大家对这件事的积极性可能会更高一些，我们走的路也会更加长远一些，其他的我觉得就是援滇这件事情，是一个好事，但我认为援助毕竟是阶段性的，不可能是一辈子的事情。我觉得当地的医生、护士、管理者要付出更多的努力去把援助单位所投入的技术、知识、技巧、技能全部吸收过去，变输血为造血。这样我觉得我们的援滇才算成功，我们的国家和政府的投入才没有白费。

探寻丽江民族文化多样性，助力中国式现代化新发展[①]

——云南省丽江市文化旅游产业发展模式调研报告

一、引言

（一）调研背景与研究意义

1. 调研背景

2022年党的二十大报告提出要“巩固全党全国各族人民团结奋斗的共同思想基础，不断提升国家文化软实力和中华文化影响力”，使国家文化软实力成为实现中华民族伟大复兴的精神力量。作为一个多民族国家，要实现“推进文化自信自强，铸就社会主义文化新辉煌”，一方面，要立足中国传统文化，不断传承与发展中华民族优秀传统文化，赋予中国特色社会主义建设内生动力；另一方面，要不断发展中华多元民族文化，寻求民族文化多样性，筑牢中华民族共同体意识。

站在文化储备视角，从纵向上看，中国拥有五千年辉煌的华夏民族文化，历史的积淀赋予了中华文化丰富的内涵，让其名扬海内、源远流长；从横向上看，56个民族以各自独特的文化魅力造就了中华民族文化的多样性，使其海纳百川、包罗万象。中国特色社会主义新时期，为继续推进中国式现代化建设，实现文化保护传承与社会主义经济发展的有机统一，就需要实现文化的“创造性转化与创新性发展”。什么是中国文化的创造性转化与创新性发展？具体怎样才能实现文化的创造性转化与创新性发展？需要搜寻案例或相关经验进行具体分析，在此基础上，本次调查选择云南省丽江市文化旅游产业作为研究对象，以其文化产业的发展模式与发展结果，聚焦文化传承与保护，分析其民族文化多样性建设的重要意义，并结合中国式现代化的时代目标展望未来。

---

① 作者：李想、漆韬、陈靖桐、刘瑜婕、吴妙琦；指导教师：张佑林。

2. 研究意义

本调研从中国传统文化创造性转化与创新性发展以及民族文化多样性建设角度出发，基于云南省丽江市文化旅游产业蓬勃发展的现实，在中国式现代化建设的大框架下，研究丽江民族文化多样性的形成原因，并分析其利用旅游业带动本地区文化传承与保护的路径与模式，具有一定的理论及现实意义。

就理论意义而言，第一，文化是一个国家和民族发展进步的精神与灵魂，对丽江多元民族文化进行调研整理能够明晰其在实现民族文化多样性建设中的重要作用，在对丽江的多元民族文化的研究中，大多学者都专注于其中一种文化的研究，对丽江整个地区文化的系统研究较少。丽江的民族文化是相互融合，彼此影响的，本报告将从多样性角度出发探索丽江民族文化，进而分析丽江存在的文化资源禀赋，明晰丽江现存民族文化的具体内容。第二，唯物辩证法的联系观与矛盾观指出世界万物是相互联系的矛盾统一体，在这个论断下，丽江民族文化与丽江区域经济也是相互联系、相互影响的矛盾统一体，就丽江民族文化与丽江区域经济发展的关系问题，大量学者认为丽江民族文化能够与丽江区域经济协同发展，但未对丽江民族文化的何种特质促进了丽江经济发展，以及丽江区域经济发展如何促进丽江民族文化的创新与发展进行详细阐述。基于此，本报告将聚焦丽江民族文化产业化开发，讨论文化旅游产业发展的具体模式，分析每种具体模式的运作方式及其对丽江文化旅游业发展的影响，从方式出发把握丽江民族文化保护与开发。第三，中国式现代化是全面的现代化，这一现代化建设战略与文化强国以及传统文化保护传承、民族文化多样性建设等目标结合起来主要体现在各地文化资源开发与文化产业发展上，本报告将立足文化传承保护这一主题，说明丽江民族文化旅游产业的发展路径与运行逻辑，从而拓宽文化传承与保护、中国式现代化建设、文化产业化发展等问题的研究边界。

就现实意义而言，党的二十大报告提出的“建设社会主义文化强国、提高国家文化软实力”的目标，在地区上体现为本地区文化的传承保护与文化产业开发。本次社会实践通过走访体验丽江各大旅游景点，了解其旅游产业的发展状况，探寻丽江文化与旅游产业深度融合之路。第一，增进了对丽江民族文化资源的认识。既着眼于丽江民族文化的多样性，又着眼于其发展的历史渊源，从广度与深度两个角度出发调研其文化构成，更有利于把握丽江文化旅游产业发展的状况。第二，加深对丽江文化旅游产业发展状况的了解。本调研从线上查阅了大量数据对丽江文化旅游产业发展状况进行定量分析，选取疫情前（即2020年以前）的数据以确定在正常情况下其发展状况，通过统计图表从实际表现文化旅游产业发展，为后续模式研究、路径机制分析奠定基础。第三，弥补了文化旅游产业发展在模式研究上的不足。了解近十年来丽江各地在文化多样性保护及文化与旅游融合上的重要经验及模式，有助于更加清楚地认识到不同的文化资源需要与之相配的文化开发模式，并凭此分析每一模式的具体机制，能够更好地把握丽江文化旅游产业未来的发展方向。

综上所述，希望通过本次调研把握丽江民族文化存在的多种形式，深入探索丽江旅游产业的发展模式及路径机制，为广大少数民族地区保护并传承民族文化、实现各民族文化繁荣提供借鉴，为在文化领域实现中国式现代化贡献一点微薄力量。

（二）调研目的与调研内容概述

1. 调研目的

伴随物质生活的改善，人们越来越追求内在的心灵升华，传统旅游方式与新型旅游需求之间的矛盾急需解决。丽江，这一富有多元民族的文化融合之古城，是如何在经济高速发展的当今社会，既保护并传承自身拥有的文化多样性以及丰富的文化资源，又布局符合游客需求的旅游业发展的？丽江民族文化多样性建设及文化旅游产业蓬勃发展的经验是否能为中国式现代化添砖加瓦？这是值得讨论的重要问题。鉴于此，希望通过本报告明晰丽江多元民族文化的构成要素与丽江民族文化的多样性；阐明丽江民族文化资源开发与丽江区域经济发展及中国式现代化建设之间的逻辑关系；说明丽江民族文化旅游产业发展的诸多模式与路径；呈现丽江民族文化保护开发与丽江区域经济发展相辅相成、民族文化开发能够促进民族文化多样性与中国式现代化建设的重要结果；最终提出以实现文化与旅游深度融合为主题，以文化资源的产业化开发为出发点的丽江民族文化旅游产业“生产性保护”机制路径，在总结其发展文化旅游产业重要经验的基础上，结合中国式现代化的时代目标展望未来，促进民族文化多样性建设。

2. 调研内容概述

本次调研活动于2023年7月20日至24日在云南省丽江市开展，具体活动地点为丽江市区的大研古城、束河古城、丽江市宁蒗县永宁乡落水村以及丽江市玉龙纳西族自治县下辖的玉水寨与丽江千古情景区，并根据调查撰写报告，报告将从以下五方面讨论丽江民族文化旅游产业的发展。

第一部分，引言。本部分从调研背景切入，首先，说明文化需要“两创”

的社会现实，提出研究丽江对文化旅游产业发展的重要意义；其次，阐明调研的主要目的和报告内容，明晰文章的大体框架及想要得到的结果；最后，说明本次调研的主要思路，并根据调研思路确定调研方法。

第二部分，丽江民族文化旅游产业发展现状。通过数据图表的形式说明丽江文化旅游产业发展状况，将 2011 年到 2020 年，即新冠疫情前十年的文化旅游产业数据及第三产业数据做成两个图表，说明文化旅游产业的重要性。

第三部分，丽江民族文化资源禀赋分析。把丽江民族文化分为茶马古道文化、纳西东巴文化、民族节日文化、民族歌舞文化、摩梭母系文化、传统饮食文化、现代民俗文化七个部分并分别阐述文化的具体内容。

第四部分，丽江民族文化旅游产业开发与发展模式分析。根据丽江主要的七种文化资源，结合调研结果，总结出茶马古道文化旅游产业发展模式、纳西东巴文化旅游产业发展模式、歌舞艺术文化旅游模式、摩梭生活文化旅游模式、古今民俗文化旅游模式，并分别阐述运行机制。

第五部分，结论。总结丽江民族文化旅游产业发展经验，说明其与中国式现代化以及民族文化多样性建设的关系，并展望其未来。

第六部分，学生收获与感悟。以表格的形式整理组内五名成员关于本次社会实践调研的感悟与收获。

3. 调研思路与研究方法

本此调研报告遵循“调研活动→资料整理→文献分析→现状总结→定性分析→路径搭建→结论阐述”的思路展开。首先，根据调研活动申报书中的计划，安排调研活动，获得丽江文化旅游产业发展的一手资料，并通过网络收集丽江文化产业发展具体数据，整理归纳丽江文化旅游产业的发展现状与发展趋势。其次，通过大量翻阅丽江民族文化构成、丽江文化资源与丽江区域经济发展关系以及丽江文化旅游产业发展相关案例的文献，总结已有研究存在的不足，为报告的撰写提供文献支持。再次，通过定量统计手段，直观分析丽江文化旅游产业的发展状况与发展趋势，说明其发展的良好前景，对已经整理好的资料进行分类并阐述丽江民族文化的各大不同部分的具体内容，结合这些文化总结出丽江民族文化旅游产业的发展模式，并对不同模式的具体运行机制进行阐述，说明其作用路径。最后，总结丽江民族文化旅游产业的发展经验，并深化调研结果。本研究的基本思路见图 1。

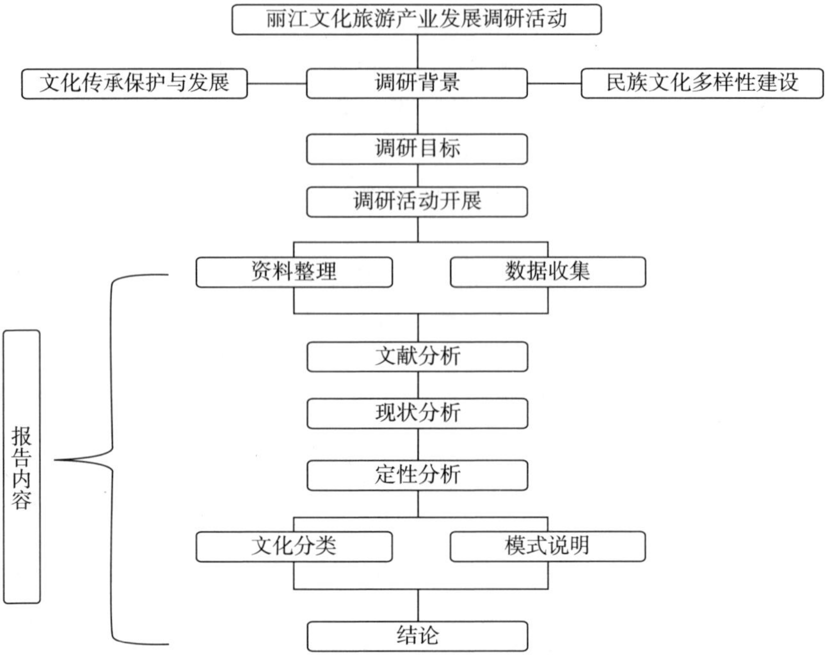

图 1　调研报告思路框架图

二、丽江文化旅游产业发展现状

丽江文化旅游产业的发展有其历史渊源。长期以来，复杂崎岖的地理地貌限制了丽江第一、第二产业的进步。改革开放后随着市场经济的发展，丽江依托其自身丰富的历史文化资源与优美的自然环境，大力发展文化旅游产业，并且取得了丰硕的成果。1997 年，丽江大研古城被联合国教科文组织列为世界文化遗产，丽江旅游产业的发展重心发生转变，由以自然环境为主的普通旅游产业转变为以充分呈现历史文化遗产、丰富旅游内涵为主的文化旅游产业；“十三五”“十四五”期间，丽江以打造世界一流旅游目的地为目标，以其丰富的传统民族文化为依托，大力推动文化遗产的保护、加强文化旅游基础设施的建设、创新传统文化表现形式，从而实现文化旅游产业的高速发展。时至今日，丽江已经形成兼具体验、游览、购物、餐饮、休闲娱乐、文化展示等功能的文化旅游产业，成为世界闻名的特色文化旅游城市。

丽江文化旅游产业的发展是民间、政府、社会三方力量共同作用的结果。近年来，依托丽江市博物馆、东巴文化博物馆、摩梭民俗博物馆、茶马古道博物馆、洛克故居等文物保护单位进行“东巴古籍”“东巴教与纳西民俗”“摩梭非物质文化遗产”“土司制度”“茶马风情”等展出，实施丽江传统民族文化的保护工作；通过“丽江千古情”、《印象·丽江》、《丽水金沙》、《云南的响声》、“大研纳西古乐会”等歌舞表演创新丽江传统民族文化，进行集艺术形式、休闲享受、民族传承于一体的传统民族文化创新工作；通过打造“玉水寨”“东巴万神园”“丽江千古情”“观音峡”“东巴谷”等项目，给丽江文化旅游产业发展提供集传统民族文化与实体基础设施于一体的旅游景区；通过对大研古城、石鼓镇、束河古城、白沙古城、“巫鲁肯”、雪嵩村、宝山石头城等古村镇的修复与开发，发展具有丽江特色民俗文化特征的民宿产业，加强游客对丽江传统文化的深入体验。此外，为解决长期深受诟病的旅游管理问题，丽江还出台了《丽江市旅游条例》来净化旅游市场、规范旅游活动、解决游客问题，恢复和巩固丽江作为世界文化旅游名城的形象。

由图2可以看出，丽江文化旅游产业的发展分为2011年到2014年的高速发展期、2015年到2019年的转型升级期。在高速发展期，2011年丽江全年接待海内外游客首次超过1000万人次，此后三年接待游客人次同比增长率都保持在30%左右，文化旅游产业收入每年保持着近40%的同比增长率，在此期间，接待游客人次翻了2.25倍，文化旅游产业收入2.5倍；2015年，丽江市旅游发改委正式挂牌成立，开始转变原有的发展模式，把“保护+创新+服务”作为未来的行业规划，2015年至2019年接待游客人次保持15%左右的同比增长率，2019年丽江接待游客人次达到5402.2万元的最高点，除了2017年，文化旅游产业收入增长率保持在25%左右，在改革转型期，接待旅游人次及文化旅游产业收入分别增长了1.77倍和2.23倍。2020年后由于受疫情防控的影响，丽江游客量与文化旅游产业收入出现断崖式下跌。

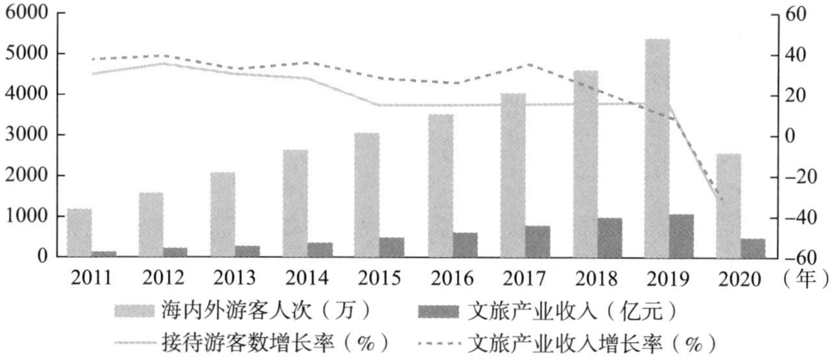

图2　丽江2011—2020年游客人次、文化旅游产业收入及相关增长率

数据来源：丽江2021年鉴。

以文化旅游产业为主的丽江第三产业呈现飞速发展趋势，从图 3 来看，除第三产业产值不断增长外，第三产业占 GDP 比重总体呈缓慢上升趋势，2019 年占比超过 50%，成为丽江支柱产业。2020 年尽管受疫情影响导致游客量下降，但文化产业发展势头仍旧强劲，保持了第三产业的稳步增长。

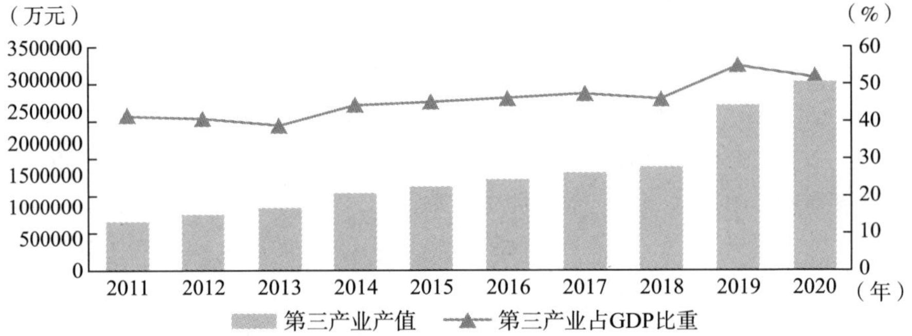

图 3　丽江市 2011—2020 年第三产业产值及占比

数据来源：云南省统计局。

近年来，丽江重视传统历史文化遗产的保护与发展，不断设立文化馆与博物馆。《丽江年鉴》显示文化馆数量在 10 年间增加了 9 倍，2014 年改组博物馆，此后设立的丽江民族文化博物馆都属于国家级重点文物保护单位。丽江的各大博物馆还承担着申遗、文物保护项目申报和文化传播的工作，仅仅 2014 年丽江就确立了 57 位非遗传承人，出版《纳西族祭署习俗合集》和《纳西族祭署习俗图册》等专著，并开设声音讲堂等博物馆日常活动；丽江各类文化馆则承担了文化创新传播工作，其中《丽水金沙》《印象・丽江》等歌舞项目；《木府风云》《我在丽江等你》等影视剧项目；《中国少数民族非遗传承记忆——风情中国》的《纳西族》《摩梭人》纪录片拍摄项目最为著名。

总体来看，丽江文化旅游产业发展模式走的是传承、创新与发展并举的道路，成绩斐然！得益于文化旅游产业的高速发展，丽江市第三产业迅速成长为经济增长的支柱产业，占据丽江一半以上的 GDP，推动了丽江区域经济的转型升级发展。

三、丽江民族文化资源禀赋分析

文化是一个内涵很广的概念，泰勒在《原始文化》中把文化定义为一种包含知识、信仰、艺术、道德、法律、风俗以及从社会习得的能力与习惯的复合体。地处东南亚交通要道，南方丝绸之路上的商队为古老的丽江带来了不同的文化习俗，从古羌人迁徙到近代国人躲避战乱，从草原游牧到山地种植，从边疆偏安一隅到民族交流融合，逐渐形成了独具丽江特色的传统民族文化，这些文化也随着经济社会的发展不断融合变革，形成当今丽江丰富的历史文化旅游资源，具体可归纳为以下七大类型。

（一）茶马古道文化

1991 年，学者木霁弘首次提出“茶马古道”概念，是指唐宋至民国时期，我国西部形成的汉、藏之间以骡马为主要运输工具，以茶为主要贸易产品的民间远征商贸交通古道[1]。“茶马古道”的事实存在已有千年，沿线蕴含了丰富多样的文化资源。丽江的茶马古道文化资源主要可分为茶文化、马帮文化、古道沿线文化三种。丽江多好茶，丽江人也好饮茶，传统丽江人家会在自家阳台上摆上茶具，在早起、休闲、会友中茶都是绝对的主角，茶文化随着茶马古道传播、发展。截至 2022 年，已有来自全国各地的近千户茶商在丽江落地，丽江还举办了“茶博会”“茶文化旅游节”等活动培育茶文化产业。马帮文化是茶马古道得以兴盛一时的内因，具有开放、包容、诚信的特征[2]，赶马技艺、长街宴、出发祭祀仪式、马帮行规、人马关系及马帮组织形式等构成了丽江的马帮文化。茶马古道沿线的崇山峻岭、崎岖道路形成了顺应山水、尊重自然的古道沿线文化，具有丽江依山势而起的建筑风格、纳西族的署自然观、东巴经《休曲苏埃》与祭祀文献《素塔·署塔》等具体表现形式。

（二）纳西东巴文化

信仰东巴教的纳西族是一个古老的民族，世代居住在丽江地区。纳西文化与东巴文化相互影响、不可分割，最终构成丽江独有的原生纳西东巴文化。作为丽江最为重要的传统民族文化，纳西东巴文化是受藏传佛教苯教文化因子影响，以传统东巴文化为基础、融合了诸多文化后形成的文化。崇敬自然与祖先是纳西东巴文化的精神内涵，具有浓郁原始色彩的东巴教是东巴文化的核心，在东巴教，神的旨意往往由东巴祭司传达，他们会根据不同的驱邪和祭祀仪式进行相应的宗教歌曲与舞蹈的演绎；清代诗人余庆远在《维西见闻纪》中写道：“专象形，人则图人，物则图物，以为书契。”东巴文是介于图文之间的文字符号，属于原始象形文字，主要用于简单地记事；《东巴经》集纳西文化之大成，在社会生活方面记载天文、地理、生产、生活、动植物、家庭形态、工具武器等，在宗教生活方面又记载了宗教信仰、祭天、占卜、祭祖先、驱鬼神、祭祀规章等，是考察纳西先民生活的重要文献。此外还有记述纳西故事、表现东巴信仰的东巴绘画、展示民族特色的“披星戴月”服饰、凝聚纳西精神的泥塑、木雕、面偶与竹编艺术。丽江的东巴文化博物馆集中展示了纳西东巴文化。

（三）民族节日文化

节日文化是丽江传统民族文化中不可或缺的一部分，丽江民族众多，不同的民族文化提供了丰富的节日文化资源。纳西族的节日与东巴教紧密结合，有祭祀本主神灵与玉龙雪山保护神的“三多节”、祭祀祖先与自然的“当美空普”、农历十五佛教庙会演化而来的“棒棒会”、带有切磋交流性质的“东巴会”、包含看展和逛会活动的“七月骡马会”、每逢甲子才进行一次的“甲子会”以及缅怀祖先的“祭祖会”；摩梭人会在“转山节”这一天穿上颜色艳丽的衣服，带上酒肉鲜果前往格姆山祭祀，然后举行对歌、赛马、跳舞、荡秋千等活动进行庆祝[3]，也会在“转海节”当天围绕着泸沽湖游乐休闲，同时还有“祭牧神节”“祭祖节”；少数居于丽江的白族有专属女性的“青姑娘节”、以赛歌为特色的“石宝山歌会”、亲友相聚共乐的“梨花会”以及供奉白族本土保护神的“本主会”；尊敬自然、追求自由的傈僳族有专属于休闲娱乐的“春浴节”、增进青年男女感情的“江沙埋情人”、傈僳人的春节——“阔时节”以及事关农业的“新米节”“收获节”等。作为“东方狂欢节”的“火把节”是丽江境内彝族、白族、纳西族和傈僳族共同的节日，每逢火把节，人们都会点燃火把驱除邪祟，在大广场上围着篝火载歌载舞，火把节期间还会举行选美、摔跤、斗牛、耍火等活动。

（四）民族歌舞文化

歌舞用最具视听享受的方式承载丽江的传统民族文化。丽江的歌舞是中国民族歌舞库中不可或缺的独特存在，它起源于丽江人民的劳作、生活、情感表达和宗教活动，舞蹈动作简单又真实，随时随地都可以进行，起着记述先人日常生活、表达真情实感的作用。从表现形式上看，丽江歌舞轻叙事而重生活、缺技巧而富情感；从精神内涵来看，乐舞带有丽江人敬畏自然的自然观、崇尚自由的人生观以及豁达的生死观。传统的丽江歌舞文化多用于祭祀活动，有丧葬仪式上用来驱赶“热”保护逝者遗体的“热美蹉”，用于正式场合祭祀先人、悲伤凄凉、曲调婉转的白沙细乐，用于大型民俗祭祀、整合中原乐理的洞经音乐。茶马古道的商贸活动及中原地区躲避战乱的迁徙活动，促进了丽江地区多民族文化的融合，也使得丽江的传统歌舞在历史的洪流中不断传承、创新与发展。除民间性与宗教性外，丽江歌舞还具有自然性，包含孔雀舞、大象舞、勒巴舞在内的丽江日常的舞蹈都在模仿动物的神态和行为。

（五）摩梭母系文化

泸沽湖被称为现实世界的“女儿国”，摩梭文化更是被誉为“人类母系社会的最后一片净土”。摩梭文化最主要的特征就是以母为尊，母系家庭是摩梭社会的基本单位，“老祖母”作为一家之主，掌握着家族重大事项的决策权。传统摩梭人家实行的是不嫁不娶的“走婚制”，男女出于自愿原则结合在一起，夜晚男方会到女方的花楼与之相会，并在第二天清晨回到自己家中，双方都不是彼此家庭的成员，如果女方有了孩子“走婚”便会稳定下来，但孩子仅由女方家庭负责抚养，男方在自己的家庭中也需要抚养自己姐妹的孩子。摩梭人信仰崇尚人与自然和谐共处的达巴教，由本族中富有知识的业余者担任“达巴”，主持祭祀、祷告、念诵经文。由于没有文字，记录着摩梭历史文化的达巴经只能通过摩梭话口口相传。火塘是高原山地区祭祀、生活的主场，摩梭传统习俗、行为规范乃至社会品德都以火塘为中心展开。

（六）传统饮食文化

徐霞客在其游记中用“大肴八十品，罗列甚遥”和“献酪为醴”来描写丽江丰富的饮食。传统的纳西族饮食保留了古羌人的游牧饮食习惯，好食肉类、做法豪放，其中最富盛名的是丽江土鸡、火烤乳猪、纳西烤肉、东巴烤肉、腊排骨火锅、宁蒗猪膘肉以及黑山羊火锅；由于地形复杂、森林密布，丽江拥有各类野生菌、石菜花、“水性杨花”等独特又丰富的食材；汉族农耕文明的传入带给了丽江人一日三餐的饮食习惯，其也开始种植粮食及山地农作物[4]，创造了包着火腿、葱花的酥脆丽江粑粑、口感细腻爽滑的鸡豆凉粉、大街上随处可见的桂花米糕等美食，多余的粮食还会被用来酿酒，在丽江凉爽湿润的气候环境下产出了丽江窖酒、木师傅酒、苏玛里酒、“风花雪月”以及各类花酿酒与果酒；藏文化跟随茶马古道来到丽江，酥油茶、干酪、糌粑、牦牛肉干等藏餐典型代表也占据丽江美食的一席之地。丽江的饮食文化受到宗教的影响，丽江人不仅不食用“灵魂使者”——马和狗，还会在传统宴席中采用特定的方式食用含有文化寓意的食物。

（七）现代民俗文化

现代旅游业的发展吸引了大批旅人来丽江追求“诗和远方”，新丽江人带来的文化与传统民族结合，产生了时空交错的现代民俗文化。丽江的酒吧文化与“浪漫之都”“艳遇之都”的意象结合，构成丽江现代民俗文化的最重要部分，有的酒吧会组织客人隔着古城的小桥流水相互对歌，用最原始的方式唤醒青年男女心中的“浪漫”；有的酒吧喜欢提供一把吉他、一个火塘、一瓶“风花雪月”，一群陌生人围坐在一起说上一句：“我有故事，你有酒吗？”还有的酒吧只负责提供一把椅子一杯酒让客人发呆。客栈民宿都是在改造传统建筑的基础上形成的，根据体现民俗的不同，可分为以街道命名的客栈、以风景命名的客栈、主打民族风情的客栈以及凸显民族历史的客栈[5]，这些客栈的老板身着传统民族服饰，室内的装饰多采用有丽江传统图案的设施，在改造时注重自然景观与建筑物的相得益彰。大研古城既是景区又是生活区，小桥流水畔、四季花开处，走在满是东巴画的丽江街头，听着难懂的民族语言，带着内心的安定，仿佛与古城融为一体。

四、丽江民族文化旅游产业开发与发展模式分析

丽江自古以来就是多个少数民族聚居的交通要塞，可以把绚烂多姿、独特神秘的丽江传统民族文化定义为历史悠久、充满宗教色彩的、通过茶马古道与多民族沟通的、以纳西东巴文化为主的少数民族融合文化。丽江是一座“融合之城”，改革开放后，丽江依托其独特神秘的文化以及魅力无限的高原山地风光，吸引了无数旅人前来这座高原小城游玩。随着现代旅游业的发展，人们对旅游文化内涵要求的提高，丽江开始积极拓展丰富旅游业，在“文化+旅游”的发展战略下，积极推动文化与旅游产业深度结合，在保护传统民族文化的基础上，充分利用自身丰富的文化资源开展文化旅游产业，并取得了不俗的成绩，形成了大研古城、玉水寨、丽江千古情等优秀文化旅游景区，创作了《丽水金沙》《云南的声响》《印象·丽江》等高级歌舞作品，将丽江的传统民族文化与旅游发展紧密结合，在文化的传承中实现了丽江文化旅游产业的发展。

一般来说，文化资源的产业化开发过程主要包括两个环节：文化资源向文化产品转化，以及文化产品的市场化运作过程[6]。总体来说，丽江文化旅游产业的发展路径可以概括为：以传统民族文化保护为基础，以实现文化与旅游深度融合为主题，以文化资源的产业化开发为出发点，以传统民族文化创新为动力，以丽江古建筑、博物馆及实体遗址为载体，以保持民族原有特色为灵魂，以旅游市场需求为导向，以旅游市场规范为保障，最终实现了丽江传统民族文化的传承与发扬光大，把丽江打造为世界文化旅游名城，推动了丽江区域经济的转型升级与可持续发展。

根据丽江主要的七种文化资源，可以打造与之相配的文化旅游产业。根

据发展方式可将其总结为以下五种文化旅游发展模式（如图 4 所示）。

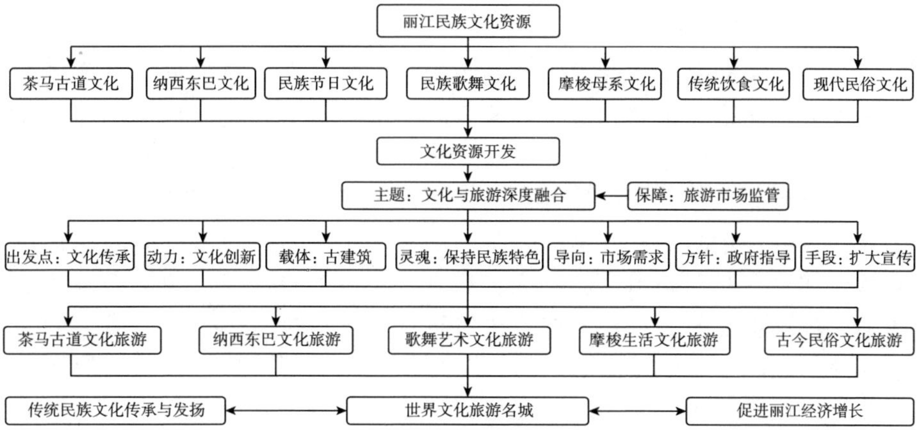

图 4　丽江文化旅游产业发展模式

（一）茶马古道文化旅游产业发展模式

绵延千里的茶马古道可分为青藏、川藏及滇藏三线，丽江正好处于滇藏线要塞，随着近年来人们对茶马古道的研究、考察、宣传不断增多，“茶马古道”已经不仅作为一个名词存在了，而是成了世界闻名的文化旅游符号。以茶会友、重走茶马古道，感受古代丽江的商贸生活已经成为丽江旅行的新潮选项，也成为游客体验茶马古道马帮文化、饮食文化、民俗文化的重要形式。

1. *以茶会友*

云南独特的红土地孕育出普洱茶等高质量茶叶，昔日的马帮驮茶成就了丽江“茶马重镇”的美誉，形成丽江以茶会友的传统习俗，茶成为丽江发展文化旅游的媒介。丽江家家户户都有茶，在此基础上发展丽江人家生活体验旅游模式，拉市海附近的纳西人家招待客人的“三道茶”，用的正是生长在海拔 4000 米以上高山的茶中珍品——雪茶，再配上纳西族的迎客民谣，立刻就把游客带入传统丽江人家的生活中来；不同于大部分地区烟酒茶一体的商品贩卖模式，丽江的茶店栖身于古色古香的建筑中，集卖茶、品茶与会友于一体，无论来自哪里，只要都是“茶道中人”就可以相谈甚欢，其中平湖秋月茶馆、丽月湖茶馆、仁和昌商号以及秋月堂茶馆最为出名，这些茶馆雅俗一体，与丽江古城的悠闲生活相得益彰。茶马古道造就了丽江“融合之城”的称号，不同的习俗使得丽江的茶饮种类并不单一，永胜油茶、乌木春茶、龙虎斗、酥油茶等成为丽江各民族“以茶会友”的重要载体。在阵阵茶香与欢声笑语中，游客对丽江茶马古道的茶文化有了更加深刻的感受，也体会到各种特色茶饮背后民族的风情。

2. 古道文化沉浸体验

现代的考察探索已经发现了茶马古道的旧址，在古道附近还发现了马锅头故居、大理会馆（永胜）等古建筑遗址。面对 21 世纪徒步游的国际新潮旅游模式，丽江在拉市海、虎跳峡等地推出“重走茶马古道”的旅游项目，游客可选择自行徒步或者马帮体验。前者更加灵活，既可以用较少的花费深度感受茶马古道行走的不易，又能够领略丽江的美丽自然风光，但需要带向导且只适合体力良好有登山经验的人；后者已经发展成一条产业链，游客跟随当地居民骑马重走茶马古道，在行进过程中听导游讲述马帮的故事，看马夫展现高超的赶马技巧。如果遇到另一队归程的“马帮”还可以感受传承千年的马帮让道优良行规，返回之后还可以参加专门为马帮举行的长街宴，体验马帮的饮食特色。

3. 文物保护与现代营销

古建筑的现代使用在丽江被发挥得淋漓尽致，茶马古道博物馆坐落于丽江古城的木氏土司“柬河院”建筑群中，它不仅研究茶马古道文化，还从事普洱茶文化宣传与推广工作，而且从事史实展示与修复文物工作。对茶马古道文化旅游的开发，多采取广告宣传的营销策略，以雪茶为例，根据其生长环境、超高的药用价值、历史地位及不易得性为雪茶打上“四大奇茶”“朝贡珍品”“天然野生”“岩石生长”的标签，助力雪茶的销售；对茶马古道本身则开展“重走茶马古道”“亲子毅力行”“茶马古道·滇藏行”“茶马古道徒步游学挑战赛”等活动，拍摄《茶马古道》《永远的行走》《古道铁骑》等影视作品用以宣传茶马古道文化，同时在活动和影视作品中强调马帮精神的当代价值，提高茶马古道的曝光度，以吸引更多的游客。

（二）纳西东巴文化旅游产业发展模式

纳西东巴文化是丽江传统民族文化中最耀眼的明珠，有着古老的历史沿革与神秘宗教特征。纳西族世代生活在丽江，是一个拥有自己文学艺术、民俗风情，宗教文字的古老民族，东巴教是纳西族自古以来信仰的宗教，纳西文化也可以说是东巴宗教文化的世俗化文化。现代纳西东巴文化旅游模式多采用文化具象化的方式，把抽象的传统民族文化用艺术、建筑等形式表示出来。

1. 东巴艺术旅游纪念品

纳西东巴艺术主要由东巴文、东巴画、东巴舞、东巴纸以及东巴音乐构成。东巴文是兼具表意与表音的文字，从外形上看更像是图画，古时候只有专门的“东巴”才能学习，现在的东巴文字出现在丽江古城的墙壁上、商铺的装潢中以及丽江的旅游纪念品里，比起它作为文字记述的功能，现在它作为装饰满足游客对东巴文化探寻的价值更高；东巴画多描绘东巴教崇拜的鬼神、山川河流、动物植物以及人物，以人与自然和谐相处为创作内涵，现代的东巴绘画可以刨除原有的木牌、纸牌等形式画在帆布、油画布、石头上或者印刷在衣裙上，便于游客携带和长期保存；东巴纸以丽江特有树皮和野生植物为原料，有防虫、防潮、耐磨的特点，它的颜色微黄且纸张偏厚，由于能够存放很久而不腐败，有着“纸寿千年”的美誉[7]，造纸坊会制作笔记本、东巴信纸等常规产品，也会利用东巴纸耐磨、偏厚的特点制作灯具、扇子；东巴舞与东巴音乐由民间艺人自发在古城街头演绎，游客不需要任何花费就可以在传统纳西建筑群里体会东巴文化。

2. 古建筑多功能应用

如果说束河古城展示的主要是茶马古道的马帮文化，那大研古城就是体现纳西东巴文化，融汉、彝、白、藏四族特色的建筑群。大研古城既有生活功能又有旅游属性，内设集市、学校、公安局、医院等用于当地居民生活，同时开设民宿、特产及纪念品商店、酒吧、博物馆等用于旅游购物。建筑物依山傍水、鳞次栉比，功能区分布并不明显，生活区与商业区交织在一起，古城的中心建筑——木府被改造为博物馆。与专门用于旅游的古城不同，这里的游客在蜿蜒的小巷、凹凸的石板以及纳西人平凡的生活中更易感受到安逸闲适，得到一种来自纳西古老文化的平凡质朴。大研古城还作为非专业影视基地拍摄了《木府风云》《一米阳光》等知名影视作品，极大地提高了古城知名度。

3. 保护与开发并重

纳西东巴文化的研究开启时间晚，在20世纪才被法国人太伦·拉科佩伦公之于众。国内对其的研究先天落后于西方，新中国成立之后为保护和弘扬少数民族文化加大了对东巴文化的研究，以政府为主导扶持相关非物质文化遗产的传承，出台了《云南省纳西族东巴文化保护条例》，编撰了《丽江非遗名录》，东巴画、东巴纸入选国家首批非物质文化遗产，编著东巴文化相关著作以及每年申报大量非物质文化遗产传承基金项目并培养非遗传承人等。此外，纳西古建筑的修缮完全采用传统的工艺及材料，力求最大限度保护原有风貌。正是在国家政策的扶持下，纳西东巴文化得到了很好的保护和研究；也正是因为这些保护和研究，丽江才得以利用丰富的纳西东巴文化生产艺术产品，提高游客的体验感，推动丽江文化旅游产业进一步繁荣。

（三）歌舞艺术文化旅游产业发展模式

少数民族善于用歌舞在重大事件和节日上表达情感，彩云之南的丽江也不例外，丰富多彩的传统歌舞文化在历史洪流中传承发展、不断创新，以崭新的面貌出现在世人眼前，成为丽江文化旅游产业发展的重要支柱。

1. 大型现代歌舞剧与新型音乐舞蹈作品并重

传统歌舞是丽江歌舞艺术文化的灵魂，往往与宗教祭祀仪式结合在一起，用自然质朴的方式表达对自然和祖先的敬畏，无论是大型现代歌舞剧还是新型音乐舞蹈作品，都是在传统歌舞的基础上发展起来的。大型歌舞剧能以最为直观的方式展示民族文化并进行宏大叙事。《印象・丽江》作为丽江早期的大型歌舞剧，与其他常规舞剧不同，整个舞剧采用白天实景演出的方式，没有具体的主题与故事，而是通过人与山、城的亲近来反映导演对这座城市的个性表达，演出人员并非科班出身，而是来自多个乡村的少数民族同胞[8]。还有以舞蹈诗画方式展现滇西北高原“山”“水”“情”的《丽水金沙》；以大自然的声音突出“原生态”特点的《云南的响声》等，都是丽江大型现代歌舞剧的杰出代表。在大型歌舞剧的表演现场，游客可以借助艺术的形式快速理解丽江传统文化，在休息空当或品茗小酌、或观望远方风景，无论做什么都可以领略丽江的风土人情，都是在与丽江传统文化交往。在新型音乐舞蹈作品方面则采用官方举办赛事、参加电视节目的方式打响丽江歌舞的知名度。丽江先后举办、参加了“红云红河”“中国艺术节”“彩云奖”“建设者之歌”等活动，创作了《丽江小调》《古城的水》《月下古城》《相遇》《情醉女儿国》等作品，不仅吸引了大量游客，开拓了旅游市场，还培养出大量新生代歌舞人才，推动了丽江歌舞艺术文化旅游产业的进一步发展。

2. 景区沉浸式体验

丽江千古情景区是人工景区的典型代表，内设多个主题区域，分别展示丽江不同类型的民族传统文化，每个主题区域都有其独特的舞蹈演绎。身着丽江传统民族服饰，走在千古情景区中，一边吃着丽江小吃、逛着工艺品商铺，一边看演员跳着传统的舞蹈，切身感受丽江的民俗文化。大型舞剧《丽江千古情》会在下午和晚上开启，主要用现场歌舞来增强人们的体验感。玉水寨属于由原始村寨改造的景区，保留着纳西族的传统节日和宗教信仰，在各种传统节日和宗教祭祀上会表演“热美蹉”“白沙细乐”等传统歌舞。在三朵节、美母节、祭祖会等节日来到玉水寨，可以在瀑布畔的东巴什罗庙中，观赏东巴祭祀舞蹈、聆听婉转悠扬的白沙细乐，把自己与丽江的山水融为一体。此外，泸沽湖大落水村、傈僳风情村等景区，都是用独具民族特色的传统歌舞吸引游人。

（四）摩梭生活文化旅游产业发展模式

1. 文化与自然、人文环境相结合

摩梭人世代居住在泸沽湖畔，泸沽湖景色多变，早晨湖水平静、清澈见底，远方的高山映在湖中，傍晚风拂过湖面，卷起层层波浪把湖水分为好几种颜色，给人一种宁静安详的感觉；纯净的湖水与环绕的青山，提供了“水性杨花”、野生菌、麻梨等特色食材，造就了摩梭的特色饮食文化，加深人们在味蕾上关于摩梭的记忆；情人滩、格姆女神山流传着美丽的爱情传说，每年“转山节”摩梭人都会盛装祭祀神山，在情人滩上聊天打趣；“候鸟天堂”里务比岛栖息着大量珍稀鸟类，岛上筑有古寺，人与自然的和谐共处在这里得到完美体现；草海之上修建的走婚桥，沟通泸沽湖两岸摩梭人家的猪槽船见证了摩梭儿女的深情厚谊，是体验摩梭“走婚”习俗的重要道具；木楞房依山傍水而建，结构复杂、冬暖夏凉，满足摩梭大家庭式社会结构的住宿、议事、炊事、祭祀、储存等物质及精神生活的需求。置身于泸沽山水之间，漫步在摩梭古村落中，居住在摩梭木楞房里，感受着摩梭人特殊的以“老祖母”为尊的生活方式，远离了城市的喧嚣，得到一种只有泸沽湖才能带来的安宁与享受。

2. 打造“女儿国”品牌形象

品牌形象是一个地区根据自身独特属性想要展示到世人面前，留下记忆点的一种设定。摩梭文化最大的特点就是“以母为尊”，这是与中国主流的父系氏族文化完全相反的母系家庭文化。在推动摩梭文化旅游产业发展时，政府和民间都抓住这一文化特色，大力发展摩梭母系文化旅游产业。政府通过广告、标牌等形式提出“东方花果山，西部女儿国”“千年女儿国，走婚摩梭人”“走婚女儿国，细品摩梭人”等脍炙人口的广告词和宣传语，提高摩梭“女儿国”品牌形象的知名度；充分发挥媒体的作用，大力宣传《一路之上》《纳人说》《寄情摩梭》等纪录片的剧情内容，介绍摩梭母系社会民俗风情。通过《摩梭女儿国》《摩梭姐妹》等影视剧，讲述摩梭走婚故事，加深人们对摩梭文化的了解。当地的摩梭人至今仍保留的“阿夏”婚俗和母系家庭文化，是摩梭“女儿国”形象树立和宣传的重中之重。

（五）古今民俗文化旅游模式

现代旅游业的发展已经不再局限于单纯走马观花的观光，游人愈加追求多样化、深层次、高参与、原生态的旅游方式。民俗文化是一个地区的居民在生产活动和自然条件下形成的民族风俗习惯，是最能展示一个民族特色的文化。为满足游客对文化体验游的多样化需求，丽江坚持传承弘扬传统民俗文化，创新现代民俗文化，把世界文化遗产大研古城打造成涵盖丽江古今民俗的大型文化旅游载体。紧凑的纳西建筑、古朴的古城街道、曲折蜿蜒的小溪、酒吧的灯红酒绿、火塘的吉他声响和远方传来的民谣小调等种种大相径庭的意象在大研古城融为一体，构成了联结千年时光的丽江古今民俗文化旅游模式。

1. 打造酒吧一条街

大研古城的酒吧很多，大多集中分布在沿河的七一街和八一街上段，俗称“酒吧一条街”，是古城最热闹繁华所在，在这里的酒吧几乎都是歌舞环绕、热烈喧嚣的，它们聚集在一起，依靠河岸的美丽景色和夜晚旖旎的暖色灯光让人迷醉、放松身心。“酒吧一条街”在夜晚最热闹，每当夜幕降临，隔壁的四方街广场会按时响起纳西传统音乐、跳起传统纳西舞蹈，各个酒吧或放 DJ 舞曲、或唱纳西民谣。游人可加入广场跳舞大军，跳起或许并不协调但是很欢乐的舞蹈；也可以挑选一间合眼缘的酒吧，享受传统美食与现代啤酒的随意搭配，欣赏自由奔放的歌舞表演；还可以什么也不干，就坐在河畔石椅上，看着老街映着霓虹灯，静静体会夜空下的喧嚣。

2. 餐吧与民宿区域相结合

大研古城的餐吧与民宿相依相伴。与具有现代化气息的热闹“酒吧一条街”完全不同，古城的餐吧和民宿是安静悠闲的。民宿和餐吧都由古建筑改造，广泛分布在古城的大街小巷，内里装潢力求还原纳西风格，略显破旧的木质桌椅、五彩斑斓的桌布窗帘与粗砂土烧制的器皿结合，民宿老板的浓厚乡音以及餐吧提供的丽江特色美食，将古城的“原生态”展示得淋漓尽致。“大冰的小屋”“老兵火塘”等特立独行的酒吧和火塘吧隐匿在民宿与餐吧中，吸引着来自四面八方的追求诗和远方的文艺青年和流浪歌手。

3. 浪漫意象融入古城

纳西族有很多关于爱情的古老传说，殉情更是纳西先民对抗封建社会捍卫爱情的凄美方式，诸多传说和故事赋予了古城“浪漫”的意象，在浪漫意象的加持下丽江成为“艳遇之都”“浪漫之都”。夜晚，朦胧醉人的灯光将古城笼罩在浪漫的氛围之中，城市朝九晚五的工作都已远去，自由的灵魂回归自己，在酒吧小酌一杯，邂逅一个有意思的人，听人们的传奇故事，浪漫的感觉便会扑面而来。讲述木府土司木增与纳西女孩阿勒邱之间跨越阶级绝美爱情故事的《木府风云》，快速传播了浪漫意象，自此“浪漫”便与古城紧紧绑定在一起了。

五、结论

丽江凭借其多样且独特的民族文化资源，与时俱进地推进文化旅游产业发展的步伐，通过设立博物馆和文化宫、申报基金与非遗项目、编著专著以及修缮古建筑加大对传统民族文化的保护力度；通过创新传统歌舞、推出文化活动、开发特色纪念品、打造民俗村，创新文化表现形式；通过推广融汉、藏、纳西等族特色，融游牧、农耕、山地食材为一体的饮食，加深味蕾记忆；通过广告传播、参与赛事、举办庆典、树立形象、构造意象宣传地方特色等方式，充分体现其丰富的历史文化资源价值，推进了丽江文化与旅游产业的深度融合，走出了一条独具少数民族浓郁风情的“丽江文化旅游产业发展模式”，推动了丽江区域经济的转型升级与可持续发展，丽江的成果经验值得我国民俗文化资源丰富但仍然贫穷落后的广大少数民族地区借鉴。

丽江民族文化旅游产业的开发具有多层次的积极意义，第一，能够带动丽江区域经济的快速发展。调研结果显示丽江经济主要依靠第三产业，而文化旅游产业又是丽江第三产业发展的支柱，经济的发展除了使得当地居民生活水平提高，还有利于丽江民族文化的传承与保护，形成经济发展与文化保护相辅相成的良性循环。第二，丽江民族文化旅游产业的开发是中国式现代化在文化领域的重要案例。中华文化博大精深不可能以一概全，中国式现代化亦是一个内容丰富的概念，体现在地方上的二者结合可以用地方文化产业发展来简单说明，也就是说丽江文化旅游产业发展是中华文化“创造性转化与创新性发展”中的一部分，它的成功发展能够在文化领域为中国式现代化添砖加瓦。第三，作为多民族混居的地区，丽江存在并保留的多元民族文化在作为源泉激励了文化旅游产业发展的同时，促进了各民族的文化融合，使其区域内各民族既能保留本民族文化的原有特色，又能获得文化旅游带来的收入，增加民族认同感与归属感。这种获得经济效益与文化效益有机统一的文化经济发展模式，有助于丽江民族文化多样性建设，其经验对全国范围内相似地区的民族文化多样性建设具有一定参考意义。

六、学生收获与感悟

表1　此次活动参与人员感受

姓名	感悟与体会
李想	从撰写项目申报书到完成调研报告，耗时近两个月的暑期社会实践活动暂时结束。在本小组全体组员的共同努力下，我们在调研期间获得了令人满意的结果，本次调研活动也使我收获颇多。第一，我认识到团队合作的重要性。“众人拾柴火焰高”，从一开始我们的调研活动安排就充分发挥了团队的力量，在讨论选题时，我们结合自身兴趣，综合考虑每个成员的意愿，最后与指导老师商讨决定；由于调研活动所需材料较多，我们结合成员的意愿与时间，根据比较优势分配工作任务，最终按时高质量准备好所需资料。第二，作为研究文化经济的政治经济学专业学生，我在调研过程中切身体会到丽江旅游经济的蓬勃发展，特别是今年暑假作为疫情放开后的首个暑假，在各地游客爆满的现实条件下，丽江能够做好旅游服务与其文化旅游建设是分不开的，我认为丽江以民族文化为原动力的文化旅游产业发展战略未来依然会带动丽江经济的蓬勃发展。第三，近年来国际形势愈加严峻，以文化为手段的国际竞争也更加激烈，作为拥有五千年历史的四大文明古国之一，我国要更加积极地保护和开发中华民族优秀传统文化，不断扩大中华文化的国际影响力，以文化复兴抵御外来文化侵略，以文化多样促进民族融合与团结 ，以文化开发拉动经济增长。
漆韬	在这次社会实践中，我真切感受到团队合作和沟通的重要性。在实践过程中每个人都发挥自己的专业技能，对团队都有贡献。在调研过程中，当然也遇到了一些问题和困难，但是我们紧密合作、互相帮助，一起克服了困难。我们用高效的沟通渠道和工具，及时传达信息、解决问题，团队合作的氛围一直很好。通过这次实践我也深刻意识到风险管理的重要性，提前预测和分析潜在风险和问题，然后制定相关解决方案，这样才能更好地应对突发情况，确保项目顺利进行。这次实践不仅加深了我对专业知识的理解和运用，还提高了我的团队合作和沟通能力，使我懂得只有通过团队齐心协力才能取得更出色的成果。 总之，通过这次社会实践，我深深认识到团队合作和沟通在实践中的重要性。这对我未来的学习和工作都非常有意义，所以我会继续提高自己的团队合作和沟通能力，以更好地应对未来的挑战和机遇。
吴妙琦	青春年少，不怕山水迢迢。社会实践活动是大学生投身社会、体验社会、服务大众的契机。在这次实践中，我收获了许多宝贵的经验和感悟。以下是我从这次实践中得到的几点心得体会。首先，我认识到团队的重要性。实践过程中，我和其他成员经历了很多困难和挑战。但是，成员之间的合作和互相帮助让我们克服了重重困难，完成了既定目标。在实践中，我们互相激励，互相扶持，形成了强大的凝聚力和战斗力。其次，这次实践给我留下了深刻的印象。团结合作，共同进退，团队才能真正发挥合力，完成困难任务。最后，我认识到自己的不足和需要提高的地方。在实践中，我遇到了很多问题，有时候也会感到迷茫和困惑。但是通过和前辈的沟通，我逐渐明确了自己的方向和目标。同时，通过与群众的交流，我也发现了自己的不足之处。我意识到自身的知识和技能还需要不断提高和完善，才能更好地为社会发展作出贡献。因此，我决定在以后的学习和实践中更加努力，增加自己的知识储备，提高自己的综合素质。

续表

姓名	感悟与体会
陈靖桐	炎热的夏日挡不住云南丽江暑期实践调研团队的步伐。丽江古朴清丽的自然环境与热情交融的人文环境深深感染了我们每一个人。在社会实践的过程中，我们了解到深入调查一个地区的文化背景、文旅产业的不易，行程中也存在着许多突发情况与困难，只有在团队的合作下才能保证高效顺利地解决问题，保证调研活动的顺利进行。在与群众、目的地负责人的沟通过程中，我深刻认识到自己技能水平与沟通能力的不足，并加以改正与提高。在这次调研中我发现，随着物质生活的改善，人们越来越追求内在的心灵升华，传统旅游方式与新型旅游需求之间的矛盾急需解决。在党的政策扶持下，丽江凭借多样且独特的民族文化资源，与时俱进地推进文旅产业的变革步伐，我们渴望总结这些经验，并将其提供给仍然贫穷落后的广大少数民族地区。这次难忘的实地调研活动，不仅积累了团队合作的经验，也为理论研究打下了根基。
刘瑜婕	在本次的探寻丽江民族文化的过程中，我切身体会到“各民族在中华民族大家庭中像石榴籽一样紧紧抱在一起”，民族文化是我们璀璨的瑰宝。在与不同的少数民族的交流探访中，我们感受到当地人民的热情和质朴，也感受到他们的文化已经融入他们的血液中，正是因为如此深厚的根基，才能让这座旅游城市可以挖掘出民族文化中用来传播的东西，并将其发扬光大。此外，在此次的社会实践中，我也深刻地体会到调查研究的重要性，深刻体会到“调查研究是谋事之基、成事之道。没有调查，就没有发言权，更没有决策权”。

参考文献：

［1］龙肖毅．茶马古道25年研究文献回顾与评述［J］．大理大学学报，2017，2（11）：62-66.

［2］尹美华．论《茶马古道》中的马帮文化内涵［J］．青年文学家，2018（24）：146-147.

［3］李红营．泸沽湖摩梭人传统节日之“转山节”［J］．天津中德职业技术学院学报，2016（4）：93-96.

［4］秦桂芬，秦莹．纳西族农耕文化对饮食习俗的影响——以丽江古城区西关村为例［J］．楚雄师范学院学报，2016，31（4）：8-12.

［5］闫选平．丽江古城文化传承与主题客栈［J］．炎黄地理，2020（3）：33-35.

［6］张佑林．文化资源开发与成都文化休闲产业发展模式研究［J］．社会科学家，2020（1）：90-98.

［7］余梦真．纳西族东巴纸在家居产品设计中的应用［D］．昆明：昆明理工大学，2020.

［8］李俊蓉．丽江旅游演艺产品《印象·丽江》的发展现状［J］．旅游与摄影，2021（16）：34-36.

吴越青柯，笼展艺术①

——非遗文化保护与传承的一项实践研究

一、引言

（一）背景

根据联合国教科文组织通过的《保护非物质文化遗产公约》中的定义，非物质文化遗产是指被各社区、群体，有时是个人，视为其文化遗产组成部分的各种社会实践、观念表述、表现形式、知识、技能以及相关的工具、实物、手工艺品和文化场所。中国是联合国教科文组织《保护非物质文化遗产公约》的最早缔约国之一，非遗文化的保护、传承和开发利用始终是中国政府及文化艺术界关注的重大议题之一，中央对非物质文化遗产的保护工作进行了全面规划和重点部署。党的二十大报告指出“加大文物和文化遗产保护力度，加强城乡建设中历史文化保护传承”。非物质文化遗产是中华文明绵延赓续的重要载体，是中华优秀传统文化传承实践的主要表现形式，保护和传承非物质文化遗产对于繁荣中国特色社会主义文化具有重要意义。习近平总书记在中央农村工作会议中强调：“要让活态的乡土文化传承下去，深入挖掘民间艺术、戏曲曲艺、手工技艺、民族服饰、民俗活动等非物质文化遗产。”把保护传承和开发利用有机结合起来，核心理念是对“活化历史”的留存和延续。《中共中央关于制定国民经济和社会发展第十四个五年规划和二〇三五年远景目标的建议》提出“加强文物古籍保护、研究、利用，强化重要文化和自然遗产、非物质文化遗产系统性保护，加强各民族优秀传统手工艺保护和传承。”在中国这样一个历史悠久的大国，各地发展不平衡，非遗文化的地域性特征非常明显，完全标准化是不可能的，如何进行系统性保护是值得思考的，必须因地制宜、因地施策。

青柯鸟笼源于青柯人民的伟大创造，2010 年被列入临安市非物质文化遗

---

① 作者：俞欣然、唐欣雨、张珉华、吴柯、严晨、鲍丽伊；指导教师：袁则文。

产保护项目，2014 年被列入杭州市非物质文化遗产保护项目。作为中国非物质文化遗产的重要组成部分，青柯鸟笼能促进养鸟相关产业的发展，成为提高生活品质、美化环境、怡心养性的朝阳产业，具有重大的经济社会价值。然而，青柯鸟笼尚未被普遍熟知，在疫情冲击下更是损失了大量客户，其发展举步维艰。如何保护和传承青柯鸟笼非遗，在消费低迷的情况下为匠人提供鸟笼制作的动力成为我们关注的主要问题。积极响应国家对非物质文化遗产系统性保护的愿景，我们期望通过实践调研加深对青柯鸟笼文化的理解，同时通过调查研究与分析为青柯鸟笼的振兴提出可行性建议，推动中国非物质文化遗产的发展。

（二）调研目的

本次调研期望通过线上文献资料阅读、线下实地调研非物质文化遗产地点——青柯村，采访非物质文化遗产传承人，创设自媒体宣传账号，以达到如下目的：

（1）深入了解青柯鸟笼非物质文化遗产，包括青柯鸟笼的历史发展情况、鸟笼制作技艺、匠人现状、未来愿景等；

（2）整理分析青柯鸟笼现存的问题，找出突破当前产业发展瓶颈的方法和途径，保护与传承青柯鸟笼非遗艺术，推动其与时代发展相结合，进行创新性发展；

（3）以大学生的身份参与调研，加大校内校外的宣传力度，推动非遗进校园，让更多人（尤其是年青一代）认识和了解青柯鸟笼这一非遗艺术。

（三）调研基本情况

吴越青柯小队于暑期先后至龙现代艺术中心、浙江省杭州市临安区工会、青柯鸟笼匠人工作室开展调研。从欣赏鸟笼艺术到全面了解青柯鸟笼这项非物质文化遗产，对青柯鸟笼的过去有了深刻认识，并结合调研工作思考和提出保护与传承青柯鸟笼的对策性建议，为青柯鸟笼乃至其他非物质文化遗产的传承与保护提供参考。

二、主体

（一）青柯鸟笼基本情况

1. 独特的制作技艺

青柯鸟笼选用优质毛竹作为材料，是一项传统的手工制作类鸟笼。鸟笼制作选料考究、工艺精湛、技艺独特、造型典雅、活态传承，是中国四大传统鸟笼制作“南笼”派的代表。

青柯鸟笼制作技艺集我国传统竹制品制作、雕刻、镶嵌、竹编于一笼，主要工序有22道，全靠手工技艺完成，而且独创中药煮料，无榫扎角、笼门窗设暗锁等特技绝活，在我国传统鸟笼制作技艺上独树一帜，具有很高的地位和影响力。青柯鸟笼制作精致、雕刻精湛，镶嵌精微；雕刻和镶嵌的罗汉图，回纹，花脚，双龙戏珠，五谷丰登，福禄寿禧，花鸟虫鱼雕件以及留青雕刻山水、诗词画等图案，显得古朴典雅，令人赏心悦目，呈现“玲珑精致，典雅秀气，美观耐用”的特色，具有很高的艺术性和观赏性，蕴藏着深厚的文化艺术底蕴和价值。

2. 建立与发展过程

中国鸟笼制作技艺历史悠久，北派的流传地域位于北京、天津、河北一带，以圆笼为主，款式大气、线条简洁明快；南派则以苏杭为代表，其鸟笼小巧玲珑，制作精湛，外形多以方形、圆顶圆形为主，材质包括竹、红木、紫檀、黄花梨等，工艺精致，售价较高。

作为典型的南派鸟笼，青柯鸟笼代表了中国传统非物质文化遗产的卓越技艺。它起源于古代的笼屋养鸟风俗，其制作技艺承载着悠久的历史与文化。早在民国初年，钟雪根（1898—1980年）就以制作鸟笼捕鸟而声名远扬。尔后，来水根（1949—2007年）在钟雪根的指导下步入这一领域，在1983年，他得到来自苏州鸟笼世家的颜虎金的悉心教导，将“南笼”派鸟笼的特色技艺融会贯通。传到江红星、方新华、来炯炯等人之手时，青柯鸟笼制作技艺以独特之姿在全国鸟笼制作界崭露头角、声名鹊起。直至2009年，青柯村成立临安临青竹制鸟笼专业合作社，其如今拥有300余名从业人员，技艺传承范围遍及浙江、安徽、江苏、上海、南京、北京、天津、福建、广州等地，产品更是遍布全国各地。

在这样的背景下，青柯鸟笼的制作过程也随着时间的推移，从最初的结构简单的实用品逐渐演变为精致复杂的艺术品，逐渐形成了独具特色的制作工艺。这一历史变迁，彰显着青柯鸟笼制作技艺的独特魅力与价值。

3. 现实情况

1988年，全国人民代表大会首次制订了《野生动物保护法》（简称《野保法》）。其先后经历了五次修订，受保护动物的范围也逐渐由走兽扩展至飞禽，由此带来的是鸟类交易市场的不断萎缩。例如，杭州著名的岳王庙花鸟市场搬迁至吴山，改名为吴山花市。悄然消失的“鸟”字也映射了鸟类交易在市场上的式微。

鸟类交易市场萎缩的同时，一些廉价的仿制品开始涌现市场，使得传统的青柯手工艺人面临着竞争的压力。而且，青柯鸟笼的传承也面临着挑战，传承人越来越少，很多技艺无法得到有效的传承和保护。

当然，目前青柯鸟笼在市场上依然有一定的需求。除了传统的鸟类爱好者，青柯鸟笼也吸引了一些收藏家和艺术品爱好者的关注。对一些鸟类爱好者和收藏家来说，青柯鸟笼是一种具有收藏价值和艺术观赏性的物品。

尽管随着现代化的快速发展和鸟类保护的需求增长，青柯鸟笼的市场需求有所下降，但青柯笼匠也在寻找着传统技艺的转型发展道路，尝试让中国的“非遗技艺”和“非遗记忆”与新的时代产生共鸣，在新的载体中凝结和传承。一些手艺人依然从事着青柯鸟笼的制作工作，努力将这项非遗技艺传承下去。

（二）调研基本方法及过程

1. 文献研究法

通过查阅相关文献，收集相关的文献资料，对非遗和青柯鸟笼的相关资料进行总结和分析。通过文献研究，了解青柯鸟笼的历史渊源、制作工艺和艺术价值，以及当前的发展趋势和困境。

2. 实地走访

通过走访工会，了解他们在青柯鸟笼保护与传承方面所做的工作，并收集相关的实地调研数据。同时，走访了非遗传承人的工作室，观察他们的工作环境和鸟笼的制作过程，了解技艺传承情况。与传承人交流，了解他们的困惑和需求，以及对青柯鸟笼未来发展的看法。

3. 访谈法

采用访谈的方式，与非遗传承人进行交流和讨论，深入了解青柯鸟笼在市场上的现状和未来的发展趋势。通过访谈，了解非遗传承的难点和挑战，并提出相应的建议和解决方案。

通过以上方法和过程，可以全面了解青柯鸟笼的基本情况、制作工艺以及市场需求与发展趋势，同时可以发现非遗传承过程中存在的问题，并提出相应的建议和措施，以促进青柯鸟笼这一非物质文化遗产的传承与发展。调研基本方法及过程如图 1 所示。

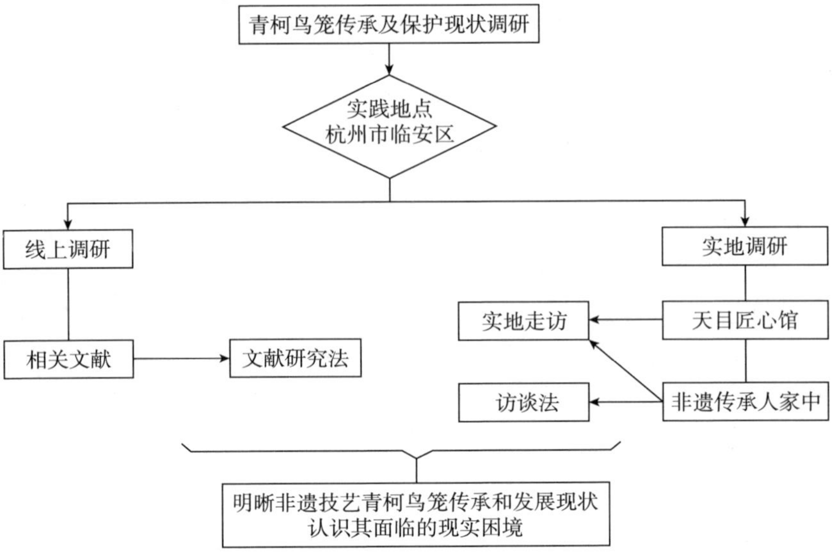

图 1　调研基本方法及过程

（三）重点内容

1. 青柯鸟笼改革历程——推陈出新、日益精进

根据非遗传承人江红星师傅的介绍，青柯鸟笼的改革历程可用“推陈出新、日益精进”八字概括。

最初，青柯鸟笼只是简单的养鸟器具，取材简单，原料较为单一，制作工艺粗糙，鸟笼师傅平均每天可以做 10 余只鸟笼，耗时短。从市场情况来看，最初的青柯鸟笼数量较多，主要形式为素笼，价格低廉，鸟笼制作报酬只供温饱。青柯鸟笼师傅很快认识到鸟笼质量和价格上的问题，遂开始对鸟笼制作进行创新，从材质、工艺、推广等方面不断改进，逐步优化青柯鸟笼制作技艺。

在 2000 年后，随着鸟笼制作工艺的不断精细化，匠人不断推陈出新，对小小的鸟笼予以改造。精美的雕刻艺术赋予鸟笼灵魂，青柯鸟笼逐渐演变出红木笼、金丝镶嵌笼等多种形式。现如今，制作一只精品鸟笼需耗时 2~3 个月，价格也高出最初的 10 余倍甚至数百倍。精品鸟笼工艺使青柯鸟笼在中高端市场逐渐打开销路，占有一席之地。

2. 青柯鸟笼制作创新的主要措施——三方合力

青柯鸟笼的改革举措主要可以归纳为以下三点。

（1）改变市场定位：最初，青柯鸟笼定位在中低端市场，鸟笼只是养鸟的器具，工艺制作粗糙，价格低廉。后来，鸟笼师傅们逐渐意识到数量多、质量差的缺陷，遂改变市场定位，由中低端转向中高端，将鸟笼定位为艺术品，由此推动了鸟笼工艺的精进。

（2）精进鸟笼工艺：据非遗传承人所说，青柯鸟笼改革创新的成功在根本上取决于制作工艺的精进，特别是在“门花”上进行精雕细琢、优化改进。“门花”是耗时最多的工艺配件，为此，鸟笼师傅们精心学习，向工艺大师们讨教经验。

（3）加大推广力度：青柯鸟笼艺术较为小众化，尚未被大多数人熟知，非遗艺术的保护与传承需要社会各界的努力。为此，非遗传承人加大了宣传推广力度，其想到了两种途径。

其一，在社会层面，青柯鸟笼协会会长江红星师傅受邀担任临安总工会会长，向社会层宣传青柯鸟笼艺术。工会的鸟笼展厅供社会免费参观。图 2 为参观工会展览馆的照片。同时，工会还向社会开放了“鸟笼工艺亲子课”，为小朋友们提供接触和了解非遗的机会。非遗课堂每周两次，反响强烈，可见社会大众对青柯鸟笼艺术的热情。

图 2　工会展览馆

除工会宣传外，非遗传承人还为浙大城市学院、浙江农林大学做宣讲，推动非遗进校园，向社会介绍青柯鸟笼艺术。

其二，在个人层面，非遗传承人们紧随时代，在各自媒体平台上开设自己的账号，宣传青柯鸟笼艺术（如图 3 所示）。抖音直播是最常见的宣传方式，鸟笼师傅们通过直播向大众介绍鸟笼艺术，破除时空的局限让更多人接触到鸟笼艺术。

图3　“云上经济”墙

3. 青柯鸟笼制作创新取得的成就——开拓新格局

青柯鸟笼制作工艺经过百年的传承发展，以其卓越的品质和精湛的技艺，不仅在实用性上有所提升，更成为中高端艺术品的代表。这一创新取得了丰硕的成果，其中有几个方面特别值得关注。

（1）青柯鸟笼的工艺日益精进。

经过长时间的积累和不断的实践，青柯鸟笼制作工艺在细节之处不断追求完美。不断改进雕刻、镶嵌等技术手法，使得每一只鸟笼都呈现出独特的艺术价值。这种精湛的工艺使得青柯鸟笼在外观和质感上均有了明显的提升，更具观赏性和收藏价值。图4为笼艺工作室鸟笼照片。

（2）附加值的提高。

随着工艺的精进和艺术价值的提升，青柯鸟笼的市场价值也逐步攀升。作为一种具有历史传承和文化内涵的艺术品，青柯鸟笼不仅是实用工具，更是一种投资和收藏的对象。这种附加值的提高为匠人们创造了更多的收入，同时也为他们继续传承和发展青柯鸟笼制作技艺提供了强大动力。

（3）线上渠道的拓展也为青柯鸟笼的发展开辟了新途径。

在数字化时代，青柯鸟笼通过社交媒体、电商平台等线上渠道展示，吸引了更多年轻人的关注。抖音等平台让这一原本小众化的非遗艺术逐步走进了更广泛的受众视野，促进了其传承和发展。

（4）被列入省非遗名录，受到政府重视。

青柯鸟笼于 2017 年被列入浙江省级非物质文化遗产名录，这一荣誉不仅为青柯鸟笼的传承和发展提供了政府的支持和保护，也使更多人认识和了解这一传统工艺，进一步推动了青柯鸟笼的保护和传承工作。

综上所述，青柯鸟笼制作工艺在历经百年传承的同时，工艺精进、附加值提升、线上渠道拓展、获得非遗名录认定等多方面的成就，为其注入了新的活力，使之发出更为耀眼的光芒，成为传统文化的瑰宝。

图 4　笼艺工作室鸟笼展示

4. 青柯鸟笼发展存在的问题——道阻且长

青柯鸟笼在快速发展的同时，也面临着诸多问题。青柯鸟笼在传承发展中面临的主要问题有以下几个。

（1）市场乱象：抖音直播是把“双刃剑”，非遗传承人通过抖音直播宣传鸟笼艺术的同时引发了市场乱象，部分手工艺人通过直播售卖鸟笼原料，简化工艺，使鸟笼“走回头路”，逐渐贬值。

（2）手工艺变味：非遗传承人最抵触的便是用机器取代手工的行为，机器生产虽然方便了鸟笼制作，但这也让青柯鸟笼制作工艺变味，使部分鸟笼失去了本真。艺术是独一无二的，机器生产弱化了非遗艺术的价值。

（3）消费群体缩小：据非遗传承人所说，青柯鸟笼也没能逃脱疫情的重创，长时间的隔离封锁、交流停滞使非遗传承人们损失了固定的客户群体。疫情后鸟会虽然逐步开展，但消费行情仍不容乐观，远不及2019年以前辉煌。

（4）传承人减少：如今，真正愿意传承青柯鸟笼非遗文化的人越来越少，年轻人不愿留在家乡，非遗文化面临失传困境。非遗文化传承人江师傅说："现在的人大多浮躁，很少有静下心来做手工艺的，很多年前我就不再带徒弟了。"

5. 青柯鸟笼未来发展的对策建议——行则将至

（1）产品供给：为了应对市场乱象和机器生产导致的鸟笼贬值问题，据非遗传承人介绍，需要以协会的名义进行规范——手工艺者在直播间不应弱化鸟笼价值，因一时的经济利益扰乱市场。机器生产也不能取代人工，否则损害的是青柯鸟笼行业整体发展。目前规范网络行为的整顿行动正在开展中，以应对市场乱象。为应对消费群体萎缩的问题，鸟笼传承人提出了衍生品方案，青柯鸟笼工艺精湛，不仅适用于笼艺，还适用于折扇（如图5所示）、虫盒等，可以与苏州非物质文化遗产合作，制作非遗精品。

图5　江师傅展示自制折扇

（2）市场销售渠道拓展：与专业媒体公司合作，拓宽宣传渠道。面对消费群体缩小的现状，鸟笼传承的宣传之路走得较为艰难，平台限制、自身文化功底有限等制约了鸟笼传承宣传工作的推进。据江师傅介绍，“创手艺”非遗与传媒公司合作，在专业化宣传上效果较好，粉丝达500万，扩大消费群体的同时为匠人拓展了盈利空间。因此，青柯鸟笼协会可继续与专业公司合作，在宣传上拓宽渠道，扩大潜在消费群体。

（3）传承人培养：协会可与地方政府加强合作，共同努力，不应将传承人的遴选范围局限在青柯周边，要在更广泛的社会上进行技艺传播和传承人培养。为此，可以探索多元化的合作方式，通过拓宽工会公益活动的形式，将非遗技艺融入社会活动，让更多人了解并参与其中。同时，通过推动“非遗进校园”计划，将非遗技艺引入学校教育，培养年轻人对传统文化的兴趣和热爱。这种方式不仅可以传承技艺，还可以激发年轻人的创新精神和想象力，为鸟笼非遗技艺传承发展注入新的活力。

除了协会和政府的合作，社会各界也应参与到传承人的培养中来。通过举办讲座、工作坊、展览等活动，为年轻人提供实际操作和学习的机会。这不仅可以吸引更多人参与，还能加强传承人与学习者之间的互动和交流。此外，挖掘鸟笼人才不应仅限于特定领域，社会各界都有可能涌现出对非遗技艺感兴趣且有才华的人。通过鼓励、奖励和支持，可以培养出更多的传承人，使非遗技艺得以传承发展。

三、调查结论与总结

根据本次社会实践的调查，我们发现当前保护和传承青柯鸟笼等非遗文化面临着三个主要难点。

首先，在直播平台方面，传承人积极主动地尝试通过直播等新形式来宣传和销售手工艺品，然而由于对直播平台规则的不熟悉而受到了限制，经常因误触抖音平台设置的“敏感词汇”而被迫终止直播。同时，非遗传承人们面对相对未知的网络环境，还会遇到一些难以预料的陷阱。

其次，在现代社会快节奏的生活中，年轻人中愿意花时间学习青柯鸟笼等传统手工艺的人越来越少，他们很少能够安排时间去专注学习这些技艺。

最后，机器制造业的发展也带来了一定的挑战。虽然机器制造和手工制造之间存在着重要的区别，但在疫情之后消费降级的时代，高价格的手工艺品不可避免地受到了冲击。

当然，我们也注意到越来越多的人开始对快节奏的生活感到厌倦，并且希望追求更为舒适惬意的慢节奏生活。因此，保护和传承青柯鸟笼等非遗文化既是一个挑战，也是一个机遇。保护青柯鸟笼等非遗文化的重要性和途径如图 6 所示。

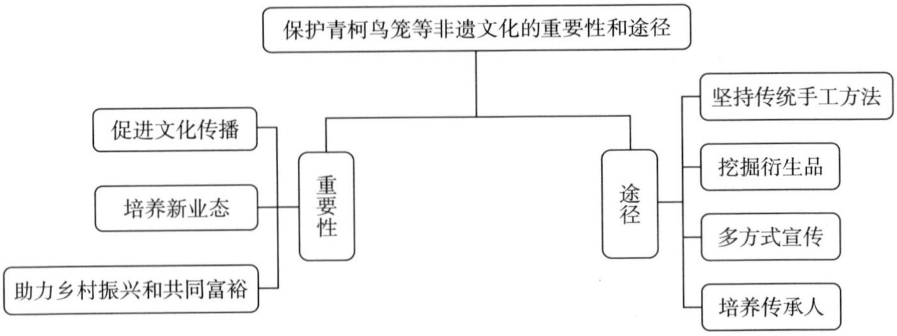

图 6　保护青柯鸟笼等非遗文化的重要性和途径示意图

（一）保护青柯鸟笼等非遗文化的重要性

1. 促进文化传播

青柯鸟笼作为南派鸟笼的代表之一，凝聚了古代文人墨客和达官贵族的喜好，而鸟文化在中国历史中有着悠久的传统。鸟笼作为载体，在历代匠人的传承和创新中融入了中国传统文化的精髓。因此，保护青柯鸟笼有助于传播和发扬传统文化，让更多人了解和感受传统文化的魅力。

2. 培养新业态

青柯鸟笼的保护和传承将在地区形成新的产业形态。这不仅为地区的经济发展注入新的动力，还有助于提升地区的文化软实力，提高其知名度。传统文化产业在当今社会中具有广阔的市场前景，通过青柯鸟笼等非遗文化的传承，地区可以培育出更多独具特色的文化产品，创造新的经济增长点。

3. 助力国家乡村振兴战略和共同富裕目标

党的二十大报告提出要“全面推进乡村振兴。全面建设社会主义现代化国家，最艰巨最繁重的任务仍然在农村。坚持农业农村优先发展，坚持城乡融合发展，畅通城乡要素流动。巩固和完善农村基本经营制度，发展新型农村集体经济，发展新型农业经营主体和社会化服务，发展农业适度规模经营”。如今，青柯村已成立了由 13 户人家组成的鸟笼制作专业合作社，并于 2011 年成功创立了以鸟笼为特色的特色村和杭州市美丽乡村，小毛竹做出了大文章，青柯鸟笼已走上了一条非物质文化遗产生产性保护的良性道路，带动经济发展、推动乡村振兴。

（二）保护青柯鸟笼等非遗文化的途径

在面对保护和传承青柯鸟笼这一重要使命时，既有机遇也有挑战，而我们需要积极应对，以确保这一宝贵的非物质文化遗产在未来得以持续传承和发展。面对日益多元化的文化环境和社会需求，我们应当采取切实措施，进一步促进青柯鸟笼制作技艺的传承和创新。

1. 坚持传统手工方法，不能用机器取代

在保护青柯鸟笼等非遗文化的过程中，坚持传统手工方法至关重要。机械化生产虽然高效，却难以捕捉人工雕琢和投入心血的艺术精髓。机器生产的产品永远无法与人工创造的艺术作品相媲美。传统手工艺不仅仅是静态的艺术展示，更体现了生活和存在的意义，代表了人类主体性的艺术形式。

2. 挖掘衍生品，扩大市场

由于鸟笼制作工序复杂、耗时长且成本较高，加上现代人养鸟的人数减少，市场需求逐渐减弱，因此，传承人如江师傅采取了制作小型竹制衍生品的策略，例如茶筅等。这种创意不仅能够扩大市场范围，还能够让更多普通人感受传统技艺的魅力，从而进一步传播非遗文化。

3. 多方式宣传

有效的宣传是保护和传承非遗文化的关键。在宣传上分为以下两方面：

首先，可以借助现代互联网平台，如抖音直播等，将传统技艺以现代方式呈现，吸引年轻人的关注。“吴越青柯”小队在调研过程中也积极推动青柯鸟笼的宣传，运营公众号、自媒体账号，设计漫画（如图 7 所示），希望能引起更多年轻人的兴趣。

其次，与政府、工会等合作，通过公益活动等形式普及非遗文化，使其融入社会教育体系中。

4. 培养传承人

尽管培养传承人需要耗费一定的财力和人力，但这是非常有价值的投资。传承人可以借助工会的支持，进行直播培训和内部培训，从而培养更多的传承人，确保非遗技艺能够延续。

通过以上途径，我们可以更好地保护和传承青柯鸟笼等非遗文化。这些努力不仅能够使这一传统技艺在当代得以传承，还能够将其传统价值和文化内涵传达给更广泛的人群，让青柯鸟笼在现代社会中继续绽放光芒，传承下去。这对于保护中国传统文化遗产具有重要意义。

图 7　龙龙主题漫画宣传

四、收获与感悟

通过此次暑期社会实践活动，我们对青柯鸟笼这一非物质文化遗产有了更深刻的了解与体验。从实地调研中，我们深切感受到青柯鸟笼的历史渊源以及传承人的匠心精神。在此过程中，我们结合实践过程，汇总出以下几点感悟。

首先，我们深刻认识到保护非遗文化的重要性。青柯鸟笼作为中国传统文化的代表之一，承载着丰富的历史和文化内涵。我们看到，传承人不仅是技艺的传递者，更是文化的守护者。他们用心血和智慧，将这门传统工艺传承下来，让它在现代社会中继续发扬光大。俞欣然同学认为传承非遗文化需要社会的共同努力，而她通过社会实践的方式深入了解了这一文化，愿意通过“吴越青柯”项目为非遗文化作出贡献。严晨同学也特别强调青年学生的责任，需要关注、参与和宣传非遗技艺，同时对传承人的辛勤努力和奉献表示认可。

其次，我们意识到非遗文化传承需要多方共同努力。政府、社会机构、公众，每一个人都应当为保护和传承非遗文化贡献一份力量。特别是在现代社会，互联网等新媒体为非遗的传播提供了新的渠道，我们应当充分利用这些工具，让更多人了解和参与到非遗的传承中来。吴柯同学呼吁用新媒体传播非遗文化，解决传承和宣传难题，以保护和传承非遗。除了意识到互联网对传播非遗文化的优势，还应关注到互联网“隐藏的弊端”。鲍丽伊同学强调互联网的双刃性，虽然其为非遗文化的宣传提供了机遇，但也需要应对不法分子的挑战。她希望通过“清朗行动”来保护互联网环境，同时呼吁多方共同努力，宣传非遗文化。

再次，我们明白了传承非遗技艺需要与时俱进。青柯鸟笼传承人不仅保持着传统工艺，还在创新中寻求突破。通过挖掘衍生品、多方式宣传等方法，他们让非遗技艺焕发新的生命力，适应了现代社会的需求，使非遗文化与时俱进。张珉华同学感叹于青柯鸟笼的艺术魅力，同时也极为认同“衍生品”方案的重要性，她认为在衍生品挖掘方面，青柯鸟笼可以与其他非遗艺术结合。

最后，通过此次调研，我们看到非遗文化传承人的无私奉献。他们用自己的实际行动，诠释了对传统文化的热爱与担当。青柯鸟笼的制作需要耐心和精湛的技艺，每一个环节都需要他们倾注心血。他们的坚守和努力，让我们更加感受到非遗传承的不易，也更加珍视这份宝贵的文化遗产。唐欣雨同学通过调研深刻地感受到非遗传承人的无私奉献。在感叹于传承人手工技艺的同时，她呼吁全社会共同参与非遗保护，传播非遗文化。

我们希望青柯鸟笼能守住往日光辉，继往开来。也希望这次实践调研能以小见大，给予其他非物质文化遗产启示，推动中国非物质文化遗产的保护与传承。

参考文献

［1］庞琳．茶文化的非物质文化遗产保护传承策略研究［J］．福建茶叶，2016（10）．

［2］新华社．中共中央关于制定国民经济和社会发展第十四个五年规划和二〇三五年远景目标的建议［EB/OL］．（2020－11－3）．http：//www. xinhuanet. com/politics/zywj/2020-11/03/c_1126693293. htm.

［3］杭州市非物质文化遗产网．青柯鸟笼制作技艺［N/OL］．（2017-09-15）．http：//fymy. zjhzart. cn/Html/201709/15/5514. html.

［4］贺学君．关于非物质文化遗产保护的理论思考［J］．江西社会科学，2005（2）．

［5］郜晓婧．非物质文化遗产在现代生活中生存的挑战与突破［J］．美化生活，2023（9）．

新时代十年国际旅游岛和自由贸易港两大国家政策对海口市经济发展的影响[①]

自2010年1月4日国务院发布《国务院关于推进海南国际旅游岛建设发展的若干意见》后，十余年间，海南不断推进建设世界一流的国际旅游岛，促进产业融合，推动旅游消费。2018年海南省建省三十周年之际，海南省又开展了“自贸区”的建设。在国务院发布《关于支持海南全面深化改革开放的指导意见》中，“明确以现有自由贸易试验区试点内容为主体，结合海南特点，在海南岛全岛建设中国（海南）自由贸易试验区”。在2020年6月1日发布的《海南自由贸易港建设总体方案》中，海南自贸区正式升级为自贸港，发展目标为：到2025年，初步建立以贸易和投资自由便利为重点的自由贸易港政策制度体系；到2035年，成为我国开放型经济新高地；到21世纪中叶，全面建成具有国际影响力的高水平自由贸易港。

新时代十年，国际旅游岛和自由贸易港两大国家政策在海南落地生根。海口作为海南省的省会城市，需要承担起推进海南自由贸易港建设、促进国际经贸合作等重要使命。此外，国际旅游岛和自由贸易港两大国家政策将深刻影响“海上丝绸之路”沿线国家和地区的经济、文化、社会等各个领域。因此，研究新时代十年国家政策对海口经济发展有何种影响，还有助于国内和国际社会深入理解中国在全球化进程中的地位和作用。

一、调研过程

（一）调研地点

商业综合体：海口国际免税城、日月广场。

公共服务设施：海口新海港综合客运枢纽、海南国际会展中心、海口五源河湿地公园、海南省史志馆、海口云洞图书馆、天空之山驿站。

新区：海口市江东新区（道孟河湿地公园等）。

---

① 作者：谢赜宇、朱贤玮、颜祺、王先鹏；指导教师：胡永中。

本地企业：海南力合泰食品有限公司、海南金盘智能科技有限公司。
政府机关：美兰区政府。

（二）调研时间

2023 年 7 月 22 日至 27 日。

（三）调研方法

问卷调查法、实地考察法、人物访谈法。

1. 问卷调查法

小组通过问卷星网络问卷制作平台制作问卷并实施问卷调查法。问卷投放时间为 2023 年 7 月 19 日。截至 2023 年 8 月 9 日，共回收有效答卷数 136 份，完整作答率 100%。

2. 实地考察法

在本次调研过程中，小组成员在海南省海口市同指导老师一起进行为期五天的实地考察。其间考察了海口国际免税城、江东新区（道孟河湿地公园等）、海南省史志馆等最新一批海口市国际旅游岛和自由贸易港建设重点项目，并特别选取了海南力合泰食品有限公司、海南金盘智能科技有限公司两家在海口市同行业和对外贸易领域中特色鲜明、代表性强的企业进行走访，以了解国际旅游岛和自由贸易港政策下海口市的产业和对外贸易发展现状。

3. 人物访谈法

小组使用的第三种调研方法为人物访谈法。采用该种调研方法需提前制订采访计划、设计采访问题并联系采访对象以确定采访时间和地点。完成上述工作后，小组成员同老师分别于 7 月 24 日上午、7 月 26 日下午在海南力合泰食品有限公司和美兰区政府采访了力合泰公司行政总监张莉女士、美兰区副区长王辉先生。

二、调研数据分析及结果

（一）海口市落实国际旅游岛和自由贸易港两大政策的举措

（1）为落实国际旅游岛政策，海口市结合自身特点，制订了海口旅游规划，即通过全面推进海口旅游业的转型与升级发展，将海口建设成海南国际旅游岛和南海区域旅游组织中心与服务基地，世界一流的热带滨海国际旅游目的地城市。同时，海口在以“旅游综合体”“生态、时尚、健康、欢乐”“环境与景观合一”三大理念的指导下，陆续建成了五源河湿地公园、火山口地质公园等一批示范性旅游景点。

（2）新海港综合客运枢纽项目已接近完工。该基础设施项目将建设成海南自贸港的“门户港”“形象港”，实现游客进出港零换乘，提升海口交通便捷度，带动海口旅游、文化以及商业服务的发展。

（3）海口市根据《海南自由贸易港建设总体方案》明确，“对鼓励类产业企业生产的不含进口料件或者含进口料件在海南自由贸易港加工增值超过30%（含）的货物，经‘二线’进入内地免征进口关税，照章征收进口环节增值税、消费税”。海口市本地企业海南力合泰食品有限公司正在申请上述加工增值30%免进口关税的政策。若该申请获批，公司将开发进口牛肉转内销的加工业务，从而将整体利润提高1至2倍。（注：海南力合泰食品有限公司是兆涛科技占股99%的子公司，成立于2007年，是海南专门从事农产品产业化开发、加工、销售的综合企业，是海南省五大农业产业化龙头企业之一。）

（4）海口市自2020年1月1日起至2025年前，对在海口市工作的高端人才和紧缺人才，其个人所得税实际税负超过15%的部分予以免征，且不分境内境外人才；对注册在海南自贸港并实质性运营的鼓励类产业企业按15%减免征收企业所得税。位于海口综合保税区的本地企业金盘科技也因该政策而受益，对外贸易额实现了高速增长。该公司于2021年3月9日在上交所科创板公开发行A股上市，成为海南首家登陆科创板的上市企业。2022年度，公司实现营业收入47.46亿元，较上年同期增长43.69%。（注：海南金盘智能科技股份有限公司成立于1997年，位于海口综合保税区，是集研发、生产、销售、服务于一体的国家级高新技术企业，公司的产品和服务销遍全球6大洲，84个国家。）

（5）海口市内国际免税城、日月广场等免税购物中心的建成，为海南国际旅游消费中心的建设增添了新动力。它们以免税为流量入口，打造“免税”+“文旅”的零售综合体。据店内商户介绍，免税城内店铺平均免税额度在10%~20%，且不同店铺根据销售情况还会提供额外折扣。

（6）海口市坚持落实自由贸易港“一线”放开、“二线”管住的政策，对海口市本地企业开放设立公用保税仓申请，以提升贸易自由度，加强贸易的合规管理，保证进出口商品的质量。得益于这一政策，海口市本地企业海南力合泰食品有限公司申请公用保税仓获批，并成功利用公用保税仓实现了食品进出口加工等国际业务规模的拓展和公司业务模式的创新。

（7）海口市简化引进人才审批程序，并在海南大学等高校建立自贸港研究所和自贸港人才培训中心，发展创新教育，引进和培养相关领域的人才，提高海南自贸港的创新能力和竞争力。

（8）为了让“加速度”保持甚至再加速，海口加快了体制机制探索，作出了深化“扩权强区”改革的重要决策，出台相关实施意见及12个配套文件，将92项市级事权下放到市辖区和园区，下放权限力度之大前所未见，做到应放尽放、放权赋能，不断激发各区各园区发展活力。

（9）经过10年发展，海口综合保税区充分发挥“自贸港+综保区”政策叠加优势，推动主导产业高质量发展，初步形成了免税品仓储分拨基地、区域性国际贸易中心和进境商品展示交易中心。

（10）2018年6月3日，海南省委、省政府经深入调研、统筹规划，决定规划建设海口江东新区，作为建设中国（海南）自由贸易试验区的重点区域。江东新区将建成全面深化改革开放试验区的创新区、国家生态文明试验区的展示区、国际旅游消费中心的体验区和国家重大战略服务保障区的示范区。海口江东新区围绕基础设施建设、重大项目落地、招商引资引智等方面全面加速，目前已引入重点企业251家，其中有世界500强企业39家，累计开工项目247个，总投资1590亿元。海口市规划委组织编制的《海口江东新区总体规划（2018—2035）》已于2019年1月27日通过专家评审。根据总体规划，到2035年，江东新区将建设成为具有鲜明热带海岛特色，全方位践行中央新发展理念的对外开放国际化新区，为全球未来城市建设树立“江东样板”。其中，美兰区政府在江东新区开发建设当中实施了建立江东管理局，协调灵山、演丰两镇居民搬迁，江东大道等主要交通干线的修建等多项工作。这些工作均有效推进了江东新区整体规划工程的进展，并在建设速度、建设成果和建设质量上取得了新突破。

（二）相关统计数据分析

1. 海口市GDP走势分析

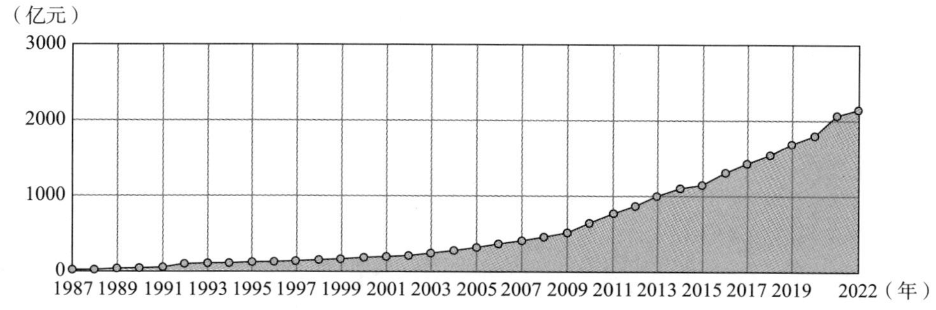

图1　海南建省以来海口市GDP走势图

从图1中可以看到，自2010年和2018年国际旅游岛和自由贸易港两大国家政策分别在海口市落地实施后，海口市GDP增速明显上升。但由于2020—2022年受新冠疫情影响，GDP增速有所放缓，经济发展潜力未完全释放。

2. 海口市三大产业增加值与 GDP 增长的关系分析

国家政策指引经济发展方向，产业产值增加则决定经济发展速度。小组运用工商管理专业所学知识，借助计量经济学中的线性回归分析法和 EViews 软件建立回归模型，探究新时代十年（2012—2022 年）海口市第一、二、三产业增加值与海口市 GDP 增长的关系（设 Y 为海口市 GDP，X1 为第一产业增加值，X2 为第二产业增加值，X3 为第三产业增加值）。

实施过程如图 2 至图 4 所示。

（1）输入数据，制成图表。

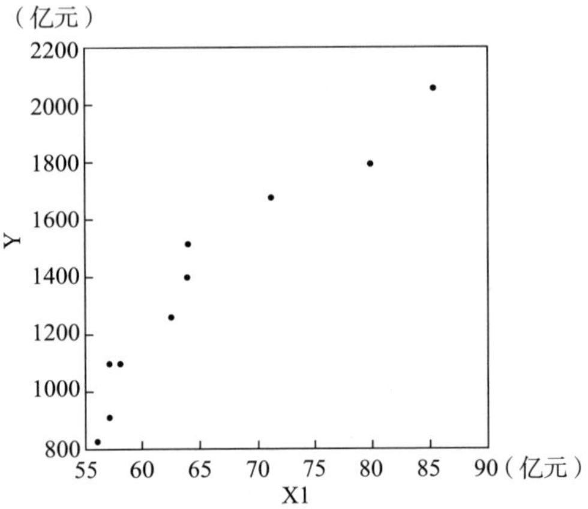

图 2　海口市第一产业增加值与海口市 GDP 的线性关系

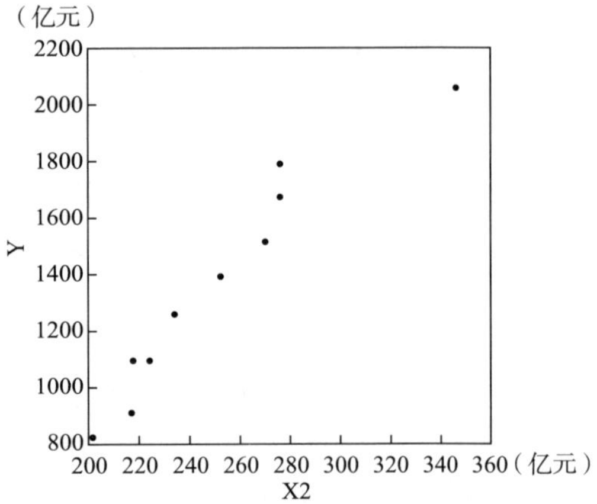

图 3　海口市第二产业增加值与海口市 GDP 的线性关系

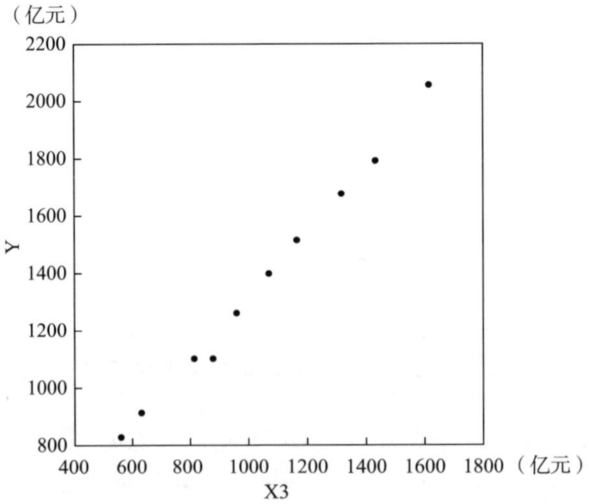

图 4　海口市第三产业增加值与海口市 GDP 的线性关系

（2）建立模型验证相关性。如图 5 所示。

Dependent Variable: Y
Method: Least Squares
Date: 08/09/23 Time: 15:15
Sample: 2012 2021
Included observations: 10

Variable	Coefficient	Std. Error	t-Statistic	Prob.
C	-96.45785	111.7033	-0.863519	0.4210
X1	2.002402	2.826800	0.708363	0.5053
X2	1.338863	0.672212	1.991729	0.0935
X3	0.941416	0.092990	10.12382	0.0001

R-squared	0.997118	Mean dependent var	1358.666
Adjusted R-squared	0.995677	S.D. dependent var	401.1266
S.E. of regression	26.37400	Akaike info criterion	9.671809
Sum squared resid	4173.528	Schwarz criterion	9.792843
Log likelihood	-44.35904	Hannan-Quinn criter.	9.539035
F-statistic	691.9562	Durbin-Watson stat	2.453367
Prob(F-statistic)	0.000000		

图 5　对模型变量进行回归分析的结果

（3）得出 Y 与 X1、X2、X3 的相关关系，模型通过检验，完成验证。

模型方程为 $Y=-96.458+2.002X1+1.339X2+0.941X3$，表示海口市 GDP 每增长 1 亿元，第一、二、三产业产值将分别增加 2.002 亿、1.339 亿和 0.941 亿元，说明在国家政策扶持下，海口市第一、二、三产业产值的增长会显著带动海口市 GDP 的增长，而各产业产值的增长正是经济正向发展的直接体现。

3. 问卷数据分析

部分问卷的统计结果如下：

第 4 题：您目前所在的行业是？

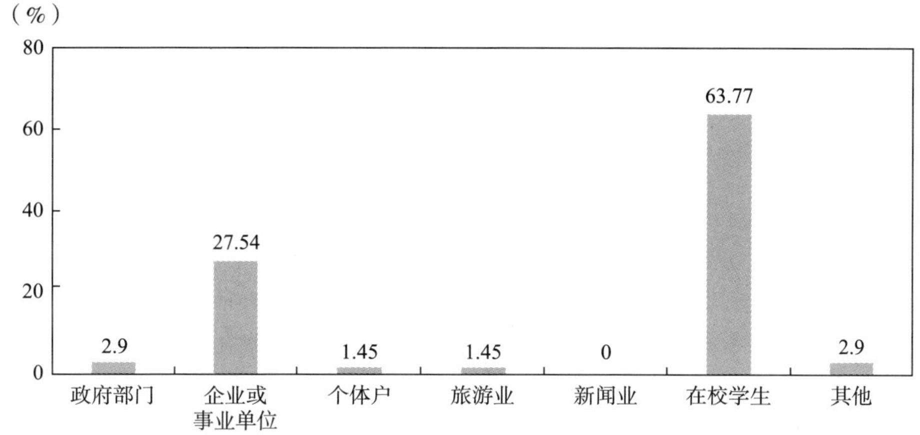

图 6　参与调研人群所在行业分布

图 6 反映了参与调查的群体主要为在校学生和企事业单位人员。

第 7 题：自由贸易港政策实施后，您认为它对海口市产业发展的促进程度是？

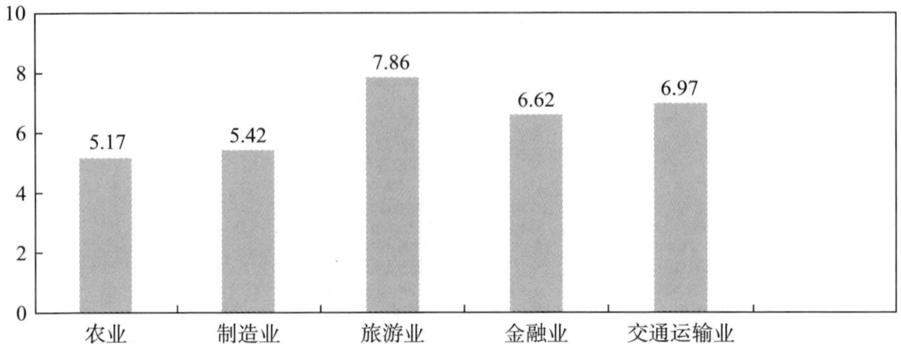

图 7　参与人群对海口市产业发展评分结果

图 7 说明，参与评分的人群认为自由贸易港政策的实施对海口市旅游业发展的促进程度最大，其次是交通运输业和金融业。

第 8 题：您认为国际旅游岛政策的实施对海口市各大环境的改善程度是？

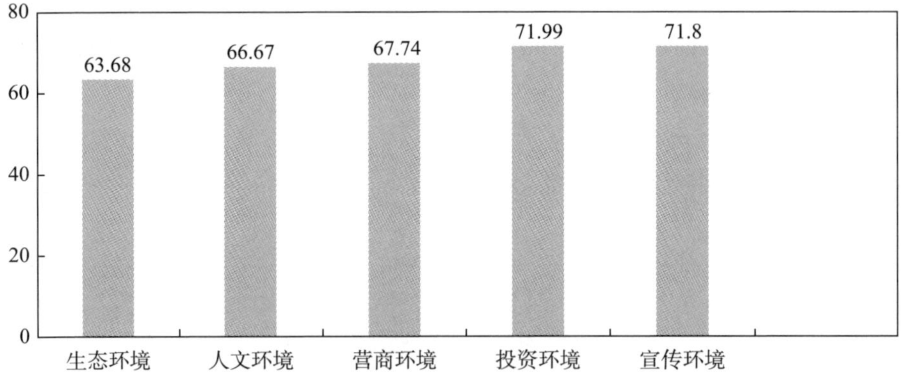

图 8　参与人群对海口市各大环境评分结果

图 8 说明，参与评分的人群认为国际旅游岛政策的实施对海口市各大环境的改善程度均较高，其中以投资环境和宣传环境的改善最为突出。

第 11 题：两大政策实施后，您认为自己在海口市生活水平的提高程度是？

图 9 表明在参与调查的人群中，多数人认为两大政策实施后自己在海口

市的生活水平有明显提升。

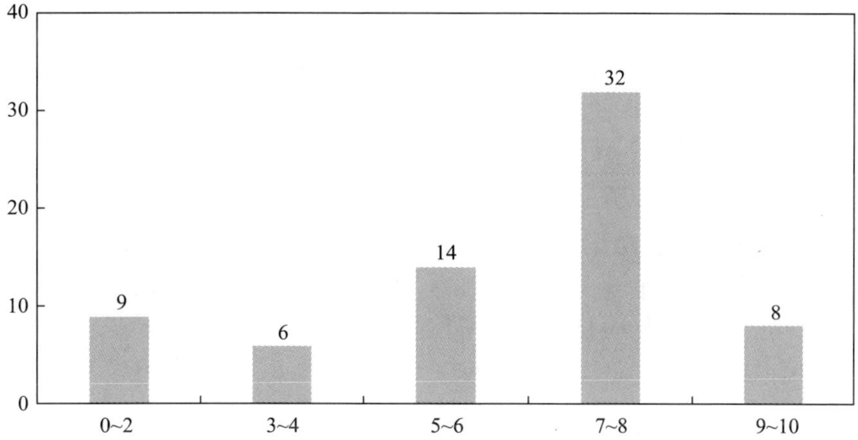

图 9　参与人群对自身生活水平提高程度的评分结果

第 12 题：综上，您认为国际旅游岛和自由贸易港两大国家政策对海口市经济发展影响的程度是？

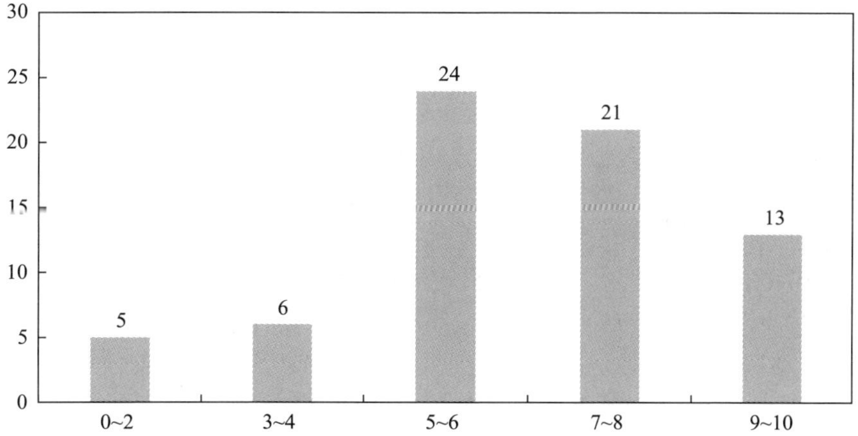

图 10　参与人群对海口市经济水平提高程度的评分结果

图 10 表明在参与调查的人群中，大部分人认为国际旅游岛和自由贸易港两大国家政策对海口市经济发展有较大的正面影响。

利用问卷星软件内部自带的数据分析系统，课题小组对问卷各题目的数据进行分析并制作了可视化图表。根据分析结果，小组得出的结论是：新时代十年来国际旅游岛和自由贸易港两大国家政策相继在海南落地实施，显著提高了海口市经济发展的质量和速度，使海口市经济、生态、人文等各大环境得到进一步改善，各项基础设施和公共服务建设也取得新进展，由此带动海口市乃至全海南的普通百姓的生活水平实现了质的飞跃，海口城市形象实现了质的突破。

（三）调研建议

1. 存在的主要问题分析

海口市相关法规与国际自由贸易港建设不匹配不对接的矛盾：由于历史原因，海南错过了改革开放后迅速加入全球贸易市场体系的机会，农业社会向工商业社会转型进程明显落后。海南仅凭自身在现有基础上实现结构升级转型，面临很大挑战，急需引导其树立“自贸港意识”，完善自贸港法治、自贸港要素、自贸港情怀、自贸港境界、自贸港形象。

海口市自贸港建设高端人才供需困局：随着《海南自由贸易港建设总体方案》等系列政策举措的出台，海口市积极引进、培养、使用各类人才，为海南自贸港建设提供智力支撑，但同时也面临“高层次人才引得来却留不住”的困窘局面。此外，还有许多海南籍高端人才遍布世界各地，如何吸引、留住高层次人才，为高层次人才创造良好的生活和事业前景，让人才发展与区域发展相得益彰，成为海南引进人才迫切需要关注的问题。

2. 调研建议

海口市相关法规与国际自由贸易港建设不匹配不对接的解决路径：

一是在自贸港法律法规的细化上。目前海口市所制定的与自贸港相关的法规在内容上远不够具体，特别是资金跨境流动方面的法规。海口市立法机关立法时应在海南自贸港法的基础上加速细化，以使未来资金跨境流动等经济活动于法有据，以便与世界其他自贸港相匹配、相对接。

二是在完善国际贸易、国际金融纠纷的仲裁权或司法选择权等对外贸易权利上。在国际自由贸易中，仲裁及司法管辖有灵活的选择权。当前，海口市缺乏维护和完善自贸港对外贸易相关权利的经验。鉴于邻近的香港国际仲裁中心在全球极高的影响力和信誉度，一条直接便利的解决路径就是加强海南国际仲裁院与香港国际仲裁中心的互动，合理借鉴其发展成果，虚心学习其发展经验。

三是在落实自贸港立法名义与实质相统一的原则上。海口市一些立法虽冠以“海口自由贸易港建设某某条例”等名称，但实质内容却不甚相关，依然是“新瓶装旧酒、换汤不换药”。相关部门必须组织专家认真学习研究世界其他自贸港相关法律法规，且至少到一至两个成熟的自贸港进行实地调研，结合我国和海口市实际情况补充修正。

海口市自贸港建设高端人才供需困局的解决路径：

一是积极构建科学合理的人才评价体系。海口市需要坚持以职业属性和岗位要求为基础的人才评价标准，同时根据各类人才的不同特点和职责，建立不同类型的评价体系。评价时特别需要避免唯学历、唯资历、唯论文、唯奖项等传统人才评价倾向，重点关注人才的职业道德、实绩贡献、发展潜力、独特技能，从专业性、创新性、实践性等多维度评价人才。应试行一批创新性评价制度，让各类本土人才在行业领域脱颖而出。海口需要在借鉴新加坡、香港等其他自贸港人才评价制度和创新性评价制度的基础上探索出一条具有海口特色的评价制度。

二是对标现代产业体系需求挖掘、培养各类人才。当前，海口市正全面建设以旅游业、现代服务业、高新技术产业和热带高效农业为支撑的“3+1”现代产业体系，对相关人才特别是人才团队的需求巨大。因此，海口市不仅应对相关人才进行重点培养，对人才团队进行重点支持，更应引导用人单位挖掘、培养具有发展潜力的人才和人才团队。只有以人才培育和团队建设为本，才能服务、支撑、引领相关产业发展，从而在更高的层次上拓宽人才的国际化视野，让他们拥有更加广阔的舞台。

三、调研总结

本次“走家乡，看变革”暑期社会调研活动，我们在海口市走访了诸多前瞻性企业，参观海南自贸港新建设施项目，通过实地调研和面对面采访的方式，更加清晰地感受到海口市近几年的进步和发展。

总的来说，国家在海南实施国际旅游岛和自由贸易港两大政策，是具有重大战略意义的举措，对于推动海口市经济发展无疑具有重要促进作用。海口市目前为落实自贸港建设而推行的各项举措均已取得初步成果，在政策优势、基础设施建设、人才培养、产业发展和国际合作等方面都有积极进展。

十年来，国际旅游岛和自由贸易港两大国家政策相继在海南落地实施，为海口市乃至海南省的经济发展注入了强劲动力，进一步提高了海口市的国际影响力。未来，海口市及海南省仍需要继续完善法律法规、政策体系，提高基础设施水平，加强人才引进和培养，注重环境保护，促进产业结构升级和创新发展，加强与国际社会的合作，以真正实现海南自贸港的长期发展目标。

参考文献

［1］国务院．国务院关于推进海南国际旅游岛建设发展的若干意见：国发〔2009〕44号．

［2］国务院．关于支持海南全面深化改革开放的指导意见．2018-04-14.

［3］国务院．海南自由贸易港建设总体方案．2020-06-01.

［4］中国政府网．海南自贸港“两个15%”所得税政策快速落地．2021-08-21.

［5］海南省人民政府网．海南自贸港加工增值政策加速落地．2021-09-05.

［6］中国日报网．海口全力打造自由贸易港核心引领区．2022-08-01.

［7］海口江东新区管理局．2021-02-05. http：//jdxq. haikou. gov. cn/xinwen/2021/show-800. html.

［8］江东新区（海南省海口市江东新区）．

走家乡，看变革①

——杨浦滨江新时代十年发展情况及改造方案研究

一、调查概况

1. 调查背景

杨浦滨江是上海中心城区最长的滨江岸线，全长 15.5 公里，位于黄浦江下游区段，被称为上海滨水“东大门”。它的发展历史见证了上海乃至中国近代工业的兴衰沉浮，也承载了中国民族工业的荣辱起伏。

近十年来，随着改革开放和产业结构调整，杨浦滨江面临转型发展的挑战和机遇。杨浦区提出打造上海具有全球影响力的科技创新城区，滨江成为转型发展的空间。杨浦区政府启动了杨浦滨江岸线的开发建设，注重保护和利用工业遗存，打造高品质的公共空间和滨水景观，推动杨浦滨江从生产型岸线转换到生活型岸线。

2019 年 11 月 2 日，习近平总书记考察杨浦滨江，充分肯定杨浦将“工业锈带”打造为“生活秀带”的做法，并鲜明提出“人民城市人民建，人民城市为人民”的重要理念。

2021 年 8 月 16 日，杨浦区印发《杨浦区滨江发展“十四五”规划》，明确了“十四五”期间杨浦滨江的发展目标、重点任务和重点项目。

本研究旨在探讨杨浦滨江新时代十年（2013—2022 年）的发展情况及改造方案，分析其在产业升级、城市更新、公共空间、文化保护、社会治理等方面取得的成效和经验，评估其面临的问题和挑战，提出优化建议和对策，为进一步推动杨浦滨江迈入全新的历史发展阶段提供参考和借鉴。

2. 调查起因

在毛概课上进行的关于杨浦滨江和徐汇滨江发展的对比研究中，我们发现相对于徐汇滨江，杨浦滨江的发展存在一些不足，引起了我们继续深入研究的兴趣。具体来说，我们发现：

---

① 作者：周正元、诸可语、徐若鹏；指导教师：张朋林。

在滨水岸线贯通方面，杨浦滨江还有一些断点和障碍，影响了公共空间的连贯性和开放性。而徐汇滨江已经实现了从闵浦二桥到徐浦大桥 45 公里滨江公共空间的贯通开放。

在公共空间品质方面，杨浦滨江还有一些老旧厂房和住宅区，视野不开阔，景观不优美，配套设施不完善。而徐汇滨江则拥有西岸艺术中心、龙美术馆、上海国际时尚中心等高端建筑和文化设施，形成了市民满意度高的高品质城市形象。

在核心功能集聚方面，杨浦滨江以在线新经济为主导产业，但与黄浦江沿岸的金融、贸易、航运、科创等核心功能相比还有一定差距。而徐汇滨江则以人工智能和艺术传媒为双 A 功能引领，与黄浦江沿岸形成错位互补。

基于以上发现，我们认为有必要对杨浦滨江的发展历史、现状、问题和对策进行更深入的分析和探讨，以期为其转型发展提供参考和借鉴。

3. 调查目的

综合调研并深入分析评价杨浦滨江在“十三五”期间取得的开发建设成效，包括滨江岸线贯通、公共空间品质、核心功能集聚、城市更新、基础设施建设、绿色生态、开发管理机制和城市治理能力等方面。

探索杨浦滨江在“十四五”期间如何践行人民城市重要理念，打造黄浦江北岸连接全球的“主节点”，杨浦区“五型经济”发展的“新王牌”，成为科技创新的高地、城市更新的典范、社会治理的样板，争创人民城市建设示范区。

提出杨浦滨江在转型发展中面临的问题和挑战，以及优化建议和对策，为进一步推动杨浦滨江迈入全新的历史发展阶段提供参考和借鉴。

4. 调查对象

杨浦滨江。

5. 调查时间

2023 年 7 月 1 日—8 月 15 日。

6. 调查地点

杨浦滨江、深圳湾滨水空间。

二、调查报告

（一）情况概述

1. 历史沿革

杨浦滨江是上海中心城区最长的滨江岸线，全长 15.5 公里，位于黄浦江下游区段，被称为上海滨水“东大门”。图 1 为杨浦滨江新旧貌对比照片。

本文首先以时间顺序进行介绍，通过关键节点进行分段，从而明确地分割开杨浦滨江在不同时期不同的发展阶段，介绍其相应的特色。它的发展历史可以分为以下三个阶段：

1843 年至 1949 年，为杨浦滨江发展历史的第一阶段。杨浦滨江属于公共租界，是上海最重要的工业区之一，拥有中国近代工业的多个“第一”，如机器造纸厂、修船厂、发电厂等。杨浦滨江也是上海对外贸易和交通的重要通道，与海外形成紧密的联系。这一时期，杨浦滨江见证了上海从一个渔村发展为国际大都市的历史变迁，也承载了中国民族工业的兴衰沉浮。

1950 年至 1990 年，杨浦滨江继续发展为上海的主要工业区，以滨江工业带为主的杨浦区工业总产值占上海工业总产值的 26%，滨江工业带产业工人占全市近三分之一。杨浦滨江也是上海市民生活的重要支撑，提供水、电、煤气等基础设施。这一时期，杨浦滨江体现了社会主义建设的成就和特色，也面临着经济体制转变下的困境和挑战。

1991 年至今，杨浦滨江的发展同样面临转型与机遇，将在下文发展现状中详述①。

2. 发展现状

1990 年至今，随着改革开放和产业结构调整，传统工业竞争力渐失，作为国有大中型企业集聚区的杨浦逐步显现危机，企业陆续关停并转，职工下岗陷入窘困境地。十年间杨浦区域内工业企业由高峰时的 1200 多家减少到 200 多家、产业职工由 60 万人减少到 6 万人左右、工业总产值占全市比重由 25%缩水到仅占 3%。但同时，杨浦滨江也面临转型发展的挑战和机遇。杨浦区提出打造上海具有全球影响力的科技创新城区，滨江成为转型发展的空间。杨浦区政府启动了杨浦滨江岸线的开发建设，注重保护和利用工业遗存，打造高品质的公共空间和滨水景观，推动杨浦滨江从生产型岸线转换到生活型岸线。这一时期，杨浦滨江展现了高质量发展的活力和魅力，也实践了人民

① 吴怡然．上海杨浦滨江“工业锈带”治理研究［J］．老区建设，2021（18）：54-60.

城市的理念和目标。事实上，杨浦滨江的发展，仍是“现在进行时”。

图 1　上图为 2022 年 7 月 28 日拍摄的杨浦滨江（无人机照片，新华社记者方喆摄）；下图为 2013 年 2 月 16 日拍摄的杨浦滨江旧貌（资料照片，赵明玉摄）。

（二）调查过程

1. 调查方法

文献调查法、实地调查法、访谈调查法。

2. 调查过程

从 7 月 1 日开始，整个调查分成不同阶段有序展开。首先，进行第一次实地调查前，小组成员明确分工，在网络上查找和整合信息，阅读相关的文献并提炼出有参考意义的部分供以后参考。

接着，7 月 9 日进行第一次实地调研，同指导老师一起，组员们按照计划，有序地进行实地考察和各个标志建筑的调研，与前期积累的参考资料相互印证，并且根据实地走访的心得感受，为之后的改善提供方案。图 2 为小组进行第一次实地调研时的照片。

然后，7 月 18 日进行第二次实地调研，这一次主要是深入调研了上次调研遗漏的一些部分。

在去深圳进行实地考察之前，队员们按照计划进行了访谈调查，从杨浦本地居民的视角，提供可供参考的改善建议，总结了居民实际生活中对于杨浦滨江发展的亲身感受。为之后的改善建议增添了一分人文关怀。

接着，从 7 月 25 日到 7 月 27 日，小组成员奔赴深圳的深圳湾进行考察，深圳湾是国内知名的滨水空间，队员们调查走访，为之后提出改善建议，提供国内可供参考的样本。

最后，7 月底到 8 月中旬，队员们整理包括实地走访的一手资料，网络收集的相关信息，政府报告的发展规划，相关研究的文献资料在内的各种可供参考的资料，整合提炼，综合分析，撰写调查报告。

图 2　小队进行第一次实地调研时展示队旗

（三）调查结果

1. 改革历程及主要成就

滨江岸线全面贯通，打造了世界一流的滨水公共开放空间。杨浦滨江南段 5.5 公里公共空间于 2019 年 9 月全线开放，设有漫步道、跑步道、骑行道等，提供了约 21.6 万平方米的公共绿地、7 处党群服务驿站、约 3000 个停车位。同时，利用无线智能感应导览系统、旅游综合服务中心、游船码头等设施，提高了滨江的文化旅游吸引力。

产业功能持续推进，集聚了在线新经济的领军企业。杨浦滨江引入了美团、新思科技、完美世界等重点项目，建成了光大安石、联通大厦等重点商务楼宇，新增商办面积约 90 万平方米。同时，有序推进上海船厂、杨浦大桥、杨树浦电厂等区域组团建设，打造“长阳秀带”在线新经济生态园。建立了“三师三顾问”协同治理机制，打造了“人才秀带”建设高水平人才高地。①

“三师三顾问”中，三师，即社区政工师、社区规划师、社区健康师队伍，杨浦深挖域内主体的智慧资源，让智慧要素在提升超大城市管理精细化水平的时代背景下，加快溢出校区、不断壮大园区、充分融入社区。三顾问，则是杨浦党组织探索建立的社区党建顾问、治理顾问、法律顾问制度。推进城市管理精细化，离不开关联领域专家和专业团队的策略辅佐。复旦、同济等高校智力资源丰厚、专业优势明显，三顾问制度让这些高校专家的成果和技术转化为咨政启民的良策妙招，打造了“人才秀带”建设高水平人才高地。②

城市更新展现了杨浦模式，保留并利用了工业遗存。杨浦滨江完成了 2.6 万余户的旧改工作，改善了百姓居住条件。同时，收储了一批工业、仓储地块和码头岸线，实现了生产岸线向生活岸线的转变。此外，杨浦滨江还保留了 24 处、66 幢历史保护建筑及其他大量百年工业遗存，并通过有限介入、低冲击开发的方式，实现了工业遗存的“再利用”。例如，毛麻仓库、明华糖仓等历史建筑被修缮改造成展览馆、咖啡厅等新空间。

基础设施建设加快推进，完善了区域交通和配套设施。杨浦滨江实施了轨道交通 18 号线和 20 号线的规划建设，建成了周家嘴路、江浦路等越江隧道，实施了安浦路等滨江南段路网一期工程。同时，完成了世界技能博物馆配套道路建设，推进了军工路快速路新建等项目。此外，还完善了区域排水、电力、综合管廊等基础设施建设。

绿色生态擦亮了亮丽底色，打造了后工业特色景观带。杨浦滨江以工业传承为核心理念，依托工业遗存和原生态特色植物，实现了原生景观的“重修复”。同时，建立了多层次的绿化系统，打造了原真的、复合的、生态的公共空间。并且，结合工业遗存，利用现有低洼地势，建设了 3 处“雨水花

---

① 上海市杨浦区人民政府网．杨浦区滨江发展“十四五”规划［EB/OL］．(2018-08-16)．https：//www.shyp.gov.cn/ypzwgk/zwgk/buffersInformation/details？id=b92b51f2-130c-4a08-9eac-c585d55f3855.

② 人民网．赋能人民城市建设 杨浦不断探索以党建引领下的“三师三顾问”［EB/OL］.(2023-07-01).http：//sh.people.com.cn/n2/2023/0701/c134768-40478039.html.

园”，落实了“海绵城市”设计理念。杨浦滨江南段成为上海市首个绿色生态三星级（更新城区类）试点区域、上海市第二批低碳发展实践区和市级“海绵城市”建设试点区。

开发管理机制更加健全，形成了“三位一体”的工作模式。杨浦滨江成立了综合开发管理指挥部，优化了指挥部、指挥部办公室、滨江公司的协同工作机制。同时，凝聚了各方力量，逐步理顺了杨浦滨江的招商体制机制。并且，发布了《杨浦滨江全力争创人民城市建设示范区三年行动计划（2020—2022年）》，明确了争创人民城市建设示范区的重点任务和重点项目。①

城市治理能力不断提升，构建了“共建、共治、共享”的社会治理格局。杨浦滨江坚持党建引领，同步推进党的建设与区域发展，成立了杨浦滨江党建联盟，构建了“全区域统筹、多方面联动、各领域融合”的滨江党建和社会治理格局。同时，打破了原有行政区划，在城市管理方面大胆先行先试，推动了滨江智慧管理平台和滨江城市运行综合管理中心建设，构建了线上线下融合的“12+1”综合管理模式，使该区域逐步成为最“独特”的网格。此外，还成立了上海市杨浦区滨江治理联合会，广泛调动了各方积极性，构建了“共建、共治、共享”的社会治理工作格局。并且，主动问计于民、问需于民，设立了首个市级实体人民建议征集站和首个区级实体人民建议征集站，充分汇聚了人民的智慧和力量，使城市发展契合人民需要。设立首个市级实体人民建议征集站——上海市人民建议征集办公室杨浦滨江工作站，首个区级实体人民建议征集站——杨浦区滨江人民建议征集工作站。

2. 现存问题

杨浦滨江发展仍然面临着一些问题和挑战，主要体现在以下几个方面。

（1）统筹开发力度不够。杨浦滨江拥有大量的工业遗存，但缺乏统筹开发利用机制，无法充分整合和释放其资源价值。同时，区域内缺乏高能级的大型文体设施，难以满足市民群众的多元化需求。此外，区域开发过于依赖单个项目或地块，缺乏整体规划和协调，导致区域功能不够完善和突出。公共空间也仅限于沿江第一界面，未能向腹地延伸和拓展，形成公共空间网络。

（2）产业发展能级不高。杨浦滨江南段虽然以科技创新、科技金融、文化创意为核心产业，但尚未形成明显的产业集聚效应，缺少大型龙头和领军企业。杨浦滨江中北段则仍然以传统工业为主导，土地利用效率和亩均产出

① 上海市杨浦区人民政府网. 杨浦区滨江发展“十四五”规划［EB/OL］.（2018-08-16）. https://www.shyp.gov.cn/ypzwgk/zwgk/buffersInformation/details?id=b92b51f2-130c-4a08-9eac-c585d55f3855.

较低，部分企业转型升级困难重重。同时，区域内的产学研资源未能充分发挥优势，与区域产业的结合度不够紧密，区、校、企之间的联动机制仍需深化。

（3）资金投入压力较大。“十四五”期间，杨浦滨江开发需要大量资金，而杨浦区目前财政收支运行处于“紧平衡”状态，未来五年可能面临阶段性的资金压力。因此，需要合理安排年度项目计划，加大资金保障力度，确保区域开发顺利推进。①

（4）基础设施配套不足。杨浦滨江目前还缺乏轨道交通和越江隧道等重大交通项目的支撑，导致区域轨道线网密度和越江通道间距与中心城区相比仍有较大差距。路网可达性有待进一步提升，铁路何杨支线也影响了区域与腹地的联动。此外，滨江中北段市政配套不完善，区域景观环境、道路交通、公共设施等仍显不足，新型基础设施建设也有待进一步加快。

（四）现存问题原因分析

1. 统筹开发力度不够的原因

杨浦滨江拥有大量的工业遗存，但缺乏统筹开发利用机制，无法充分整合和释放其资源价值。这主要是因为工业遗存的所有权、使用权和管理权分属不同的部门、单位和个人，导致了利益主体的多元化和分散化，难以形成统一的开发目标和协调机制。

区域内缺乏高能级的大型文体设施，难以满足市民群众的多元化需求。这主要是因为杨浦滨江作为上海中心城区最长的滨江岸线，其文体设施的规模、数量和品质与其地位和潜力不相匹配，未能充分发挥其对市民生活、文化消费和城市形象的重要作用。

区域开发过于依赖单个项目或地块，缺乏整体规划和协调，导致区域功能不够完善和突出。这主要是因为杨浦滨江开发历史较短，尚未形成成熟的区域品牌和特色，各个项目或地块之间缺乏有效的联系和互动，难以形成整体效应和协同效应。

公共空间仅限于沿江第一界面，未能向腹地延伸和拓展，形成公共空间网络。这主要是因为杨浦滨江沿江第一界面与腹地之间存在着明显的空间隔离和功能割裂状况，如围墙、铁路、桥梁等障碍物，影响了公共空间的连贯性和渗透性。

---

① 上海市杨浦区人民政府网．杨浦区滨江发展“十四五”规划［EB/OL］．（2018-08-16）．https：//www.shyp.gov.cn/ypzwgk/zwgk/buffersInformation/details？id = b92b51f2 - 130c - 4a08 - 9eac - c585d55f3855.

2. 产业发展能级不高的原因

杨浦滨江南段虽然以科技创新、科技金融、文化创意为核心产业，但尚未形成明显的产业集聚效应，缺少大型龙头和领军企业。这主要是因为杨浦滨江南段作为上海具有全球影响力的科技创新城区的重要组成部分，其核心产业与上海市乃至全国其他地区存在着激烈的竞争，需要不断提升自身的创新能力和竞争力，吸引更多优质企业入驻。

杨浦滨江中北段仍然以传统工业为主导，土地利用效率和亩均产出较低，部分企业转型升级困难重重。这主要是因为杨浦滨江中北段作为上海近代工业的发祥地之一，其传统工业具有较强的惯性和依赖性，难以适应市场变化和产业转型的需求，需要加速淘汰落后产能，优化产业结构，提高土地利用效率和亩均产出。

区域内的产学研资源未能充分发挥优势，与区域产业的结合度不够紧密，区、校、企之间的联动机制仍需深化。这主要是因为杨浦滨江拥有复旦大学、同济大学等高校和科研机构，但其科技创新水平和成果转化能力与国际先进水平相比还有一定差距，需要加强科技创新的投入和支持，促进高校、科研机构和企业之间的合作与交流，提高产学研的融合度和协同度。

3. 资金投入压力较大的原因

"十四五"期间，杨浦滨江开发需要大量资金，而杨浦区目前财政收支运行处于"紧平衡"状态，未来五年可能面临阶段性的资金压力。这主要是因为杨浦滨江开发涉及多个领域和方面，如城市更新、基础设施、公共空间、绿色生态等，需要进行大规模的建设和改造，对资金的需求较大。而杨浦区作为上海市中心城区之一，其财政收入受到了一定的限制，难以满足区域开发的资金需求。因此，需要合理安排年度项目计划，加大资金保障力度，确保区域开发顺利推进。

4. 基础设施配套不足的原因

杨浦滨江目前缺乏轨道交通和越江隧道等重大交通项目的支撑，导致区域轨道线网密度和越江通道间距与中心城区相比仍有较大差距。路网可达性有待进一步提升，铁路何杨支线也影响了区域与腹地的联动。这主要是因为杨浦滨江作为上海中心城区最长的滨江岸线，其交通设施建设与其地理位置和发展潜力不相匹配，未能充分考虑其对中心城区和周边地区的联系和影响，需要加快推进轨道交通、越江隧道等重大交通项目的建设和投入使用，完善路网结构和功能，提高区域交通便捷性和安全性。

滨江中北段市政配套不完善，区域景观环境、道路交通、公共设施等仍显不足，新型基础设施建设也有待进一步加快。这主要是因为杨浦滨江中北段作为上海近代工业的发祥地之一，其市政配套建设与其工业历史和现状相适应，未能充分适应其转型发展的需求，需要加快推进区域排水、电力、综合管廊等市政配套建设，提升城市运行和市民生活的保障能力。同时，需要加快推进5G、物联网、人工智能等新型基础设施建设，提升区域智慧化水平。①

（五）国内外滨水空间建设案例分析

1. 国外城市滨水区域设计

经过文献调查，小组发现国外由于较早开始从工业化向后工业化进程的转变，因此相关滨水工业区的改造案例也十分丰富，其中比较成功的有：美国波士顿海岸水泥总厂及周边环境改造，该工程将原有基地的重工业设备与滨水区的更新改造巧妙地结合在一起，使得原有荒废的环境得以复兴；伯明翰中心滨水区改造，结合原有的仓储建筑与河运设施以及一些铸铁结构的保护进行综合开发，也同样重新焕发了滨水区的活力。这些案例都从不同角度结合了滨水区工业遗存与滨水区的综合开发，下面对巴黎塞纳河左岸规划案例进行详细介绍。

巴黎塞纳河左岸规划的主要信息包括以下几个方面：

规划背景：巴黎塞纳河左岸规划是针对巴黎东部塞纳河南岸地区的一项城市更新和转型项目，该地区曾经是工业用地和铁路站场区域，随着后工业化社会的到来，逐渐衰败和荒废。巴黎市政府启动了关于左岸地区的规划设计竞赛，旨在对该地区进行功能置换、再开发，以适应城市新的发展目标，同时缓解旧有城市中心的发展空间扩张的压力，提高土地利用效率。

规划概况：巴黎左岸规划将文化、教育、科研、办公、居住、休闲等多功能植入左岸地区，形成极具吸引力和活力的综合功能城市片区。整个规划项目由巴黎左岸开发公司负责，开发总体规划方案由巴黎城市规划院制订。将整体左岸规划区分成三个区段，在各区段内分别进行了深化规划设计竞赛。三个分区分别为奥斯特里茨区、托尔比亚克区、玛思纳区。

规划特点：巴黎左岸规划的成功得益于政府和市场的双重规划引导，在其改造更新的过程中，始终处于合理有序的状态。同时左岸地区在空间上与巴黎市的历史文化中心十分接近，使得左岸发挥连接城市新老区域的纽带作用，巴黎左岸规划力求尊重巴黎的历史文化传统，延续原有的城市空间格局。左岸地区规划还十分注重滨水区公共空间的开发，设置了多条绿色廊道由塞

---

① 上海市杨浦区人民政府网．杨浦区滨江发展“十四五”规划［EB/OL］.（2018-08-16）. https：//www.shyp.gov.cn/ypzwgk/zwgk/buffersInformation/details? id = b92b51f2 - 130c - 4a08 - 9eac - c585d55f3855.

纳河伸向城市腹地，在塞纳河沿岸也尝试了不同的堤岸处理方式和道路断面设计，旨在最大限度上使人们到达亲水区域。①

2. 国内特大城市滨水区域设计

通过参照网络信息和文献资料，结合实地调研进行验证，小组总结出以下深圳湾滨水空间的特点。

深圳湾滨水空间是指深圳湾沿岸的一系列城市开发项目，包括前海深港现代服务业合作区、深圳湾超级总部基地、深圳湾公园、欢乐港湾、太子湾、蛇口滨海休闲带、人才公园等。这些项目旨在利用深圳湾的地理优势和自然资源，打造一个集经济、文化、生态、休闲于一体的国际化滨海城市区域，展示深圳的创新能力和城市魅力。

深圳湾滨水空间的特点和亮点有以下几个方面。

(1) 以水为核心，回归自然生态。深圳湾滨水空间充分利用现有的河流和排水渠，引入多条线性滨水走廊，划定一系列易于管理且特色鲜明的都市亚区，并且将周边的城市地区与海岸区域连接起来。同时，在滨水走廊上布局了一系列处在水—陆边缘的水处理系统，不仅改善了水质，增加了水体生物多样性，也为公众创造了接近、使用和享受水体空间的机会。

(2) 以创新为引擎，推动产业升级。深圳湾滨水空间聚集了众多国内外知名企业的总部或分部，形成了一个高端商务和金融中心。同时，也吸引了许多在线新经济企业和创新型企业入驻，打造了一个在线新经济集聚区和创新高地。此外，还通过与香港等地的合作，建立了一些跨境服务和交流平台，促进了区域一体化和国际化。

(3) 以文化为灵魂，提升城市品位。深圳湾滨水空间保护和利用了一些历史工业遗存和文化遗产，将其改造为博物馆、艺术中心、展览馆等文化设施，展示深圳的历史和现代风貌。同时，也引入了一些国际知名的设计团队和艺术家，打造了一些具有标志性和创意性的建筑和艺术装置，增添了城市的美感和活力。

(4) 以人民为本，优化公共服务。深圳湾滨水空间注重提供多样化和高品质的公共服务和配套设施，满足不同层次和需求的人群。例如，在滨江沿线建设了多个公园、广场、步道、自行车道等休闲娱乐空间；在各个功能区域设置了党群服务站、社区中心、睦邻中心等社会治理平台；在交通方面实现了地铁、公交、轮渡、观光车等多种方式的互联互通；在智能方面运用了

---

① 上海市杨浦区人民政府网．杨浦区滨江发展“十四五”规划［EB/OL］．（2018-08-16）．https：//www.shyp.gov.cn/ypzwgk/zwgk/buffersInformation/details？id = b92b51f2 - 130c - 4a08 - 9eac - c585d55f3855.

智慧管理、智慧服务、智慧安防等先进技术。

（六）改进建议

经过综合分析，小组从多个角度提出改进建议，包括通过文献研究和实地调研提出理论指导下符合杨浦滨江实际需要的建议，参照国内外知名滨水区域设计结合杨浦滨江本身特色提出的改进建议，通过访谈调查从居民和游客角度提出的建议，等等。

（1）通过对线上信息的综合分析和实地调研相印证，小组提出以下几个具体的改进建议。

为了提高游客的出行便利性和满意度，建议在景区内设置一些自动售货机、充电桩、公共厕所等基础设施。这些设施可以满足游客的日常需求，如购买饮料、食品、纪念品等，为电动车、手机等设备充电，以及方便如厕等。同时，这些设施也可以增加景区的收入，提高景区的形象和品质。

为了提高游客的导航效率和安全性，建议在景区内增设更多线下的地图，并将已有的各种设施的信息同步到线上的地图上。线下的地图可以帮助游客在没有网络或信号不好的情况下，快速了解景区的布局、路线、景点等信息。线上的地图可以利用互联网技术，实时更新景区的人流、交通、天气等信息，为游客提供更精准和便捷的导航服务。

为了提高游客的出行选择和空间利用率，增加游客的出行方式，建议在景区内明确划定可以骑行（区分电动车和自行车）、步行、停放共享单车等的区域，并通过有效的宣传手段、设计语言将信息有效传递至哪怕第一次过来的游客。可以根据景区的自然条件、交通需求、环境保护等因素合理规划这些区域。通过骑行和步行，游客可以更好地欣赏景区的风光，同时可以减少机动车排放的尾气和发出的噪声，保护景区的生态环境。当前划定后规定的不明确，信息的不透明导致人们只敢通过步行游览，而骑行则往往到公路上，这样大大降低了游客游览长达十几公里的杨浦滨江的积极性。通过划定停放共享单车区域，游客可以方便地租用和归还单车，节省时间和成本，同时避免因为乱停乱放影响区域形象的问题。

此外，在滨水岸线贯通方面，可以拆除或改造部分障碍物，如围墙、铁路、桥梁等，打通断点，形成连续的步行和自行车道。同时，可以建设或优化部分交通设施，如人行天桥、地下通道、渡船等，增强跨江和沿江的联系，提高滨江的可达性和便利性。同时，增设沿江游船项目，可以增加一个欣赏滨江整体建设的角度，吸引游客尝试体验。

（2）经过对比分析，巴黎塞纳河左岸规划可供杨浦滨江参考的部分包括以下几个方面。

在统筹开发利用机制方面，杨浦滨江借鉴巴黎左岸规划中由巴黎左岸开发公司负责整个项目的实施和管理，由巴黎城市规划院制订总体规划方案，并分成三个区段进行深化规划设计竞赛的做法，形成一个高效、专业、协调的开发管理机构和流程，有效整合和释放工业遗存等资源价值。

在功能置换和再开发方面，杨浦滨江借鉴巴黎左岸规划中将文化、教育、科研、办公、居住、休闲等多功能植入左岸地区，形成极具吸引力和活力的综合功能城市片区的做法，充分满足市民群众的多元化需求，同时缓解旧有城市中心的发展空间扩张的压力，提高土地利用效率。

在公共空间开发方面，杨浦滨江借鉴巴黎左岸规划中注重滨水区公共空间的开发，设置了多条绿色廊道由塞纳河伸向城市腹地，在塞纳河沿岸也尝试了不同的堤岸处理方式和道路断面设计，旨在最大限度上使人们到达亲水区域的做法，提高滨江的美观度和舒适度，同时向腹地延伸和拓展公共空间网络。

（3）杨浦滨江发展可以从深圳湾滨水空间的成功经验中借鉴和学习以下几个方面。

坚持规划引领，统筹协调发展。深圳湾滨水空间的规划是在深入调研和广泛征求意见的基础上，结合深圳的发展定位和目标，制定出来的一个科学、合理、前瞻的规划。在规划实施过程中，不断进行调整和优化，以适应变化的环境和需求。同时，也强化了各个项目和区域之间的协调和衔接，形成了一个整体性和连续性的滨水空间。

突出特色优势，打造功能亮点。深圳湾滨水空间充分发挥了深圳湾的地理位置、自然资源、历史文化、产业基础等方面的优势，打造了一些具有特色和影响力的功能区域和项目。例如，前海深港合作区是粤港澳大湾区的核心区域之一，是深港合作的重要平台；深圳湾超级总部基地是国际化滨海城市天际线的重要组成部分，是全球经济产业链条中终极地位的典型代表；欢乐港湾是国际湾区旅游目的地和前海湾的地标景观，是集文化、休闲、商业、旅游于一体的高品质打卡地。

关注民生需求，提升生活品质。深圳湾滨水空间不仅关注经济效益和城市形象，更关注民生福祉和社会效益。在滨水空间的建设中，充分考虑了居民、员工、游客等不同人群的需求和期待，提供了丰富多样的公共服务和配套设施，让人们能够享受到舒适、便捷、智能、活力的滨水生活。同时，也注重保护和改善滨水环境，让人们能够亲近和感受自然之美。

（4）就居民而言，杨浦滨江可以加强对工业遗产的保护和利用，展示杨浦滨江的历史文化和工业精神。比如，可以举办一些工业遗产相关的活动、展览、讲座等，吸引更多的居民参与和关注。此外，杨浦滨江可以增加一些休闲娱乐和社区服务的设施，方便居民的生活。比如，可以增加一些咖啡馆、茶室、图书馆、健身房等，提供一些舒适的休息和交流的空间。还可以增加一些医疗、教育、养老等社区服务设施，满足不同年龄段和需求的人群，着重在于根据不同人群的喜好，相应进行建设。

就游客而言，我们建议杨浦滨江能够提高其交通便利性，增加景观多样性，以吸引更多的游客。比如，可以增加一些公共自行车或者共享单车，在不同的地点设置租赁点或停放点，让游客可以方便地骑行欣赏沿江风景。还可以增加一些渡船或者轮渡，在不同的渡口设置乘坐点或停靠点，让游客可以轻松地到达不同的地点，从不同的角度来欣赏风景和建筑。此外，我们建议杨浦滨江能够丰富其景观内容和活动形式，提高游客的参与度和体验感。比如，可以利用一些网红打卡点，如绿之丘、电厂遗址公园等，设置一些有趣的互动装置或灯光效果，让游客可以拍摄美照或视频。还可以举办一些与工业遗产或科技创新相关的展览、演出、竞赛等，让游客可以感受杨浦滨江的历史魅力和现代气息。①

三、总结

本文以杨浦滨江新时代十年发展为主题，调研分析杨浦滨江在新时代十年中，在城市更新、人民城市建设、新经济发展等方面取得的成就和经验，分析其发展现状和路径，并结合自身专业总结发展的成功经验，提出面临问题的解决对策。探索国内外滨江设计方案的优秀经验，结合杨浦滨江的实际情况，提出一套符合人民城市理念的综合改造方案。通过文献调查、实地调查和访谈调查等方法，分析国外如巴黎等知名都市和国内如深圳等城市的滨江设计特点和优势，充分考虑杨浦滨江的自然环境、历史文化、社会经济等因素，兼顾滨江地区的生态保护、产业发展、公共服务、居民生活等多方面需求，形成一套具有创新性、可行性和示范性的滨江改造方案，为上海市域功能布局和空间新格局贡献智慧和力量。

四、调查收获与感悟

徐若鹏：这次主题为“走家乡看变革——杨浦滨江新时代十年发展情况

① 见附录：访谈调查记录摘要。

及改造方案研究”的暑期社会实践是对我暑假生活意义与价值的极大丰富，它让我们走出校园，亲身体验城市建设的变革和发展，锻炼我们的实践能力和创新思维，培养我们的社会责任感和团队合作精神。

这次社会调研让我感受到杨浦滨江作为上海城市名片之一的魅力，也让我进一步提升了作为一名青年大学生所应该具备的素养和能力。我非常感谢陪伴我的同学和指导老师，他们给了我很多支持和帮助，让我有了新的突破和成长。同时，我们的这次社会实践无疑是对“人民城市人民建”的生动注脚，我感到非常欣喜。我相信，在未来的学习和工作实践中，我还将继续为建设更美好的城市贡献自己的一份青春力量！

诸可语：经过这次的考察，我对城市的发展有了新的理解，同时也让我对杨浦滨江的未来充满了期待和信心。

城市是人民的城市，人民是城市建设的主体。要坚持以人民为中心，实现一切为了人民和紧紧依靠人民的有机统一，发挥人民群众的主体作用和首创精神，让人民参与到城市建设和治理中，实现共建共治共享。

我对人民城市有了更深刻的理解和认同，也激发了对美好生活的向往。我希望更多的人能够来到这里，感受杨浦滨江的魅力，共同建设人民城市。

周正元：在这次实践中，我统筹管理，参与了所有的实地调研，体会到带领组员分工合作完成一个实践项目的艰辛，但也收获了许多知识，技能。在这次暑期实践中积累的经验和教训，一定能助力我在今后的学习事业生涯中走得更远！

附录

访谈调查记录摘要

经过整理和精练，我们得到了以下三份体现典型性的访谈记录摘要。

对象一：一位住在杨浦滨江附近的经常到杨浦滨江散步的退休大爷

问题一：您住在这里多久了？您对这里的环境有什么感受？

回答一：我住在这里已经有十几年了，我觉得这里的环境越来越好了。以前这里都是工厂和仓库，空气污染严重，噪声也大，而且沿江都是围墙，看不到江景。现在这些工厂都搬走了，沿江都开放了公共空间，有绿化、灯光、座椅等，还有一些文化创意的场所，挺有特色。我每天都到杨浦滨江散步，有时买杯咖啡，呼吸新鲜空气，欣赏风景，感觉很舒服。

问题二：您对杨浦滨江的发展有什么建议或期待？

回答二：我觉得杨浦滨江的发展还有很大的潜力和空间。我希望能够保护和利用一些有历史价值的工业遗址，让更多的人了解杨浦滨江的过去和现在。另外，我希望能够增加一些休闲娱乐和社区服务的设施，方便更多居民的生活。

对象二：一位住在杨浦滨江附近的互联网企业的年轻女性

问题一：听您说您在附近的互联网企业工作？您对杨浦滨江作为在线新经济生态园的评价如何？

回答一：是这样。我觉得杨浦滨江作为在线新经济生态园非常适合我们这样的互联网企业发展。因为这里有很多优秀的同行企业，像是美团、字节跳动等，可以形成良好的产业氛围，增加合作机会。而且这里也有很多高水平的科技创新机构和平台，如国家技术转移东部中心、上海技术交易所等，可以提供技术支持和资源共享。

问题二：您对杨浦滨江未来发展有什么期待或建议？

回答二：我期待杨浦滨江未来能够成为上海乃至全国乃至全球具有影响力的科技创新城区，吸引更多优质企业和人才入驻。我建议杨浦滨江能够增加步道、跑道、自行车道等，我有晨跑的习惯，感觉滨江的空间很适合营造运动的氛围。还有就是，我建议杨浦滨江能够加强与社区居民的沟通，提高居民的参与度，让他们更多地享受到科技创新带来的红利和便利。

对象三：一位来杨浦滨江散步和打卡的游客

问题一：您是从哪里来的？您是怎么知道杨浦滨江的？

回答一：我是从松江来的，我是在网上看到杨浦滨江的介绍，觉得很有意思，就想来看看，正好平时喜欢摄影，听说这边挺出片的，就顺便过来打卡。我听说杨浦滨江是上海最长的滨江岸线，有很多工业遗存和文化创意的场所，还有很多网红打卡点，像是绿之丘、电厂遗址公园什么的。

问题二：您对杨浦滨江的印象如何？您觉得这里有什么值得改进的地方吗？

回答二：我觉得杨浦滨江很有特色，既有历史的厚重感，又有现代的时尚感。我喜欢这里的滨水景观，很开阔，可以看到黄浦江两岸的美景。我也喜欢这里的公共空间，很舒适，有很多绿化和座椅，还有一些雕塑和灯光，很有艺术气息。如果要说改进的地方，我觉得这里的交通还可以更方便一些，比如增加一些公共自行车或者共享单车，打通更多的空间，最好是骑辆自行车就能从头骑到尾。或者增加一些渡船或者轮渡，让游客可以更容易地到达不同的地点，从不同的角度来欣赏这边的风景和建筑。

寻脉黄梅戏故里，传承中华优秀传统文化[①]

——基于安徽省安庆市黄梅戏现状的调研

一、引言

党的二十大报告明确指出，要推进文化自信自强，铸就社会主义文化新辉煌。中华优秀传统文化是中华民族的血脉，也是中国人民的精神家园。非物质文化遗产作为中华优秀传统文化的重要组成部分，不仅是中华文明传承绵延的见证，也是联结民族情感、维系国家统一的基础。自党的十八大以来，以习近平同志为核心的党中央高度重视非物质文化遗产保护工作，从坚定文化自信、实现中华民族伟大复兴中国梦的全局和战略高度，作出一系列重大决策部署，非物质文化遗产保护事业呈现出前所未有的良好局面，铺展开新时代传承弘扬中华优秀传统文化的生动画卷。2020 年 10 月通过的《中共中央关于制定国民经济和社会发展第十四个五年规划和二〇三五年远景目标的建议》提出，“强化非物质文化遗产系统性保护，加强各民族优秀传统手工艺保护和传承”，在规划纲要编制中落实非物质文化遗产保护传承和开发利用的具体要求。2023 年 6 月，习近平总书记在文化传承发展座谈会上强调：“要秉持开放包容，坚持马克思主义中国化时代化，传承发展中华优秀传统文化，促进外来文化本土化，不断培育和创造新时代中国特色社会主义文化。要坚持守正创新，以守正创新的正气和锐气，赓续历史文脉、谱写当代华章。”[②] 一个民族的复兴，总是以文化的兴盛为强大支撑；一个时代的进步，总是以文化的繁荣为鲜明标识。中国非物质文化遗产是中华文化的瑰宝，也是人类文明的重要组成部分。站在新的起点上，为了让历史文脉更好地传承下去，需要我们进一步做好非物质文化遗产的系统性保护工作，不断增强中华民族凝聚力和中华文化影响，为更好担负起新的文化使命，在历史进步中实现文化进步，推动中华优秀传统文化创造性转化、创新性发展奠定坚实基础。

---

① 作者：方磊、杜睿涵、刘千禧；指导教师：庾向芳。

② 2023 年 6 月 2 日，习近平在文化传承发展座谈会上的讲话。

安徽省安庆市作为国家级历史文化名城，素有“文化之邦”“戏曲之乡”的美誉，是非物质文化遗产——黄梅戏发展、壮大、成熟的地方。近年来，安庆市政府、安庆市文旅局实施一系列举措对黄梅戏进行保护传承，但仍存在不足之处。因此，基于保护非物质文化遗产、传承中华优秀传统文化的目标，实践小组选择黄梅戏作为实践活动的调研对象，以安徽省安庆市中国黄梅戏博物馆和安徽省安庆市怀宁县石牌镇为主要调研地点，重点从以下三方面对黄梅戏展开调查研究：第一，追本溯源，回顾黄梅戏的各历史发展阶段；第二，立足当下，厘清当前黄梅戏的基本状况，分析存在的问题及发展困境；第三，展望未来，针对黄梅戏的现存问题提出相应的对策建议，为黄梅戏的良好传承与健康发展奠定基础。对黄梅戏的调查研究不仅有利于其自身的传承发展，也对我国其他非物质文化遗产的保护具有一定借鉴意义。

二、主体

（一）调查对象基本情况

黄梅戏，又名黄梅调、采茶调、花鼓戏、二高腔、徽戏、怀腔、汉剧、弥腔，也曾被称为皖剧。最早产生于清乾隆末期，发源于今湖北黄梅县的采茶调。乾隆五十一年（1786 年），因黄梅县发生水灾，采茶调艺人流入安庆境内，其将采茶调与安庆境内的戏曲艺术和民间技艺相结合，使之发展为黄梅戏。黄梅戏曲调柔和优美、清新亮丽，表演形式生动活泼，没有严格的表演程式，有“中国乡村音乐”的美誉。黄梅戏是安徽省主要地方戏曲剧种，于 2006 年经国务院批准列入第一批国家级非物质文化遗产名录。

黄梅戏在安庆的发展历程可以分为三个阶段。第一阶段，约从清乾隆到辛亥革命前后。产生和流传于皖、鄂、赣三省间的采茶调、江西调、桐城调、凤阳歌，受青阳腔、徽调演出的影响，与莲湘、高跷、旱船等民间艺术相结合，逐渐形成了一些小戏。并且进一步发展，吸收了一种叫“罗汉桩”的曲的演出内容与表现形式，于是产生了故事完整的本戏。第二阶段是从辛亥革命到 1949 年。这一阶段，黄梅戏演出活动渐渐职业化，并从农村草台走上了城市舞台。黄梅戏入安庆城后，曾与京剧合班，并在上海受到越剧、扬剧、淮剧和从北方来的评剧的影响，在演出的内容与形式上都起了很大变化。第三阶段，是从 1950 年至今。黄梅戏迅速发展为地方大戏，并积极投身于社会主义建设，得到广大人民群众的喜爱，其经典片段更是传遍大江南北。随着 1978 年改革开放，黄梅戏发展势头更为强劲，专业剧院、民间社团、广播荧幕无不传诵着黄梅戏的声腔神韵。

近年来，安徽省政府针对黄梅戏的发展提出了“唱响黄梅戏，做好徽文章，建设文化强省”的文化发展战略，对黄梅戏给予了极大的扶持与帮助。2015年安徽省人民政府办公厅印发《安徽省人民政府办公厅关于支持戏曲传承发展的实施意见》（皖政办〔2015〕70号），明确安徽地方戏曲振兴工程、加大戏曲创作扶持力度、加大政府购买力度、改善戏曲创作生产场地条件、重点资助基层和民营戏曲艺术表演团体等重点任务，提出加大财政保障力度、落实税费优惠政策、鼓励和引导社会力量支持戏曲表演团体等保障措施。2020年安徽省文化和旅游厅、安徽省财政厅印发《安徽省“戏曲进乡村”工作实施方案》。2021年，安徽省文化和旅游厅印发《安徽省非物质文化遗产传承基地认定与管理办法》，认定100个非遗传承基地，其中16个为传统戏剧类非遗的传承基地。2022年3月至10月，由安徽省文化和旅游厅非遗处和省非遗保护中心组成的多个调研小组，先后深入庐江、南陵、枞阳等32个县（区、市），对81个国有、民营院团进行走访调研，涉及37个传统戏剧类非遗项目，分析总结当前安徽传统戏剧活态存续与保护现状，为传统戏剧保护传承和振兴发展探索路径和对策，推动传统戏剧“活”起来、传下去。即便如此，黄梅戏近些年的发展还是存在很多问题。首先，进入21世纪以来，对黄梅戏的理论研究很多都是聚焦于黄梅戏发生源流、唱腔特点和风貌形态，研究内容多有重复。其次，忽略了黄梅戏作品创演的全局性，黄梅戏创演的整体意识亟待提高。最后，为了获得最大化市场价值，当前黄梅戏的作品演出过度利用现代科技手段进行舞台包装，不注重对作品思想性、社会性、生活性和艺术性的提炼锻造，导致黄梅戏表演唯美画面的背后负载着空洞的思想，形式大于内容。黄梅戏是安徽省最为重要和最具影响力的文化资源之一。近年来，随着国家和地方实施传统戏剧项目振兴政策，安徽传统戏剧类非遗代表性项目受到更多关注。黄梅戏的传承与发展如果能够借助这一机遇，以改革促转型，以创演促繁荣，定能擦亮安徽的这张文化名片。

（二）调查方法与过程

1. 调查方法

在暑期社会实践调查过程中，我们团队主要采用了问卷调查、实地调研、访谈调查等方法，通过这些方法对我们的调查对象进行分析和研究。

问卷调查法。我们团队基于安庆市群众对黄梅戏的了解和接受度较高的实际情况，首先选择问卷调查法，从大众评价标准出发，综合实践活动前期调研获得的资料内容完成调查问卷的设计，向中国黄梅戏博物馆的工作人员与到访游客发放问卷。

实地调研法。小组成员与指导老师通过预先交流，明确并总结好实地调研活动中需要调研的地点以及需要收集的材料。通过实地观察，采访走访等方式对黄梅戏的历史渊源和黄梅戏目前的发展状况进行初步了解，并了解近年来黄梅戏的发展战略和面临的困境。

访谈调查法。访谈调查法是调查人员通过与调查对象进行交谈，收集口头资料的一种调查方法。我们团队在做好设计访谈提纲，明确访谈人员的准备后，对中国黄梅戏博物馆的工作人员、怀宁县石牌镇的居民以及非物质文化遗产传承人产和宝先生进行访谈，基于访谈资料进行问题分析和总结。

2. 调查过程

社会实践的第一天，全组成员来到了安徽省安庆市的中国黄梅戏博物馆。中国黄梅戏博物馆是安徽省第一个黄梅戏博物馆，也是中国第一个黄梅戏博物馆，是安庆市民极力支持的文化工程，是中共安徽省委提出“打好徽字牌，唱响黄梅戏，建设文化强省”文化发展战略的重要推动力。整个展厅分为戏源、戏脉、戏彩、戏品和戏建五个篇章，展厅中陈列了各种乐器、戏服、戏帽等有关黄梅戏的展品。实践小组在工作人员的引导下进入了中国黄梅戏博物馆的展厅中，馆内讲解员耐心地为大家介绍黄梅戏的剧种起源和发展脉络，场馆中各种精美绝伦的文物藏品不是隐匿于陈列柜的玻璃之后，而是结合幻影成像、大数据、可触摸等现代科技，让黄梅戏艺术通过现代化多媒体手段再次焕发出生机活力。小组成员在参观场馆之后向博物馆的工作人员和参观的群众发放了调查问卷，并现场回收了调查问卷，得到了关于安庆市普通市民对黄梅戏了解和接受程度的第一手资料。

实践活动的第二天，我们驱车来到了“京黄故里”“戏曲之乡”的怀宁县石牌镇，戏曲界流传的“梨园佳子弟，无石不成班”，说的便是石牌镇。我们通过实地考察和调研，深入体验了石牌镇独特的自然风景和人文风貌。自明末清初以来，石牌镇哺育出徽剧和全国五大地方剧种之首的黄梅戏，其还是京剧的重要发源地之一。乾隆五十五年（1790 年），四大徽班（三庆班、四喜班、和春班、春台班）进京，在北京将徽剧融合于汉剧，使其发展为京剧；黄梅戏在此萌生，由民间小调演化为中国五大剧种之一。“京剧鼻祖”程长庚、“国剧大师”杨月楼、“武生宗师”杨小楼，以及严凤英、王少舫等一大批黄梅戏表演艺术家，均学艺并成名于此。石牌镇的黄梅戏氛围非常浓厚，这里的男女老少都会哼几句“树上的鸟儿成双对，绿水青山带笑颜”，石牌镇居民作为宣传黄梅戏的中坚力量，也用微信公众号（“今日石牌”微信公众号）等自媒体主动向外界宣传黄梅戏，真正做到了“出门三五里，处处黄梅声”。

在看过石牌镇古朴的街道后，我们来到了“石牌戏曲盔帽制作技艺”传承人产和宝先生的家中。产和宝先生从13岁就开始学习戏曲盔帽制作技艺，20世纪60年代初，由于禁演古装戏，产老先生制作的盔帽无法售卖，他也被迫转行，直到2000年，产老先生才回到了离别34年的故乡。当时的石牌戏装盔帽业濒临断代，为了做好传承工作，产老先生独自出资，在石牌镇老街开了一家“泰和祥戏装盔帽社”。并且为了做好戏剧盔帽制作工艺传承工作，产老先生开始广收门徒，免费开班，向学生们传授盔帽制作技艺。在本次采访中，产老先生首先给我们讲解了戏曲从远古社会到现代社会的发展脉络，让我们进一步了解了黄梅戏凝结了老一辈艺术家的毕生心血。随后，产老先生向我们讲解了盔帽的制作工艺和种类，并强调“戏曲舞台上不同角色所戴的帽子不尽相同，不能张冠李戴”。产老先生还和我们说到目前的戏曲盔帽主要是售卖给各大黄梅戏剧团，一顶好的戏帽可以卖到几百、上千元，但是由于传统戏剧行业不太景气，销量一直上不去。从戏曲盔帽这方面可以看出来目前黄梅戏的发展是受限的，黄梅戏的现实情况是不尽如人意的。

（三）调查的主要内容

1. 黄梅戏的发展脉络

黄梅戏的起源一直是其发展史上的谜团。一般认为，黄梅戏最早产生于清乾隆五十一年（1786年）。由于历史原因，黄梅戏的起源存在多种争议。其中，以“湖北黄梅县起源说”和“安庆起源说”最有影响力。

黄梅戏产生以后，在安庆所辖区域内的农村经历了长达近百年的缓慢发展历程。黄梅戏自产生伊始，就被统治者视为“淫戏”明令禁止演出。早在黄梅戏诞生的前一年，即清乾隆五十年（1785年），清政府颁布了《禁秦腔》上谕，禁止除昆、弋两腔之外的戏剧演出，这样也就导致了当时地位远不如秦腔的黄梅戏的发展受到了很大的限制。尽管外部环境很艰难，但它以自身顽强的生命力和海纳百川的精神，向其他艺术学习，从而得到了缓慢发展的机会。

黄梅调在传入安庆市后，受到了徽调、岳西高腔和青阳腔很大的影响，并与道情、花鼓、连厢、莲花落、罗汉桩、送傩神等民间艺术相结合，逐渐完成了民间小调向戏曲形式的过渡。黄梅戏最初擅于表演诙谐幽默、清新明亮的生活小戏。小戏以生、旦为主，表现青年男女的爱情。在道光年间，开始出现个别黄梅戏临时班社。到了清咸丰年间，黄梅戏“本戏”，即大戏产生。本戏的出现，标志着黄梅戏剧种最终形成。这一时期，黄梅戏班社进一步发展，著名的有“长春班”“彭小佬班”“方玉珍班”“同升班”“许文和班”。自辛亥革命以后，社会发生巨变，这也为黄梅戏的发展提供了良好的历史契机，一大批高水平的黄梅戏社班涌现出来，并且由于军阀混战，导致农村人口无法维持生计，不得已进入城市另谋生路，这为黄梅戏的发展提供了观众基础。

在1926年以前，黄梅戏的活动范围仅限于安庆市的农村地区，到1926年底，在黄梅戏名角丁永泉等人的努力下，白云芳班社开始进入安庆市区演出，这标志着黄梅戏在安庆市区逐渐站稳脚跟，使黄梅戏艺人在城市能够有固定的演出场所和表演收入。随后的1934年至1935年，先后有丁永泉、潘孝慈、查文艳等相继来到上海演出。这次前往上海演出，黄梅戏并没有获得成功，但使黄梅戏接触到评剧、沪剧、越剧、京剧等戏曲形式，开阔了全国性的艺术视野。

黄梅戏的发展随着1949年4月安庆的解放迎来了曙光。1951年，政务院发布《关于戏曲改革工作的指示》，其中特别强调了对民间戏曲要加以重视。这个政策为黄梅戏的发展提供了难得的机遇和重要的动力。在这项政策的推动下，黄梅戏班社如同雨后春笋般涌现出来，经典黄梅戏剧目也相继问世。1952年华东戏曲会演期间，上海电影制片厂决定将《天仙配》制作成戏曲电影。该影片次年放映后，不仅在大陆掀起一股“黄梅戏热”，而且风靡香港、台湾、澳门乃至在东南亚地区、欧美许多国家产生了轰动效应。据记载，“1956年7月，香港有两家影院连续35天放映了280场《天仙配》，观众超过26万人次，打破了所有曾在香港放映的欧美影片的卖座纪录”。鉴于黄梅戏电影的魅力，香港邵氏公司先后拍摄了《貂蝉》《江山美人》《王昭君》《梁祝》《白蛇传》等多部黄梅戏影片。

从1949年到1966年，被称为黄梅戏“梅开一度”的时期。这一时期是黄梅戏新中国成立后的首度辉煌时期，黄梅戏在国家和安徽省及安庆市政府的引导下，涌现出一批以严凤英和王少舫为代表的黄梅戏杰出艺人。他们开拓创新，使黄梅戏从不知名的、遭受歧视的地方小剧种发展为安徽省代表性剧种。并凭借黄梅戏电影《天仙配》《牛郎织女》风靡全国，傲立世界戏剧艺术之林。从1981年到1998年，黄梅戏开始了“梅开二度”，1981年，安徽省黄梅戏剧团首次赴香港演出。以此为起点，出现了“梅开二度”的盛况。在此阶段，黄梅戏的剧种意识最终形成，全国五大剧种确立。但是，与“梅开一度”处于戏剧整体上升发展的时代不同，“梅开二度”正处于国内戏剧危机时期。黄梅戏不可避免会受到这场危机的影响，只不过比其他剧种衰落慢，最突出的表现为一批优秀的黄梅戏演员离开了黄梅戏舞台。从1998年到2000年，则是黄梅戏“梅开三度”的时期，虽然由于前一时期黄梅戏演员的离开，黄梅戏进入了一段时间的低迷状态，但是在各方的努力之下，在这一时期黄梅戏再次呈现出勃兴景象。

2. 当前发展状况

进入21世纪以后，黄梅戏因表演程式化、脸谱化，且韵律节奏缓慢而逐渐淡出大众视野。面对各种休闲娱乐文化，黄梅戏很难吸引大批观众，尤其是年轻观众。年轻观众更加青睐电影、网络、短视频等具有快节奏的影视项目，而黄梅戏虽然有陶冶性情的功能，但缺乏吸引年轻观众的能力。并且旧剧目不能满足观众变化了的情感需要，新剧目创新不足，缺乏有影响力的精品。同时，培养黄梅戏人才既需要较高成本投入，又需要长期历练。这种境况导致黄梅戏在21世纪初期的发展一度陷入困境。

2006年，黄梅戏被列入“全国第一批非物质文化遗产名录”。社会各界对黄梅戏的艺术、文化价值有了更新、更深的认识，并对黄梅戏有了更多的关注和支持。自2014年以来，“送戏进万村”活动就被纳入安徽省政府购买服务目录，在全国率先采用政府购买服务的方式，每年为每个行政村送一场正规文艺演出。2015年，省财政厅会同宣传文化主管部门，研究制定《安徽省人民政府办公厅关于支持戏曲传承发展的实施意见》，明确安徽地方戏曲振兴工程、加大戏曲创作扶持力度、加大政府购买力度、改善戏曲创作生产场地条件、重点资助基层和民营戏曲艺术表演团体等重点任务，提出加大财政保障力度、落实税费优惠政策、鼓励和引导社会力量支持戏曲表演团体等保障措施。关于黄梅戏人才培养方面，《国家级非物质文化遗产代表性传承人认定与管理办法》和《安徽省省级非物质文化遗产代表性传承人认定与管理办法》的相继出台，为传统戏剧传承人队伍建设提供了科学有效的制度保障。而且黄梅戏作为非物质文化遗产，开始逐渐融入城市建设之中，近年来，安庆市出现了诸如中国黄梅戏博物馆、孔雀东南飞文化园之类的以黄梅戏为主体的城市设施。在构建传统戏剧社区生活圈中，潜移默化地影响和形塑社区居民的认知，更深层次激发中华优秀传统文化的创造性转化和创新性发展，促使城市文化进一步更新发展。

（四）黄梅戏当前遇到的问题

我们实践小组在中国黄梅戏博物馆与怀宁县石牌镇的调研过程中，通过发放调查问卷来收集整理相关资料，评析群众对黄梅戏的看法。在本次调研活动中，我们收集了一定量的问卷数据（见表1），并完成合影。在这次收集资料的过程中，我们注意到老年人对黄梅戏的反响普遍较好，但是年轻人就不能把黄梅戏当成消遣娱乐的方式了。

表 1　关于黄梅戏的调查问卷

1. 您听过黄梅戏吗？	没听过	偶尔听	经常听	
	30%	50%	20%	
2. 您对黄梅戏感兴趣吗？	不感兴趣	比较感兴趣	很感兴趣	
	20%	60%	20%	
3. 您通过什么方式观赏黄梅戏？	电视	网络	剧院	群众表演
	40%	20%	20%	20%
4. 您认为黄梅戏的优势是什么？	历史悠久	内涵丰富	形式多样	贴近生活
	20%	25%	25%	30%
5. 您认为当前黄梅戏发展存在的问题是什么？	宣传力度不足	创新力不足	人才短缺	
	35%	30%	35%	
6. 您认为黄梅戏有何作用？	增强审美意识	培养文化自信	带动经济发展	
	15%	25%	60%	
7. 您如何看待黄梅戏的未来？	前景黯淡	中规中矩	未来可期	
	10%	35%	55%	
8. 您对黄梅戏的未来发展有何建议？				

根据问卷反馈，我们总结出当前黄梅戏面临的几个主要问题。

1. 黄梅戏的推广力度不足，自身发展受到限制

就文化传播工作来讲，一个科学有效的平台是必不可少的，但现阶段黄梅戏的传承与传播，除通过一些地方戏曲节目外，现实中的传播局限在城市周边的小范围文化活动中。由于这种传播路径显著的狭窄性特征，无法促进更广泛的受众群体对其进行了解和欣赏。除此之外，即使现阶段黄梅戏的文化传播工作可以以电视和网络平台为传播媒介，但也存在着传播形式的专业性太强、娱乐性不足的问题，使其在具体传播过程中不容易引起广大观众的关注，从而达不到电视、网络等媒体预期的传播效果。

2. 黄梅戏的演唱方式存在局限性，缺乏创新性

从专业的角度来讲，黄梅戏的传统演唱方式包括主腔、花腔、三腔三种形式。其中，主腔是最具表现力的唱腔类型。花腔是一种从民间歌舞发源的，以劳动歌舞为主的黄梅戏唱腔形式，其主要特点是调式丰富、表意质朴、节奏明快优美。三腔则指“彩腔”“仙腔”“阴司腔”三种类型。由上述分析可知，黄梅戏在演唱方式上，是以这三种类型的唱腔为主的，但由于该三种演唱方法属于戏曲演唱的专业方法，其实际学习的过程具有专业性要求高、系

统性强的特点，且演唱为了遵循黄梅戏演唱的地方特色，在部分念白和唱腔演唱时，会在咬字上有特殊要求，这对于听众来讲会增加其在欣赏黄梅戏时的难度。

3. 黄梅戏的传承机制不完善

从非物质文化遗产的传承角度分析，传承和发展必须依照严格的传承规范开展传承工作。但现阶段，黄梅戏的文化传承人和领军人物存在年龄上升的趋势，且在传播传承形式上，多以传统的口传心授的方式展开，传承人之间关系的建立也多以师徒的形式为主，这种传承机制存在一个巨大的问题：由于传播传承方式的单一性，一旦传承人出现问题，就会直接影响到此项艺术形式的持续传播和传承。这种存在高风险的单一传承机制，必然会对黄梅戏未来的传承和发展带来负面影响，逐步将其带入发展的困境。

（五）黄梅戏发展的对策

1. 做好宣传和营销，打造黄梅戏文化传承品牌

虽然黄梅戏文化的传播属于传统文化的传播与传承工作，但必要而有效的宣传策略仍是非常重要的。从事黄梅戏文化传播的工作人员，首先，应在思想观念上进行转变和更新，通过科学的方法和手段，利用先进的宣传媒介和工具，以营销宣传的思想为指导，树立文化品牌，做好营销宣传。其次，应对黄梅戏的文化内涵有一个准确全面的了解。了解黄梅戏的艺术价值和文化价值，有针对性地制定一个具有可行性的营销宣传策略，为黄梅戏的营销宣传做好充足准备。最后，应利用好现阶段社会和市场对非物质文化遗产的充分重视，整合多方面的传播和传承渠道，打破黄梅戏文化传播和艺术传承单一化的局限，借助政府和媒体的力量，吸引更多黄梅戏爱好者接受相应的文化熏陶，激发人们对黄梅戏文化传播和传承的热情。

2. 借鉴声乐演唱方式，创新黄梅戏演唱方法

在黄梅戏的传播和传承中，表演艺术家应借鉴和学习声乐的唱法，一方面丰富黄梅戏的唱腔，另一方面促进黄梅戏被广大观众接受和理解。在具体的借鉴演唱方法上，主要可以从以下两方面入手。第一，针对学生从了解黄梅戏的背景和声乐演唱方法原理的角度，对黄梅戏唱段的历史背景进行学习。随后，细致地讲解声乐演唱的发声原理，向学生传授科学的声乐发声方法。第二，利用正确的训练方法，针对黄梅戏中不同的唱腔和表现方式进行针对性的训练。例如，比较常用的发声训练方法有哼鸣训练、下支点提法训练等。从演唱方法的角度开展训练，可以为黄梅戏与民歌的结合演唱打下基础。民歌与黄梅戏的演唱实现借鉴结合的方式，实质上是对黄梅戏演唱方法本质上

的创新，是拓宽黄梅戏未来发展和传播道路的重要途径。

3. 在文化传承机制上进行完善和优化

为了给黄梅戏的传播和传承提供更加良好的渠道和方式，非物质文化遗产在传承人的认定和检验上，应促进认定方式的多样化发展。首先，为保障认定方式多样化背景下对传承人认定的科学性，政府应充分发挥其宏观调控作用，通过政府干预途径，辅助提升文化传承人认定的准确性和公平性。其次，为保证传承人的文化传承工作更加合理有序地开展，政府还需在相关传承工作的进行过程中给予资金和资源的支持，促进这项非物质文化遗产的传播和传承工作稳定有序地开展。最后，除资金等资源的直接支持外，还可间接地通过税收政策的优化和调整对其进行支持。由于大部分非物质文化遗产的传承人是普通老百姓甚至当地农民，这就意味着其本身的文化传承能力和赋税缴纳能力具有很大的局限性，政府只有考虑到这些方面的影响因素，才能对文化传承工作的开展起到辅助作用。

4. 黄梅戏文化与旅游资源相结合

现代经济发展日新月异，中国旅游业也在特殊的经济环境下高速发展。在此背景下，黄梅戏可以与旅游业的发展相结合，以旅游业的发展带动黄梅戏的发展。例如，在黄梅戏的发源地安庆，可以在一些著名的旅游景点，如安庆太湖县文化博览园、安庆黄梅再芬艺术剧院进行黄梅戏表演，并引导游客在旅游过程中参观与黄梅戏相关的旅游景点（黄梅戏博物馆、黄梅戏会馆、孔雀东南飞文化园等）。这种旅游与黄梅戏文化融合的方式，不仅可以带动安庆旅游市场的发展，也为黄梅戏的发展提供了更大的空间。

三、调查结论与总结

黄梅戏作为“中国五大戏曲剧种”之一，曾经在全中国甚至国外都产生了很大影响，受到了广大欢迎。然而到了21世纪，黄梅戏表演因程式化、脸谱化、节奏缓慢等原因很难吸引现代年轻人，逐渐与时代脱轨。并且，当前黄梅戏还面临着无法满足群众需求、创新理念不足、缺乏人才培养、新剧目创新不足等困境。基于这些问题，首先，需要加强宣传力度；其次，应在传统的基础上不断进行创新；再次，应积极主动培养黄梅戏表演人才；最后，应将黄梅戏文化同当地旅游资源相结合。

在问卷调查过程中，我们能够明显感觉到黄梅戏的群众基础是比较牢固的，大多数人对黄梅戏的未来发展抱有很大期待。他们针对当前黄梅戏的发展提出了自己的看法，我们总结了以下几点：第一，黄梅戏的经典曲目较少，虽然耳熟能详，但长此以往会产生审美疲劳。第二，黄梅戏虽然具备许多自身优势，但在一些方面与其他剧种存在较大差距。第三，黄梅戏的地域性特点过于明显，增强其在全国的影响力是个大问题。根据群众对黄梅戏的看法，我们认为，除了本文中已经提到的几种解决方法，对现代黄梅戏还需要做好保护传承与发展创新、本体与借鉴、保持地方特色与面向全国之间的关系等方面的工作。首先，要处理好传承与创新之间的关系，黄梅戏作为中国传统剧目，凝结了老一辈艺术家的精力和心血，要坚定传承好黄梅戏中的精髓，并在传承的基础之上对黄梅戏进行时代化、大众化的创新，让黄梅戏更能符合人民群众的审美。其次，要处理好黄梅戏本体与吸收借鉴的关系，黄梅戏从清末到现在，一直在不断借鉴吸收对它有利的事物，逐渐形成了一种融“文、音、舞、打、唱、念、做”为一体表演方式。这就表明今后黄梅戏的发展还需要在保持黄梅戏本身特点的基础上吸收借鉴其他艺术门类的优势。最后，要处理好保持地方特色与面向全国之间的关系，黄梅戏作为一种地方戏曲，本身固有的地方特色是黄梅戏能够发扬光大的重要原因，所以在发展过程中决不能丢掉地方特色，但是，黄梅戏的发展不能偏安一隅，从地方走向全国、走向世界是黄梅戏发展的必然趋势，需要把握好地方特色与面向全国之间的辩证关系。

四、学生调查后的收获和感悟

方磊同学的调查实践收获如下：我在这次的暑期社会实践的过程中收获很多。首先，我对黄梅戏的了解更加深入了，黄梅戏作为中国一种传统的戏曲形式，具有深厚的文化底蕴，承载了丰富的历史文化内涵，黄梅戏能够反映中国古代社会生活、价值观念和道德伦理等方面的内容，这使我对中国传统文化也有了更深入的了解。并且黄梅戏具有丰富多样的表演形式，它融合了唱、念、做、打等多种表演形式，既有琵琶、胡琴等乐器的伴奏，又有扮演角色、舞蹈等元素，这样就能够使整个演出过程生动有趣。其次，采访产和宝先生时，我了解到黄梅戏的发展历史，也从产老先生那里了解了戏曲盔帽的种类以及制作过程，产老先生跟我们说到戏帽制作过程十分烦琐，一顶戏帽制作下来差不多得 40 道工序，最简单的也要十几道工序，刻纸、粘贴、加网子、压制成型、淋粉、上漆、贴箔、点翠等，每一道工序都很复杂，需要手眼配合及时，对技艺要求十分高，一般的一顶戏帽制作需要 10 天左右的时间；制作最普通的帽子，也有十几道工序，才能够组装成型，让我感受到戏曲盔帽制作的不易。最后，我们了解到安徽省戏曲界通过改编、新编等多种方式让黄梅戏在新时期焕发出新的生机活力。

刘千禧同学表示：一个主题、两天时间、三个地方、四个人，这次调研给我留下了深刻的印象。我们团队四人不仅顺利完成了对非物质文化遗产——黄梅戏的调研工作，也学到了相互体谅、分工合作、团结互助等更为珍贵的东西。首先我想谈一下黄梅戏带给我的感悟。这次实践活动让我深刻地感受到文化的温度，也让我明白了文化对于民族和国家的重大意义。在黄梅戏博物馆参观时，橱窗里陈列的艺术品让我仿佛看到了那个年代的人们在表演黄梅戏时的景象，那么生动、自然、亲切。在徽班博物馆里，看着精美华丽的黄梅戏戏服、盔帽，有一种想穿在身上的冲动，不自觉地哼出一句“树上的鸟儿成双对”。在产和宝老先生家，听着他耐心、仔细地为我们讲解黄梅戏的历史，这些历史仿佛电影一般在我脑海中闪过。黄梅戏是有温度的，文化是有温度的，我们真的要重视起对非物质文化遗产的保护和传承，我们一定要树立起文化自觉和文化自信，为建设社会主义文化强国贡献热情和力量。其次我想谈一下团队感受。一次成功的社会实践离不开团结合作、互帮互助，我在这次调研里深切体会到了这一点。庾老师的悉心指导、方磊的统筹安排、杜睿涵的辛苦付出都是我们此次安徽安庆之行顺利的保障，对此我想表达自己衷心的感谢。实践是认识的来源，是认识的动力，也是检验真理的唯一标准。相信此次暑期社会实践会对我往后的学习和生活起到不可替代的重要作用。

杜睿涵同学的感悟如下：这个火热的 7 月，我们暂别象牙塔中舒服的生活，带着年轻人特有的蓬勃朝气，走入安徽，走入安庆，深入体会到黄梅戏的魅力。为保护好、传承好、利用好非物质文化遗产——黄梅戏，延续历史文脉、坚定文化自信，推动广大青年深入学习非物质文化遗产——黄梅戏发展的悠久历史，我们响应国家政策号召，通过采访非遗传人，参观相应博物馆等来记录他们对非物质文化遗产——黄梅戏的高度认同和衷心追随，让大家更加了解黄梅戏。在徽班博物馆里，我们可以从传统戏服中细致观察探究蕴藏其中的徽州文化，也可以在一段段文字，一张张图片中，深刻感受徽文化的独特魅力。安庆博物馆（黄梅戏博物馆）内珍藏着大批珍贵的实物、图片资料。馆内既有用 16 毫米老式放映机放映原版《天仙配》等黄梅戏老电影的“怀旧放映区”，也有雾幕成像、幻影成像、大型触摸屏等现代展示设备，许多珍贵的实物及历史照片首次亮相，在一定程度上再现了作为国家首批“非物质文化遗产”的黄梅戏一个多世纪以来诞生及发展的曲折历程。在参观过程中最让我印象深刻的是馆内工作人员说的“你们今天来学习黄梅戏，我们很欢迎，只要你们其中有一个人以后从事了相关行业，我们的任务就算完成了，传承种子就播出去了”。这句话让我非常触动，更加坚定了传承非物质文化遗产——黄梅戏的决心。暑假的社会实践活动已经结束，但是社会实践活动带给我们的影响永远不会结束。它让我们走出课堂，走出校园，走向社会，走上与实践相结合的道路，实践是检验真理的唯一标准，在实践中我们发现了自己的缺点和不足，发现了自己以后发展的方向，也了解了如何将所学知识应用到社会生产生活中去。

附录

关于黄梅戏的调查问卷

您好！为了解当前黄梅戏的发展状况，我们组织了本次问卷调查活动，希望得到您的协助和支持。请您花费几分钟时间完成调查问卷，所有回答仅用于统计分析，并无对错之分，感谢您的参与，祝您生活愉快。

1. 性别

A. 男

B. 女

2. 年龄

A. 18 岁及以下

B. 19~30 岁

C. 31~50 岁

D. 51~65 岁

E. 65 岁以上

3. 您是否知道黄梅戏是国家级非物质文化遗产？

A. 是

B. 否

4. 您听过黄梅戏吗？

A. 没听过

B. 偶尔听

C. 经常听

5. 您对黄梅戏感兴趣吗？

A. 不感兴趣

B. 比较感兴趣

C. 非常感兴趣

6. 您能说出三部及以上的黄梅戏作品吗？

A. 能

B. 不能

7. 您喜欢通过什么渠道欣赏黄梅戏？（多选）
A. 电视、广播
B. 网络
C. 剧院
D. 群众表演
E. 其他
8. 相比于其他戏剧，您认为黄梅戏有哪些优势？（多选）
A. 历史悠久、源远流长
B. 语言幽默、内涵丰富
C. 地域性特点显著、贴近生活
D. 表演形式多样化
E. 曲调、声腔优美动听
9. 您认为黄梅戏与以下哪种形式结合，会让大众接受？（多选）
A. 电视剧
B. 电影
C. 歌曲
D. 动漫
E. 其他
10. 您认为黄梅戏对个人有何作用？（多选）
A. 增强审美意识
B. 培养文化自信
C. 塑造人格品质
D. 构建情感世界
E. 其他
11. 您认为当前黄梅戏的发展存在哪些问题？（多选）
A. 宣传力度不足，导致受众面萎缩
B. 创新性不足，难以满足大众需求
C. 领军人物及新秀数量少，面临传承断层问题
D. 无法与市场紧密融合，黄梅戏文化产业发展缓慢
E. 其他
12. 您认为应如何对待黄梅戏？（多选）
A. 全民都应该了解
B. 职业演员应去传承和发扬
C. 感兴趣的人可以积极主动了解和学习

D. 陈旧的、过时的，没必要推广和宣传
E. 其他
13. 您认为当代青年如何传承和发展黄梅戏？（多选）
A. 学习黄梅戏基本功
B. 积极参与黄梅戏演出
C. 购买黄梅戏相关产品
D. 主动推广黄梅戏文化
E. 其他
14. 您如何看待黄梅戏的未来？
A. 未来可期
B. 中规中矩
C. 前景黯淡
15. 您对黄梅戏的历史传承与未来发展有何建议？

赓续红色血脉，传承红色基因[①]

——上海市红色文物的保护与利用研究

一、调研背景

习近平总书记指出，革命文物承载了党和人民英勇奋斗的光荣历史，记载了中国革命的伟大历程和感人事迹，是党和国家的宝贵财富。加强革命文物保护利用，弘扬革命文化，传承红色基因，是全党全社会的共同责任。团队成员以上海特色红色革命旧址、遗址、纪念地等为实践考察地，选取中共一大纪念馆、上海龙华烈士陵园、李白烈士故居等八个全国重点及市级文物保护单位，通过三天的实地走访调研、调查问卷等方式，收集整理上海市红色文物保护与利用相关信息，深入挖掘上海市对革命文物保护与利用的特色经验，从而启发其他省市对革命文化的保护开发与利用工作，并在调研中发现革命文物保护与利用的不足之处，向有关部门提供建议，不断完善。

二、调研概况

上海是中国共产党的诞生地，是中国共产党梦想启航的地方，在党的创建史上具有重要地位，其以文化滋养了伟大建党精神，同时不断传承和弘扬着伟大建党精神。上海的红色场所每年吸引全国大量游客、研学团队等，在文物的保护利用方面有许多先进做法。

（一）调查对象基本情况介绍

1. 上海龙华烈士陵园

上海龙华烈士陵园是位于中国上海市徐汇区龙华路上的一座纪念馆，是中国共产党和人民英雄纪念地。龙华烈士陵园最早建于1956年，占地300亩，是中国地下革命纪念场所之一。

---

① 作者：陈强、檀静文、袁萌雪、伍阳阳、刘一帆、杨淑芳、张舒怡、王羽、杨亚飞；指导教师：季开胜。

2. 中共一大纪念馆

中国共产党第一次全国代表大会纪念馆是一所社会科学类历史遗址专题博物馆。先后被评为国家一级博物馆、全国爱国主义教育示范基地、上海市文物保护单位、上海市爱国主义教育基地等。

3. 中共一大会址

中国共产党第一次全国代表大会会址共有 3 处遗存，其主址位于上海市黄浦区兴业路 76 号，1961 年，中国共产党第一次全国代表大会会址被中华人民共和国国务院公布为第一批全国重点文物保护单位。

4. 中共二大会址纪念馆

中共二大会址纪念馆，属社会科学类历史遗址专题博物馆。2002 年在中共“二大”召开 80 周年之际正式对外开放。先后被市委宣传部、市教委、团市委授予上海市爱国主义教育基地先进单位称号。

5. 中国社会主义青年团中央机关旧址

中国社会主义青年团中央机关旧址是中国共产党最早培养后备力量的所在地之一，为两层楼砖木结构石库门里弄住宅建筑，遗存有俞秀松的单人铁床、施存统的藏书等，对继承和发扬五四精神具有重要的历史价值。

6. 中国共产党发起组成立地（《新青年》编辑部）旧址

旧址建筑面积约 168 平方米，为典型的旧式石库门里弄住宅建筑。陈独秀于 1920 年初抵沪后居住于此，《新青年》编辑部也随迁于此。1920 年 6 月，陈独秀等在此决定成立共产党组织，初名为社会共产党，陈独秀任书记，8 月定名为共产党。因其在党的创建中发挥了组织发起作用，史称中国共产党发起组。

7. 上海宋庆龄故居

上海宋庆龄故居是上海市爱国主义教育基地，被列入第五批全国重点文物保护单位、上海市第一批革命文物名录。上海宋庆龄故居主楼为两层砖木结构的西式洋房，整体仿船形，绿色木窗上装饰着帆船和铁锚图案，屋顶烟囱亦仿轮船烟囱，故居的陈列，完全按照宋庆龄生前的布置，陈列品也均为原物。

8. 李白烈士故居

李白烈士故居位于虹口区黄渡路 107 弄 15 号，为上海市文物保护单位。该建筑为三层砖木结构住宅，李白烈士于 1948 年 12 月 30 日凌晨被捕，1949 年 5 月 7 日被害。在这里，他用自己的生命和满腔热血发出了永不消逝的电波，向党和人民发出了生命的最后音符。

（二）调查研究基本做法

本次调研主要采用实地考察、采访、问卷的方式，对计划中的八个场所均进行了实地详细调研，总过程历时三天。在这为期三天的调研中，以问卷形式采访游客、讲解员、志愿者、居民，了解他们对上海市红色文物保护与利用的认识，并对其进行采访，得到了许多有价值的信息。

三、调研成果

（一）上海市红色文物保护与利用现状

1. 保护级别现状

根据已有资料，我们团队发现，目前上海的250处革命文物遵循全面保护原则，涵盖四个保护等级。我们团队选取的八个目的地中有五个国家级文物保护单位，三个市级文物保护单位。通过查阅资料发现，截至2022年底，上海有全国重点文物保护单位11处，市级文物保护单位85处，区级文物保护单位72处，文物保护点82处，这些数据还在不断扩大。全市不可移动文物总量近3500处，保护级别自高至低呈金字塔形分布。全市革命文物保护级别分布特征略有不同，相对而言，革命文物在全国重点文物保护单位和市级文物保护单位中占比更高，区级文物保护单位和文物保护点占比略低。可见上海长期以来高度重视革命文物的发掘与保护，革命文物价值得到充分彰显，革命文物保护级别普遍提升，但仍有一定发掘空间。

2. 保护与利用成效显著

根据资料，近年来，由上海市政府牵头主导、社会积极参与，上海市先后对60多处革命文物进行了各类保护修缮。其中，既有综合性的保护修缮，全面恢复文物历史原貌，彰显革命文物价值；又有保养性维护，延长文物使用周期；对3处文物进行了抢修，消除安全隐患；还有2处文物配合城市更新进行了平移，经过修缮和布展开放，提升了革命文物的利用展示水平。

本团队以宋庆龄故居为例，通过调研与查阅资料发现，故居近年来委托专业机构架设了建筑健康监测系统，实施建筑沉降、倾斜、振动、白蚁监测数据分析。通过对文物建筑的分析、监测、评估和日常管理，实现了对潜在风险的及时发现和干预，起到了文物预防性保护监测的积极作用，被上海市文物保护工程行业协会评为“上海市建筑遗产保护利用示范项目”。同时，通过研究整合历史文物资源，推出“四史”学习教育方案，营造听、视、触、悟的沉浸式参观体验氛围，引导社会大众来故居瞻仰学习，感悟家国情怀，在共鸣共情中构筑理想信念。此外，故居依托文物史料资源，积极推动资源开放共享，讲好革命文物故事，聚焦“宋庆龄与新中国”“宋庆龄与中国共产党”两大课题，推出珍贵历史题材纪录片；聚焦“宋庆龄与国际友人”主题，推出专题研究出版物和原创展览等，不断丰富红色文化底蕴和精神内涵。

3. 保护利用方式多样化

调研显示，各级政府及场所充分调动资源，探索革命文物的灵活性使用、创新性展示，丰富革命文物展示利用的形式，更好地发挥革命文物的价值。从功能使用情况来看，本次调研的几个场所革命文物均进行了各类活化利用，比如利用中共一大旧址，在旧址旁扩建了中共一大纪念馆，壮大了革命场馆队伍；在调研的几个场所中均有经过修缮、史料研究，同时在内部增设主题展览，成为红色文化展示阵地，例如龙华烈士陵园，设立纪念碑，开展寻访、线上线下祭扫活动，对龙华烈士陵园内部的部分空间进行修缮后的灵活运用，使其变身为商业、文化空间，红色文化融入工作生活的方方面面。由此放眼全上海，资料显示近年来全市在革命文物周边的公园、绿地、广场等处设置的 42 尊革命主题雕塑，成为上海红色文化的重要标识。

4. 多方联动盘活资源

团队成员调查发现，目前上海的红色资源均可在随申办 App、小程序查看，在软件中，可以通过“光荣之城”“红途微视”“海上文创”“红途讲师”等模块进一步了解相关资源。在革命文物分布相对集中的区域、革命活动与相关史迹相互交错的不同地区，逐步开展资源整合、共享联动活动。如黄浦区以中共一大会址为中心，串联中国共产党发起组成立地（《新青年》编辑部）、又新印刷所等革命旧址，推出“红色一平方公里”行走路线，打造初心之旅。静安区率先建成“博物馆城区”，将党史资源与文化旅游相结合。革命文物资源整合与互动，有利于串点成线讲好革命故事、开展红色旅游，进一步促进深挖历史价值、拓展文化内涵，提升红色文化影响力、辐射力。上海市政府还推出红色旅游专线，如公交 109 路曾推出的“红色主题车”装饰以“承袭百年党章史，踔厉奋发新征程”为主题，以红色和金色为主基调，蕴含了石库门、五角星等红色文化元素，车辆沿途经过三山会馆、中共一大纪念馆、《中国青年》编辑部旧址、中共二大会址、平民女校旧址、中共中央秘书处机关旧址、中共中央军委机关旧址等多个红色教育基地，是一条名副其实的“红色线路”。

（二）上海市红色文物保护与利用经验

1. 加强顶层设计，完善保护法规

近年来，上海市委、市政府更加重视法律法规的顶层设计作用。2017 年底，印发《关于实施“开天辟地——党的诞生地发掘宣传工程”的意见》；2019年，印发《关于实施上海市革命文物保护利用工程（2018—2022年）的意见》；2020年，印发《“党的诞生地”红色文化传承弘扬工程实施方案》，红色文化传承弘扬工程被列入市委民心工程；2021年《上海市红色资源传承弘扬和保护利用条例》（以下简称《条例》）在市人大常委会上表决通过，并于7月1日起实施。作为国内首部省级红色资源的地方性法规，《条例》对于统筹整合全市红色资源，打响上海红色文化品牌，彰显伟大建党精神，具有十分重要的政治意义、现实意义和历史意义。

2. 加强保护，让文物“活”起来

近年来，上海市坚持“保护第一、加强管理、挖掘价值、有效利用、让文物活起来”的新时代工作方针，全面加强对革命文物的修缮保护。以调研对象的几个场馆及相关场馆为例，成员发现中国共产党第一次全国代表大会纪念馆于2021年6月3日建成开馆，完成中国共产党发起组成立地（《新青年》编辑部）旧址的腾迁修缮和文物更名；完成龙华革命烈士纪念地等一批文物修缮和展陈升级；此外，中共二大会址纪念馆、中共四大纪念馆等实现展陈提升。

3. 科技赋能，文物保护融入城市发展

上海市运用现代科技手段，加强数字化网络化展示，拓展展示空间，切实提升展览传播效果和社会影响力。例如上线数字平台，充分发挥国家文物局红色基因传承云平台作用，上海市有龙华烈士纪念馆、鲁迅纪念馆、国歌展示馆等8家场馆的数字展览在云平台上线推广。2021年依托“学习强国”“随申办”平台，上海在全国首创红色文化资源信息应用平台“红途”，通过网络平台全景呈现全市红色文化资源和爱国主义教育基地。同时，上海市创新展陈技术，鼓励推动革命场馆运用AR、VR等新技术，让红色故事的传播方式从静态、单一向动态、多元转变。

4. 拓展运用方式，助力文旅融合发展

近年来，上海市文旅局通过系列政策措施，推动红色旅游持续健康发展和文旅融合转型升级。一是加强政策供给，在挖掘红色文化、完善硬件设施、细化服务流程等多方面给予全面引导。二是成功创建AAAAA级景区，2021年，中国共产党一大、二大、四大纪念馆景区成功创建为国家AAAAA级旅游景区，实现了上海市十年来AAAAA级景区零的突破，填补了上海市红色AAAAA级景区的空白。三是共建区域精品，推动成立长三角红色文化旅游区域联盟，长三角区域红色旅游资源协同发展。四是红色文创品牌效应初显，文艺迎来精品硕果，文创产品不断丰富，销量不断上升；一大批影视剧获得金鸡奖、飞天奖等荣誉，舞剧《永不消逝的电波》、沪剧《一号机密》等新文艺作品取得良好社会反响。

（三）存在的不足

1. 保护管理有待强化

相对于国有和集体所有产权性质的革命文物大多得到较好的保护利用，私有产权的旧址类革命文物总体仍处于零星保护状态；各区革命文物尚有正在修缮中、已修缮未开放、处于旧改地块中或暂时闲置等多种情况的存量，有待进一步开发使用；部分低级别革命文物日常养护管理和安全防范仍需进一步加强。

2. 文物研究有待加强

目前，革命文物研究依然存在研究力量不足、挖掘深度不够、系统研究尚未形成规模、部分史迹仍需考证等问题。革命题材陈列展览呈现一定程度的同质化现象，存在精神内涵挖掘不深、文物藏品较为有限、展陈形式比较趋同、办展水平参差不齐等问题。

3. 育人功能仍需拓展

尽管这个暑假学生参观群体很多，但是很多都是游而不学。着眼培养社会主义建设者和接班人、培养担当民族复兴大任的时代新人的任务，革命文物的教育功能仍需进一步强化、内涵仍需进一步挖掘、方式仍需进一步创新，要吸引更多人特别是青少年走进旧址遗址和革命场馆。

4. 创新方式有待提高

根据调查，目前对于上海市革命文物存在的不足，多数游客表示在创新方式方面还有待提高。因此，新时代革命文物在与文艺创作、旅游文创等的跨界融合方面仍需进一步拓展，在融入城市更新、社会发展和百姓生活方面仍需进一步深化。

四、调研总结

上海市红色文化发展仍然处在上升期，更好地利用各类资源，弘扬革命精神，服务全国各地游客，仍是一项艰巨的任务。本次调研，上海市出色的红色文化发展水平和理念让我们受益良多，为其他省市红色文化发展提供了经验借鉴，同时从其存在的问题中我们总结方法，希望能以上海市的经验探索出其他城市红色文化、红色文物发展的高效之路。

本次调查也有不足之处，例如未在其他省市的红色场馆中选取调研对象进行对比，使得调查具有一定的片面性。同时采访对象不足，由于场所的特殊性，我们只采访到场馆游客、讲解员、志愿者、相关场所附近居民。对于场所的馆长、研究员、文旅局工作人员等，小队无法对其进行采访，因此有些数据无法收集。

五、调研感悟

（一）成员一感悟

上海不仅是中国共产党的发源地，还是一个具有丰富红色文化资源的城市。上海现存各类红色资源 600 余处，它们见证并记载了中国共产党在上海创建的光荣历史、奋斗历程以及取得的辉煌成就。从中共一大纪念馆，到团中央旧址再到龙华烈士陵园，无不沉淀着诸多故事和精神情感。相较于其他红色场所，龙华烈士陵园因其陵园的性质蒙上了沉重而悲痛的色彩，在陵园中可以更深入地了解龙华烈士的个人革命事迹。曾经这些名字平铺在历史、政治课本中，而在烈士陵园中我却可以感受到这是一个个鲜活的人物，曾经热烈地活着，然后为中国革命献出生命。

走出龙华烈士陵园，我心中荡漾着的，仍是那烈士们的坚贞之气。英雄城市孕育英雄、英烈精神激励后人。龙华先烈们前仆后继、艰难求索，用生命践行了对国家、对民族、对信仰的无限忠诚。我们要踏着先烈足迹，把对先烈的无限崇敬和对英魂的不尽哀思，化为对党的事业的无限忠诚和对人民利益的勇敢维护；继承先烈的遗志，追求真理、不懈奋进，走一条辉煌的人生路。

（二）成员二感悟

这个暑假，我和社会实践小组成员开启了一场红色文化之行，我们一起参观了上海的红色文物纪念馆，在参观中感悟红色经典，赓续红色血脉，其中最令我印象深刻的是李白烈士故居。

李白烈士故居位于上海市黄渡路 107 弄 15 号，是李白烈士最后居住、工作和被捕的地方。我们先参观了一、二楼展厅，听讲解员详细介绍了李白烈士的成长经历以及与敌人斗争的光辉事迹。接下来，又到三楼进行参观。三楼复原了李白烈士生前居住的场景，再现李白烈士生前战斗、生活的情景。这次参观，让我详细了解了李白烈士的生平。李白烈士 1937 年来到上海，长期从事党的秘密电台工作。在白色恐怖的环境中，他大智大勇，不屈不挠，坚守战斗岗位，保证了上海地下党组织与延安的电讯联系，为抗日战争和解放战争的胜利作出了重要贡献。李白烈士曾先后三次被捕，最后一次被捕是在1948年12月30日凌晨。当时，李白烈士正在秘密的斗室里向延安发送一份有关解放上海的重要情报。李白烈士在狱中饱受酷刑却始终坚贞不屈。1949年在上海解放前夕李白烈士惨遭国民党秘密杀害，年仅39岁。

当我们走出弄堂口，看到弄堂口墙上的李白烈士雕像，心中不禁想起了李白烈士故居中“电波不逝，信念永存”的主题。地下工作者李白牺牲了，但他的精神永存，他所表现出来的坚韧意志和对党的绝对忠诚是值得每一个人学习的。穿越70余年的时间，地下工作者李白从容赴死的英雄形象感动无数观众，他用短暂却光辉的一生诠释了对信仰的坚守，对革命事业的奉献，留下了一段永不消逝的电波。

这次参观使我认识到正是因为有许许多多像李白烈士这样有崇高理想和坚定信仰、为新中国的解放和人民的利益不惜献出宝贵生命的革命先烈们，才有我们今天的美好生活。作为青年一代，我们生活在和平的环境中，但不能忘记革命先烈的牺牲，我们要向革命先辈们学习，传承红色基因，弘扬革命精神，做一个爱国爱党有志向的新时代青年。

（三）成员三感悟

革命文物是革命文化的实物载体和历史见证，凝结着中国共产党的光荣历史和优良传统。为寻红色记忆，本团队依次参观了龙华烈士陵园、一大会址等地。这次实践活动，使我感触颇深。想当初，有多少革命英雄为人民而战，用自己的青春和热血谱写了一曲曲时代凯歌，甚至献出了宝贵的生命，为后人前进的方向挂上明灯，力争民族的解放，人民的幸福，把鲜血洒在家乡和异地。他们中有的千古留名，有的却鲜为人知，但他们都是为了一个共同的目标走到了一起，那就是为了人民而奋斗。先烈们抛头颅、洒热血，前仆后继，在敌人面前宁死不屈，一身傲骨，表现了大义凛然的英雄气概，为我们后人树立了榜样。

红色文化是一种强调革命情怀的高尚的文化。红色资源作为最鲜活的历史教材，记载着革命的伟大历程和感人事迹，见证了社会最深刻最伟大的变革，凝结着百年奋斗的红色基因，是先辈们追求真理、不懈奋斗的生动写照，从而成为中华民族最宝贵的精神财富。革命时期留下来的遗物、遗迹、遗址等历史遗存以及后来修建的纪念碑、纪念馆、纪念堂等物质形态的文化资源，是一座座红色宝库和精神富矿。《人民日报》曾出现这样一句话，“正是青春信仰让我们的精神天空更为辽阔，正是青春追求让我们的时代画卷更为绚烂，正是青春志向让我们的奋斗坐标更为高远”。作为新时代青年的我们，也更应该利用好红色资源，弘扬红色文化，坚定理想信念。

（四）总述

本次调研活动主要分为线上线下两组，线上小组成员认真设计调研路线、调查问卷、注意事项等，线下小组同学负责实地调研。在社会实践中，小组同学认真学习目的地场所革命知识、文物知识，对上海市红色文物有了进一步的认识。在调研前后，成员认真学习公众号知识，并创建公众号宣传本团队实践活动，起到了一定的内宣作用。同时积极撰写新闻稿向各大媒体投稿，做好外宣工作。截至撰写本篇调研报告时，新闻稿已经被人民日报 App、广富林街道公众号、大学生社会实践网站等收录。总体来说，从选题写投标书到立项实地调研，再到最终的报告撰写，我们不仅学习到上海红色文化文物知识，也学会了社会实践所需的技能，更收获了一段宝贵经历。在全党大兴调查研究之风的背景下，通过实践，有利于提升我们发现问题、解决问题的能力，不断提高我们将理论与实践相结合的本领，增强团队成员的合作能力，为今后提升学习与工作能力奠定基础。

回首过往十年，感悟农村新态①

一、引言

（一）调查背景

十年百变，振兴当时。农业农村农民问题是关系国计民生的根本性问题，从脱贫攻坚到全面实施乡村振兴战略，乡村面貌焕然一新，乡村产业蓬勃发展，农民收入稳步增加，基础设施不断完善……如今在党的二十大精神引领下，广大干部群众凝心聚力，因地制宜谋发展、创新实干促振兴，聚焦产业发展、人才引领、共同治理，继续谱写新时代乡村振兴的新篇章。

民族要复兴，乡村必振兴。我国人民日益增长的美好生活需要和不平衡不充分的发展之间的矛盾在乡村最为突出。习近平总书记在党的二十大报告中指出，“全面建设社会主义现代化国家，最艰巨最繁重的任务仍然在农村”。为了实现国家的长期繁荣和发展，必须关注乡村地区的发展，提升乡村经济水平，保护和传承乡村文化，改善农民的生活条件，加强城乡之间的协调与合作。只有做到乡村振兴，才能更好地实现“两个一百年”奋斗目标和中华民族伟大复兴中国梦。

（二）调查目的

通过对湖南省邵阳市新邵县的实地调研，深入了解乡村基层民生的变化，以及社会治理和基础设施建设方面取得的巨大成就，感悟新时代乡村的崭新变化和背后的艰辛历程。对实地调研资料进行分析，总结成功的经验和做法，为其他乡村的发展提供借鉴；发现乡村发展存在的不足，为乡村振兴的深入提供思路。

（三）调查基本情况

1. 调查时间

本次暑期社会实践调研自 2023 年 6 月 25 日起，共历时一个月左右。

---

① 作者：陈冰若、蒋佳彤、陈雪融、黄玉萱、胡舒雯、刘晓烨、王纪晴；指导教师：马超。

2. 调查地点

湖南省邵阳市新邵县枫树村。

3. 调查对象及内容

以湖南省邵阳市新邵县枫树村为研究对象，深入农村进行实地调研，对该村村民和村干部进行访谈调查，了解近十年新邵县在基层民生、社会治理和基础设施建设等方面取得的巨大成就和成就背后的艰辛历程。

二、主体

（一）基本情况

1. 地理位置

新邵县隶属于湖南省邵阳市，总面积 1763 平方公里。其位于邵阳市北部、湖南省中部，介于邵阳盆地和新涟盆地之间，地势南高北低，资水纵贯全境。新邵县地处湖南省第二成矿富集地带，矿藏资源极其丰富，是湖南省“有色金属之乡”。

2. 农村发展

常住人口 79.21 万人，乡村人口 45.86 万人，城镇化水平达到 42.1%。截至 2022 年，全年落实粮食种植面积 48.99 千公顷，实现粮食总产量 31.09 万吨。全县农产品加工企业达 520 家，其中国家级和省级龙头企业 7 家。巩固拓展脱贫攻坚成果，对 3486 户 9597 名监测对象实施精准帮扶。积极开展乡村建设行动，完成农村公路提质改造 58.3 公里，农村危房改造 302 户，新改建农村户厕 3000 个。全面实施乡村振兴战略“七大专项行动”实绩考核排名全市 A 类。

3. 民生保障

截至 2022 年，居民人均可支配收入 22340 元，比上年增长 6.7%。农村居民人均可支配收入 15875 元，比上年增长 7%。2022 年末全县参加新型农村社会养老保险人数为 456757 人，农村低保对象月人均补助 245 元，全县农村共有 18504 人享受农村最低生活保障金，全年低保金共发放 5413.1 万元。

（二）调查研究的方法与工具

资料研究法。网上查找收集资料和调研收集资料相结合，全面了解新邵县农村发展情况、脱贫攻坚和乡村振兴发展历程。

实地调研法。前往安居房、乡村学校、村服务中心以及老年人互助照料中心等目的地进行实地调研，共拍摄照片三十余张（部分如图 1 所示），全程影音资料约一分钟。

访谈研究法。在实地调研过程中，对村民和村干部等群体进行访谈调查。

问卷调查法。在实地调研中，调研小组对村民发放了问卷；除此之外，调研小组还发布了线上问卷，共收获电子调查问卷 80 份。

线上展示。调研结束后，我们通过短视频和公众号形式进行了线上展示和宣传，也收到了一定的反响。

图 1　枫树村实地调研

（三）调查过程

1. 实地调研

2023 年 7 月，实地调研小组前往湖南省邵阳市新邵县枫树村对村民、村支部干部等群体进行了访谈和问卷调查。访谈和调查问卷内容包括老人补贴辅助政策、安居保障房、大型公共活动社区建设、交通基础设施、信息基础设施和新能源基础设施等六个方面的问题，细致了解当地百姓的生活现状与近些年的生活变化。

随后，实地调研小组前往安居房、乡村中学、村服务中心、老年人互助照料中心等定点目的地进行实地调研。在村服务中心，我们在信息公示板上获取了有关农村居民生活保障的材料。在安居房，小组成员与村里老人进行交流沟通，了解其身体健康和养老保障情况。在调查的过程中，我们也时刻在观察乡村道路周围的环境以及简单的生活设施，如太阳能路灯、健身设施、大巴站等，拍下了许多反映当地真实生活状态的影像。

2. 线上调研

除实地走访调研以外，调研小组也发布了线上问卷。线上问卷的内容包括近十年来农村变化的表现、原因、影响等。通过互联网的传播与大家的积极参与，我们收集到更多的样本数据，了解了不同阶段的人关于近十年农村变革的想法。

（四）改革历程

1. 乡村发展成就

自脱贫攻坚战打响以来，新邵形成协调指挥、考核调度、目标责任三位一体的严密体系。从县委、县政府到村“两委”，从县级领导到帮扶责任人，新邵分 9 个层次，层层传递压力，层层压实责任，实行轻奖重罚、履职评议制度。为了将任务落到实处，新邵县坚持问题导向，创新督导方式，整合省、市、县三级督导力量，成立了 10 个督察组，采取“四不两直”、电话回访、点面结合等方式，对全县有贫困人口的 403 个村进行全面督察，及时发现问题、交办整改。

在脱贫攻坚和乡村振兴的征程上，新邵县实现了四个“全”。

一是全力实现水、电、路、网“四通”。从源头到龙头，农村安全饮水工程让涓涓细流浸润民心。近年来，新邵县用大力气、下苦功夫，全面解决了所有贫困村、贫困群众的饮水问题。从田埂到山野，广大电力工作者为贫困群众提供最大限度的电力保障，点亮贫困村落的万家灯火。从青山到绿水，一条条农村公路如玉带般百转千回，让公路真正成为致富的纽带。从电脑到手机，该县聚焦信息化扶贫，立足于打通信息高速路，加大通信基站投入力度，解决农村信息缺乏、信息闭塞的突出问题，使农村群众既富口袋又富脑袋。

二是全力推进危房改造、易地搬迁、消费扶贫、村级平台四大工程。新邵县以危房改造为契机，做到应改尽改，自 2014 年以来，共投入 4.42 亿元改造危房 16323 户，其中有贫困户 8082 户，解决了 49723 人的住房安全问题，其中贫困对象 28934 人。该县以易地扶贫搬迁为抓手，统筹规划旅游开发、移民搬迁、小城镇建设，共投入资金 5.29 亿元，高标准、高品位建设了白水洞、坪上高铁新城、潭府水口等 17 个安置点，实施易地扶贫搬迁 2201 户

8821 人。目前，各安置点正通过健全基本服务体系、就业培训体系、文化服务体系，全面实现贫困群众搬得出、稳得住、能致富。

三是全力推进龙头产业、特色产业、光伏产业、旅游产业发展。该县因地制宜，强化禽畜加工、特色果蔬、中药材等龙头产业带动效果，助推富硒、油茶、黄酒等特色产业发展，挖掘光伏等新兴产业的发展潜力，打造旅游产业全新名片。自 2014 年以来，全县共投入产业扶持资金 2.9 亿元，重点发展与扶贫关联度高、贫困户能广泛参与的七大主导产业，同时全力提升白水洞、白云岩、农家乐等全域旅游产品的影响力和美誉度。2019 年 12 月，湖南省冬季乡村旅游节在新邵白水洞盛大开幕，该县的旅游产业发展风生水起。

四是全面完成教育、医疗、就业、兜底四大保障工作。新邵县着力推进义务教育学校标准化建设，精准落实“两免一补”政策，健全完善控辍保学机制；着力实施健康扶贫工程，精准落实健康扶贫医疗保障救助政策，对贫困户实行“先就诊后付费”机制，住院费用报销可达 85%；着力提升就业服务水平，实现农村贫困劳动力全员培训；着力强化社会兜底能力，不断提高特困对象供养能力，全面提高农村低保救助水平，做好扶贫与低保的有效衔接，做到应保尽保、应兜尽兜。

在实地走访调研中，我们发现村民对近些年农村基础设施的改善较为满意，大部分村民对农村老年人的养老补贴政策持满意态度。这反映出国家对农村建设的重视，重点推动了安居保障房建设、社区活动中心建设、乡村公路建设、互联网普及等一批项目。家庭条件困难户住上了安居保障房，养老保险金额不断上涨，休闲娱乐设施逐渐完善，道路直通家门口，人们的幸福指数在不断提升，人们对近十年来的改变纷纷竖起大拇指。

2. 问题分析

在乡村发展的过程中，主要存在两方面问题。一是乡村产业或集体经济弱，仍需继续推进。有产业基础或产业特色的村庄，通过自身发展或在政府的推动下产业特色明显，有的已经形成集体经济。但在部分自然禀赋有限、产业基础薄弱的村庄，乡村产业或集体经济没有形成，村民收入相对较低。二是基础设施“薄弱化”。早期建设的基础设施普遍标准低，部分老旧设施已不能满足当前农业经济发展的根本需要，并且很多村对基础设施缺乏管理，导致公路、水路、电路等基础设施破损严重，难以长期发挥效益。

在实地走访调研过程中，调研小组也发现了一些有待进一步提升的地方，包括老年人补贴政策额度不高，文娱活动场地荒废，道路狭窄，双向车辆不能同时通过，安居保障房面积有限等方面。

形成这类问题主要有两方面的原因。一是乡村振兴工作时间紧、任务重，乡村振兴不是一朝一夕的事情，乡村产业和村集体经济的发展问题也是当前全国农村普遍存在的问题。客观条件制约，村民思想因循守旧，村班子战斗力不强，政策扶持力度不够，政策措施落实不到位等都可能是背后的原因。二是基础设施建设同步推进，没有考虑到各个乡村的实际情况，也没有考虑到后续的使用率。此外，虽然国家不断加大对“三农”的投入力度，推进城乡一体化发展，但是国家对农村基本公共服务设施的投入力度还不是很大，基础设施配置的资金受限，建设的质量也无法得到保障。

3. 改进建议

针对第一个问题，明确产业发展是乡村振兴的重点，抓住产业发展就抓住了乡村振兴的“牛鼻子”，必须将产业发展摆在乡村振兴重中之重的位置。根据新邵县资源禀赋优势，坚持市场导向，着眼于乡村产业的整体提升和长远发展，科学做好产业发展规划，发挥自身优势，推动“公司（合作社）+基地+农户”模式，推动乡村产业向组织化、规模化、品牌化发展。加强基层党组织建设，坚持抓好村“两委”班子建设，帮助他们开阔眼界、解放思想、提升本领。政府成立实施乡村振兴战略领导小组，各部门按照“责任不松、政策不变、力度不减、监管不脱”的要求，各司其职，各尽其力，协调配合，认真落实相关政策和工作安排。针对第二个问题，加强统筹规划，推进乡村建设。一方面规划时要根据各村实际需求、各村特点来确定项目类别，让基础设施建设与文化服务体系建设达到效益最大化。另一方面要建立基础设施长效养护机制，大力宣传相关法律法规，鼓励农民成立专业组织，负责基础设施日常养护工作。

针对实地走访调研中发现的问题，我们给出了自己的建议。首先，针对老年人补贴政策，可以不局限于给予资金的补贴，对于有一定工作能力的老年人，可以创建渠道发挥他们的价值，比如建设因地制宜的农场，让每个人做些力所能及的小事，既打发了时光，又可以改善生活。其次，对于大型活动比较少且村民参与度不高的问题，可以投其所好，设立一定的奖励机制，丰富老年人的生活，不局限于打牌、种地；同时也要充分利用场地，发挥场地的实际作用。最后，针对交通基础设施、安居保障房的问题，有老人反映道路狭窄，住房狭小，经过实地考察，我们认为由于乡村基础设施受经济发展水平的影响，现在的道路宽度和安居保障房面积是经过考量且比较适合乡村发展现状的。

通过此次调研，我们也收获了许多经验。在实现乡村振兴的过程中，必须以完善基础设施为重点工作，不断增强农民的获得感、幸福感、安全感，这才是乡村振兴的应有之义。基础设施是乡村振兴的根本。交通运输、水利、电力、通信等基础设施条件落后的地方，纵使农业资源、旅游资源、劳动力资源再丰富，也会使有心来此谋发展的企业望而却步。除基础设施的建设外，补贴政策、保障政策的支持也至关重要。农村老人多，获取生存费用的能力弱，针对这一类人群，国家的补贴保障就显得尤为重要。为困难住户建设的安居保障房，每月下发的老年人补贴金也许在一些人眼中微不足道，但这可以大大改善老人、低保户的生活。

4. 线上问卷展示

为更好地了解不同阶段的人的想法，调研小组发布了线上问卷。关于十年来家乡的变化问卷结果（见图 2）显示：25%的受访者认为变化很大，56.25%的受访者认为比较大，认为变化较小的受访者只占 18.75%，并且没有受访者表示近十年内没有感受到变化。对于受访者来说，近十年的变化主要体现在交通道路、通信设施、公共服务等方面，有 92.5%的受访者表示交通道路发生了巨大变化。有关造成如此变化的原因，大部分受访者认为离不开政府有关部门的管理和建设、国家政策帮扶补贴和信息网络的发展。乡村产业蓬勃发展，乡村道路宽阔顺畅，乡村信息不再闭塞，近十年的沧桑巨变并非一日之果。在谈及近十年乡村巨变带来的影响时，调研小组听到的最多的声音就是“生活更方便了”“生活更美好了”，无一不体现出我国乡村振兴取得的巨大成就。当然也不乏一些质疑与不满，如农村风貌一定程度被破坏，思想观念道德水平依旧有些落后，部分封建残余尚存等。

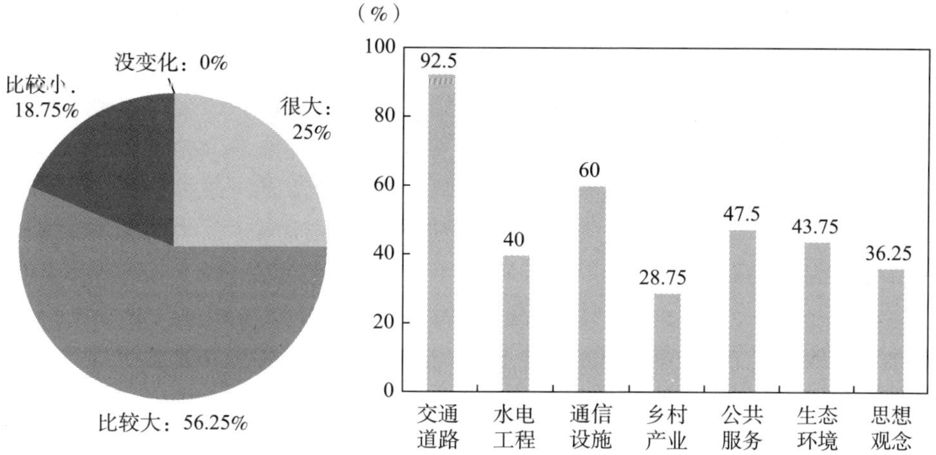

图 2　线上问卷调查统计结果

三、调查结论与总结

通过此次调研新时代十年农村变化，我们紧密围绕课题，对相关数据进行了整理总结。

本次暑期社会实践调研，从6月25日开始，历时约一个月，共有7名小组成员参与其中，通过大家的共同努力，我们收到了来自社会包括被调研对象在内的良好反馈。在湖南邵阳市进行乡村调研过程中，实地调查小组共获得四份具有代表性的调研问卷反馈，共拍摄照片30余张，全程影音资料约一分钟，走访8人。在线上问卷调研中，共收获电子调查问卷80份。调研结束后，我们通过短视频和公众号形式所做出的宣传也收到了一定反响，截至目前，视频观看量616次，点赞量87次；推送阅读量达203次，点赞量36次。同时，组员们也在这次实践中受益匪浅，共收到7份小组成员感悟，约3000字。

聚焦于“基层民生与基础设施建设”方向，超过半数的受访者认为家乡变化比较大，四分之一的受访者认为变化很大。换言之，我们的家乡在基层民生改善、社会治理和基础设施建设等方面取得的巨大成就让民众切身体会到家乡在一步步向好，全面建设社会主义现代化强国战略正在切实落地。十年农村变革带来的变化主要体现在交通道路、通信设施、公共服务以及生态环境四个方面。政府相关部门的管理和建设、信息网络的发展以及国家政策帮扶补贴成为上述变化的主要原因。

在深入的调研体验中，我们从村支书的讲解与眼前崭新现代化的设施里切实地体会到十年农村变革的来之不易与震撼。农业农村农民“三农”问题在中国共产党的领导下稳步推进，从“美丽乡村”建设、社会主义新农村建设、特色小镇建设，到乡村振兴战略的实施，对城乡关系的处理也经历了从城乡兼顾、统筹城乡，到城乡融合的发展历程，探索出一条符合中国国情的乡村振兴之路，广大农民为推进工业化、城镇化也作出了巨大贡献，背后的付出与坚持令人动容。

“一切伟大的成就，都是接续奋斗的结果；一切伟大的事业，都需要在继往开来中推进。”作为新时代青年，生逢盛世，我们应当勇担重任，牢牢接住“建设家乡”的火炬，乘风续航！

四、调查收获与感言

在此次“回首过往十年，感悟农村新态”——关于家乡农村新时代十年变革的主题调研中，暑期实践小队成员全程参与调研活动的前期策划、选材，中期的实地调研，以及后期的总结宣传，通过这一系列的统筹计划以及亲身探访，所有成员均感受颇深。

加深了对家乡的了解。调研能够让我们对家乡的发展变化有更全面的认知，了解家乡在经济、教育、文化等多个方面取得的进步和成就。在社会的发展方面，我们通过与当地人民的交流和互动，深入了解他们的需求和关注点。在感受家乡的进步之中，我们也发现其缺点，我们重新审视自己对家乡的认知和态度，发现家乡的优势和潜力，同时也看到家乡存在的问题和困难。我们借助这个机会思考如何积极参与家乡的变革和发展，为家乡的繁荣贡献自己的力量，提供更有针对性的建议和支持。

学会了如何科学地研究社会问题。研究是谋事之基、成事之道，没有调查就没有发言权。习近平总书记指出："群众的很多想法，往往不是在那些很正式的场合，当着多人的面会讲出来的，而是要同他们身挨身坐、心贴心聊才能听得到。"在此次"走家乡，看变革"暑期实践活动中，我们走访了家乡农村的各家各户，切实感受到新时代十年农村的巨大变化：便利的交通让村民不用再跋山涉水，良好的人居环境让农村景色焕然一新，扎实的干部队伍让村里展现出新的风貌。十年之变，家乡农村越变越好，我们坚定不移地相信，在党的领导下，下一个十年乃至今后无数个十年，必将取得更加辉煌的成就，中华民族伟大复兴的中国梦必将实现。

自身能力得到了锻炼。通过此次调研活动我们深入农村基层，在社会实践中开阔了视野，锻炼了与人沟通交流、与人合作、处理事情的能力，找到了我们学习知识、锻炼才干的有效途径。此次调研有助于我们接触社会、了解社会，进而服务社会、回报社会。社会实践活动是我们人生旅途中浓墨重彩的一笔，通过这次调研获得的经验也是我们今后漫漫人生路中难忘的精彩片段。

认识到社会实践的重要性。大学生社会实践是促进大学生素质发展，提高大学生创新能力和实践能力的有效途径，也是巩固理论知识和学习新知识的重要途径，对帮助我们了解国情，了解民生，增强改革开放意识有重要的现实意义。本次社会实践引导我们走出校门，接触社会，了解到邵阳市的基础设施、民生发展等情况，拉近了我们与社会的距离，也让我们在社会实践中开阔了视野，增长了才干，进一步明确了我们青年学子肩负的历史使命。

本篇调查报告主要由陈冰若与蒋佳彤同学撰写，其余成员为撰写参与者。

“绿水青山就是金山银山”①

——做好甘肃附近地区生态环境改善成功经验的探访者

兰州市小组调研报告②

一、引言

在本次调研之中，小组成员去往甘肃省兰州市，调研黄河的生态环境治理成果。随着近年来国家对生态环境保护与建设的重视以及各项工作的开展与落实，兰州市对黄河的生态环境治理成果逐渐显著。黄河是兰州人民的母亲河，兰州人的饮用水都靠黄河供给，所以将黄河水处理成饮用水是至关重要的。随着黄河生态治理的不断推进，黄河饮用水水源地水质全部达标，解决了居民的饮用水污染问题。

队员们通过采访游客和当地居民，走近水车园、黄河母亲雕塑、中山桥、白塔山公园等，实地考察水质，了解大家对黄河生态治理成果的看法。通过在当地的调研体会家乡发生的变革。

近年来，国家加大了对环境生态治理的投入力度，自习近平总书记提出“绿水青山就是金山银山”“共筑人类命运共同体”以来，兰州市在市委、市政府的坚强领导下，以开展“三抓三促”行动为契机，以全面实施黄河流域生态保护和优质发展战略、打好“生态牌”、走好“绿色路”为抓手，坚持践行“绿水青山就是金山银山”理念，以实际行动践行强省会行动，群众满意度不断提升，群众幸福指数不断提升。

从 2019 年开始，兰州市生态环境局继续加大流域综合治理工程推进力度，切实保障水源地水质安全，围绕国务院“水十条”重点任务，坚决打好

① 作者：姜浩、陈蕾、张榕、赵俊菊、高婕、胡甜甜、孙甜甜、王安娜、马彩雲；指导教师：高晔。

② 作者：张榕、高婕。

碧水保卫战。

二、主体

被兰州人亲切地称为“母亲河”的黄河，是中华文明的主要发源地，也是中国第二长的河流。发源于青海，经甘南玛曲后流入兰州。黄河流经兰州市城关区、榆中县、皋兰县、西固区、安宁区、七里河区，流程约151千米，流域面积约1.31万平方千米。

甘肃作为黄河上游的主要水源涵养区与补给区，肩负着黄河中上游地区重大的生态修复、水土保持与污染治理等重任。兰州作为黄河穿城而过的唯一省会城市，这份沉甸甸的责任，一定要切实履行。

多年来，兰州市积极推进一系列生态保护与修复的重要工程和建设项目，以科学优质的规划为引领，大力推进水源地保护。突出抓好水土保持、治污等重点工作。

流经兰州市的黄河段，全长150.7千米，位于黄河主支流，市区段47.5千米，沿河95千米。在兰州黄河流域修建防洪设施之前，已经修建了约57千米的堤坝，包括22千米不需要保护的天然堤坝，15.76千米没有保护的河道堤坝。

兰州城区段的百年一遇防洪堤一直是设防标准，但洪峰流量发生了变化，从1954年水利部规定的5500立方米/秒，到1956年的5900立方米/秒，再到1978年核定的6500立方米/秒。

通过对兰州市黄河防洪工程的整治，新建和加固断面均已实现一百年一遇洪峰流量6500立方米/秒的设计目标。农业防治工程按10年一次设计，对应洪峰流量5640立方米/秒，防洪薄弱状况得到明显改善。经过2018年度洪峰流量3610立方米/秒、2019年度洪峰流量3730立方米/秒、2020年度洪峰流量3640立方米/秒的漫长考验，有力地保障了黄河两岸200万城乡居民的生命财产安全。

黄河干流甘肃段防洪工程被国务院确定为2015年水利重点工程。作为该工程的一个子项目，兰州市黄河干流防洪工程也被列为省重点工程。

2020年11月30日，总投资16.79亿元的兰州市黄河干流防洪治理工程全部完工。累计完成河道治理任务54.1千米，其中堤防新建11.799千米，护坡护岸新建24.282千米，堤防修复加固42.828千米。对0.11千米长的驳岸进行维修加固。在新建12千米绿化带的同时，还新增绿地面积8.6633万平方米，对河道进行清障清淤49470万立方米。累计完成开挖土方任务126.16万立方米。抛掷填石110.11万立方米，浇筑混凝土45.91万立方米，完成堤防栏板安装 14.16 千米。

在黄河兰州流域治理工作开始之前，已完成了 56.92 千米堤坝的建设，“四害”问题也较为少见。但兰州市西固区与城关区之间的长达 15.76 千米的江堤尚未建成，存在着大量的垃圾乱倒、乱搭、乱堆、乱放的“四乱”问题。

在项目开展过程中，清理了河流中的各类建筑、生活废弃物 27 万吨，清理了辖区内的沙石堆积物 59 万多立方米，违规建筑 28000 多平方米。调集了 5 条水文观测艇，架设了护栏和护坡 7.3 万立方米。可见，兰州市所采取的各项防洪措施，既能有效地解决城市的防洪需要，又能更好地促进市区的岸线与堤防的连接，从而显著地改善了生态环境。

固堤则安，治河则净。

黄河兰州境内河道宽 120～600 米，沿线分布着 4 个水力发电站。随着旅游事业的繁荣，沿河地区出现了许多农家乐和码头项目，治理工作是当务之急。

新技术、新工艺、新材料在兰州市河道治理项目中得到了广泛应用。将高羊茅、芦苇等绿色植物分别栽植在混凝土护岸网架和花岗石笼舍内，利用墙坡生态结构堤围和网架结构生态预制块，填充黄河特有的奇石。建设促进防洪与生态景观有效融合的具有渗透性的湿地驳岸生态系统。

兰州市坚持把整治河湖生态环境专项行动作为重点工作来抓，深入推进河湖“清剿脏乱差”战役常态化。清理了黄河兰州河段内堆积的沙石和垃圾 5000 多吨，并清除了 20000 多平方米的违规建筑。重点攻克了黄河城关段和七里河马滩段的淤堵难题。加快推进深安跨海工程的报批工作，加快百合公园、廉政文化园等工程的建设。

截至 2020 年，水利部、省河长办反馈的 101 件黄河干流问题已办结 89 件，其余 12 件均为趸船码头影响行洪的问题，目前已全部办结。

在岸线治理方面，兰州市高水平地组织实施黄河治理项目，对黄河兰州境内 240 条岸线治理项目进行了全面梳理和摸底。其中实施了 16 个“类滩”的拆除和取缔，21 个“类滩”的整治整改。在此过程中，已拆除了 1000 多平方米的违章建筑，并进行了 21 个涉河项目的审核，督促业主单位完成 7 项涉河建设工程防洪影响分析及整改报告。对沿黄地区的水源地进行评价，撤销 5 个取水证，清除 4 处已被弃置的取水点。对在西固区八盘峡水库库区内的 2 个农家乐进行整治，对 2 家占用河岸线的生态公园进行了拆除。

抱着“水利工程补短板，水利产业强监管”的理念，兰州市对河湖河道的监管可谓是尽心尽力。完成了黄河干线视频监控系统信息化工程建设、河湖长制信息系统等水利改革发展中的重点工程。每年年初，通过下发河长令，对河长制的重点工作、牵头单位、完成时限等进行落实，并对河长制的重点工作任务进行了具体明确，建立了齐抓共管的工作制度。“河湖长+检察长+警长”工作模式全面推行的同时，推动创新，强化行政执法与刑事司法衔接机制。建立了“警民治河协作体”，明确职责，协调有序，防治结合，治理有效。

大力整治后，全市江河湖泊生态面貌明显改观，严厉打击了一批破坏江河湖泊生态环境的违法犯罪行为，整治了一批江河湖泊的顽疾。

从2019年开始，兰州市生态环境局继续加大流域综合治理工程实施力度，紧扣“水十条”政策，坚定不移地完成“绿水青山”这一重大战略目标，切实保证了水源地的质量安全。

走过河岸线、走过草地、钻过暗渠、踏入丛林，那一个个被汗水打湿的人，翔实而又精确的排污口资料，充分展示了环保人的初心和使命。

兰州市生态环境局在2020年8月，通过实地勘察，完成国家和省下达的河流入海调查任务，并对相关资料进行了细致核查，为逐渐标准化河流排污奠定了工作基础。

到现在为止，已经对310个左右的污染源通过在线监测设备进行了实时监测，弥补了人力资源短缺导致的兰州河段水环境总体监测的盲点。县级及以上的饮用水水源地质量合格率达100%。

兰州市近几年来在中央和全省的大力扶持下，以确保城市城区能够经受住“百年一遇”的洪涝灾害为主要目的，开展了一系列的综合整治工作。推动4个城市污水处理设施升级改造工程，投入达46亿元，8个黑臭水体均已整改完毕。2020年，全市新增和改建了49.08千米的城市排水系统，实现了城市生活垃圾的量化和无害化，重点推进了“水土保持”和“小流域综合整治”工程，到现在为止，已经治理了6.49平方千米。加速河洪道的生态整治，使河洪道的生态环境得到了极大的改善。

要使兰州市条条大河，条条小河，都能成为清洁的江河，造福于民。《2021年第一季度中国城市环境舒适指数报告》显示，兰州水质清洁指数位居全国36个重点城市之首。兰州市被评为“全国十大水质清洁城市”之一，在对全国336个地级及以上城市水质情况的综合考核中名列第八。

积极贯彻落实习近平总书记在甘肃考察工作时的重要讲话和批示精神，坚持以人为本的发展理念，积极实施黄河流域生态保护和优质发展战略。兰州认真贯彻落实“七篇文章”，精心塑造“滨黄亮丽之城”城市形象，坚持生态优先、绿色发展、民生为本的理念。

其间，组织起草了《兰州黄河之滨优质发展规划》《黄河风情带提升建设规划》《沿河生态旅游景区慢行系统规划》《黄河风情带景观风貌带提升建设规划》等规划。谋划“发展”文章，推进“山水人城”一体化发展，提高“治”的系统性、整体性和协同性。

兰州正以“美丽的黄河之滨”为特色，致力于打造城市最美客厅，推动旅游收入增长的山清水秀、绿树成荫的滨水景观长廊。创建了精品发展的样板，科学治理，科学利用。

秉承“增绿、添花、添彩”的理念，按照“一园一主题”的理念，遵循“花宜养、草宜养”的原则，倾心打造别具一格的滨河花海景观，倾心打造魅力滨水景观长廊。全力推进生态湿地修复治理，通过低投入、全覆盖绿化，巧妙打造秀美“山水”景致、提升园林景观品位、彰显独特魅力。

为写好“幸福”文章，我们将根据当地情况，精心规划优美、高品质的滨河游步道，根据滨河体育休闲区的建设情况，努力打造母亲河上的迷人夜景。为市民和游客打造“夜游黄河”的兰州旅游知名品牌，提供了集健身、游览等功能于一体的慢生活休闲长廊。

兰州正加大力度修建白塔山、金城关、黄河大厦景区，旨在将其打造成兰州旅游新地标、新亮点的“读者印象”文化街区，以优化兰州的产业文章。为景区建设提供资金支持，通过出售经营权等融资方式融资 30 多亿元。同时，全面提升景区服务水平和服务质量，对沿线休闲茶摊进行整体管理。

精心策划了 1500 余场丰富多彩的文体活动，以“生动讲述黄河故事”“展现城市风采”为主题，在省外进行了 5 次宣传推介，打造了具有“融入”元素的文章。共在各类媒体上滚动播出景区新闻 3500 多条，吸引了大批游客前来观光旅游，使兰州城市的知名度和美誉度得到了提升。

《兰州市黄河风情线大景区保护管理条例》于 2021 年 7 月 1 日开始实施，为提升管理质量，兰州市联合公安、城管等部门开展了形式多样的专项整治行动。持续开展环境卫生常态化精细保洁和集中整治，让来往的市民和游客感受到黄河岸边持续不断的“精细化”呵护。

兰州大学生命科学学院教授张立勋近年来指出，在这一区域繁殖越冬的水鸟有 50 多种，其中最大种群数量超过 1 万只，黄河湿地的动物多样性有明显改善的趋势。从 2020 年开始，国家重点保护动物黑鹳、灰鹤等开始频繁出现，大天鹅在这里越冬，越冬种群逐年增加。

黄河大景区管理委员会近几年在滨河地区进行了精心设计，使其形成了独具特色的花海。根据“一园一主题”的理念，对沿河 10 个主题乐园进行了全面的改造和升级。以“添绿，插花，渲染”为设计思路，创造出极具吸引力的滨水景观走廊。加快滩尖子和雁儿湾湿地恢复的项目建设，建设湿地公园和游憩走廊，推进马滩湿地生态修复工程实施。精心打造景观优美、品质卓越的滨河游步道，将具有健身、游览等多功能的慢生活休闲区提供给市民和游客。通过开展夜景亮化工程，推动兰州旅游知名品牌建设，实现“黄河夜游”项目核心区 8 千米。根据实际情况，共有 67 处全民健身场地和 2300 余个自助书吧，建设健身器材及环保公厕等便民设施，包括足球场、篮球场、乒乓球场等。同时，体育休闲带也在沿河一带建立起来。幸福感在兰州市民中不断增强。黄河旅游线核心区所在的区域在 2021 年获得了“中国百佳县市”的称号。

三、调查结论与总结

黄河沿岸已是兰州最引人注目的地标，也是当地居民旅游度假的热点地。《兰州市黄河风情线大景区保护管理条例》在黄河流域高质量发展战略中的重大举措于 2021 年 7 月 1 日起正式施行。

为推动黄河地区的生态环境建设与可持续发展，兰州市两山工程建设领导小组大力开展了一系列的工作。如今，南、北两山地区的绿地已经扩展到了 620000 多公顷，常见的脊椎动物有 76 种，形成了完善的人造林地生态体系。中国科学院西北生态与环境所的研究数据表明，兰州城区南北山林区年涵养水源 1431 万立方米，固定碳 107 万吨，释放氧气 54 万吨。在此基础上，提出了一种新的思路：通过对黄河三角洲地区的河流进行治理，使黄河三角洲地区的土地利用效率达到了历史最高水平。兰州北部山区和南部山区的空气负氧离子浓度是市区的 10 多倍。这两个山体就像是城市的“肺叶”，在城市周围形成了一道坚固的、翠绿的围墙。全年参加科学与休闲活动的人数为 3688. 55 万人次。

兰州市将坚定不移地贯彻落实习近平总书记重要指示精神，全力以赴，奋起直追，确保“黄河水体保持健康”，以高质量推进兰州发展。重点抓好六个重要方面的工作：组织保障责任落实，推进重点项目规划实施，强化源头治理，促进生态保护，讲好兰州黄河文化故事，推动优质发展。再接再厉，不懈拼搏。常委、常务副市长杨金泉表示，兰州市委牢牢把握“率先发展”的工作方向，在十三届十五次全会上，将主动担当、主动作为，确保各项工作扎实推进。致力于把黄河建设成惠及百姓的幸福河，加快推进黄河流域生态保护和优质开发试点区建设。

四、收获或感悟

通过此次调研活动，我们走进我的家乡，去探索这么多年来它发生的变化。我看到它在变化与发展中焕发出新的活力，看到它在改革中焕发出新的生机。

对于近些年来生态环境治理的变化，作为普通市民，我们感到的是空气变得清新，早晨在北滨河路锻炼的人越来越多，天空越来越蓝。只有走进黄河治理的工作单位了解这些年黄河治理的工作进程，才能更加体会到生态环境治理的建设性成果。

金昌市小组调研报告①

一、引言

为全面推动绿色生产生活方式的形成，实现减污降碳协同增效，为全市全面转型优质发展作出积极贡献，近年来，金昌市积极贯彻落实中央、省委有关决策部署，深入推进“无废城”建设。群众期盼的美好生活就是常在的蓝天，长流的碧水。金昌市牢牢树立和践行“绿水青山就是金山银山”的理念，加大环境综合整治力度，不断完善环境保护体制机制，有效提升生态环境治理能力，持续打好蓝天、碧水、净土的保卫战，大气质量和水环境质量稳步提升，群众得到的实惠和幸福感进一步提升，全市环境综合整治工作取得明显成效。为了更好地了解金昌市生态环境改善的情况，我们团队将秉持习近平生态文明思想对其进行实地勘察，调查时间：2023 年 7 月 26 日；调查对象：金昌市生态环境局，当地居民。

二、主体

（一）基本情况

金昌市地处甘肃省中部，以工业为龙头。随着金昌市经济的迅速发展，工业生产的增长也带来了严重的生态环境问题。为了治理工业污染，金昌市已经建立了相关的环保制度和政策，并逐步推动环保产业的发展。在对当地生态环境局询问中，我们发现金昌市主要存在两个方面的工业污染问题：大气污染和水污染。空气污染主要来自工业废气和机动车尾气排放，这些废气会导致空气质量下降，影响居民健康；水体污染主要来自工业废水排放，这些废水严重污染了当地水资源，对水生态系统的健康造成了威胁。

① 作者：陈蕾、姜浩。

（二）基本方法

为了调查工业污染情况，我们采用了多种方法和工具。其中包括实地调研、收集数据法等，我们走访了当地的生态环境局，通过负责人的讲解，我们对金昌市生态改善情况有了进一步的了解。

（三）措施与现状

自党的十八大以来，金昌市始终把生态文明建设立为一项重大政治任务、民生任务、底线任务，贯穿于全面转型、以生态为根本、实现绿色发展的方方面面、全过程，贯穿于全市工作的核心位置。生态观念日益增强，生活品质得到了极大的提高，整个城市的生态文明也在稳步地向前发展。

自 2013 年起，金昌市围绕“南水源涵养、中绿洲建造、北风沙治理”的生态建设与环保工作的整体思想，大力开展了生态文明的创建工作，共实施了 24. 68 万公顷的绿化项目。培育林木 28. 34 万亩，综合治沙 166 万亩，城市建成区绿化覆盖达 38. 36%，森林覆盖率达 18. 6%。城区北部的防护林、紫金苑公园、月季谷公园、龙首湖公园、南坝公园的“花果山”等绿色旅游景点相继建成。公园园区平均每人享有 28. 03 平方米的绿色空间。一串又一串的数据，见证着金昌由一片戈壁滩变成一片绿色的宏伟气象，为高质量发展奠定了坚实的生态基础。面对“绿色大考”，金昌从点滴抓起，保护蓝天，保护清水，保护大地，进行了一次艰苦的治理污染的战役。2021 年，金昌市区空气质量优良天数达到 321 天，连续 5 年超过 300 天。城市大气污染 6 个评价指标均达到全国二类或更高水平。全市地表水和地下水水质优良率 100%，地表水水质达到国家二类水质标准，水质在国家地表水监督总站列第九位。国家Ⅲ级以上饮用水水源地的质量合格率为 100%。对 16 个主要工业企业进行了工业土地污染状况调查，查明了 10 个具备处理废物能力的企业；在此基础上，启动了 2 个农田生态环境保护与恢复试验研究项目。十年间，金昌的青山越来越绿，河水越来越清。

金昌积极抢抓“双碳”机遇，坚定把绿色发展作为依托产业基础和资源优势，突出企业一体化、城乡一体化、产业一体化的重要路径和破解污染难题的治本之策，建设高质量的现代化经济体系。重点推进先进制造业、循环农业、节能环保、清洁生产、清洁能源、通道物流、文化旅游、中医药、数据信息和军民融合等十大生态产业的发展。十大生态产业到 2021 年共完成产业增加值 126 亿元，占全市 GDP 的 30%。金昌市也被评为国家首批大宗固体废物综合利用示范基地、工业资源综合利用示范基地和国家绿色矿业发展示范基地。

为改善金昌市生态环境，该市政府采取了一系列改革举措。首先，加强了对工业企业的监管，制定了严格的环保政策，并对违法排污行为进行了严惩。其次，金昌市政府积极引导企业进行技术改造，提高了污染治理设施的效率。最后，政府为加强公众环保意识，加大了环保治理工作的宣传教育力度。主要采取了加强工业企业环保管理，实行严格的排污许可制度等措施，对金昌市工业污染进行治理；工业废气、废水治理力度加大，治理设施效能得到提升。建立完善的监测体系，加强环境监测和信息共享；加大对环境违法行为的执法力度，做到有法必依、违法必究。目前，全市工业污染治理工作取得了明显成效，改善了空气质量，改善了水质。一些企业开始意识到环境保护的重要性，并在治理方面采取了积极主动的做法。市民环境保护的意识也在逐步提高。图 1 至图 5 是针对工业污染问题实施的项目照片与改善前后的对比图。

图 1　五大硫酸尾气达标治理工程

图 2　合成炉环集子项建设

图 3　自热炉环集子项建设

图 4　废气项目实施前厂区排烟情况

图 5　废气项目实施后厂区排烟情况

（四）存在的问题及分析

1. 存在的问题

（1）突出的大气污染问题：金昌市大气污染较重，主要原因是工业废气排放和机动车尾气排放。对居民健康威胁较大。

（2）严重的水污染：工业废水排放造成金昌市水资源严重污染，对当地水生态系统健康造成威胁。

（3）监管不力：部分工业企业对环境保护监管不严，违法排污现象比较普遍，治理设施不完善，排污达标率较低。

（4）环保意识不足：部分企业和居民缺乏环保意识，对环境污染问题重视不够。

2. 原因分析

（1）经济发展压力大：金昌市近年来经济快速增长，工业生产规模快速扩张，环保压力增大，导致环保投入不足。

（2）技术水平相对落后：部分工业企业技术水平不高，缺乏污染治理设施更新和技术改造的技术。

（3）监督体系不完善：监督机构对企业的监督还不够严密，在监督体系建设方面还有待进一步加强。

（五）解决问题的方法、对策

（1）加强环保政策法规制定：制定更加严格的环保政策法规，加大对违法排污行为的处罚力度，激励企业更加重视环境保护。

（2）提高环保技术水平：加大对企业环保技术改造的支持力度，推动工业企业引进先进的治理设施和技术，减少污染物的产生。

（3）加大督查执法力度：完善督查制度，加大对环境违法行为的日常督查和工业企业的巡查力度，确保企业规范运行。

（4）加强宣传教育：通过开展环保宣传教育活动，提高企业和广大市民对环保工作的知晓度和责任感，培养企业良好的环保意识。

三、调查结论与总结

（一）调查结论

（1）金昌市面临的主要环境问题是大气污染和水污染，工业废气、废水排放对大气和水资源构成严重威胁，但这一现象在很大范围内得到了改善，主要是政府和企业通过多项措施和项目工程共同进行治理。

（2）存在监管不力的问题，部分工业企业对环境污染的治理不到位，违法排污现象比较普遍，但近些年来，该现象已得到较大改善。

（3）环保意识有待提高，部分企业和居民对环境保护的认识还不到位，重视程度还不够高。

（二）总结

金昌市生态环境产业污染问题严重，但通过加强环保政策法规制定，提高环保技术水平，加大监管执法力度，加大宣传教育力度，能够有效改善金昌市生态环境状况，实现可持续发展。

四、收获和感悟

通过参与金昌市生态环境工业污染调查，我们团队收获很多，感悟也很多。

（1）意识到环境保护的重要性：在调查过程中，我们目睹了工业污染对生态环境的破坏，我们深刻意识到保护环境的紧迫性和必要性。

（2）了解到治理工业污染的复杂性：在调查过程中，我们了解到治理工业污染需要多方面的努力，包括政府的监管、企业的自觉改善、居民的环保意识提升等。

（3）认识到个人责任的重要性：在今后的工作和生活中，我们应通过积极的行动和参与，推动环保事业的发展，保护生态环境。

综上所述，通过此次调查，我们对金昌市生态环境工业污染问题有了更深入的了解，并从中得到了很多启示。我们希望金昌市政府、企业和居民能够共同努力，秉持习近平生态文明思想，采取有效措施，改善金昌市的生态环境，实现可持续发展。同时，我们也将继续加强环保意识，践行环保行动，为构建美丽的金昌贡献自己的力量。

参考文献

[1] 谢晓玲，莫亚红，蒲瑞华，刘欢欢．甘肃日报．2022-09-23.
[2] 蒲瑞华．金昌日报．2022-09-13.

定西市小组调研报告①

一、调研目的

党的二十大报告强调，坚持以人与自然的协调发展为出发点，坚持“绿水青山就是金山银山”的思想。为深入学习贯彻习近平总书记关于生态文明的重要思想，学习贯彻党的十八大精神，积极践行“绿水青山就是金山银山”的理念，充分认识生态文明建设的重要时代意义，加强资源环境保护，我们前往了甘肃省定西市安定区进行实地调研，深入了解安定区人民在水资源短缺的情况下如何走出了一条绿色生态发展之路。

二、定西市安定区水资源基本情况

安定区水资源较为贫乏，此前，市区居民用水多是通过水窖储存雨水，缓解生活用水困难问题。目前，城区生产生活用水均为自来水，自来水水源主要来自内官、香泉和卧龙川盆地的地下淡水资源，总储量为4.5亿立方米/年。但由于地下水严重超采，地下水位下降较快，同时降低了产水能力，造成了目前供水能力不足的局面。随着井下水位下降，水质变差，水硬度超标，甚至有的井水硬度超出国家标准3倍多。为改善定西市水质，2007年，定西市启动了以降低自来水硬度，使其符合《国家生活饮用水卫生标准》为目的，对地下水部分进行渗透淡化处理的苦咸水淡化系统。另外，引洮工程对解决安定区城区及部分农村生活、生产用水起到了十分重要的作用。

三、定西市水资源管理的成就

（1）建立完善的水资源管理制度：定西市建立了一套完整的水资源管理制度，如水资源监管制度、水资源利用管理制度、调度管理制度、水资源保护管理制度等，从源头上保障水资源管理。

（2）实现水资源安全供应：为满足城乡居民日常用水需求，建立了一套安全可靠的水资源调度机制。过去定西市附近农村需要依赖水窖储存雨水，现在随着科技的进步，取水比之前便利，如可以直接使用地下水。

（3）水资源节约、利用技术的推广：节水灌溉技术、再生水利用技术等

---

① 作者：孙甜甜、胡甜甜、赵俊菊。

在定西市得到了大力推广，水资源利用效率得到了有效提升。

（4）加强水资源保护：定西市加强水资源保护意识，开展了环保宣传教育工作，制定了若干水资源保护的措施，有效地保护了天然水土资源。调研小组实地观察了定西市周边的梯田和林场，定西市通过植树造林来涵养水源，通过梯田在一定程度上减少了水土流失。

（5）获得多项荣誉：2020 年，定西市被评为国家节水型城市、国家水利重点县和全国文明城市等，这充分证明了定西市在水资源管理方面的成就。

四、定西市水资源管理存在的不足之处

（1）水资源的供求矛盾比较严重：水资源紧张的问题比较突出。

（2）水资源利用效率偏低：当前定西市对水资源的利用效率较低，虽然推广节水农业，但尚未充分实施节水措施。在调研小组近距离观察农业时，发现利用节水技术的农田十分稀少，存在漫灌现象。

（3）水资源保护措施不完善：随着时代的发展，水资源的管理方式变得多种多样，定西市应当及时更新水资源保护法。定西市在水资源保护方面的政策和法规尚不完善，监测和执法力度有待加强。

（4）缺乏综合水资源管理制度：目前定西市水资源管理还存在部门之间的协调不足等问题，综合管理水资源的能力有待提升。

五、改善的建议

水资源管理是推进定西市创建国家节水型城市的刚性需要。汪尚学强调，要认真学习习近平总书记在强化节水、保护水生态、加快水利设施规划等方面的讲话，切实践行绿色发展理念，全面落实河湖长制。使农业产业效益有效提升，生态安全防线持续筑牢。

（1）解决监管责任不实问题。进一步明确各部门监管职责，县级政府承担主体责任，乡镇政府和街道办事处承担组织协调配合责任。

（2）解决地下水管理缺乏规划的问题。全市地下水资源开发利用和保护专项规划的起草和完善工作，需要市水行政主管部门与发改、自然资源、生态环境、住房和城乡建设、农业农村等部门通力合作，报市人民政府同意后实施。各县（区）结合实际制定保护利用地下水资源的实施方案。

（3）解决取水证发放不规范等问题。取水许可证特别是超采区范围内部分县（区）取水许可证发放不规范，导致地下水资源管理缺位，无证取水问题突出。

参考文献

[1] 冯文雅．树牢绿水青山就是金山银山理念．经济日报．2023-01-17.

[2]《定西市地下水资源管理办法（试行）》解读．

[3] 定西要闻·市委书记汪尚学深入安定区调研水利工程建设并开展巡河工作．

[4] 定西市政府工作报告．

武威市小组调研报告
挑战与机遇共存的发展之路①

一、引言

武威市是一个地级市，位于甘肃省西北部。近年来，武威市在经济发展、城市建设、社会事业等方面取得了一定成绩，但也面临着一些难题和挑战，群众反映强烈。为了更好地了解武威市的发展现状和面临的问题，此次工作队到武威市进行调研，对武威市经济、社会、环境等各方面的情况进行了全面的调查研究，为该区的发展提供了可借鉴的建议，本次调研的时间为 2023 年 8 月，地点为武威市，调查对象为武威市的居民、企业和相关政府部门。

二、主体

（一）调查对象基本情况简述

武威市是甘肃省的一个地级市，建立于 1954 年，是甘肃省的重要经济和文化中心。武威市的发展经历了从以农业为主到多元化经济的转变，目前以农业、工业和服务业为主要支柱产业。

（二）调查研究基本做法

此次调研采用实地走访、调查问卷和面谈相结合的方式。通过问卷调查，我们了解了武威市居民对城市发展的看法。同时，我们还与相关政府部门进

① 作者：姜浩、陈蕾。

行了深入交流，了解他们对武威市发展的认识和采取的措施。

（三）调研的重点内容

（1）改革的历程：武威市在过去几十年中进行了一系列的改革，包括农业改革、企业改革和城市建设等。这些改革为武威市的发展奠定了基础。

（2）主要做法：一是农业改革的推进，使农民群众的生产方式、方法得到了提升。引进现代农业技术和经营模式，在提高农产品质量和产量的同时，提高农民种养业效益。此外，武威的经济发展也因推进企业改革而焕发出新的生机。通过深化企业改革，推动企业的转型升级，武威市吸引了更多的企业和投资，促进了产业结构的优化和升级。提供了更多就业岗位，提高了老百姓的收入水平。同时，企业改革还提高了企业的竞争力和创新能力，为武威市的经济增长提供了强劲动力。此外，城市建设的不断推进也为武威市的发展增添了亮丽的风景线。通过加强基础设施建设和城市环境改善，和过去相比，武威市的城市面貌得到了极大的改善。

（3）目前取得的成绩：通过这些改革，武威市取得了一定的成绩。经济持续稳定增长，群众生活水平持续提高，与以往相比，威武的经济发展持续向好。城市的面貌焕然一新，其成为宜居宜业的现代化城市，教育、医疗、文化等公共服务水平不断提升，人民享受到更好的社会福利。

（4）存在的问题：产业结构不够优化、环境污染、城乡发展不平衡等。

（四）存在问题的基本原因分析

（1）产业结构不够优化的原因，一是过于依赖传统产业，二是长期缺乏新兴产业的发展。

（2）环境污染问题的原因是在工业发展过程中环境保护意识的不足和环境管理的不到位。

（3）城乡发展不平衡的原因是资源分配不均衡，农村基础设施建设滞后。

（五）解决问题的方法、对策或改进建议

为了解决调研过程中我们发现的武威市存在的问题，我们提出了以下解决方法：

（1）面对产业结构不够优化的问题，可制定鼓励和支持高新技术产业、文化创意产业、绿色产业等新兴产业发展的产业政策，促进经济结构转型升级。

（2）针对环境污染问题，可采取加强环境保护法律法规的制定和实施、

严厉打击环境违法行为、增强公众环境保护意识和法治意识等措施。

（3）针对城乡发展不平衡的问题，可加大农村基础设施建设投入力度，提高农村道路、供水、电力、通信等基础设施建设水平，改善农村居民居住条件，提高农民收入水平。

三、调查结论与总结

通过本次调研，我们了解到武威市在经济发展和社会事业建设方面取得了一定的成绩，但也存在一些问题。为了进一步推动武威市的发展，我们提出了一些解决问题的方法和对策。希望武威市能够加强对新兴产业的支持，加大环境保护力度，促进农村发展，实现经济可持续发展和社会进步。

四、收获或感悟

通过这次调研，我们对武威市的发展和存在的问题有了更深入的了解。我们认识到，城市发展是一个复杂的过程，需要政府、企业、社会各方面共同努力，共同推进。同时，我们也意识到自己作为大学生的责任和使命，作为一名新青年，我们要为社会的发展作出贡献。

临夏回族自治州小组调研报告①

一、调研目的

习近平总书记在开展党的群众路线教育实践活动时强调，要站在人与自然和谐相处的高度，坚定树立和贯彻“绿水青山就是金山银山”的理念。加快推进绿色转型发展，是党中央为推进中国式现代化、实现中华民族伟大复兴作出的重大决策，是实现我国社会主义现代化强国建设和第二个百年奋斗目标的一个重要的战略布局，意义极其重大。我们决心全面贯彻落实党的二十大重大决策和要求，促进生态环境绿色发展，推动人与自然和谐相处，我们一定要坚持科学发展观，加快推进国家生态安全屏障综合实验区改造建设，发挥太子山生态功能区生态保护与建设的重要作用。基于这样的发展背景，我组前往太子山自然保护区进行了深入调查，全面了解太子山地区的生态保护现状、问题和需求，为制定更加科学有效的生态保护策略和措施提供依据，

① 作者：马彩雲、王安娜。

推动太子山的生态环境持续改善和可持续发展。

二、太子山生态功能区保护和建设主要成就及建设问题

近几年，在省林业厅的正确领导下，在当地各级政府部门的大力扶持下，太子山地区深入贯彻党的十八大和十八届三中全会精神，按照“严格保护，科学管理，以产业促发展”的管理思路开展保护和建设工作，取得了明显成效。近几年，生态区大力开展生态绿化工作，大力推动生态环境建设，带动当地经济发展，成效显著。2013 年，该区已实施天保工程项目 79.91 万亩，其中，主要森林生态公益林 29.68 万亩；实施了天保工程第二期的营林工作，完成了 1.5 万亩的封山育林工作，平均存活率 89%；实施了退耕还林还草计划，完成了 0.15 万亩的退耕还林荒山绿化工作，平均成活率在 90%以上；天保第二期项目实施后，该区的生态环境得到了显著的改善，森林蓄积量得到了较大的提高。

2001 年至 2008 年太子山国家级自然保护区共完成退耕还林荒山造林 9.8 万亩，封山育林 2.0 万亩。2001 年，甘肃省下达太子山保护区管理局退耕还林荒山造林任务 0.5 万亩，实际完成 0.5 万亩，成活率 85%；2002 年下达 0.8 万亩，实际完成 0.8 万亩，成活率 88%；2003 年下达 1.0 万亩，实际完成 1.0 万亩，成活率 90%；2004 年下达 2.0 万亩，实际完成 2.0 万亩，成活率 88%；2005 年下达 3.5 万亩，实际完成 3.5 万亩，其中，荒山造林 1.5 万亩，成活率 89%，封山育林 2.0 万亩；2006 年下达 1.5 万亩，实际完成 1.5 万亩，成活率 90%；2007 年下达 2.0 万亩，实际完成 2.0 万亩，成活率 89%；2008 年下达 0.5 万亩，实际完成 0.5 万亩，成活率 90%。历年保存率都在 90%以上。

要强化对自然资源的保护。太子山生态功能区管理局同临夏、甘南两州，于 2013 年建成了新营关、乌龙沟两处森林检查点，并进行了相应的配套设施的改进，全区没有出现滥砍滥伐、滥采滥挖等情况。此外还在全国范围内大力推进了对野生动物的保护和管理，在全国范围内形成了一个良好的舆论氛围。通过上述措施，对非法猎捕野生动物的犯罪分子起到了一定的威慑作用，同时也增强了广大群众对野生生物的保护意识，从而为开展打击破坏野生动物资源的行动打下良好的群众基础。

虽然近些年来，太子山地区的环境保护工作已经取得了很大的成就，但也面临着许多问题。

（1）生态环境比较脆弱，曾经该区域内自然植被茂盛，但由于长期砍伐，其植被不断减少，到 2021 年，森林覆盖率仅为 50.6%。太子山地区原有的森林植被遭到严重的毁坏，目前森林以天然林和人工林为主，仅保留少量的云

杉林。由于太子山地形的复杂性，管理难度大大增加。而且由于人为破坏，区域内野生动物生存空间也在不断缩小，种群数量也在不断下降。

(2) 严重的自然灾害如冰雹、霜冻、暴雨、连续降雨等，严重危害了农业、畜牧业和人们的生活和财产。6 月到 9 月是降雹高峰期，其致害程度超过倾盆大雨。根据临夏县 23 年的统计资料，从 1959 年到 1982 年，临夏县发生雹灾 98 次，其中有 62 次造成危害。该地区地处高原，因海拔高而霜期较长，年平均霜期高达 110 天，霜冻也是该地区发生的最严重的自然灾害。一般而言，终霜的危害较初霜（秋季）更为严峻。在气象方面，25 mm 或 50 mm 的日降雨被认为是“大雨”或“暴雨”。在典型区域，年均有 3~4 个强降水事件，发生暴雨的概率虽然不大，但滑坡、泥石流等灾害可能会加剧。

(3) 地理位置特殊，保护区地处青藏和黄土高原的交接区域，植被类型复杂，种类繁多。太子山自然保护区是甘肃省中部和青海省东部的重要绿色屏障，是黄河上游重要的水源涵养林区。在水土保持、涵养水源等方面都具有重要作用。对黄河极其重要的两大支流大夏河与洮河都需要太子山自然保护区对其进行水源补给保护，以防止黄河沿岸水土流失，保护流域森林与草地植被，维护当地及黄河流域的生态安全，对促进黄河流域社会经济发展有重大意义。

三、保护与建设太子山生态功能区的对策

要实现对太子山生态功能区的有效管理，必须坚持生态与经济相统一的原则。在生态建设、环境保护、合理利用自然资源和生态修复等方面，要将地区的社会和经济发展紧密地联系起来，构建一个人与自然和谐共生的生态共同体，达到经济效益、社会效益和生态效益的协调发展。要加快构建生态新乡村，必须充分利用其自身的生态条件，突出生态农业，推动乡村发展。保护区周围乡村环境的保护与建设，将会对其生态功能区域的发展产生重要的作用，为此，必须大力培育农户的生态观念。在科学创新层面上，要加大对自然保护区的研究力度，提升其科学研究的层次，同时还应与高校进行联合，进行科学研究，为自然保护区的高效经营奠定基础。同时，要加速实现乡村公共服务的均衡发展，缩小少数民族地区之间的发展水平差距，这是一个任重而道远的系统工程。其终极目标是为人们营造一个较好的生存与发展环境，改善人们的生活品质。

参考文献

[1] 赵冬青，王伟．甘肃农业 . 2014-05-25.
[2] 赵冬青，王伟．发展 . 2014-06-05.
[3] 王伟，赵冬青．甘肃林业 . 2014-05-25.
[4] 蔡平，马志德，甘盛元，刘仲华．中国林业产业 . 2021-11-15.

对外开放与经济发展的关系调查[①]

——以广西及其省会城市南宁为例

一、引言

随着我国经济发展的不断深入和城市化进程的加速，城市经济建设的重要性日益凸显。习近平总书记提出，启动中国—东盟自由贸易区建设，党和国家高度重视中国—东盟合作，构建更紧密的中国—东盟命运共同体。广西南宁作为东盟发展战略中不可或缺的一员，背靠大西南，毗邻粤港澳，面向东南亚，具有独特的区位优势。为了进一步了解广西南宁市经济建设的成果以及在东盟政策下所受到的影响，我们来到南宁博物馆以及作为东盟博览会永久会址的南宁国际会展中心进行调研，进一步了解东盟发展战略下广西在经济建设各个方面的发展成果。同时，寻找经济发展中出现的问题，总结经验，为广西南宁经济发展把薪助火。

我们的调查对象主要是南宁国际会展中心参与展会的企业与工作人员，通过采访与对话交谈，了解企业发展情况及其对广西南宁经济发展形势的看法，进而了解总体城市经济发展情况。

在具体的调查过程中，我们以实地调查、采访、线上收集资料等形式进行实践调研，通过实地调查收集博物馆中记载的广西南宁经济发展历史信息，记录广西南宁的经济建设成就，再与线上资料与采访内容相结合，最终得出结论。

二、广西经济形势调查

自改革开放以来，广西在政治、经济、文化、社会等各方面都取得了长足发展，成为中国南部地区的重要经济增长极和开放合作中心。对此，为了加速广西经济发展，国家出台了一系列地区扶持优惠政策，如国务院批准增值税优惠政策，包括批准在广西北部湾经济区部分行业扩大增值税抵扣范围，

---

① 作者：庞荟美琳、廖芷杉、黄倩瑶、申嘉琪、庞可欣、韦璎芮、莫意、饶子翼；指导教师：林玉妹。

以及批准企业所得税优惠政策，让广西北部湾经济区继续执行西部大开发相关税收优惠政策等，为广西各家企业发展推波助澜。

（一）广西经济发展态势持续向好

广西壮族自治区作为中国的西南门户，近年来在经济发展方面取得了显著的进展，持续向好的态势令人瞩目。

从图 1 中可以清晰地看出，广西壮族自治区 GDP 逐年升高，GDP 同比增长率相对稳定。

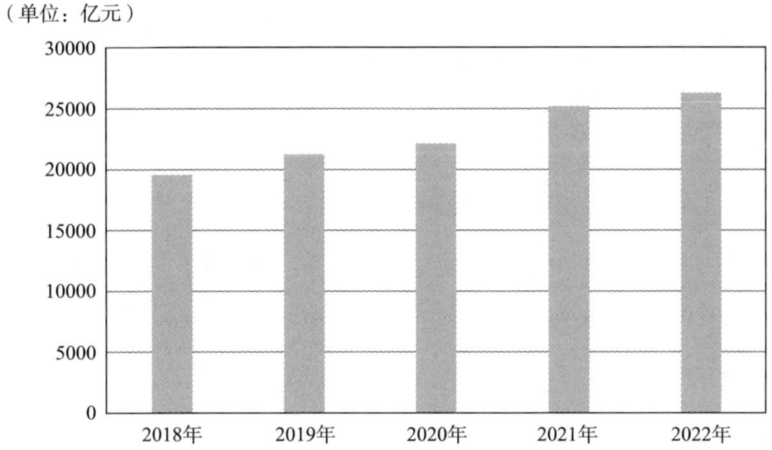

图 1　2018—2022 年广西壮族自治区 GDP

数据来源：《中国统计年鉴》。

据 2022 年广西壮族自治区国民经济和社会发展统计公报：

全年居民人均可支配收入 27981 元，比上年名义增长 4.7%，扣除价格因素，实际增长 2.7%。居民人均可支配收入中位数 22463 元，名义增长 4.4%。按常住地分，由图 2 可以看出，城镇居民人均可支配收入 39703 元，比上年名义增长 3.0%，扣除价格因素，实际增长 1.2%。农村居民人均可支配收入 17433 元，比上年名义增长 6.5%，扣除价格因素，实际增长 4.3%。城乡居民人均收入比为 2.28∶1，比上年缩小 0.07。

全年居民人均消费支出 18343 元，比上年名义增长 1.4%，扣除价格因素，实际下降 0.5%。按常住地分，城镇居民人均消费支出 22438 元，名义下降 0.5%，扣除价格因素，实际下降 2.2%；农村居民人均消费支出 14658 元，名义增长 3.5%，扣除价格因素，实际增长 1.4%。全区居民恩格尔系数为 32.0%，其中城镇为 32.0%，农村为 32.1%。可见广西城乡居民可支配收入稳步上升，人民幸福感不断提高。

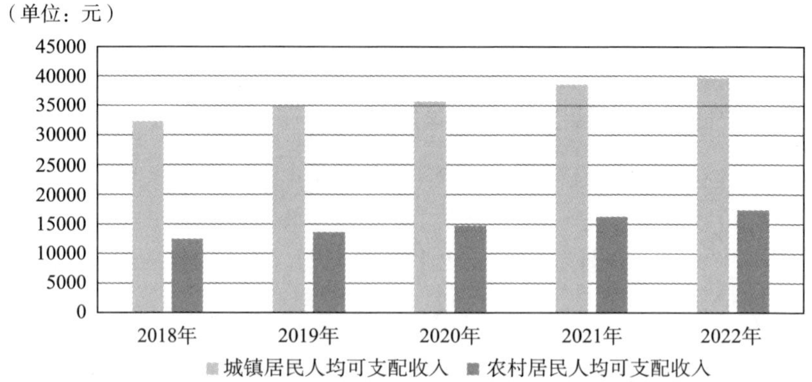

图 2　2018—2022 年广西城乡居民人均可支配收入

数据来源：广西壮族自治区统计局。

（二）改革开放对南宁经济的影响

7 月 15 日在南宁博物馆进行实地调研之后，我们了解到南宁经济发展并不是一帆风顺的，一路走来既有挫折也有成就，受国家、自治区的战略政策变化影响较大。

1978 年 12 月召开的十一届三中全会，党中央作出了实行改革开放的重大决策，南宁市和全国各地一样，都走上了发展的快车道。改革开放初期，南宁积极吸引外资，引进了一批外国企业，推动了当地经济的快速发展，逐渐形成了以电子信息、汽车制造、食品加工等为主导的产业结构，形成了一批具有竞争力的企业和品牌。在中国共产党的领导下，南宁经济不断发展、屡创新高。由图 3 可以看出，2022 年南宁市 GDP 总值达到 5218.3 亿元，占全区 GDP 总量的 19.84%。

（三）对外政策对南宁经济的影响

改革开放 40 余年，我国经济的发展成果举世瞩目，南宁市也获得了极大的发展。但是实事求是地讲，南宁经济在发展过程中遇到了不少挫折。20 世纪 70 年代末我国展开了对越自卫反击战。因为临近越南，这场战争与广西密切相关，在 1978 年其他地区吹响改革开放的号角之时，南宁作为广西的首府城市，吹响的却是集结号、冲锋号。因此在改革开放初期，南宁经济与其他省会城市相比差距较大。

1991 年中越关系正常化，中国与东盟建立对话关系，从这个时候起，南宁才算真正驶入发展的快车道。2002 年中国与东盟 10 国领导人共同签署了《中

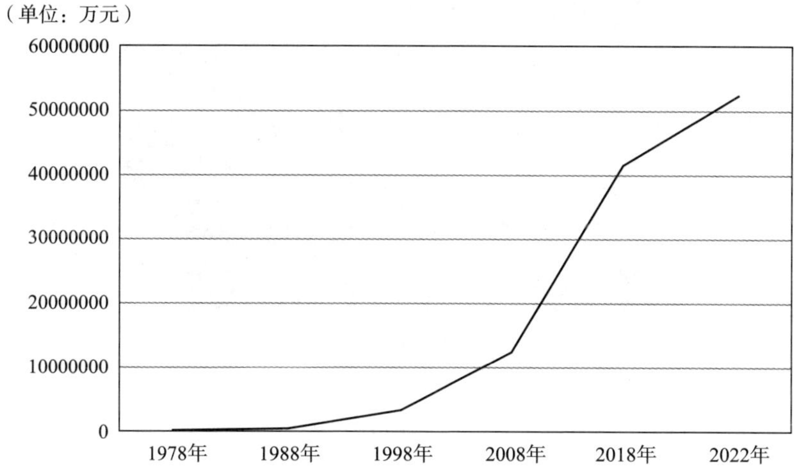

图 3　1978—2022 年南宁市 GDP 变化

国与东盟全面经济合作框架协议》，决定在 2010 年建成中国—东盟博览会，自此南宁的经济不断取得进步。由此可见，国家的政策改变了南宁的决策，使南宁从战争的前线转为开放的前沿，南宁经济开始了大踏步的发展。

（四）广西企业发展现状

为了解广西本土企业的发展状况，我们参与了 7 月 16 日南宁国际会展中心举办的“第 27 届南宁国际学生用品交易会暨 2023 中国 · 东盟（南宁）国际教育展览会”，我们在参观的过程中分别采访了深耕教育产业的两大企业——希沃、鸿合。通过采访，我们了解到企业参展的目的，教育产业发展状况和南宁市政府给予的支持。图 4 为小组成员采访参展企业人员照片。

首先，南宁作为广西的首府，能够享受到一定经济政策扶持。广西是中国西南地区的重要经济增长极，政府一直致力于推动教育事业的发展。为了吸引教育企业，广西政府出台了一系列鼓励政策，例如提供土地、资金、税收优惠等扶持措施，以吸引和支持教育企业在南宁投资兴业。这些政策为教育企业提供了良好的发展环境和机会，使得南宁成为他们的理想选择之一。

其次，南宁具有广西经济区位优势。南宁位于中国西南地区，毗邻东盟国家，是中国与东盟之间的重要门户城市。这使得南宁在经济交流、人员流动和信息沟通方面具有独特的优势。随着中国与东盟经济合作的不断深化，南宁成为一个重要的教育合作与交流平台。教育企业在南宁可以更好地利用区位优势，与东盟国家开展教育合作、文化交流，开拓更广阔的市场和发展空间。

图 4　小组成员采访参展企业人员

最后，在引入外资方面，广西商务厅认真贯彻中央、自治区稳外资决策部署，千方百计推动外资稳存量、扩增量、提质量，切实扩大广西利用外资规模，取得显著成效。

2023 年 1—3 月，全区实际利用外资金额 4.73 亿美元，同比增长 207.1%，顺利实现一季度“开门红”目标。①

2023 年 7 月 27 日，从南宁市市场监管局获悉，上半年南宁市新登记外资企业 98 户，新增注册资金 54645 万美元；截至 2023 年 6 月 30 日，南宁市共有外资企业 2336 户，全市实有外资企业数量和新增数量均居广西第一。②

三、存在问题的原因分析及解决办法

回望过去，南宁经历学交会的举办、国际会展中心的建设、中国—东盟博览会的落户后，逐步将会展经济发展为南宁的品牌经济，成功创办了中国—东盟商务与投资峰会、第十六届中国国际广告节等大型展会。

但是，南宁会展业的发展目前还面临着一些问题。例如，缺少专业性展会、品牌化不强，导致南宁会展项目质量偏低。由于专业化展会的市场较小，影响力较大，城市间主办权竞争激烈，相对而言，南宁竞争力较小，因此举办此类展会的数量较少。同时，在南宁的会展企业中，只有约 10%的企业有能力独立办展，大大低于其他较发达的会展城市，会展业的发展对政府的依赖性强，没有形成完善的会展竞争市场和市场秩序。再者，南宁会展业面临着人才短缺的难题。与北京、上海、广州相比，南宁的会展业起步较晚，在从事会展业的人员专业技能和管理水平上有很大的差距，加上南宁会展企业

① 资料来源于广西壮族自治区商务厅。
② 资料来源于中国质量新闻网。

很少有系统性的人才储备和培养机制，大部分会展从业人员仍然缺乏专业知识，从内部阻滞了南宁会展业更深层次地发展。

对于上述情况，我们小组提出了一些具有针对性的解决措施。其一，随着会展业的转型，南宁市政府的角色应该有所转变，依据市场发展规律，形成以企业为主体带动会展的发展模式。其二，培育会展市场主体梯队，加强会展企业间的合作，打造极具互动协同性的会展生态圈，激发会展联动倍增效应。其三，重点培育南宁会展品牌，促进东盟会功能从服务“10+1”向服务 RCEP 拓展，加强龙头升级辐射作用。其四，重视数字化发展，创新会展服务运营机制，鼓励数字信息专业与会展旅游专业的大学生联动创业，为南宁会展业注入新活力，营造会展新业态。

作为西部大开发区域之一，南宁有一系列政策支持，例如税收优惠、基础设施建设支持等。此外，南宁还是面向东盟的桥头堡，具备与东盟国家进行经济合作的独特优势。然而，与东盟国家相比，南宁在产业结构、技术水平、产品质量等方面仍存在较大差距，无法充分发挥区位优势，实现经济的快速增长。

南宁的产业以第三产业为主，且服务业占据了较大的比重。虽然服务业是现代经济的重要组成部分，但南宁缺乏高附加值的制造业和创新型企业，导致经济增长缓慢。与此同时，南宁的科研机构和高等教育机构相对较少，缺乏创新能力的支持和培养，进一步制约了城市的发展。

为了改变这种状况，我们认为南宁可以从以下几个方面进行调整和改进：

第一，与周边城市加强合作，分享资源。通过合作与交流，形成区域协同发展的格局，共同解决发展难题、提高整体经济实力。

一方面，应积极落实“北钦防一体化”战略部署，将北海、钦州、防城港打造为向海经济核心区；向东发展使贵港成为西江核心港口城市，充分发挥其作为华南地区最大内河港口的优势。另一方面，逐步向周边发展潜力较好的小城市转移核心区的传统产业，培育以宾阳、黎塘、横州等工业强县（镇）及特色小镇为主的网络节点，深化城市间的基础设施和产业联系，促进城市间形成密切的产业合作。

此外，还应与其他省市实现优势互补、互利共赢。如与广东省加强粤桂协作，通过政府引导、市场主导方式，聚焦粤港澳大湾区市场需求，积极组织和鼓励南宁企业走出去，使两省之间的经贸往来不断加强。

第二，加大对制造业和创新企业的扶持力度，培育新的经济增长点。通过鼓励企业增加研发投入，提高技术创新水平，提升产品质量和附加值。

广东企业创新费用支出庞大，意味着广东地区对创新企业给予高度扶持，相比之下，广西在这方面仍存在不足。

从产业结构来看，2022 年南宁市第一产业地区生产总值增加值 601.51 亿元，增长 4.4%；第二产业增加值 1182.81 亿元，增长 0.1%；第三产业增加值 3434.03 亿元，增长 1.2%。从 2022 年 GDP 前十城市的表现来看，武汉和深圳第二产业增速分别为 7.3%与 4.8%，这也是它们在排名前十的城市中，分别成为增量排名第一和第二的原因。由此来看，工业才是普通省会城市持续发展的动力源泉，而南宁市在以制造业为首的工业方面发展仍有待提高。

因此，南宁应扶持新兴制造业，加大对新落户的制造业和创新企业的补助力度，在企业的生产设备、货运、搬迁、厂房租金和装修等方面提供补助，鼓励企业迁入；支持企业科技创新和品牌建设，对新认定为企业技术中心和技术创新示范企业，以及首次列入国家级制造业单项冠军示范企业、培育企业和单项冠军产品企业等给予一次性补助；对带动性强、地方经济发展贡献特别巨大的项目，如电子信息、装备制造、新能源汽车、人工智能、生物医药等产业，给予重点扶持。

第三，加快南宁总部经济基地的建设，不断提高南宁综合承载力、集聚力、辐射力和影响力。

南宁作为中国距离东盟最近的首府城市及合作的前沿、广西北部湾经济区核心城市、中国—东盟博览会长期举办城市，应充分发挥其良好的区位优势，大力发展南宁面向中国—东盟总部经济。

一方面，依靠南宁自身的区位优势，完善基础设施建设，如加快南宁“五象新区”总部经济基地的建设，同时加快建成区域性商贸物流基地、商贸物流园等主要面向东盟开放的一批重大商贸物流项目，积极引导、吸引国内外区域性总部或企业进驻南宁。另一方面，充分发挥南宁作为全国各地走向东盟的通道和平台作用，加强与国内外重点经济区域和先进地区的合作交流，吸引企业在南宁设立总部基地、产品分销中心等。

第四，加大对高等教育和科研机构的投入力度，提高其资金管理水平，以培养更多的高素质人才，提高城市的创新能力和竞争力。

根据广西主要高校 2019 年决算经费排名，广西大学、广西医科大学等 10 所本科院校一年决算经费总数为 166 亿元；而广东排名前十的本科院校一年决算经费总数高达 439.3 亿元，是广西的近 2.6 倍，可见广西的教育科研投入与其他省市仍有较大差距。

财政部门要继续加大高等教育经费投入力度，切实提高预算拨款比重；优化财政拨款机制，可在原有的“基本支出+项目支出”财政拨款机制基础上进行细分，在体现教育公平、保障项目推进的同时，进一步发挥财政资金的导向和激励作用；着力提升高等教育经费管理水平，通过科学编制部门预算、建立健全教育经费支出绩效评价制度、强化财务系列监督和公开等方式，依法理财、科学理财，管好用好教育经费，提高教育资金使用效益。

四、调查结论与总结

经过对南宁国际会展中心一天的走访，我们深刻了解到东盟自由贸易区建设带给南宁和广西的丰硕成果和影响，进一步体会到多家企业在南宁的生根发芽，真正感悟到国家对区域对外合作、共同协作发展的重视程度。

自1991年中国和东盟正式开启对话进程以来，中国和东盟关系实现跨越式发展，取得令人瞩目的成就。30多年来，中国始终坚定支持东盟团结和东盟共同体建设，2000年11月，时任中国国务院总理朱镕基提出建立中国—东盟自贸区；2003年10月，时任中国国务院总理温家宝在第七次中国—东盟领导人会议上倡议，从2004年起每年在中国南宁举办中国—东盟博览会和中国—东盟商务与投资峰会。东盟与中国向来互惠互利，经贸园区建设合作持续推进，产业链供应链深度融合，“一带一路”倡议与东盟发展规划对接不断深化，为构建更为紧密的中国—东盟命运共同体注入新动力。在走访参观“中国·东盟国际教育展览会”时，我们小组能直观地看到各大企业对此次展会的重视和热情，说明中国·东盟推动了各领域的交流与合作。

我们此次采访走进“第27届南宁国际学生用品交易会暨2023中国·东盟（南宁）国际教育展览会”，主要深入了解广西教育产业。小组成员先后对希沃和鸿合教育集团工作人员进行了采访，了解到企业参展的目的，以及办展的意义、办展对南宁经济发展的影响。通过了解，本次学交会、教育展紧扣国家“一带一路”建设倡议，加强国际教育交流与合作，同时按照南宁市“十四五”规划的要求，结合南宁的优势、特点，继续做大做强，逐步扩大展会规模，充实展会内容，力求获得更大的经济和社会效益，促进学生用品产业和教育事业的发展壮大。此外，企业负责人也向我们说明，新冠肺炎疫情之后许多产业都百废待兴，而东盟提供的国内国际交易平台有利于激活产业活力，加强各大领域产业交流合作，为后疫情时代经济发展助力。

中国—东盟对南宁的经济发展具有重大影响和作用，极大推动了南宁对外开放发展进程。我们要尽早启动中国—东盟自贸区3.0版建设，提升贸易和投资自由化便利化水平，拓展数字经济、绿色经济等新领域合作，实现中华民族伟大复兴的中国梦。

五、学生收获与感悟

南宁作为广西壮族自治区的首府，是区域经济发展的核心城市。在过去几十年的经济发展历程中，南宁在对外贸易和经济发展方面取得了显著的成果。

首先，在对外贸易方面，南宁通过积极参与国际贸易合作，不断拓展市场。作为广西重要的对外贸易港口城市，南宁与东盟国家的贸易合作十分密切。在实践活动中，我们拜访了南宁一家对外贸易公司，并与其工作人员进行了深入的交流。通过这次交流，我们了解到南宁利用自身的地理优势，积极开展与东盟国家的贸易合作，不断提升对外贸易的水平。这给我们留下了深刻的印象，也让我们认识到对外贸易对南宁经济发展的重要性，加深了我们对边疆地区开放重要性的认识。同时，国家对广西实施特殊的优惠扶持政策，因地制宜，有针对性地制定经济政策，使广西的经济发展道路一片光明，也提高了我们对少数民族地区经济特殊性的理解。

其次，在经济发展方面，南宁通过优化产业结构，积极推动经济转型升级。在参与实践活动的过程中，我们有机会参观了一家南宁的新兴产业企业。这家企业以高科技产业为基础，注重创新和研发，取得了显著的成果。通过与企业负责人的交流，我们了解到南宁正不断向科技创新驱动型城市转变，通过培育壮大新兴产业，推动经济的可持续发展。这不仅是为广西经济发展注入新动能，也是为中国式现代化发展把薪助火。

最后，在实践活动中，我们认识到团队合作和沟通的重要性。在参与实践活动的过程中，团队成员需要共同努力，相互配合，才能完成任务。同时，我们还需要与企业负责人和其他参与者进行有效沟通，才能更好地了解南宁对外贸易和经济发展的实际情况。通过这次实践活动，我们的团队合作与沟通能力得到了极大提升，对我们以后职业发展也有着重要的意义。

总之，通过参与南宁的对外贸易和经济发展实践活动，我们深刻认识到对外贸易和经济发展对南宁的重要性，以及南宁取得的成就。同时，我们也收获了关于团队合作和沟通的宝贵经验。这些收获对我们的学习和发展都有着重要意义，提高了我们“为强国建设、民族复兴而读书”的思想觉悟。

黄浦江沿岸公园建设现状调研①

一、引言

城市公园建设可以提高城市环境质量，美化环境，为市民打造更加宜居的城市环境。公园不仅具有休闲娱乐功能，其活动空间、活动设施为城市居民提供了大量户外活动的可能性，承担着满足城市居民休闲游憩活动需求的主要职能。城市公园也是城市精神文明的一种象征，当代的城市公园在推动物质文明建设的同时也承担着传播精神文明、弘扬科学知识、进行宣传教育的重要职能。自党的十八大以来，以习近平同志为核心的党中央把生态文明建设作为统筹推进“五位一体”总体布局和协调推进“四个全面”战略布局的重要内容，把坚持人与自然和谐共生纳入新时代坚持和发展中国特色社会主义基本方略。黄浦江是上海的母亲河，《黄浦江沿岸地区建设规划》提到，要将黄浦江沿岸地区打造成“人文内涵丰富的城市公共客厅”和“具有宏观尺度价值的生态廊道”。以此为背景，黄浦江调研小队在本次暑假走访了黄浦江沿岸的上海吴淞炮台湾湿地公园、滨江森林公园、世博公园、后滩湿地公园、世博文化公园、松南郊野公园，针对不同公园设计了调研问卷，采访了公园游客和工作人员。通过实地调研公园的生态建设、基础设施建设、精神文明建设等，小队成员对黄浦江沿岸公园的发展现状有了清晰的认知和了解，针对发展现状提出了思考与建议。“人民城市人民建，人民城市为人民”，我们青年学子不仅要努力学好专业知识，也要关心城市发展和社会建设，通过实地走访深入了解自己的家乡建设，提出对城市建设的看法和展望。

---

① 作者：夏欣彤、罗雨娜、孙冰楠、高弋斐、李长月、王佳奕、顾晓兰、刘慧敏、陆奕嘉、戴薇；指导教师：何山青。

二、主体

（一）黄浦江沿岸公园的发展与现状

黄浦江沿岸作为上海重要的经济、金融、贸易与交通承载区域，在上海城市建设方面担负着极其重要的责任。黄浦江沿岸公园的建造则是为了一个共同的目标，就是保证黄浦江两岸的生态建设。此外，这些公园在为市民提供休闲娱乐场所的同时，在文化层面也能向大众普及历史知识。这些公园植被覆盖面积广，有各自不同的特色和重点。

小队选取的公园中，世博公园和世博文化公园位于城市中心，地理位置优越，并且包含了公园绿地与城市公园两个部分，整体环境符合当今时代的潮流，因此也吸引了众多游客。而与世博文化公园紧密相接的后滩湿地公园，有丰富茂盛的树木和大片的湿地，公园环境极其富有特色，展现了优美的自然风光。

滨江森林公园被誉为城市的“绿肺”，其植被覆盖面积广，种类丰富，在美化环境的同时为市民提供了休闲娱乐场所。

炮台湾湿地公园则是一片被自然湿地所覆盖的宝地。团队成员在湿地公园中进行了深入的调研，发现这里是许多珍稀濒危鸟类的栖息地，同时也是许多候鸟的重要中途站。湿地公园内的植被丰富多样，湿地生态系统得到了良好的保护和恢复。团队成员还了解到，湿地公园通过生态修复和环境保护工作，有效净化了周边水体，提高了区域的生态质量。

（二）调查研究的方法

黄浦江调研小组在黄浦江沿岸生态公园建设对沿江区域经济社会发展的影响和贡献这一方向的调研过程中，运用了问卷法、观察法、访谈法、个案研究法等方法。通过问卷的制作发放和对问卷的收集总结进行调研，调研结果有如下优点：采用匿名方式可以较好地保证问卷回答的客观性，电子问卷可以节约资源，也便于后期数据统计与处理。我们还合理运用实地观察法，通过观察获取第一手资料，在自然环境下进行调研，得出的结论具有真实性，对于公园这种无语言无沟通的研究对象也很适配，利用观察法还可弥补其他方法的缺陷。此外，我们采用了访谈法：针对不同沿江公园设计了不同采访问题以提问公园负责人，该方法适用面广、弹性大，便于我们发挥创造力以提出有针对性的深入的问题；准备提问环节的过程中势必有前期的资料收集，这使得我们对不同公园的了解更深入，得到的访谈结论也更深入。由于研究对象的数量有一定规模，我们也进行了分组，让不同的小组成员专门负责对某一两个公园进行个案研究，这种研究方法使得研究者对研究对象能有更全面深入的认知，提出的方案措施更合理有效。

（三）目前取得的成绩

我国政府十分重视建设生态公园和保护生态环境，建成了统一规范高效的中国特色国家公园体制，这些公园包括我们小组研究的黄浦江沿岸生态公园。

自党的十八大以来，以习近平同志为核心的党中央以前所未有的力度抓生态文明建设，确立了习近平生态文明思想，全党全国推动绿色发展的自觉性和主动性显著增强，美丽中国建设迈出重大步伐，我国生态环境保护发生历史性、转折性、全局性变化，生态文明建设取得了前所未有的成就。生态文明建设领域的全面深化改革取得了重大突破，系统完整的生态文明制度体系加速形成。绿色发展方式、生产方式和生活方式被日益普及，逐步成为常态。生态环境治理明显加强，环境状况改善效果显著。

在米市渡松南郊野公园里，游客可以看到水源涵养林、经济果林和保护良好的千年古银杏林，公园不仅最大限度地保留了原生态的自然景观，而且开设了精致的小店，提供了露营的地点，为追求静谧的市民提供了休闲娱乐场所。在滨江森林公园，我们看到了政府和市民为可持续发展的生态持续助力的善举。在世博公园，不仅有优美的环境，还有建设良好的公共设施，清新幽雅的驿站、干净整洁的卫生间、平坦的跑步道。我国政府将这样一块土地用于规划和建设公园，体现了上海市委、市政府建设生态城市的决心，是上海建设生态城市的一大重要举措。修复土壤，净化水系，一系列先进的生态理念和技术很好地保护了生态环境。

在市委、市政府的正确领导和黄浦江两岸开发工作领导小组的大力推动下，黄浦江两岸地区综合开发有序推进，滨江绿地和公共开放空间品质进一步提升，产业结构和空间格局进一步优化，新的城市功能逐步显现。黄浦江两岸地区成为串联外滩—陆家嘴地区、世博园区、前滩地区和徐汇滨江等重点区域的发展轴线，对全市创新驱动发展、经济转型升级的带动引领作用进一步凸显。黄浦江沿岸的产业结构由以生产功能为主向现代服务业转变，金融、航运、旅游、文化、商务商贸等业态加速向沿江集聚，渐成规模。目前约 670 公顷的滨江绿地和公共空间已经建设完成，形成连续的滨江绿带约有 35 千米，黄浦江两岸地区向绿地公园、亲水岸线和高品质的公共活动空间转换。

（四）存在的问题及原因分析

在走访了这些公园后，我们发现这些公园普遍存在着一些问题，并且对可能的原因进行了分析。

（1）公园垃圾桶数量少。垃圾桶的投放可能是出于公园整体布局考虑而设计的，但是我们经过调研发现，游客一致反馈垃圾桶数量太少，且有的垃圾桶位置较偏僻，不便于寻找。

（2）公园内休息区少。公园是一个休闲娱乐性质的场所，有很多游玩的设施以及场地，因此公园方可能没有太注重休息区的建设。但是遇到极端天气，例如夏天的三伏天，游客在室外待的时间不宜过长，在游玩娱乐一段时间后需要到室内调整、休憩。

（3）餐饮物价较高。有的公园内就餐的地方较少，公园里只有一些移动的餐车或者一个餐厅，园内餐饮出现垄断现象，因此餐饮的物价就被抬高，几乎是正常价格的2~3倍，许多游客觉得这个价格过高。

（4）部分基础设施有待完善。我们发现，公园建筑面积很大但是路牌相对较少，且指向性不明确，例如后滩湿地公园距离地铁站1千米处只有一个路牌，这段距离中间有分岔路，游客在寻找地铁站的时候容易迷路。公园里植物较多，夏天蚊虫很多，游客很容易被叮咬，但是驱蚊设施比较少。

（5）公园宣传不足。每个公园都有出色的建设板块，且有的非常贴合大家的生活习惯，例如世博公园里面有一条很长的跑步道，地面平坦干净，两旁还有绿树遮荫，通过采访游客我们发现大家对这条跑步道给出了一致好评，但是许多游客都是无意中发现的这条跑步道，游客们也认为可以提高公园的知名度，让更多跑步爱好者知道这条跑步道，丰富更多人的生活。

（五）解决问题的对策和建议

针对实地走访调研上海黄浦江沿岸几个公园后发现的问题，小组成员进行了思考并提出以下解决办法和改进建议。

（1）公园普遍存在缺少垃圾桶的问题。管理部门可以适当增加垃圾桶的数量和分布点，保证游客可以方便地找到垃圾桶，同时在公园内设置分类垃圾桶，鼓励游客进行垃圾分类，提高公园环境整洁度。

（2）对于市民游客反映的休息区较少的问题，小组成员建议管理部门在公园内增设休息区，配备座椅、遮阳伞等设施来方便游客休息和放松，并根据公园规模和人流量合理规划休息区的位置，确保分布均匀。尤其在炎炎夏日，除休息区外，必要的夏日遮阳的设施也是市民游客所期望的。建议在公园内设置遮阳棚、凉亭等遮阳设施；种植树木，增加树荫面积；提供阴凉的休息空间，便于游客避暑、乘凉。

（3）关于部分市民反映餐饮物价较高的问题，可以通过引入多样化的餐饮品类，增加竞争，促使价格合理化；支持设置食品摊位，提供经济实惠的小吃和饮品，满足游客的需求；配备自助餐厅或自助设备，供游客选择更为物美价廉、丰富优质的餐饮，尽量满足游客的不同需求。

（4）加强规划与设计，针对公园的特点和需求，进行全面规划和设计，确保公园环境与功能分区有机结合。一方面，合理划分公园空间，设置专用跑步骑行道，并考虑其连通性和完整性，方便市民使用。另一方面，提高公园知名度。在公园入口处设置明显的指示牌和地图，介绍公园的特色和各个功能分区；利用社交媒体平台、官方网站等渠道，发布公园活动信息、景点介绍等，增加公众对公园的了解和兴趣。

（5）引入专业运营管理，邀请专业团队进行公园的运营管理，提升公园的服务质量和吸引力。开展市民满意度调查，及时改进公园设施和服务质量，满足市民的需求。在互联网发达的今天，利用多渠道开展线上线下不同的宣传活动也是吸引市民游客的有效方法。探索和尝试多种宣传形式，如户外广告、电视广告、线上推广等，向市民宣传公园的特色和功能分区；联合当地媒体进行报道和推广，提高公众对公园的知晓度和兴趣；公园管理组织也可以策划举办活动增加知名度，例如组织各类文化艺术、体育运动等活动，吸引市民参与并提高公园的知名度；邀请知名人士或明星代言，并发起相关宣传活动，提高公园的曝光度。

（6）增加互动体验。在公园增加互动体验设施，如游乐设施、户外健身器材等，吸引市民参与和体验；设立特色景点或艺术装置，供市民拍照留念，提高公园的互动性和美感度。

（7）加强公园监管及设备维护。这无论是对提升公园整体形象、增强市民游园体验，还是对保护市民游园安全都起着重要作用，可以建立公园管理委员会或相关机构（如果没有的话），加强对公园设施和服务的监督和管理；定期进行公园设施的维护和维修，确保其良好的使用状态；通过开展问卷调查、听取公众意见等方式，从游客角度了解公园存在的问题，并及时改进。

（8）一些预算有限导致设施老旧、开放项目少的公园，可以通过多种途径灵活拉取投资，如与一些企业合作，采用为企业提供团建场所，为企业员工提供优惠，为企业提供举办活动的场所等方式与企业形成互惠互利的合作关系，从而获得更多资金用于公园的运营。在调研中我们发现，世博公园中有许多小屋是专门提供给一些企业用来做金融理财等知识的普及工作的，这样一方面提高了企业知名度和市民金融风险意识，另一方面又给前来游玩的市民提供了休息区。对于像松南郊野公园这种附近有工厂的公园，由于其位置比较偏僻，一般很少有游客前往，其游客主要是工厂工人，这类公园可以与工厂达成合作，公园为工厂员工免费提供休憩场所，工厂为公园提供资金进行公园的维护。公园也可以设立一些收费项目，为不同人群提供多样化娱乐服务，同时也给公园管理带来收益。

（9）一些位置较偏僻，交通不便的公园，可以与周边企业、工厂、居民等进行合作，完善公园自身建设，同时与政府相关部门取得联系，获得政府的支持和关注。我们认为此类公园可以大力发展特色活动，不能定位为一般用来日常休闲的公园，而应该突出公园特色，可以定期举行一些表演活动或修建一些特色设施、栽种特色花卉树木等，为公园打造一张全新的、独特的“名片”，对游客形成足够的吸引力。

（10）针对多数公园在工作日游客量较少，长时间闲置的问题，我们认为，由于中小学生及上班族空闲时间少，可以由当地各大学组织志愿者给予老年群体关怀，如让大学生自主创新举办一些适合老年群体的活动，让大学生丰富课余经历的同时也能够为老年人提供更多服务。或者由大学生志愿者陪伴养老院老年人到附近公园散步，这既是整个社会对老年群体的多样化的人文关怀，又会在这个过程中让老年人与青年人形成连接，也会对青年人产生影响，同时也是一种对孝老精神的弘扬。而在中小学放假期间，各中小学可以与公园合作，在公园内举办参观、知识讲解等活动，丰富学生的课外知识，或举办多样非遗文化展览，请非遗文化传承人为中小学生现场教学。既丰富了中小学生的课外经历又能宣传非遗文化。

三、调查结论与总结

黄浦江沿江公园的生态环境整体较好，绿树成荫，鲜花盛开，环境清幽，给人一种亲近自然的感觉。这些公园种植了各种树木和花卉，并采取了生态保护措施，使得空气清新、水体清澈，给前来参观的游客提供了宜人的生态环境。

一些公园具有历史感，例如炮台湾湿地公园、米市渡松南郊野公园，承载着人文和历史故事。这些公园保存了一些古老建筑和文化景观，如亭台等，让游客能够感受到城市的历史渊源和文化传统；另外一些公园，例如世博公园和后滩湿地公园，建立在世博会的原址上，经过精心设计，增加城市活力。

一些郊野公园还开辟了农场供人体验田园生活。这些农场提供了亲近大自然和农田的机会，让城市居民能够体验种植、养殖等农作活动，感受农耕文化的魅力。这种与农业结合的娱乐方式不仅丰富了公园的功能，也让人们更加了解农业的重要性。

然而，我们也发现了一些问题存在于公园中。在郊野地带的公园地处偏僻，设施老旧，很多人对这些公园的了解有限，遇到夏日高温，客流量更少。相比之下，市区内的公园设施更新则较快，吸引了更多的游客。为了改善这种情况，我们建议郊野的公园可以与第三方合作共同举办活动，如夜市、公益活动等，以吸引更多的游客。此外，可以考虑增加投资较少的流动摊位，提供各种小吃和商品，增加游客的选择。

公园可以考虑增加娱乐设施，以吸引更多的人群。例如，可以引进观光缆车、儿童游乐设施等，满足不同年龄段游客的需求。这样一来，不仅能够提高游客的参与度，还可以提高公园的知名度和吸引力。

另外，我们建议公园深入挖掘历史人文故事，并通过社交媒体渠道进行宣传。利用互联网的力量，将公园的历史、文化和景观等特色进行展示，吸引更多的游客。

综上所述，公园作为城市的“绿肺”，有其独特的重要价值。通过合理的规划和管理，可以进一步发挥公园的作用，使其为游客提供更好的服务和体验。

四、学生调查后的收获与感悟

读万卷书不如行万里路，实践是开阔眼界、提升自我的重要途径。平时在课堂上学习专业知识，业余时间参与各类活动比赛，但大部分都局限在校园里，极少有机会走出去将理论与实践相结合。暑假是大学生走出校园、走入社会的最佳时机。趁此机会，学校组织开展“走家乡　看变革”——学习党的二十大精神暑期专项社会实践活动，我们小组以生态文明建设与可持续发展为方向开展黄浦江沿岸生态公园建设现状调研，走近自然，拥抱自然，反哺自然。

黄浦江是上海的母亲河，也是上海未来发展不可或缺的宝贵资源。黄浦江调研小队走访了黄浦江沿岸的上海吴淞炮台湾湿地公园、世博公园、世博文化公园、后滩湿地公园、松南郊野公园、滨江森林公园六个公园，深刻感受到上海市委、市政府对黄浦江沿岸规划建设的高度重视和长远愿景，也对上海的生态文明建设和城市品质提升有了更多的认识和感悟。

炎炎夏日对队员们的意志力和耐力是极大的考验。生态公园大都地处偏僻，占地面积大。为了确保观察的准确性和细致性，队员们选择步行，在体力允许的范围内尽可能走遍公园的每一个角落，不放过任何一处细节。几次正值午时，队员们汗流浃背，萌生放弃的念头，但想着团队的调研目标，相互加油打气，顺利完成调研任务。学习党的二十大精神绝不只是一个口号，不忘初心、牢记使命要牢记于心，在实践中更要潜心运用。

在吴淞炮台湾湿地公园，我们观赏了中外船舶进出黄浦江的重要助航标志——吴淞口灯塔，它见证了上海港口的历史变迁和开放发展。在世博公园和世博文化公园，我们一起回顾了世博会的精彩故事，探索了未来城市的创新理念，领略了城市生态地标的魅力。在后滩湿地公园，我们观察了多种水生植物和动物，学习了湿地生态系统的功能和价值。在松南郊野公园，我们走进了“绿色海洋”的奇妙世界，呼吸了清新的空气，听到了鸟语花香，享受了田园风光和乡村文化。在滨江森林公园，我们欣赏了“日出日落、云卷云舒、花开花落”的美景，感受到城市与自然的融合，了解到滨江森林公园的规划设计和建设情况，看到了上海对环境保护和绿色发展的坚持；我们还欣赏了“临海饮三水、琼林赏百花”的美景，感受到自然与人文的和谐共生。

通过这次调研活动，在开阔视野、增长知识的同时，我们还深刻地感受到上海作为具有全球影响力的世界级滨水区所展现出来的城市魅力和文化自信。黄浦江是上海的城市名片，它蕴含着丰富的历史文化。“走家乡　看变革”的要点便是“变革”二字，只要用脚丈量、用眼观察、用脑思考、用心感受，定能体会到无处不在的变化。在这次调研中，队员们通过采访路人、工作人员以及自己的观察，切身体会到近年来黄浦江沿岸生态环境的变革。从人们的言语中可以提炼出一个关键词，那就是“幸福感”，这是党和国家对人民群众许下的郑重承诺。与此同时，世博生态圈和商圈的联动效应让我们更深刻地领会到“绿水青山就是金山银山”这一发展理念的内涵。党和国家统筹经济社会发展和生态环境保护，取得了显著成效。实践证明：绿色发展是经济高质量发展的必由之路。

在新时代，我们要继承和发扬黄浦江精神，坚持以习近平新时代中国特色社会主义思想为指导，坚持以人民为中心的价值取向，坚持绿水青山就是金山银山的发展理念，坚持经济社会的高质量发展方向，积极参与黄浦江沿岸规划建设和生态文明建设，为实现中华民族伟大复兴的中国梦贡献我们的力量！

红色文化资源开发促进经济社会高质量发展①

——来自上海黄浦区的调查

一、引言

为响应党的二十大习近平总书记关于“推进文化自信自强，铸就社会主义文化新辉煌”的要求，自2023年7月4日起，上海对外经贸大学“走家乡看变革——探访上海红色文化基地建设”社会实践团队，实地走访了黄浦区红色经典步道的14个红色景点，对“红色文化资源开发促进经济社会高质量发展”进行社会实践调研和分析。团队利用调查问卷法、文献分析法和访谈调查法深入研究社会经济发展与红色文化资源开发之间的联系，为我们的调查提供理论基础和数据支撑。同时，通过查阅近十年黄浦区政府工作报告，对近十年黄浦区经济发展进行了详细了解，分析得出国家在经济发展中文化开发的作用，并针对红色文化开发存在的一些问题，给出相关解决方法。

二、党的十八大以来黄浦区经济社会发展的主要成就

黄浦地区自党的十八大以来经济保持高质量发展，以第三产业服务业为主，占经济比重超95%，经济密度保持全市第一，市场主体不断迸发活力。在过去十年里，区级财政收入从2012年的144.13亿元增长到2022年的273.95亿元，产业结构不断优化，第三产业占比超96%，人民生活得到改善。黄浦区十年来坚持贯彻新发展理念，满足人民群众在经济、政治、文化、社会、生态等方面日益增长的美好生活需要。黄浦区生产总值和第三产业发展趋势见图1。

---

① 作者：金曼菲、王若诗、陈睿楠、唐欣瑜、熊悦嘉、傅嘉阳、张慧、张亦凌、吴佳婕、隰艳；指导教师：王朝科。

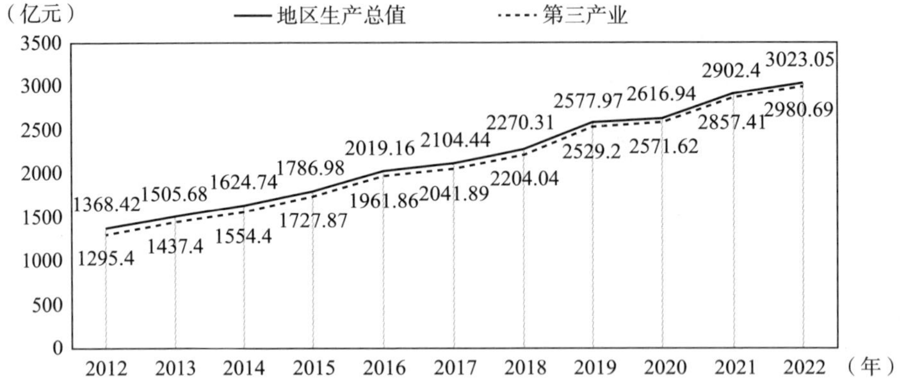

图 1　黄浦区生产总值和第三产业发展趋势

数据来源：黄浦区区政府年鉴。https：//www. shhuangpu. gov. cn/mobile/indexPhone. html.

1. 黄浦区将创新发展放在发展全局的核心位置

做到理论制度创新，黄浦区坚持创新社会治理，率先发布全国首个社区事务受理中心规范地方标准，形成第一批群众自治社会共治特色品牌；做到科技文化创新，自 2016 年以来，黄浦区全力服务于上海科创中心建设，着力培养新兴动能，并积极发挥红色文化与海派文化的融合优势，开展革命遗址保护修缮工作，将众多红色地标“串珠成链”。在各方面创新的帮助下，发展动力稳定，发展效能稳中向好。

2. 黄浦区注重协调发展，做到全区平衡发展

黄浦区是全市唯一全域都为中央活动区的板块，虽然在区域建设方面没有城乡问题，但城市旧改板块大且分布广，“二元”问题十分突出。黄浦区将旧改化为机遇，将旧改释放的城市空间规划进社区生活圈，不断提升城市品质，促进下辖十个街道同步发展，不断增强发展的整体性，促使经济能持续健康发展。

3. 黄浦区坚持绿色发展，推动城市可持续发展

近年来，黄浦区致力于低碳城市的建设，推动绿色低碳转型，2022 年为此专门成立了碳达峰碳中和工作领导小组，通过制定详细方案与政策深入打好污染防治攻坚战，推动城市可持续发展。同时，深化“三美”联动建设，打造“公园+”多彩天地，使绿地面积不断增加，促进了人与自然和谐共生。

4. 黄浦区坚持开放发展，坚持走出去与引进来并重

开放是国家繁荣发展的必由之路，2022 年黄浦区对外经济贸易进出口总额达到 1227. 3 亿元，增幅高达 50%。不仅如此，自 2018 年进博会成立以来，

黄浦区每年都积极参与其中，为新兴企业发展提供了良好平台，在带动各个产业走出去的同时，也推动黄浦区的总体经济发展。

5. 黄浦区共享发展，全心全意为人民服务

共享发展解决的是社会公平正义问题，黄浦区十年来致力于城区旧改和社会保障水平提高，积极促进就业创业以及解决老年人养老问题。同时，黄浦区始终贯彻为人民服务的根本宗旨，将权力赋予人民，推动社会事业高位均衡发展，不断深化教育、医疗、食品等方面的改革，坚持全民共享、全面共享、共建共享，提高全体人民的获得感、幸福感、安全感，朝着共同富裕方向稳步向前。

三、黄浦区红色文化资源存量与开发现状

1. 黄浦区红色文化资源现状

上海是中国共产党的诞生地，中共一大在上海召开，宣告了中国共产党的正式成立。而中共一大所在的黄浦区，现有 143 处旧址、遗址和纪念设施，数量居上海之首。近年来，黄浦区致力于红色遗址的修缮与开放工作。

由图 2 可知，近十年来黄浦区越来越重视红色资源的开发，且力度不断加强。2022 年，黄浦区发挥红色文化优势，努力打造“开天辟地”红色文化根植地。通过“修旧如旧”的方式，让饱经风霜的一栋栋老宅重新回到人们的视野中，向一代又一代的人讲述中国革命火种在这里燃起的历史，促进广大群众学习党史、以史为鉴。

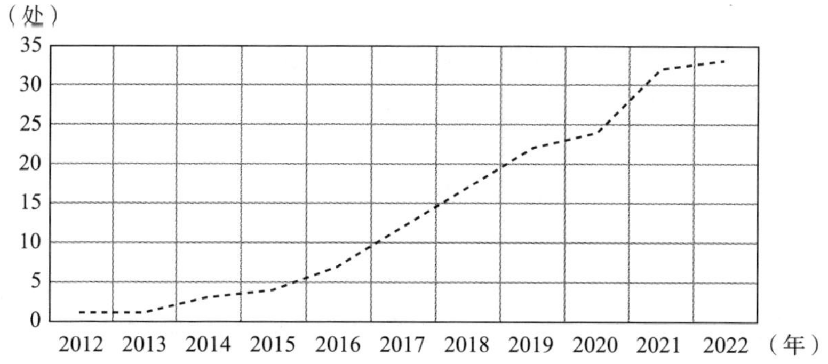

图 2　黄浦区历年修缮完成红色遗址数量

2. 开发情况

在上述的 143 个场馆中，我们着重对以下 6 个场馆进行了实地探访，并

收集了近十年的修缮信息（如表 1 所示），以知悉红色遗址在当今时代的发展情况。

表 1　主要场馆修缮时间与各自创新情况

1. 上海共产党发起组织成立地（《新青年》编辑部）旧址	2018 年 6 月，修缮保护工作启动。 2020 年 7 月 1 日，重新对外开放。	通过图文展板、实物陈列、场景复原、多维视频、艺术创作、互动查询等布展手段，立体化呈现在旧址中发生的重要事件。
2. 中国社会主义青年团中央机关旧址纪念馆	2018 年 8 月，启动整体改造。 2019 年 4 月 29 日，重新对外开放。	参观者将通过文物展示和多媒体展示，深入了解《新青年》杂志创办初期的历史背景和编辑们的激情壮志。
3. 复兴・颂	2021 年 9 月 1 日，正式对外开放。	首创密室游戏玩法还原红色历史。
4. 中共上海区委党校旧址	2020 年，启动修缮保护工作。 2021 年 6 月 25 日向公众开放。	设有互动体验区和教育培训区，为青年提供学习和交流平台。
5. 又新印刷所	2020 年，启动修缮保护工作。 2021 年 6 月 25 日向公众开放。	设置互动体验区。
6. 中国共产党第一次全国代表大会会址纪念馆	2020 年，进行修缮保护。 2022 年 7 月 1 日向公众开放。	设计专属文创产品；利用全息投影技术重现一大会议场景。

这些红色文化场馆是重要的文化基地，通过党史与现代科技相结合的方式，以极具创新的布展陈设让人们更加了解、热爱并乐于传承本土文化，从而提高整个地区的文化自信心。同时，红色文化场馆可以成为各个文化群体交流的平台，促进不同文化间的对话和理解。这有助于打破地域局限，拓宽文化视野，进一步增强文化自信。不仅如此，黄浦区对红色文化宣传与开发也有自己独特的方法。

一是修缮红色地标，优化阵地布局。黄浦区致力于不断优化红色地标布局，不同场馆协同发展，推进一馆五址和红色经典步道建设。不断强化资源开发力度，持续挖掘黄浦区深厚的文化底蕴和资源，对越来越多的红色遗址进行了修缮，使其重现在人们身边，让红色基因、红色血脉成为城区最鲜明的精神底色。

二是创新宣传手段，讲好红色文化故事。黄浦区各个场馆在近年来进行二次修缮，将现代科技融入党史文物中。例如红色步道上的复兴・颂，利用 AR 与剧本杀相结合的方式，生动形象地阐述中国共产党为什么能、马克思主义为什么好、中国特色社会主义为什么行，已然成为党史教育的前沿阵地。

三是优化内容供给，坚持守正创新。要进一步处理好“守”与“变”的关系，在红色文化的传承与保护中顺时应势、守正创新。要以“焕新”式发掘，打造红色场馆保护修缮示范区，以“链通”式聚力，打造红色文化传承传播优势区，以“赋能”式激活，打造红色资源转化利用引领区，持续用红色文化涵养黄浦城区品格，垫实高质量发展、高品质生活根基。

3. 红色文化资源开发与经济社会发展的相关性

习近平总书记强调：以提高国家文化软实力助推强国建设。文化作为一个民族的灵魂，帮助推进国家经济发展。坚持红色文化开发，增强人民群众文化自信，不断提高文化引领力的作用，助力社会主义经济建设，有利于推进中华民族伟大复兴。

加强文化自信，助力国家经济发展。文化自信是实现中国梦的精神力量，是凝聚国家与民族力量的精神纽带，更是建设社会主义强国的重要支撑。历史文化是民族生生不息的丰厚滋养，黄浦区的143处红色点位不仅仅是一个个地标，背后更是一段段值得当代青年铭记的历史。《新青年》编辑部旧址里有一腔热血、积极传播马克思主义的陈独秀；又新印刷所中有将墨汁当糖、挑灯翻译《共产党宣言》的陈望道；中共一大会址更是记录着中国共产党一路走来的艰辛与不易。以红色场馆为载体，将革命历史与文艺创新和科技相结合，以更加生动立体的形式展现，在人们心中留下更深刻的印象，进一步激发群众的民族文化认同感，而这种认同感能够激励人们在创新过程中更加自信，更有动力，从而推动科技、产业、艺术等领域的发展。同时，也鼓励人们以史为鉴，从历史中吸取经验与教训，总结历史经验与历史规律，回答并解决我国未来在新的历史条件下面临的现实问题。

提高文化引领力，推动国家经济发展。文化引领力是一个国家和地区文化软实力的重要标志，是文化建设的重要内容。黄浦区在经济高速发展的同时，坚持打造并修缮红色场馆，就是为了更好地发挥社会主义先进文化、革命文化和中华优秀传统文化的教化与引领作用。同时，红色文化开发也可以促进旅游业的发展，提高周围商圈的客流量。如一大会址与新天地商圈协同发展，为彼此带来多样性客源。此外，红色文化传承也可以成为文化创意产业的重要组成部分。将红色文化元素融入文化艺术、设计、影视等领域，可以创造丰富多样的文化产品，拓展文化产业的发展空间。这不仅有助于传承红色文化，还能为经济增长注入新的动力。

因此，在经济高质量发展的同时，我们要始终铭记我们从哪里来，要到哪里去。要不断深化红色文化资源的开发，并加大宣传力度，做到红色育人，进一步凝聚人心，提高文化自信和文化引领力，使经济与文化双向健康发展。

进而推动中国共产党行稳致远，助力实现中华民族伟大复兴。

四、黄浦区红色文化资源开发的社会经济影响

人类社会是由经济、政治、文化三种形态所组成的相互作用的有机整体。其中，经济是基础，“经济基础决定上层建筑”，政治是经济的集中体现和保证；文化则是经济和政治的表现，并影响着经济和政治的发展。这三个方面相互制约，共同推动着人类社会向前发展。红色文化不仅影响着新民主主义革命时期的经济和政治，也成为当前我国经济发展的强大动力。在当今社会主义市场经济环境下，红色文化是社会主义市场经济的强大动力，是物质文化、制度文化和精神文化的有机统一体，不仅具有政治教育的文化价值，而且有着良好的经济价值和品牌价值。

近些年，黄浦区对红色资源不断进行开发，这对当地的社会经济有着一定的积极影响。从直接影响来看，红色文化资源的扩大促进了当地青年就业。上海着力推进把红色资源优势转化为就业优势，为高校毕业生提供实岗锻炼机会。公共服务管理员、宣教专员、文创产品推广专员和文献管理员等岗位，让见习生们在积累工作经验的同时学习并传承红色文化知识。红色文化的开发还为旅游业的发展提供了有力支持，黄浦区丰富的红色文化资源成为吸引游客的亮点，吸引了大量游客前来参观学习，为旅游业的发展注入了活力。同时，基于这些历史元素，文化创意产业得以创作出丰富多样的产品和作品，推动了文创产业的蓬勃发展。

从间接影响来看，黄浦区近两年致力于深入挖掘和宣传红色历史，修缮并改造红色纪念馆，将革命历史与建党史生动地呈现在人们眼前，这些历史事件成为人们共同的记忆，将人们团结在一起，将社会主义核心价值观深深植入人们心中，促进了社会和谐稳定，为区域的可持续发展奠定了坚实基础。红色文化资源使得人民群众凝聚共识，激发国民的爱国情怀，从而提升文化软实力，为经济发展奠定重要基础并为经济实力增添后劲，转化为经济社会发展的内生动力。另外，见习生们在不断学习红色文化知识的过程中也会开阔个人的眼界和格局，间接性地提升民众文化素养。同时，黄浦区红色经典步道成为当地红色旅游一道独特的风景线，为游客的红色旅游提供便利，并且在传承经典的同时融入了现代科技，利用3D技术展厅、历史短剧表演、互动答疑分享等手段，不断创新教育模式，将教育模式从“灌输式教育”向“体验式教育”转变，让受众全方位、多角度地感受红色文化教育，感悟红色精神，进一步发掘红色文化的旅游经济价值。其推出的周边文创产品和品牌，例如，中共一大会址旁边的“一咖啡”咖啡厅，推出“觉醒的年代：黑咖

啡”“同甘共苦：卡布奇诺”等一系列产品，让这些红色文化与时俱进，同时促进消费，带来经济效益。

总体而言，上海市黄浦区红色文化资源的开发在社会经济层面产生了广泛而又深远的影响。它不仅提高了社会凝聚力，还激发当地的旅游业和文创产业新的活力，为区域的可持续发展作出了积极贡献，丰富了人民群众的文化体验，也为未来的发展带来了更加光明的前景。

五、黄浦区红色文化资源开发促进社会经济发展的经验与问题

黄浦区作为上海的核心城区，以其丰富的红色文化资源在社会经济发展中发挥着重要作用。通过政府引导与产业融合，黄浦区成功开发红色文化资源，促进了社会经济的发展，黄浦区红色文化资源的开发经验为其他地区提供了有益借鉴，然而在充分发挥红色文化资源的社会经济价值的同时，也要不断解决资源整合和文化保护等问题，确保这一宝贵遗产能够为社会经济发展注入持续的动力，为城市的繁荣进步作出贡献。本文将总结黄浦区红色文化资源开发的成功经验，并探讨其中可能存在的问题，为今后的开发提供启示。

1. 成功经验

一是政府引导。黄浦区政府在红色文化资源开发中发挥了积极作用。政府制定了一系列政策和规划，鼓励企业和社会机构以及学校参与文化创意产业。借助红色文化教育，培养青少年的家国情怀和社会责任感，促进其全面发展。加强学校红色文化教育课程设置，组织红领巾活动和爱国主义教育活动，传承和弘扬红色精神。推动了红色文化的融合与创新。政府引导下的资源整合，有效提升了红色文化的传播和影响力。

二是产业融合。通过挖掘和利用丰富的红色文化资源，黄浦区将红色文化与文创、旅游产业相融合。黄浦区利用红色资源创造了丰富多样的红色文化主题产品，增强了游客的旅游体验感。通过举办红色文化主题展览、演出等活动，提高该地区的知名度，吸引了大量游客和消费者，不仅促进文化创意产业的繁荣，还推动旅游业的发展，为区域经济的发展注入了活力。

2. 存在问题

（1）资源投入少，宣传力度小，资源整合弱，客流量低。

我们调查发现场馆所在位置影响客流量。我们反复走访了多个场馆后发现，中共一大会址临近新天地商圈，两个场所有相辅相成之效。在 8 月的一个工作日下午，我们观察到，有不少外地游客会专程来参观一大会址纪念馆，并在参观完后进入新天地商圈游玩；也有很多来新天地购物的上海本地人，路过一大会址时会进来参观一圈。但反观附近的其他场馆，以复兴・颂为例，

我们在同一天 15：40 到达，在做登记时，我们的名字竟然排在第七位，也就是说临近闭馆但一天的客流量只达到个位数。我们向展馆志愿者了解了客流情况，他表示：由于复兴·颂所在的济南路整条街都在进行整改装修，所以平时人流量较少，宣传力度小也是原因之一。此外，红色文化资源分散在不同地点和单位，资源的低效整合也在很大程度上降低了人流量。因此如何有效整合各类资源，打造更加完整的红色文化体验模式，是一个亟待解决的问题。

我们还观察到，参观者们对展馆内容的兴趣程度与是否有讲解人员有很大关联，在一些没有人员讲解的场馆中，很多游客仅仅是对展馆内容走马观花式浏览。通过发放问卷和访谈的形式我们发现，人们对黄浦区红色步道的了解程度并不高，对红色场馆的印象也比较刻板，认为目前大多数红色文化教育传播形式老套单一，观光疲惫感强。因此加强对现代数字化场馆的宣传至关重要。我们发现投入较多资金的数字化创新技术与红色文化进行整合的呈现形式能在一定程度上吸引游客驻足参观，因此红色文化资源的开发与宣传在前期需要投入较大的人力资源和资金。然而如何实现可持续发展仍是一个挑战，制定合理的规划和管理机制是尤为重要的，资源潜力需要被充分挖掘，资金投入和利用效益的平衡也是必不可少的一部分。

（2）保护与开发之间的矛盾。

红色文化资源的开发需要平衡保护与利用之间的关系。在追求经济效益的同时，必须确保文化遗产得到妥善保护，防止过度商业化对文化价值造成损害。上海是现代国际化大都市，如何在开发利用红色文化资源的同时，保护好历史文化遗产和传统价值观念，并且顺应世界一体化的潮流，让中国人看到红色文化的价值，从内心深处认同，更要使国际友人发现其魅力，是需要认真考虑和解决的问题。

3. 进一步深化红色资源开发促进经济高质量发展的具体建议

第一，设计打卡集章活动。以上海黄浦区红色经典步道为例，我们可以设计一个《城市探险——打卡经典红色步道》项目，在 14 个红色点位放置打卡纸与专属印章，供游客们自助敲章打卡。在集齐 14 个章后，游客们可以到步道的一大会址纪念品商店或是“一咖啡”咖啡厅领取一份专属礼品。通过这样有趣的方式，也能吸引更多小朋友来参观场馆，在孩子们心中种下一颗红色基因的种子。

第二，各个场馆需要配备专业且多元化的工作人员。在参观上海共产党发起组织成立地（《新青年》编辑部）旧址时，讲解人员以提问、打比方等生动的方式向我们讲解该场馆在百年前发生的惊心动魄的革命故事；又新印刷所的工作人员主动向我们推荐并带我们去参观邻近的中共上海区委党校旧址。这些有趣又优秀的工作人员大大提高了我们参观的兴致，与我们共同参观的初中生也表示“听完大哥哥的讲解后，自己对中国共产党又有了更加深刻的了解，更加坚定了自己要当兵的信念”。

第三，在新媒体时代，各个场馆可以运用互联网进行宣发，通过制作短视频或公众号推文进行宣传与科普。例如，中共一大纪念馆的微信公众号平台，会定期发布活动推送，给人们科普红色党史。在短视频方面，可以与知名博主进行合作，设计一个以“城市漫步——上海市红色经典步道”为主题的 vlog，将红色旅游路线以生动的方式推荐给更多的人，以此来传承和弘扬上海黄浦区的革命文化。

第四，黄浦区红色文化资源开发需要制定更加综合的规划，明确整合路径和目标，协调各方力量，使资源优势互补，共同推动发展。

第五，我们认为可以结合当代艺术表现形式，打造具有时代特色和传承精神内涵的红色文化项目，以更好地融入现代社会，提升其吸引力和影响力。在开发中要强调文化传承的重要性，不仅要注重表面景观的呈现，更要传递其中蕴含的历史和精神内涵，使游客和市民在体验中能够深刻理解和感受，最重要的是建立健全的法律法规体系，明确红色文化资源的保护和开发边界，防止不当开发和过度商业化对文化遗产造成伤害。

六、增强文化自信，夯实中华民族伟大复兴的文化基础

“求木之长者，必固其根本；欲流之远者，必浚其泉源。”文化是一个国家、一个民族的灵魂。“文化兴国运兴，文化强民族强。”建设社会主义文化强国是全面建设社会主义现代化国家、实现中华民族伟大复兴的重要基础和前提。党的二十大报告强调，“全面建设社会主义现代化国家，必须坚持中国特色社会主义文化发展道路，增强文化自信，围绕举旗帜、聚民心、育新人、兴文化、展形象建设社会主义文化强国”，没有高度的文化自信，没有文化的繁荣兴盛，就没有中华民族伟大复兴。

在为期两周的社会实践中，我们跟随老师参观了上海市众多红色教育基地，追寻红色足迹，加深了对中华民族奋斗史的理解，进一步增强了文化认同感：从前辈视死如归的革命中，培育“愿以吾血染吾土，换吾山河如故”的信念，从波澜壮阔的百年党史中，汲取“于无路处踏新路，于荆棘处辟坦途”的信仰；在学习过程中，不断认识到，作为担当着民族复兴大任的时代新人，我们应始终坚持文化自信，不断增强文化认同感，为抒写新时代文化恢宏气象、铸就中华文化新辉煌作出贡献。

时序轮转，丹心永固。文化自信始终是国家和民族发展中最基本、最深沉、最持久的力量。一个民族的文明进步，需要接续薪火相传与发展创新。一个国家的发展进程，不仅需要政治、经济、军事等硬实力的提高，现代文化价值体系和文化软实力的建设也同样重要。我们将黄浦区红色经典步道的游客实地采访数据和后期问卷调查的数据进行综合、总结，结果表示：超半数游客对红色遗址了解不足；绝大多数游客表示对参观红色景点的意愿不断提高；青年群体在参观过程中提高了民族自信心和文化认同感，进一步坚定了文化自信，极大提振了广大青年的自信心，更加坚定了对中国共产党、中华民族、中国特色社会主义的信心信念，深刻体现了家乡红色文化基地建设的成功和必要性。

于高山之巅，方见大河奔涌；于群峰之上，更觉长风浩荡。国家的发展必须是双向的，既要强调经济增长和制度建设的带动作用，也要强调文化对社会发展所产生的内在稳定和激励作用。习近平总书记在党的二十大报告中指出，“坚持创造性转化、创新性发展，以社会主义核心价值观为引领”，“用好红色资源”，弘扬中国共产党人精神，增进文化认同，坚定文化自信，能够更好地夯实民族复兴的文化基础。广大青年也应增强文化认同，坚定文化自信，激发爱国情报国志强国行，矢志不渝为中华民族伟大复兴而奋斗。另外，党的二十大还指出要不断增强中华文明传播力影响力，向世界讲好中国故事、传播中国声音。青年兴则国家兴，青年强则国家强。作为新时代青年，我们应自觉肩负起深化文化文明交流互鉴和中华民族伟大复兴的历史使命，在文化自信中汲取前行力量，推动中华文化更好地走向世界，在传承与发展中续写新的辉煌！

文化自信是一个国家、一个民族发展中最基本、最深沉、最持久的力量。我们的文化自信，在历史发展的长河中洗练，在时代奔涌的大潮中挺立，在国际风云变幻中笃定。新时代的中国青年，最有理由、最有底气坚定文化自信。生逢盛世，当不负盛世。在新时代，作为备受党和国家关怀的大学生群体，我们生在国旗下，长在春风里，每个人都将是那星星之火，共同传承并发扬红色文化，一同实现“看星火燎成一色，以天下红，更天下公”的盛景。广大青年更应培根铸魂，增强文化自觉，坚定文化自信，以自信开放的姿态推动中华文化走出去，展现中华文明的悠久历史和人文底蕴，为新时代开创党和国家事业新局面提供坚强思想保障和强大精神力量，推动中国这艘巍巍巨轮行稳致远，早日实现中华民族伟大复兴的中国梦！

参考文献

[1] 于春梅，刘姝琪．红色文化促进经济发展的措施探析：以黑龙江省

为例［J］. 理论观察，2020（2）.

［2］叶飞霞. 论先进文化对经济社会发展的引领力及其实现途径［J］. 福建农林大学学报（哲学社会科学版），2013（1）.

［3］杨先农，高中伟，等. 发挥红色革命场馆的社会教育功能［N］. 光明日报，2016-05-14（7）.

［4］徐崇钊. 新时代红色文化传承与发展研究［D］. 长春：吉林大学，2023.

［5］汪信砚. 社会主义核心价值观与当代中国文化软实力研究［M］. 北京：人民出版社，2021.

［6］上海市黄浦区档案局（馆），中共上海市黄浦区委党史研究室. 黄浦·红色起点［M］. 上海：同济大学出版社，2023.

走家乡，看变革，感悟党的二十大精神，探索乡村振兴的密钥①

——以河南省内黄县全面振兴发展历程为主

一、引言

乡村振兴是当前国家发展的重要战略，旨在解决农村发展不平衡、不充分的问题，促进农村经济的繁荣和农民生活水平的提高。本次社会实践项目的调研目的地是我国河南省安阳市内黄县。该地区不仅实现了贫困村的全面脱贫，还紧跟国家政策，积极开展乡村振兴工作，取得了显著成效。

本次调研的目的是深入了解乡村振兴战略的推进情况和农村发展的现状。目前农村发展虽然取得了丰硕的成果，但是也面临着困境和挑战，比如“脱贫后返贫”、人口外流、社会资源匮乏、生态环境恶化等问题。在这一背景下，本实践团队深入探讨当前乡村发展状况及存在的问题，总结成功经验，并结合自身专业知识为家乡面临的挑战寻求切实可行的解决方案，为实现乡村振兴贡献自己的力量。

本次调研的时间为 2023 年 7 月 17 日至 19 日，地点为河南省安阳市内黄县。调研对象主要为内黄县几个具有代表性的村庄，旨在全面了解内黄县发展的现状、经验、需求和问题。通过对村庄基础设施、农业生产、农村文化、乡村教育、农民收入等方面的实地调研，系统地分析内黄县发展的成功经验、面临的主要矛盾和问题，探索适合本地区实际发展的乡村振兴路径和策略。

本调研报告将详细展示本实践团队的调研目标、调研方法、调研结果和分析，以及针对乡村振兴的建议和行动方案。希望通过这份报告引起社会对农村发展的关注，推动乡村振兴工作的开展。

---

① 作者：许若晗、凡美琪、傅瑞豪、牛伟邦；指导教师：巩潇然。

二、实地调研内容

（一）调查对象

1. 东长固村

东长固村位于县城东南3.5千米处，全村共有313户1500人，分四个村民小组，耕地面积2640亩，村“两委”5人，党员34名，2022年东长固村被省委组织部授予“五星”党支部荣誉称号。自2022年开展“五星”支部创建工作以来，东长固村党支部紧紧围绕以党建引领促发展，以“五星”支部创建为抓手，全面开展了基层治理及农村各项推进工作。

一是利用村东头闲置土地资源。建成占地30余亩的东长固村创业产业园，积极响应“洹泉涌流”人才集聚计划，吸引外出人才返乡创业。现招商引进了粉丝厂、水饺厂、电机厂等7家企业入园落户，预计2023年园区年产值超6000万元，可提供就业岗位500个，现就业人员约300人，人均月收入都在3000元左右，人员稳岗就业单项增收1000万元以上。实现了群众在家门口的稳岗就业，2022年东长固村集体经济收入已突破50万元。

二是利用土地流转。建成油葵、甜叶菊特色种植基地，合作社提供种苗、技术及回收服务，群众和村委联合管理。兼具观赏、油料加工双重价值，村民可实现“土地流转固定受益”和“有偿务工”两种收入。村委还通过“一村一品”花生种植加工主导产业，与省粮油龙头企业“淇花”集团建立“双绑”机制，签订高油酸花生订单种植合作战略协议，为村内主导产业花生产业延链补链，带动群众增产增收。同时建立了花生榨油加工企业，还注册了村商标“合百福”。

三是因地制宜推进“三变改革”模式。“村委+村企+群众”联合以村民自愿入股、股权分配形式筹建厂房和设备，入驻企业提供生产技术并进行市场运营，群众通过“资源变资产、资金变股金、村民变股东”三变改革模式，实现了“土地流转+厂房租赁+加工环节利润分红”三种联合收入方式，达到了村民人人有股份，土地有增产，群众有增收的实效。

在生态宜居工作开展中，村委通过凝聚支部村委的工作合力，发挥党员先锋模范带头作用，动员全民参与、营造建设氛围，达成党群共识。党员、群众、老人、妇女、儿童积极参与，在外成功人士也主动积极捐款捐物，营造了干群同心改善人居环境的浓厚氛围，全力推进综合治理。开展以“拆破房、治坑塘、平地块、清垃圾”和“铺胡同、建排水、改强电、下弱电、造游园”为主要内容的“4+5”人居环境专项整治行动。先后完成3300米弱电入地、强电整治，硬化1.8万平方米背街小巷，铺设排水管网5500余米，拆除40余户残破房屋和闲置院落，建成了4个游园、3个停车场和1个图书家训馆。同期还做了村老宅基新规划，推动人居环境整治向生态、文旅融合转变提升，以“空心村”治理为切入点，针对村中心区域的破旧房屋、残垣断壁，建立一院一档，通过土地置换、化零为整，探索实施宅基统一规划模式，目前已累计拆除110余间。截至目前，拆除工作没有出现任何补偿、赔偿费用，也没有发生一起超出村级的信访矛盾案件。第一批示范性农家小院正在建设中，同期也解决了村内空心宅基闲置和村外违法占地无序扩张的矛盾。

2. 真武庙村

真武庙村位于河南省安阳市内黄县境内，拥有丰富的物产资源和悠久的历史文化传统。真武庙村民以从事农业种植业为主，在新农村新社区建设过程中取得了丰硕的成果。真武庙村几乎家家都开展大棚蔬菜和露地菜种植。全村耕地1600余亩，其中约1000亩建起了大棚，剩余的约600亩种植露地菜。除该村的特色西红柿外，还种植玉米、花生、白萝卜、娃娃菜（高山牌）、哈密瓜、洋葱、豆角等作物。其中西红柿为“一村一品”特色种植作物。真武庙村最初以农产自销模式售卖，后来演变为合作社与农户联种，走精品路线，销往周边地区市场。同时，村里有相应技师担任技术顾问，帮助农户解决在种植方面遇到的相关问题，并且，为保证西红柿品质，促进长期发展，村委还会定期组织农户出去学习新的种植技术。

真武庙村曾是有名的贫困村，全村没有一条硬化道路。如今，走进真武庙村，一栋栋高标准温室大棚整齐排列，一条条硬化道路通向各家各户，一行行绿化树挺拔翠绿。这个曾经的省级贫困村变成了远近闻名的温棚瓜菜种植基地、先进村、示范村和标杆村。

“全村共有贫困户30户113人，2017年脱贫退出。其中，脱贫享受政策户30户113人，监测对象户1户5人均已消除致贫风险，低保户16户20人，五保户1户1人，残疾户6户11人。”真武庙村党支部书记、村委会主任李顺波说，“在上级部门支持下，我们村‘两委’带领群众利用距离县城较近、交通便利、运输方便的优势，围绕‘党支部+村集体经济+主导产业发展’的思路，大力发展大棚蔬菜产业，持续巩固脱贫成果，推进乡村振兴。”

3. 李小汪村

李小汪村有内黄县小汪大旺种植专业合作社、内黄县瑞祥种植专业合作社、内黄县彦民家庭农场。该村通过专业合作社和家庭农场的示范引领，依托内黄县小汪大旺种植专业合作社注册了商标“土兴旺”。由村党支部牵头，村集体购置农业机械，以农机入股的形式入股内黄县小汪大旺种植专业合作社，建设高油酸花生新品种种植推广基地，形成“支部+合作社+农户+公司”的合作经营模式。专业合作社对农户的土地进行托管，统一供种、统一供肥、统一耕作、统一病虫害防治、统一管理和销售。以李小汪村为中心，覆盖周边村的1733公顷无公害高油酸花生种植基地已经建成。

李小汪村因地制宜发展种植业，其中曾驰援唐山的捐赠的金黄色外皮土豆成功申请了“一村一品”。独具特色的蟠桃种植，也为村民的收入作出了很大贡献。针对销售模式，该村采用村民与商户合作的方式，并且打开网络销售渠道，保障了村民收入。

自乡村振兴战略提出以来，李小汪村村干部一直坚信“治理之道，莫要于安民。基层的服务和管理能力强了，社会治理的基础就实了”！为了提高村民的生活水平，李小汪村采取道路硬化、增加照明设施、加强绿化、进行村貌整改、厕所革命、禁止铺张浪费等措施，使村民生活更加幸福美满。同时还努力进行“三零”创建，提高基层治理能力，做到零上访、零事故、零案件。在四星级党支部的基础上努力申请创建五星级党支部，同时申报了乡村旅游示范村，争做乡村振兴路上的榜样与标杆。

（二）调查研究

1. 调研内容

（1）实地考察法。

小组成员前往东长固村、真武庙村、李小汪村三个村庄展开实地调查，了解各个村庄的经济发展模式和生活发展状况，实地探索学习乡村振兴战略的成功方案。

（2）访谈调查法。

小组成员与东长固村、真武庙村、李小汪村三个村的村支书进行现场访谈，讨论了一系列关于乡村振兴、自身优势、面临的挑战等问题。

（3）对比研究法。

小组成员将东长固村、真武庙村、李小汪村三个村的数据、结果进行对比，分析每个村庄的乡村振兴亮点，以及每个村庄面临的挑战。

（4）统计分析法。

小组成员在线上查阅资料，结合村史、县史、河南政府的政策等，分析内黄县近五年来的经济发展状况。

2. 调查过程

（1）7月17日九曲密钥小队来到东长固村开展调研。

（2）7月18日九曲密钥小队来到真武庙村开展调研。

（3）7 月 19 日九曲密钥小队来到李小汪村开展调研。

（三）重点内容

1. 采取的主要措施

1）东长固村

（1）以土地流转的手段实现三变——村民变股东，资金变股金，资源变资产。

（2）向上级申报了旅游村，充分利用其自然风景和历史文化，以推进人居环境与农旅融合发展。

（3）积极推动农业产业升级，发展特色农产品和农业生态观光。

（4）投入资金改善了图书室、文化设施、健身器材等公共服务设施的条件。

（5）古树保护和生活用水的分流与重复利用。

2）真武庙村

（1）西红柿作为“一村一品”特色种植作物。

（2）最初以农产自销模式售卖，后来演变为合作社与农户联种，走精品路线，销往周边地区市场。

（3）村委会定期组织农户出去学习新的种植技术。

（4）硬化路面，增添照明设施，电缆入地，改善污水处理模式等革新措施。

（5）建设文化广场，共享书屋，健身器材，儿童游乐园等。

（6）四星升五星，省级旅游村申报。

3）李小汪村

（1）花生作为“一村一品”特色种植作物。

（2）村民与商户合作，并且打开网络销售渠道。

（3）因地制宜发展种植业，比如特色种植的蟠桃园。

（4）四星升五星，申报了乡村旅游示范村。

2. 存在的问题

1）东长固村

（1）建设用地较为匮乏。

（2）缺乏人才与创新改造。

2）真武庙村

（1）建设用地较为匮乏。

（2）缺乏人才与创新改造。

3）李小汪村

（1）建设用地较为匮乏。

（2）缺乏人才与创新改造。

（3）村里老龄化严重。

（4）资金不足。

（四）存在问题的基本原因分析

1. 资金短缺

（1）经济基础薄弱：内黄县作为一个乡村地区，经济基础相对薄弱，财政收入相对有限，限制了资金的来源和规模。经济发展水平低下，产业结构单一，税收收入不足以支持大规模投资和发展项目。

（2）地方财政依赖度高：内黄县的财政收入主要依赖于地方政府的财政支持，而政府预算有限，不能满足所有的资金需求。

（3）城乡发展差距大：在城乡发展不平衡的情况下，内黄县农村地区的基础设施和公共服务水平相对较低，资金被更多投入城市建设和发展中，导致农村地区资金匮乏。

（4）资金使用效率低：在资金使用和管理方面，可能存在审批流程烦琐、项目管理不规范、资金分配不公等问题，导致资金使用效率低下，使有限的资金难以最大限度地发挥作用。

2. 人才流失

（1）就业机会不足：由于内黄县经济发展相对滞后，就业机会相对较少。较为有才能和有潜力的人才可能会选择到城市或更发达的地区寻找更好的就业机会和发展空间，导致人才流失。

（2）教育资源不足：内黄县的教育资源相对有限，包括高等教育机构和职业教育机构的缺乏，导致年轻人在接受高等教育或职业培训方面存在困难。这使得追求更高学历和专业技能的人才更倾向于到城市或其他地区寻求更好的教育资源。

（3）社会发展环境不够吸引人：内黄县的基础设施、公共服务、文化娱乐设施等方面可能相对不发达，缺乏对人才的吸引力。缺乏良好的社会发展环境，如医疗保障、交通运输和文化活动等，可能会影响人才留下的意愿。

（4）收入待遇不尽如人意：由于经济发展水平相对有限，内黄县可能无法提供与城市相媲美的薪资和福利待遇。这使得一些有才能和有能力的人才选择到城市或其他地区寻找更好的收入机会。

3. 基础设施落后

（1）经济发展水平低：内黄县经济基础相对薄弱，财政收入有限，限制了基础设施建设的投入。经济落后导致了资金匮乏，无法支撑大规模基础设施建设。

（2）投资吸引力不足：由于内黄县经济发展相对滞后，对外部投资的吸引力较低。缺乏引资能力，无法吸引足够的资金和资源投入基础设施建设。

（3）基础设施建设优先级低：在城乡发展不平衡的情况下，内黄县农村基础设施建设的优先级相对较低。政府更多关注城市地区的基础设施建设，导致农村地区基础设施落后。

（4）区域发展差距大：与周边地区相比，内黄县的经济发展水平、地理位置等方面可能存在差距，导致基础设施建设相对滞后。区域发展不平衡和资源分配不均也是基础设施落后的原因之一。

（5）缺乏专业技术人才：基础设施建设需要具备相应技术的人才，但可能由于内黄县的教育水平和人才培养机制不健全，导致缺乏相关的技术人才，影响基础设施的设计、建设和维护。

4. 产业结构单一

（1）传统农业占比较大：内黄县地处农业区，传统农业在当地经济中起着重要作用。由于历史和地理原因，农业仍然是内黄县主要的经济产业，农作物种植和养殖业是该地区的主要经济来源。

（2）缺乏多元化经济发展战略：内黄县可能缺乏多元化经济发展的战略规划和政策支持。当地政府可能没有积极推动新兴产业的发展，导致产业结构难以实现多元化和高附加值。

（3）技术创新和人才发展水平相对滞后：产业结构单一可能与技术创新和人才发展水平相对滞后有关。缺乏技术创新和创业创新的支持，使得内黄县的产业难以转型升级，无法快速适应市场需求的变化。

（4）市场需求匹配不足：内黄县的产业结构可能没有充分考虑市场需求的匹配。当地可能缺乏调研和市场预测，导致在产业发展过程中没有及时调整和优化产业结构。

（5）建设用地严重不足：除农业外的其他产品发展不起来。

（五）解决方法及建议

1. 针对资金短缺问题

（1）引导社会资本参与：鼓励企业、金融机构和社会资本参与乡村振兴项目，通过 PPP（政府和社会资本合作）等模式，吸引私人资本投入乡村振兴项目。

（2）拓宽融资渠道：通过设立专门的基金、发行债券等方式，吸引更多的资金进入乡村振兴领域。

（3）整合优化资金利用：对既有资源进行合理配置与整合，确保资金的最大化利用效果。

2. 针对人才流失问题

（1）加强人才培养和引进：建立完善的乡村人才培养机制，提供优质教育资源，吸引优秀人才回流或者来乡村发展。

（2）提供良好的发展环境：改善乡村基础设施条件，提高生活质量，为人才提供更好的发展环境和机会，增强他们留在乡村的意愿。

（3）探索科技支撑：加强乡村与城市的科技交流合作，引进先进的科技成果，提升乡村发展的创新能力和吸引力。

3. 针对基础设施落后问题

（1）加大基础设施投资力度：增加政府对基础设施建设的投入，特别是交通、通信、水利等方面的基础设施，缩小城乡差距。

（2）优化基础设施规划：制定科学、合理和可持续的基础设施规划，注重布局的合理性和整体的协同效应。

（3）发展节能环保的新型基础设施：积极推广使用新能源、可再生能源和智能化技术，建设绿色环保的基础设施。

4. 针对产业结构单一问题

（1）发展乡村旅游业：挖掘和保护乡村的自然景观、人文景观和传统文化，积极发展农家乐、民宿等旅游服务业，吸引游客，带动乡村经济发展。

（2）推动农业产业升级：加大对农业产业的支持力度，鼓励农民参与现代农业生产，推广农业科技和新品种，提高农产品附加值和市场竞争力。

（3）鼓励乡村创业和小微企业发展：提供政策和资金支持，引导农民创办合作社、农民专业合作社以及小微农业企业，培育乡村新兴产业，增加就业机会和收入。

三、调查结论与总结

民族要复兴，乡村必振兴。习近平总书记在党的二十大报告中指出，全面建设社会主义现代化国家，最艰巨最繁重的任务仍然在农村。要做到乡村振兴就是要做到产业振兴、组织振兴、人才振兴、文化振兴、生态振兴。走家乡，看变革，为贯彻党的二十大精神，深入学习乡村振兴战略，本实践团队深入农村进行实地调查，收获颇丰。

（一）产业振兴

产业振兴是乡村振兴的重要基础。要实现乡村产业振兴，认清区位优势十分重要。地理位置、生态环境、自然资源、交通设施、产业基础、劳动力、市场渠道等，都是重要的发展要素。找对发展路径需要依托资源禀赋因势利导，在产业发展方向上进行科学研判。内黄县人民通过实践证明，坚持因地制宜、科学规划、分类指导，一切从实际出发，才能真正让老百姓得到实惠。

内黄县具有代表性的产业振兴战略是以园区经济的模式作为村子经济发展的支柱，并利用土地流转的手段实现“三变”——村民变股东，资金变股金，资源变资产，以提高村民整体收入水平。通过科学种植、标准化生产和品牌推广，他们打造了一条优质的农产品供应链，提高了农民的收入水平。同时，因地制宜使用自留地进行特色种植与养殖，发展共享菜园。以传统农业转变为高效设施农业为桥梁，统筹规划全村日光温棚发展，引导村民发展温棚沙瓤西红柿，形成村民致富的强大动力。针对特色作物成功申请“一村一品”，也为村民提高收入作出了很大贡献。

（二）组织振兴

组织振兴是乡村振兴的保障条件，就是要培养造就坚强的农村基层党组织和优秀的农村基层党组织书记，建立更加有效、充满活力的乡村治理新机制，内黄县各大层面党建工作都在积极进行中，为走好中国特色社会主义乡村振兴道路做好保障。

（三）人才振兴

人才振兴是乡村振兴的关键因素。如果没有人才的支撑，乡村振兴只能是一句空话。乡村人才振兴的关键就是要让更多人才愿意来、留得住、干得好、能出彩，人才数量、结构和质量能够满足乡村振兴的需要。内黄县积极启动人才引流计划，努力为乡村振兴注入新鲜活力。

（四）文化振兴

文化振兴是实现乡村振兴的思想保障，以社会主义核心价值观为引领，采用符合农村、农民特点的有效方式，加强中国特色社会主义和中国梦的宣传普及，大力弘扬民族精神与时代精神。内黄县各大村部积极向上级申报旅游村，充分利用其自然风景和历史文化，以推进人居环境与农旅融合的发展。

同时投入资金进行教育、文化等公共服务的改善，改善图书室、文化设施、健身器材等公共服务设施的条件，提供更好的教育和文化服务，提升村民的生活品质和幸福感。其中，一些特有的传统文化也一直在保存与流传，例如，秧歌队、舞狮、鼓号，等等。

（五）生态振兴

生态振兴是乡村振兴的内在要求，必须建设适应现代生活、体现乡土风貌、山清水秀、天蓝地绿的美丽乡村。内黄县多沙土地，特别是在内黄南部地区，古黄河泛滥留下了厚厚的沙地，“走路不睁眼、吃饭不端碗”是20世纪80年代老百姓生活的真实写照。“绿水青山就是金山银山”，良好生态环境是最普惠的民生福祉。近年来，该县不断优化国土空间布局，科学划定绿化用地，合理设计绿化苗木树种，实行落地上图精准化管理，以国家储备林项目建设为重点，不断擦亮国土绿化底色。将国土绿化与“四好”公路建设、坑塘治理、人居环境整治、农民增收等相结合，持续开展美丽乡村、森林乡村和“一村万树”示范村建设，推动见缝插绿、拆违建绿、立体增绿、身边增绿等，不断改善生态环境。

四、收获及感悟

乡村振兴战略让乡村地区发生了翻天覆地的变化。通过改善基础设施建设，让农村交通更加便利、通信网络更加畅通，生活环境得到了极大改善。现代化的农业生产方式和先进的农业科技应用，极大提高了农业生产效率和产品质量，农民收入明显增加。同时，聚集了一大批有技术、有经验的人才，为乡村发展注入了新的活力和动力。

乡村振兴战略也推动了乡村产业结构的优化和升级。传统农业在保持稳定发展的同时，新兴产业也蓬勃发展，乡村经济呈现出多元化发展的良好态势。从农产品加工到乡村旅游，从乡村电商到特色手工艺品生产，各种产业蓬勃兴起，为乡村地区带来了新的就业机会和经济增长点。更为重要的是，乡村振兴战略让农民群众的生活幸福感明显提升。他们不再面临土地荒芜、就业难、收入低的困境，相反，他们享受到了乡村发展带来的红利。不仅能够在家门口就业致富，还能在美丽的乡村环境中安享生活，感受到城市生活无法带来的安宁。

随着时代的快速发展，乡村振兴已然成为全党全国人民工作的重要一环，经过本次实地调查，我们认为在乡村振兴取得显著成果的基础上，仍需攻克诸多关键难题。党的二十大对全面推进乡村振兴做出了新部署，吹响了实现农业农村现代化的奋进号角，为做好当前及今后的“三农”工作提供了基本遵循。从打赢脱贫攻坚战到全面推进乡村振兴，新时代的中国乡村正在描绘更加美好的时代画卷。

打造精品果园，推动产业发展①

——上海青浦练塘镇乡村振兴调研报告

一、引言

为深入学习贯彻习近平新时代中国特色社会主义思想和党的二十大精神，领会党中央在全党大兴调查研究的指示精神，推动思政小课堂与社会大课堂相结合，我们小组决定从当地农村周边生产地（果园、菜园等）的发展情况入手，去探寻当地乡村振兴与发展情况以及农村生活环境的变化。由于本次调研对象的特殊性，经过调查，最终我们将目标锁定在上海农业的主要地区——青浦。我们暑期调研小组于2023年7月前往上海市青浦区练塘镇82号大果园进行了调研。

82号大果园以上海芭尔实业有限公司为运营主体，依托上海美娥农产品专业合作社，拥有207亩经济作物田，交通便利、环境优美、土壤肥沃、光照充足，是致力于利用自身资源优势，开展集红色研学、休闲农业和乡村旅游，古色古香民宿建设，绿色水果采摘三色于一体的爱国教育农业科普研学文旅园区。“十四五”指出，在新一轮科技革命和产业变革方兴未艾的情况下，农业农村发展和全面振兴迎来宝贵的战略机遇期。因此为深入调研82号大果园实际情况，我们小组查阅了青浦区乡村振兴“十四五”规划的具体内容，从而便于在接下来的实地调研中了解当地政策为果园带来了哪些实际性的帮助以及果园面临的主要问题和挑战。

二、主体

（一）果园目前面临的困扰

1. 气候土壤等自然因素

上海属于亚热带季风气候，从理论上来说，是利于当地果园生产的，但

① 作者：夏威、姜伟、刘恺睿、林诗明；指导教师：冯正龙。

是在深入调查后，我们发现当地的果园规模都不大，对一些自然灾害的防护并不到位，这些灾害包括台风及冬季的寒潮等。果农们面临着收成减少以及产品滞销带来的直接经济损失问题，并且农业的生产周期性非常强，因此还会造成来年农业生产能力下降的间接损失。土壤问题也同样困扰着果农，为了达到良好的产品质量以更容易销往青浦各大菜市场，82 号大果园采用含 128 种矿物质的营养土以及有机肥料种植水果。而这种小农经济精耕细作的生产方式以及高品质的特殊土壤的需求，大大增加了成本，甚至带来亏损的风险。

2. 产品缺乏竞争力，如何提高

当地农业产品的竞争非常激烈，竞争压力主要来自青浦周边的各大果园与外地大型果园。相较于外地的大型高科技化果园，青浦当地果园的产量与价格优势都远低于外地果园，主要优势在于较低的运费。而青浦各果园内部竞争更是激烈，由于在外地市场毫无竞争力，因此抢夺仅有的本地市场便成为竞争的核心。但是不断的竞争带来的是市场不断压价收购水果的后果，这种恶性竞争正在大幅降低青浦各大果园的经济收入，给当地果园带来了不小的压力。

3. 销售渠道有限，市场宣传不到位

找到销路很困难，有些年果树生长得都比较好，果农都大丰收了，但也正是由于所有果农的水果都长得太好，因此水果的价格大幅度下跌。而且销售渠道主要是当地市场，常常会出现供大于求的情况，以及其他不确定因素，导致很多水果卖不出去只能烂掉。本来价格就低，还有大量水果无法及时处理，对于当地果农无疑是雪上加霜。而市场宣传主要困难来自产品没有影响力，需要一些专业性的帮助，82 号大果园的邬园长对我们说，周边大多数的果农都是非常纯朴的，他们其实并不知道该如何去宣传自己的果园，去开拓市场。这是需要果农们与政府一起努力才能完成的。图 1 为调研小组参观 82 号大果园时拍摄的照片。

图 1　调研小组在 82 号大果园

（二）果园近两年开展的响应国家政策的活动

1. 种植方式的现代化

2020年3月19日上海市第十五届人民代表大会常务委员会第十八次会议通过的《上海市实施〈中华人民共和国农民专业合作社法〉办法》，针对农民专业合作社进行了规范性指导。其中着重强调以下内容：加强对农民专业合作社的支持、培育乡村特色产业、组织开展“一村一品”示范创建、保护提升乡土特色产业、培育休闲农业和乡村旅游精品路线、开展休闲农村和乡村旅游示范村创建、开展美丽田园精品项目示范创建、推进乡村民宿建设、推进农事节庆文化活动。82号大果园积极响应文件相关内容和精神，将果园划分为三大板块：绿色有机果蔬、红色研学基地、古色丘樊民宿。

82号大果园根据国家乡村振兴相关文件所传达的内容与精神，进行现代化科学化种植，培育绿色有机果蔬。包括发展现代设施农业；实施设施农业现代化提升行动；构建多元化食物供给体系；加强高标准农田建设；重点补上土壤改良、农田灌排设施等短板，统筹推进高效节水灌溉，健全长效管护机制等。结合果园当地实际环境，果园工作人员研发出一种独特的种植方式：构建果树体系，以绳索为联系纽带，结合土壤、阳光、水分等多种因素，测算果树间的最佳距离，固定果树生长方向，对果树进行塑形，减少果树损耗率，并经过3年的周期构建打造果园景观。82号大果园通过以上方式培育出多种优质水果。其中典型产品为富硒葡萄“阳光玫瑰”，培育主要方式为在栽培土壤中添加有机硒，硒抑制多种潜在的致癌物质，抗氧化抗衰老，增强免疫力。国家相关检测机构检测到果园葡萄硒含量达0.8μg/100mg。

2. 红色研学农教结合

82号大果园不仅专注于绿色有机果蔬的种植培育，更是针对性地开展美丽田园精品项目、农事节庆文化活动，推出了红色研学项目。研学项目主要分为七大模块：非遗手工编织课、非遗田山歌研学课、农学户外体验课、基础烹饪课程、小小园艺师、农业国情教育宣传、军事夏令营。其中，军事夏令营和农业国情教育宣传是果园研学项目的重点内容。军事夏令营为全国中小学生提供“挑战自我，锻炼刚毅；磨炼意志，学会合作；掌握技能，培养品质；健康生活，快乐成长”的素质教育体验平台。培养营员刚毅的军人品质和良好的团队合作意识；引导营员树立敢于面对困难和战胜困难的信心；帮助营员养成良好的生活、行为习惯；让营员充满自信、学会表达；组织丰富多彩的益智游戏，锻炼营员动手、动脑能力。农业国情教育宣传——观看中华农耕文明和农业国情教育宣传片，让学生了解农业相关知识和中国从一个落后的农耕社会发展为世界农业大国的历程。军事夏令营与农业国情教育宣传相结合，激发学生爱国热情，让学生认识到国家对乡村振兴的重视。

3. 取得的荣誉成果

82 号大果园积极响应国家政策，成为农村专业合作社中的榜样，并获得多项殊荣：中国绿色原生态种植示范基地、“壮丽 70 年放心中国行”上海农业放心企业冠军、2016 年长三角地区创新标杆企业、青浦区两星级农民专业合作社、AAA 级信用单位等。

（三）果园预期形成的特色和对未来的期望

1. 科学种植有机果蔬，提高产品竞争能力

82 号大果园未来发展主要注重“三色一体”休闲农业，即“红色研学基地”“绿色有机果蔬”“古色丘樊民宿”。无论是果农、种植户，还是养殖户，最大的困难仍在于销售，对于农户来说，销售是自己完全不擅长的领域，农户常常会遇到没有销路，抑或是承包的批发商过度压价的困境。在此情形下，82 号大果园坚定走绿色果蔬的道路，通过与负责人的交谈，我们得知，82 号大果园在种植方式上采用了大胆新颖的方法，采用特殊的肥料，用更加精细的施肥方式来种植果蔬。负责人坚持用最好的有机的东西种出最好的果蔬，比如富硒葡萄。将产业链做大做强，然后放到市场上去推广。果园已经着手跟中国网合作、跟中书协合作，牵线签名等推广活动也在进行，进一步提高果园果蔬的销量。

2. 开展教育相关活动，焕发本土文化活力

中国是农业大国，农业是我国的根本。在高度城市化的上海，没有大面积平原可供机械化耕种，人工成本会增加很多，与外地农产品相较，在市场竞争上存在天然劣势，这也是国家政策落实到地方带来的新的挑战。在采访中，吴秋霞女士还提出了将果园和教育事业结合在一起的想法。吴秋霞女士希望将农场与孩子的户外课程相结合，以学分制度让孩子们修劳技课，为未来的教育转型铺路。孩子们到田地里可以有效减压。吴秋霞女士在教育领域有 20 多年的工作经验，希望将果园和自己熟悉的领域结合起来，形成一个有机互补局面。还可以发挥 82 号大果园独特地理位置的优势，其区域与上海最大的自然村泖甸村相连。该基地除有研学课程外，还拥有当地特色的非遗传承人，可以为学校提供增值服务，比如茭白叶编制，粜糕制作，田山歌文化传承等。发掘当地非遗工艺，并将其全方位优势凸显出来，以传承红色基因，建设以农业科技与特色人文景观为主题的青少年研学科普基地。

3. 积极发展休闲农业，开拓乡村旅游市场

近年来党中央一直关注“三农”问题和乡村振兴，提出了“民族要复兴，乡村必振兴”的口号，以及“产业兴旺，生态宜居，乡风文明，治理有效，生活富裕”的总要求，加快推进农业农村现代化，积极配合推进休闲农业和乡村旅游布局优化，果园和泖甸村积极发展水果、蔬菜、食用菌、休闲农业的“一村一品”改造工程，打造美丽田园乡村，其中，82 号大果园是泖甸村的重要特色产业，并已为泖甸村提供了不少工作岗位，而丘樊民宿，则是 82 号大果园在市场站稳脚跟，树立自己的品牌口碑的重要亮点，两大产业相互扶持，形成了良性互助关系，在未来，泖甸村将投资改造 10 套民宿，专业民宿设计师按照江南水乡古建筑设计风格打造不同的民宿房间，供果园游客、会员、投资人住宿。

三、调查结论与总结

82 号大果园作为上海市青浦区泖甸村近两年来新兴的乡村特色农产品果园，从 2010 年上海美娥农产品专业合作社成立至今历经坎坷，自上海市实施《中华人民共和国农民专业合作社法》起，农民专业合作社的工作有了系统性指导，国家指出了一条未来可期的农民致富之路，“82 号大果园”才有更多机会得到市场越来越多的关注。我们从该农民专业合作社现任社长口中得知，对当地果农来说，最重要、最核心的需求就是销路。政府可以为该合作社解决销售场地的需求，可以提供种植技术，但是销售渠道、设施建设、委托包装等种种资源只能靠自己主动去市场搜寻，后两者投入足够成本都可以做到完善，但只要销售渠道不稳定，果园整体的盈利就难以得到保障，因为销售难题而使一个收获期甚至一年的辛苦付出打水漂的经历不计其数。了解到当地农民的真正需求后，我们进一步调查了 82 号大果园为寻找出路所做的尝试。该项目的负责人兼美娥农产品合作社现任社长告诉我们，他和他的妻子吴秋霞女士原本是从教育行业转来做农产品种植批发的，对教育行业有着难以割舍的情怀，他们曾多次在果园内举行寓教于乐的青少年研学活动，例如利用青浦区泖甸村具有特色的茭白（一种水生植物，是当地的时令蔬菜），开展茭白叶编织活动，为青少年科普家乡文化的同时提高果园品牌影响力。目前 82 号大果园项目仍处于投资发展阶段，在一次次的尝试中吸取经验，相信在上海，果园的定位可以不仅限于精品水果生产，还可定位在人文与精神价值上，为身处快节奏城市的人们提供一方修养身心同时还可提高文化素养的休闲天地，作为大学生的我们不仅要帮助宣传科学化种植的绿色果蔬，更要尽自己的一份力为家乡优秀产业做宣传。我们可能无法直接推动该合作社的

发展，但是我们可以在其遇到困难时搭把手，为产业革新贡献想法，这也是我们在回归乡村的社会调研中想要达到的目标。

四、学生感悟

通过这次调研活动，我了解到很多关于耕作的新知识，更深入地体会到农民的需求，意识到国家有扶持或鼓励政策并不意味着任何人都能够一帆风顺地取得成果。当听到吴秋霞女士谈及天气的突变导致果品甜度检验不达标，预定的交易被迫终止，从树上摘下的最大最甜的一批梨只能烂在仓库里的时候，我也跟着皱起了眉头。问到和附近的其他果园如何合作时，社长邬金山说经常有隔壁果园接了单但是供应量不够，因而两家果园各供一部分货的情况，“农民最大的优势就是纯朴”，即使和自己在同一市场，但同行遇到困难时决不会冷眼旁观，即使只能帮到一点，在自己有条件的时候还是会尽量去帮忙。我看到果园里装修很新的饭堂，和果园里一片废弃的草坪形成鲜明对比，我问这块地以前是做什么的，他说是用作开展研学活动的，旁边还有蓄水的水渠，过几天灌了水放点鱼就可以搞个捉鱼的亲子活动，后来在朋友圈看到他发的照片，才发现原来看似荒废的地方，稍作打理就可以很精致美观。我问他为什么要用绳子拉住桃树的树枝，他说等到几年后，这些树就会按照现在的方向长，那时候这里将出现一条被绿叶和硕果遮蔽的走廊。我环视周围，那些目前看来寒酸的园林，未来是否枝繁叶茂、鸟语花香，也不能一言以蔽之。

新时代城市新型社区建设①

——基于曹杨新村的实地调研

一、引言

（一）调查背景

党的二十大报告提出了新时代中国特色社会主义发展的总体要求和目标任务，其中突出强调“城乡社区是城市社会治理和基层民主自治的重要基础”。上海市普陀区曹杨新村社区治理的启示和应对策略体现了新时代中国特色社会主义基层社会治理的特点和发展方向，政府和社区共同合作，通过多元化、创新性的社区治理方式，应对社会治理面临的挑战。因此，本小组选择调研曹杨新村社区治理情况，旨在通过对该社区治理模式的调查和分析，为新时代中国特色社会主义基层社会治理提供借鉴和参考，进一步推动社区治理的创新发展和共同进步。

（二）调查目的

（1）基于对曹杨新村基层社区治理的典型案例分析，将党的二十大报告中关于新型社区建设的理论与实际相结合，“学思用贯通，知信行统一”，在实践中更好地学习习近平新时代中国特色社会主义思想、深入理解党的二十大报告提出的方针政策、深刻感悟党的二十大精神。

（2）曹杨新村采用多元化社区治理模式在百姓自治、公共服务、新型社区治理等方面取得了不少成就，本小组希望通过此次暑假社会实践深入探究曹杨新村社区治理的指导思想、治理方式等成功之处，从中汲取实践经验，学习理解社区治理之道。

（3）虽然曹杨新村在社区治理方面已取得较好成效，但与党的二十大报

---

① 作者：钱玥仪、黄奕丹、林佩雯、戴乐陶、朱睿祺、钱思好、徐诗晗、吴宇轩；指导教师：李忠华。

告中“新型城镇化建设”要求——打造“宜居、韧性、智慧”的理想社区之间还存在一定的差距。本次实践希望通过调查探索找到具体的差距所在，并基于调查总结的问题及原因分析提出相应的改进措施和解决方案。

（4）从曹杨新村基层社区治理的典型案例中，总结出社区治理的一般性建议和做法，以期运用到其他区域基层社区治理中，共同协调发展。

（三）调查时间和地点

2023 年 7 月 1 日，上海市普陀区曹杨新村、普陀区文化馆、兰溪青年公园。

（四）调查对象或范围

1. 曹杨新村的建设发展。
2. 社区规划与设计。
3. 社区管理与服务。
4. 社会互动与共融。
5. 可持续发展与环境保护。

二、主体

（一）调查对象基本情况简述

1. 建立与发展过程

曹杨新村位于普陀区，普陀区沿苏州河地区在新中国成立前是上海纺织业集中的工业区，会集了大量工人。由于房租高昂，这些工人在吴淞江两岸朱家湾、潘家湾、潭子湾和药水弄等滩地上建造了大量草屋、席棚以供居住，形成了全市著名的“三湾一弄”棚户区，棚户区内环境恶劣，居住条件极差。新中国成立后，上海市政府加强了对工人住房问题的重视。1951 年，上海市成立工人住宅建筑委员会，负责上海市的工人住房建设事务。同年，工作组经过调研分析，选定中山北路以北、曹杨路以西一带征地建房。

一期工程为上海市民用建筑设计院负责，1951 年 9 月动工，次年 5 月竣工，共计 2 层房屋 48 幢、167 个单元，可容纳住户 1002 户。第一期工程被称为曹杨一村。1962 年，曹杨一村内原 2 层住房加高至 3 层；1966 年曹杨一村续建了 4 幢混合结构的 5 层住房；1980 年又续建 4 幢 6 层住房；1989 年，曹杨一村原菜场被拆除，新建 10 层建筑一幢，其中 1~2 层为菜场，3 层以上为住宅。

2. 现实情况

2019 年 11 月，习近平总书记在上海考察时指出，无论是城市规划还是城市建设，无论是新城区建设还是老城区改造，都要坚持以人民为中心，聚焦人民群众的需求，合理安排生产、生活、生态空间，走内涵式、集约型、绿色化的高质量发展路子，努力创造宜业、宜居、宜乐、宜游的良好环境，提升人民的获得感，为人民创造更加幸福的美好生活。“十四五”规划和 2035 年远景目标纲要提出，加快推进城市更新，改造提升老旧小区、老旧厂区、老旧街区和城中村等存量片区功能，推进老旧楼宇改造。2020 年、2021 年，上海市政府工作报告都将改善市民居住条件、推进城市更新列为重要内容。在习近平新时代中国特色社会主义思想的指导和相关政策的指引下，曹杨新村旧住房更新改造工作稳步推进。在改造项目主要涉及的曹杨一村，2019 年 12 月启动旧住房成套改造签约，居民已全部签约搬出，整体改造已然完成，暂时搬出的居民也陆续回迁新居。从 70 年前开建工人新村，到如今“一户一方案”推进旧住房改造，以人民为中心的发展思想一以贯之。

（二）调查研究基本做法

1. 运用方法与工具

通过对曹杨新村当地的环境和风貌的实地观察，直观、充分地了解曹杨新村的风土人情、基础设施、周边环境、文化历史以及居民的生活状态。通过“问卷星”制作电子调查问卷，利用网络途径进行广泛传播，了解人们对工人新村和新型社区建设的看法和建议。

通过运用实地考察法和问卷调研法对曹杨新村的现状进行调查和分析，了解作为新中国成立以来第一个工人新村的曹杨新村在当今时代所具有的优势和不足，对曹杨新村以及其他的像曹杨新村一样的老旧工人新村在新时代向新型社区建设发展提出建议。

2. 调查过程

（1）实地考察。

7 月 1 日上午，调查小组及指导老师来到上海市普陀区曹杨新村进行实地考察。我们（指调查小组一行人，后同）首先考察了曹杨新村社区的内部环境，对曹杨新村内的规划情况、楼房建筑、基础设施等进行了细致观察。随后，我们来到曹杨新村旁的兰溪青年公园，观察公园的自然环境和建设情况以及公园内的游客人数、人们运动锻炼的情况。接着，我们来到普陀区文化馆，了解普陀区的历史和文化发展，了解曹杨新村村民在这里参加活动及读书等情况。最后，调查小组对曹杨新村周边街道进行考察，观察曹杨新村周边基础设施建设及商铺的经营情况。

(2) 问卷调研。

调查小组通过设计问卷问题、制作电子调查问卷、向各年龄段的市民发放问卷、回收150份问卷的步骤完成问卷调研。在问卷中，我们提出了有关工人新村及新型社区建设的一系列问题，并对问卷填写人的年龄进行分类，以此了解不同年龄段的人对工人新村及新型社区建设等话题的了解程度，以及他们对工人新村发展的看法和建议。

(三) 重点内容

1. 改革的历程

曹杨新村的社区改革历程可以追溯到20世纪80年代末90年代初。当时，曹杨新村是一个典型的老旧城区，存在基础设施老化、居民居住条件差等问题。为了改变社区面貌，并提升居民生活品质，上海市政府启动曹杨新村的改造工作。

改革初期，曹杨新村探索了"旧改新"模式，它的核心是在原有的居住建筑基础上进行更新与扩建，同时配套改善社区的公共设施、绿化环境和交通便利性等方面。通过这种方式，曹杨新村的社区面貌得到了一定的改善，居民的居住条件也得到了提升。然而，随着社会的发展和城市的变迁，原有的改造模式逐渐无法满足曹杨新村的发展需求，因此上海市政府在2021年决定进一步推进曹杨新村的综合改革，引入了更加综合、多元的改革模式。

新的改革方案主要包括增加社区基础设施、改善社区公共服务、推进社区治理等方面。通过增加社区活动中心、安装智能化设备、改善社区绿化等举措，曹杨新村的居住环境得到了进一步改善，居民的满意度也得到了提高。此外，曹杨新村还注重社区的文化建设。在改革中，曹杨新村注重发掘和传承社区的历史文化，组织了丰富多样的文化活动和展览，营造了浓厚的社区文化氛围①。

2. 采取的主要措施

基础设施改善：曹杨新村的改革紧密围绕基础设施的改善展开。通过加强城市交通建设、改善居住环境和改造老旧房屋等措施提升社区的基础设施水平。

公共服务优化：曹杨新村的改革注重提升社区的公共服务水平。通过建

---

① 《上海市曹杨新村文化建设研究》(复旦大学文化产业管理研究中心，2018)

设社区卫生服务站、引进优质教育资源、提供丰富多样的文化活动等措施，大大提高居民的生活质量。

社区治理创新：曹杨新村致力于推进社区治理的创新。通过成立社区居民委员会、组织社区议事会和居民代表大会等“居民自治、社区共建共治共享”的新模式①，实现了有效的社区治理。

环境绿化美化：曹杨新村的改革着重于环境绿化和美化。通过增加绿地面积、改造公共空间、提升道路景观等措施，曹杨新村呈现出宜居、宜业、宜游的社区环境，提高了居民的生活质量和幸福感。

社区文化建设：曹杨新村注重社区文化建设，弘扬传统文化，丰富居民的精神生活。采取了举办文化活动、设立文化展览馆等措施，为居民提供了多样化的文化体验和交流平台，增强了居民的凝聚力和归属感。

3. 目前取得的成绩

(1) 打造15分钟社区生活圈。

习近平总书记2019年考察上海时提出“人民城市人民建，人民城市为人民”的重要理念，该理念也在党的二十大报告中得以再次强调和深化，报告指出“要提高城市规划、建设、治理水平，加快转变超大特大城市发展方式，实施城市更新行动，加强城市基础设施建设，打造宜居、韧性、智慧城市”，为深入推进人民城市提供了根本遵循。曹杨新村社区秉持“勤劳智慧、团结奉献、传承创新、奋进超越”的曹杨精神，全面推进“15分钟社区生活圈”建设行动。

“15分钟社区生活圈”是指以宜居、宜业、宜游、宜学、宜养为复合型目标②，在15分钟步行范围内配备生活所需的基本服务功能和公共活动空间③的社区新形态。

曹杨新村“15分钟社区生活圈行动”采用了多种公众参与方式，如“红色议事厅”、举办居民参与设计活动等，以实现公众与规划编制的良性互动。利用各类社区平台资源收集民意、了解群众诉求，搭建居民与社区工作者互动机制，汇聚民智，征询居民对规划的意见，凝聚对社区未来的共同愿景。通过多途径的公众参与，一方面切实实现“人民城市”，共建生活便利的新型

---

① 《上海市曹杨新村社区综合整治及配套改造工程存档资料研究》（华东师范大学建筑与城市规划学院，2016）

② 中华人民共和国自然资源部．社区生活圈规划技术指南［S］. 北京：中华人民共和国自然资源部，2021.

③ 上海市规划和国土资源管理局．上海15分钟社区生活圈规则导则（试行）［S］. 上海：上海市规划和国土资源管理局，2016.

社区，另一方面多层次掌握社区短板与优势，提高规划方案的适应性。15 分钟社区生活圈的建设，整合多方资源丰富社区功能，使得一条十几米的小街实现柴米油盐、衣食住行全覆盖，空间环境和服务设施不断更新，居民生活品质越来越高。

（2）科技赋能，建设数字社区。

在我们探访曹杨一村时，发现了一盏别样的路灯，据了解这是 5G 智能路灯，它不仅能够照明，还有环境监测、广播、监控、报警求助等功能。如遇老人摔倒，路灯就能及时感应并触发报警。除了 5G 路灯，还有路边设立的“一键叫车”智慧屏，老年人只需带上身份证就可以刷脸叫车；配套的社区智慧食堂引进的“智慧餐盘”设备，便于点餐付账，减少排队时间，提高就餐效率。曹杨新村街道近几年始终致力于用新科技赋能老年人新生活，让老年人更好地享受智能、友好、贴心的保护和服务，切实推进曹杨新村整体环境、智慧养老、城市微更新、数字化转型等各项工作的落实。

4. *存在的问题*

诚然，经过多年的全面改造，曹杨新村焕然一新，在上述方面已取得重要成就，新型社区建设成效显著，但与党的二十大报告中“新型城镇化建设”要求——打造“宜居、韧性、智慧”的理想社区之间依然存在一定的差距。本小组通过实地走访、问卷调查、查阅资料等方式，深入探索其中的差距所在，现将发现的问题归纳为以下三方面。

（1）居民居住方面。

居民平均居住水平不高，居住区环境较差。老旧住宅的人均居住面积普遍较小，不成套住房数量较大；同时大部分社区基础设施陈旧，公共器械的维护、修理、翻新等工作体系还有待完善；此外停车位不足、绿化开放性不足等问题突出。

（2）老年服务方面。

据新民晚报统计，曹杨新村街道 60 岁以上老年人口有 3. 67 万人，占户籍人口的 42. 53%。居住在曹杨新村的老年人口颇多，虽然街道推出了专门针对老年人的服务，但服务种类很少，覆盖范围有限，品质不高，老年服务设施有待改善。

（3）智慧建设方面。

新型社区是“智慧”的社区，对此曹杨新村在近几年改造中加大科技的投入力度，开设“智慧养老”等多种项目，但“智慧化”能否“适老化”①成为当下新的问题，如数字设备环境不够友好，老年人适应难；应用场景构建不够人性化，精细化服务难（如老年人居家跌倒后无法移动到一键呼救设备旁）。

（四）存在问题的基本原因分析

首先，曹杨新村居住面积小的原因可以归结为城市发展规划方面的问题。在城市人口增长和土地资源有限的情况下，住房面积的压缩不可避免。为了满足城市人口对住房的需求，开发商和规划部门往往会在有限的空间内建设更多的住宅单位，导致居住面积减少。此外，城市住房政策、土地出让和开发商盈利等因素也会影响居住面积的大小。

其次，社区基础设施陈旧的原因可以归结为房屋年代久远，当时建造技术和设备有限，无法满足现代居住者的需求。一些老旧社区面临着维修和改造困难的问题，资源的不足和资金的有限也限制了基础设施的更新和维护。此外，缺乏规划和管理方面的创新和投入也可能导致社区基础设施落后。

再次，老年服务设施不足的原因可以归结为对老龄化社会发展的预测不足和老年服务体系的滞后。随着人口老龄化的加剧，老年人的需求也在增加，尤其是在老年照护、医疗保健、康养和社交活动等方面的服务需求。然而，社区可能没有及时预测到老年人口的增长，并相应地提供适当的服务设施②。此外，老年服务体系的滞后也可能导致社区无法及时满足老年居民的需求。

最后，科技化智慧化社区服务设施不足的原因可以归结为技术应用的滞后和投资的不足。当今社会，科技的进步不可否认地影响到了各个领域，包括社区服务和管理。然而，一些老旧社区可能在科技应用方面滞后于时代的发展，导致缺乏智慧化的社区服务设施。此外，科技设施的建设和维护需要大量的技术投入和资金支持，缺乏充足的资源也限制了社区的科技化改造③。

综上所述，曹杨新村居住面积小、社区基础设施陈旧、老年服务设施不足以及科技化智慧化社区服务设施不足的原因涉及城市发展规划、资源和资金的限制、老龄化社会的变化预测以及科技应用等多个方面。解决这些问题需要政府、开发商、社区管理者和居民的共同努力，提高规划和管理水平，

---

① 上海市规划和国土资源管理局．上海 15 分钟社区生活圈规则导则（试行）［S］．上海：上海市规划和国土资源管理局，2016.

② 曹兴，张书斌．智慧老旧小区模式解决方案研究［J］．通信产业，2017（7）：60-63.

③ 吴杨，陈斌．上海市老旧小区改造与更新研究［J］．现代城市研究，2018（3）：24-30.

增加投入，以满足居民的需求，提升社区的品质①。

（五）解决问题的办法

通过对曹杨新村居民、社区管理者、当地政府相关部门负责人、相关社区服务提供者进行问卷调查和访谈，寻求破解问题、加强曹杨新村社区治理的策略。

在曹杨新村社区治理“软件”方面，可能存在以下问题：

问题1：居民认知和意识不强。

解决办法：进行居民问卷调查或面对面访谈，了解他们对新型社区建设的了解程度、期望和对现有社区的评价。通过这些反馈，可以找到增强居民认知和意识的方法，比如开展宣传教育活动、举办讲座和工作坊等。

问题2：不了解社区管理者的工作状况和需求。

解决办法：与社区管理者进行访谈或组织座谈会，了解他们面临的问题、工作需求以及对新型社区建设的期望。这些反馈可以作为改进社区管理方案、提供培训和支持的依据。

问题3：当地政府相关部门负责人对社区建设的政策支持和资源投入力度不足。

解决办法：与当地政府相关部门负责人进行访谈或召开专题会议，了解他们对社区建设的政策支持程度、资源投入情况以及可能存在的障碍。通过这些交流，可以推动政府加大对新型社区建设的支持力度，争取更多政策和资金的支持。

问题4：没有充分了解社区服务提供者的质量和覆盖范围。

解决办法：对社区服务提供者进行评估和调研，了解他们的服务质量、种类、覆盖范围以及与居民的互动情况。通过这些评估结果，可以提供有针对性的建议和培训，促进社区服务质量的进一步提升和范围的进一步扩大。

通过对调查对象的问题进行分析，能够更全面地了解曹杨新村及类似社区的建设现状和需求，为后续的社区建设规划和政策制定提供参考依据。

在“硬件”方面，曹杨新村可能存在以下问题：

问题1：基础设施老旧和不完善。

解决方法：通过对曹杨新村的设施进行全面评估，制定基础设施改造计划，包括道路修复、公共交通改善、供水供电设施升级等。同时，争取政府投入资金和引入社会资本进行设施的修建和更新。

---

① 杨晓红，李云峰．商业地产背景下的老旧小区改造创新策略分析［J］．南京房地产，2019（2）：32-36.

问题 2：居住环境脏乱差，缺乏良好的景观和绿化。

解决方法：开展环境整治行动，加强垃圾分类管理、街道清洁和绿地建设。组织志愿者和居民参与社区环境的改善工作，鼓励居民共同建设美丽社区，增强环境意识和责任感。

问题 3：社区公共服务设施不足。

解决方法：通过合理规划，增加社区公共服务设施，建设更多的公园、健身设施、幼儿园、医疗机构等社区配套设施，满足居民日常生活和社交需求。同时，加强社区内的社区中心建设，为居民提供社区活动场所和文化交流空间。

问题 4：居民参与度低，社区自治薄弱。

解决方法：加强居民自治意识和能力培养，成立居民自治组织，推动居民参与社区事务的决策和管理。建立社区议事会、居民代表选举等形式多样的参与机制，促进居民对社区事务的积极参与和共同管理。

问题 5：社区文化和居民认同感不足。

解决方法：开展丰富多样的文化活动，加强居民之间的交流。支持社区文化团体和非营利组织，组织社区节日庆祝、文化展览、艺术表演等活动，促进居民的文化和认同感的培养。

通过解决上述问题，曹杨新村可以在新时代城市新型社区建设中实现良性发展，提高居民生活品质和社区环境质量。重点在于政府、社区管理者和居民的合作，共同努力推动社区建设各个方面的改进和提升。

三、调查结论与总结

我们小组通过实地考察法和问卷调研法调查得出以下结论：曹杨新村在社区治理方面取得了显著成效，曹杨新村具有创新性的社区治理方式对今后的社区治理具有重要的指导意义，但曹杨新村的社区治理还存在着一些需要改进的问题，我们小组针对这些问题提出了一些可供参考与借鉴的建议。

曹杨新村以习近平总书记在党的二十大报告中提出的“人民城市人民建，人民城市为人民”的重要理念为根本指引，在打造“15 分钟社区生活圈”时注重与人民的互动，采用了多种公众参与方式，征询民意、了解群众诉求，切实实现了“人民城市人民建”，成功打造“15 分钟社区生活圈”，极大地丰富了社区资源，提高了居民生活品质。除此之外，曹杨新村还注重科学技术的运用与更新，使用 5G 智能路灯、“一键叫车”智慧屏、“智慧餐盘”设备等新科技赋能老年人新生活，为居民带来便利与保障。

但是经过深入调查，我们发现曹杨新村的社区治理与党的二十大报告中

“新型城镇化建设”要求——打造“宜居、韧性、智慧”的理想社区之间尚存在一定的差距，我们小组将发现的问题归纳为以下三方面：居民居住方面、老年服务方面、智慧建设方面。在居民居住方面，存在着居民人均居住面积普遍较小、居住环境较差、大部分社区基础设施陈旧、停车位不足、绿化开放性不足等问题。在老年服务方面，存在着专门针对老年人的服务种类很少、覆盖范围有限、品质不高等问题。在智慧建设方面，存在着老年人难以适应数字设备、应用场景构建不够人性化、精细化服务难等问题。

对于曹杨新村社区治理现存的种种问题，我们小组提出了相应的建议：

针对居住面积小等城市发展规划方面的问题，可以采用密集开发和空间优化的方法，充分利用有限的土地资源，或是采取改进住房设计和功能划分的手段，充分利用居住空间及其内部区域的功能，与此同时，发展共享经济和共享设施，降低个体对居住面积的依赖度。

针对房屋年代久远、设施老旧、居住环境较差的问题，可以采用房屋改造和翻新的方法，更新老旧的设施；鼓励居住在同一社区的居民联合起来进行房屋改造，共同投资和改进住房条件，以此共享改造成果，提高整个社区的居住质量；引入现代化设施和技术，进一步改善房屋的功能和性能。需要强调的是，以上改进方法均需要政府的支持与引导，政府可以出台相应的政策措施，鼓励、支持居民进行旧房改造，促进曹杨新村居住条件整体性提升。

针对老年服务设施不足，老年服务种类少、覆盖范围有限的问题，可以采用建设老年活动中心、增加养老院和疗养院的数量、推广家庭护理服务、建设社区健康中心、成立志愿者团队等方法，为老年人提供更加完善的老年服务设施，促进老龄化社会的健康发展。

针对缺乏科技化智慧化的社区服务设施这一问题，可以采用建设智慧社区中心、推广智能家居设备、推进数字化社区服务、建立社区智能监控系统、培训与普及科技知识等方法，促进社区服务设施智慧化发展，提升居民生活品质。

四、调查后的收获与感悟

曹杨新村作为新中国第一个工人新村，从建成之初就一直象征着上海“社会主义工人文化”。从“光荣感”到“归属感”再到“幸福感”，党的二十大召开以来的曹杨新村街道正将全过程人民民主融入深耕细作的社会治理中，体现在势如破竹的旧改进程中，镌刻在精雕细琢的城市更新中。

而在调研曹杨新村社区治理中，我们也从时代变迁中明白党的思想理论、方针政策以及经济建设对于基层发展的重要性。作为第一批动迁居民小区，曹杨新村街道积极贯彻落实党的二十大报告中“以人民为中心”“促进共同富裕”等理念，以党的二十大报告中提到的“城乡社区是城市社会治理和基层民主自治的重要基础”为重点目标加强社区治理，曹杨新村街道将继续以习近平新时代中国特色社会主义思想为根本指引，加强民生保障和公共服务，促进共同富裕。着力提升公共服务水平、不断完善居住环境、加快发展现代服务业等，为居民提供更加优质高效的公共服务。

我们小组在精细化管理要求下社区治理模式调研的深度与广度、时间维度、新技术与常规手段的融合等方面还存在不足，需要进一步加强和完善。社区治理模式调研不仅要重视空间环境的直观调研，重视功能、环境、空间的多重属性关系，更要重视对社会、人、历史等的调研。通过全面的精细化调研，能更加了解居民、管理者、参与者的想法，找到问题的多源性，有利于社区问题的发现、提出相应的解决策略，也更有利于社区治理的完善和发展。

从发展维度来看，曹杨新村这一类的工房社区数量较大，历史较为悠久，且在今后相当一段时间内都不会拆除，因而在未来的都市发展和社会变迁中将成为社区更新治理和改建的重点对象。

调研的结果为今后的社区规划、基层社区治理提供了一定的经验启示，同时也希望能为今后类型相同的社区的维护管理、发展方向、文化的保护与利用提供有益的参考依据。

附录：问卷

第 1 题　您的年龄为　　[单选题]

选项	小计	比例
15 岁以下	3	2%
15~18 岁	19	12.67%
19~40 岁	111	74%
41~60 岁	15	10%
60 岁以上	2	1.33%
本题有效填写人次	150	

第 2 题　您有听说过工人新村吗？　　[单选题]

选项	小计	比例
有	38	25.33%

续表

选项	小计	比例
有点印象	36	24%
没有	76	50.67%
本题有效填写人次	150	

第 3 题　您有家人现在还住在工人新村吗？________。　　[填空题]

第 4 题　工人新村给您留下了什么印象？　　[多选题]

选项	小计	比例
有一代辉煌、丰硕的时代意义	83	55.33%
落寞、陈旧、脏乱差	78	52%
儿时最独特隽永的回忆	46	30.67%
本题有效填写人次	150	

第 5 题　"2000 年开始的第二阶段改造，大量工人新村被拆除，商品房小区取而代之，居民被动迁至郊区。"这的确改善了人们的居住环境，却也拆除了那一代人的回忆，您对此做法是否赞同？　　[单选题]

选项	小计	比例
是	106	70.67%
否	44	29.33%
本题有效填写人次	150	

第 6 题　您认为工人新村存在的问题　　[多选题]

选项	小计	比例
社区环境差	61	40.67%
居住面积小	88	58.67%
室内设施差	89	59.33%
社区设施不完善	83	55.33%
出行不便	49	32.67%
缺乏娱乐设施	29	19.33%
本题有效填写人次	150	

第 7 题　您认为工人新村的巅峰时期在　　[比重题]

选项	平均分	比例
过去	45.42	45.42%
现在	25.38	25.38%
未来	29.2	29.2%

第 8 题　您对我国“新型社区建设”的了解程度　　[单选题]

选项	小计	比例
非常了解	9	6%
比较了解	58	38.67%
听说过	59	39.33%
完全不了解	24	16%
本题有效填写人次	150	

第 9 题　您是从哪种途径了解到“新型社区建设”的？　　[多选题]

选项	小计	比例
党的二十大报告研读	63	50%
新闻报纸报道	81	64.29%
自媒体宣传	61	48.41%
其他	4	3.17%
本题有效填写人次	126	

第 10 题　您认为“新型社区建设”应该满足哪些条件？　　[排序题]

选项	综合得分	第 1 位	第 2 位	第 3 位	第 4 位	第 5 位	第 6 位	第 7 位	小计
治安良好	4.7	52 (41.6%)	34 (27.2%)	9 (7.2%)	9 (7.2%)	14 (11.2%)	7 (5.6%)	0 (0)	125
管理有序	4.21	47 (38.21%)	20 (16.26%)	13 (10.57%)	9 (7.32%)	14 (11.38%)	20 (16.26%)	0 (0)	123
服务完善	3.91	21 (17.5%)	20 (16.67%)	33 (27.5%)	23 (19.17%)	16 (13.33%)	7 (5.83%)	0 (0)	120

续表

选项	综合得分	第 1 位	第 2 位	第 3 位	第 4 位	第 5 位	第 6 位	第 7 位	小计
生活便利	3.81	16 (13.22%)	20 (16.53%)	26 (21.49%)	36 (29.75%)	19 (15.7%)	4 (3.31%)	0 (0)	121
环境整洁	3.37	10 (8.47%)	20 (16.95%)	22 (18.64%)	22 (18.64%)	30 (25.42%)	14 (11.86%)	0 (0)	118
人际和谐	2.33	3 (2.78%)	9 (8.33%)	14 (12.96%)	12 (11.11%)	17 (15.74%)	53 (49.07%)	0 (0)	108
其他	0.1	1 (11.11%)	0 (0)	0 (0%)	0 (0%)	0 (0%)	0 (0%)	8 (88.89%)	9

第 11 题　您认为现在“新型社区建设”的效果如何？　［单选题］

选项	小计	比例
非常好	31	20.67%
一般	83	55.33%
不好	24	16%
不知道	12	8%
本题有效填写人次	150	

第 12 题　您认为当前“新型社区建设”还有哪些有待改进的地方？［多选题］

选项	小计	比例
加大资金投入	64	42.67%
加强媒体宣传	88	58.67%
强化政策引导	90	60%
科技数字化智能化建设	75	50%
其他	1	0.67%
本题有效填写人次	150	

第 13 题　您觉得您所在的社区活动场地是否满足大家需求？　　　［单选题］

选项	小计	比例
已经满足	31	20. 67%
基本满足	96	64%
不能满足	23	15. 33%
本题有效填写人次	150	

第 14 题　您是否关注政府颁布的社区治理策略？　　　［单选题］

选项	小计	比例
很关注	26	17. 33%
偶尔关注	99	66%
不关注	25	16. 67%
本题有效填写人次	150	

第 15 题　您对新型社区治理哪一个方面比较重视？　　　［比重题］

选项	平均分	比例
绿化问题	30. 53	30. 53%
文体问题（文化与体育）	22. 74	22. 74%
管护问题	24. 29	24. 29%
配置问题	22. 43	22. 43%

第 16 题　您是否愿意居住在工人新村？为什么？　　　［填空题］

愿意吧，那边交通方便，离市区近，因为是老新村了，周边的配套设施也相对完善。

是的，有前景。

愿意，工人新村社区建设完善。

（空）

（空）

不愿意，环境一般。

愿意。我国对于工人新村的建设越来越好，工人新村变得温馨、便利、宜居。

愿意。感受精神氛围。

愿意，因为都是熟悉的村民。

否，因为感觉都是工人住。

否，工人新村已过去，应当让小区人民幸福快乐。

不是很愿意，工人新村相对来说居住环境会比较差。

不愿意，设施差、配套欠缺。

是。现在的工人新村十分便利，商业街、地铁、公园和小区的距离很近。

不，离上班地方太远。

(空)

不愿意，新型社区条件、管理等都比工人新村好。

不愿意，可能环境不好。

否，不喜欢。

(空)

不愿意。

第 17 题　您能否为新型社区治理提出某些相关建议（包括期望与愿景）？［填空题］

希望一天天变好，让百姓们安居乐业。

无。

加强老旧社区现代化建设，将科技融入社区治理。

加大宣传。

(空)

希望政府能好好治理。

(空)

我认为新型社区治理应当重视社区公共器械的维护，修理、升级弃置的公共设施，打造更加便民的社区。

我国是一个老龄化比较严重的国家，所以我希望新型社区能够完善或添加一些对于老人的服务。例如在炎炎夏日，可以适当添加社区工作人员，服务于老人的配药、买菜等需求。

加大政策支持。

为人民服务。

对于小区内车辆停车以及绿化带的翻新有所改进。

加强人与人的沟通，使新型社区更加和谐。

老旧小区配套重新设置管理。

治理很多，要了解市民的现状和意见改进。

期望越来越好。

现今社会引导居民自治，希望法律法规在基层治理方面能更加完善、详细，做到有法可依。

探究上海城市发展①

——以苏州河两岸风貌历史变化为例

一、引言

为深入学习贯彻习近平新时代中国特色社会主义思想和党的二十大精神，领会党中央在全党大兴调查研究的指示精神，推动思政小课堂与社会大课堂相结合，进一步增强师生对中国特色社会主义的道路自信、理论自信、制度自信和文化自信，全力推进中国式现代化伟大实践，马克思主义学院决定与校团委共同开展2023年暑期专项社会实践活动。为响应学院活动的号召，我们小组积极参加了本次暑期社会实践调研活动。根据活动主题“走家乡 看变革——学习党的二十大精神”，我们六个上海同学心照不宣地组成了小组，决定以探究上海城市发展过程中的文化传承与保护为方向展开研究。根据上海市“一江一河”发展“十四五”规划，我们很快将目光放在了苏州河这“一河”上，并决定以苏州河两岸风貌历史变化为例研究上海城市发展。小组确定项目后，于7月展开线下调研。

二、调查主体内容

（一）基本内容简述

苏州河沿岸部分建筑包括四行仓库、福新面粉一厂旧址、昌平路桥、上海纺织博物馆、天安千树、上海总商会旧址（宝格丽酒店）、上海邮政博物馆、南京路以及外滩，等等。

四行仓库，全称“四行信托部上海分部仓库”，位于苏州河北岸。1937年“淞沪会战”，“八百壮士”与日本军队在这里打响了“四行仓库保卫战”。20世纪90年代中期，四行仓库被陆续改为商业市场和办公区。2014年，四

① 作者：陆晨瑜、费文蕾、施韵、韩思唯、郝璐、张若涵；指导教师：杨桢。

行仓库其中的4000多平方米空间被改建成“四行仓库抗战纪念馆”。

福新面粉公司成立于1912年12月19日，由荣宗敬、荣德生兄弟创立于上海，它与茂新面粉公司共同构成当时中国最大的私营面粉企业集团。两公司共有12个厂，分设于上海、无锡、济南、汉口等地。每昼夜生产面粉96000多包，约占全国机制面粉生产力的32%。

昌平路桥是中国上海市静安区境内的过河通道，位于苏州河河道之上。昌平路桥的通车，有效缓解了周边交通拥堵问题，不仅满足两岸居民机动车、非机动车和步行跨越苏州河的需求，更有利于完善区域路网布局、协调区域规划，使“昌平路—恒通路—曲阜路—天潼路”形成一条完整的东西向次干路网。

上海纺织博物馆位于苏州河南岸，博物馆通过实物、资料、场景、图文、模型、多媒体等，展示上海地区纺织业发展的历史文脉，集中展示了上海纺织业的工人在中国共产党领导下，积极参与反帝、反封建、反压迫斗争的悲壮历史，展示了上海纺织工人在社会主义建设时期的光辉业绩。

大洋晶典·天安千树地处苏州河畔，21世纪初，因苏州河治理，工业逐步退出苏州河沿岸。2001年，天安集团对福新面粉厂旧址和阜丰机器面粉厂旧址进行规划设计开发，2021年12月22日，大洋晶典·天安千树一期商场正式开业。

上海总商会旧址位于北苏州路470号，坐北朝南、面向苏州河。原是清朝大臣出使行辕的旧址。由通和洋行设计，1913年竣工。上海商业会议公所，成立于1902年。1904年，改称上海商务总会。上海宝格丽酒店的入口处正是上海总商会。

上海邮政总局大楼为欧洲折中主义建筑形式的代表作。钢筋混凝土框架结构，地下一层，地上四层，有通贯三层的简化科林斯柱式列柱。转角处顶部为钟塔，为17世纪流行的意大利风格的巴洛克式穹顶，钟楼两侧各有一组三人组成的群雕。1920年即被列为上海十大建筑之一。作为中国近代邮政发祥地，上海邮政总局历经海关邮政、中华邮政的百年沧桑，如今这些故事都被收藏在中国邮政博物馆内。

外滩万国建筑博览群英文名称为Exotic building clusters in the Bund of Shanghai。它是百年上海的一个影子，也是旧上海资本主义的写照。外滩位于黄浦江和苏州河的交汇处，与浦东陆家嘴金融区隔江相望。

（二）研究基本做法

调查采用实地观察法，调查小队分为两组来到苏州河沿岸进行调查，以获得直接的、感性的调查结果。

调查采用典型调查法，调查小队选取典型的苏州河沿岸地标建筑进行调查，以获得普适性的结论。

调查还采用文献调查法，调查小队在网上搜索相关文件进行整合，实现大范围调查，并实现比较苏州河沿岸的变化。

（三）改革的历程、采取的主要措施、目前取得的成绩和存在的问题

近年来，“一江一河”发展概念凸显了苏州河对上海城市发展的重要性。我们以苏州河为切入点，将沿岸的九个重要地点按照当今的文化教育、交通运输、商业购物的功能分类，探究苏州河沿岸风貌的改革历程、取得的成果以及仍然存在的问题。

苏州河沿岸的许多场所经过岁月变迁，已经由当时的民族工业等场所转变成欣欣向荣的新兴文博场馆、红色观光纪念馆等场所，承担了文化教育的重要功用，供市民游客感受苏州河畔的深厚人文氛围，体验沉浸式科普场景，对上海文化发展起着重要的作用。

位于光复路423号苏州河畔的福新面粉一厂旧址始建于1914年，它的前身是中国近代最大的私营机制面粉厂，由近代民族资本的代表人物荣宗敬、荣德生兄弟创立，于1913年与无锡“茂新面粉厂”合作创办，如今被纳入上海市优秀历史建筑，从它的红砖青瓦中能感受到建筑历史文脉的厚重感。作为民族工商业的产业救国梦想的载体，福新面粉一厂保存了旧址，具有观赏性、拍照打卡的作用，能否进一步利用，再加入一些元素，使人们能更好地感受其文化底蕴呢？

位于苏州河南岸的上海纺织博物馆前身是申新纺织第九厂，是近代中国规模最大的纺织企业，20世纪90年代，上海作为国际化大都市，功能定位面临转型，劳动密集型企业不再适应上海建立国际贸易和金融中心的城市定位。作为传统工业的纺织产业，不可避免地进入调整的范畴。历史须被铭记，为了让后人更好地了解上海纺织曾经的辉煌和成就，上海纺织工业局（今上海纺织控股公司）全额出资，耗时6年5个月，建立上海纺织博物馆，让人们了解从远古时代上海纺织的起源和发展开始，演绎了6000多年的产业历史和文化；位于苏州河畔的上海邮政博物馆前身是上海邮政总局大楼，是我国建造最早、规模最大的邮政标志性建筑之一，于1922年12月动工，1924年11月竣工，2003年对其进行恢复修缮，2006年转变为上海邮政博物馆对公众开放，如今仍在讲述着“车马慢、书信远”的故事，见证了“从前车马慢”到如今“一日千里”的邮政发展历程，讲述着邮政的兴衰。通过调研，我们发

现博物馆作为科普性的场所，吸引的人流量较小。是否能够加大宣传力度，使更多的人来到博物馆这一了解城市变迁发展的重要场所，以达到感受城市发展命脉的目的呢？

位于光复路 1 号的上海四行仓库抗战纪念馆前身是四行仓库旧址西部，建于 20 世纪 20 年代，当时上海作为国际贸易港口，需要一个大型的货物仓库来存储进出口商品。四行仓库的建造旨在满足这一需求。四行仓库建成后，成为当时上海的货物仓库之一。在 20 世纪 30 年代，四行仓库开始逐渐转型为金融业和物流业中心，吸引了众多国内外企业入驻。随着时代的变迁，四行仓库逐渐失去了作为货物仓库的功能。为了保护这一历史建筑，上海市于 2001 年将四行仓库列为文物保护单位，并开始进行修缮和重建工作。经过多年的修缮和重建，四行仓库成为一个集文化、艺术等多种功能于一体的综合性建筑。现在，四行仓库已成为上海的文化地标之一，吸引了大量的游客和文化爱好者前来参观，场馆再现了上海人民投身全民族抗战、共御外侮的历史事实，以及中外各界对“八百壮士”英雄事迹的颂扬和缅怀，是现今重要的红色革命文化场所，对红色文化的传承和发展具有举足轻重的教育意义。

经过不断的发展，苏州河沿途的交通设施不断完善，交通便利程度不断提高，促进了苏州河沿岸交通运输业的发展，促进了城市第三产业的繁荣。位于苏州河之上的昌平路桥启动建设于 2017 年，历时四年，于 2020 年完工通车，它起到装饰美观的作用，其造型宛若静静凝望苏州河的明眸，被誉为“苏河之眼”，并且解决了技术难题，进行了技术创新，实现了人车分离，有效缓解了周边交通拥堵问题，不仅满足两岸居民机动车、非机动车和步行跨越苏州河的需求，更有利于完善区域路网布局、协调区域规划，促进城市经济发展。

本次调研活动走访的地点中也有几个在经过改革后如今主要发挥着商业购物功能，它们分别是上海总商会旧址、大洋晶典 · 天安千树和南京路步行街，前两处建筑可谓公共类和工业类历史建筑成功转型的典范。商业购物功能作为一大重要城市空间功能，在一定程度上体现出该地区的经济发展状况，对城市发展情况评估有重要参考意义。

公共类建筑，要求在延续历史文脉和保护特色风貌的基础上，将建筑初始功能和保护要求紧密结合，同时结合现代生活方式，对其进行探索和合理利用。上海总商会作为公共类历史建筑，是近代中国成立最早的“商业首脑机关”，是上海民族资产阶级商会乃至整个上海工商业兴衰的见证者。20 世纪 50 年代末，这里被改造成电子元件装配厂，门楼顶部“上海总商会”几个大字因此被抹去。2010 年，地产开发企业华侨城拿下了河南北路以西的一大片土地，计划用于建设商品住宅、商铺和写字楼，并引入精品酒店品牌宝格丽，上海总商会便坐落在酒店区域内。对总商会建筑进行修缮的工作是不易的，建筑师需要对这座古建筑的逻辑进行充分理解，较为精准地判断其历史价值、艺术价值等。

显然，修缮上海总商会旧址的建筑师们做到了。原本东缺一块、西缺一块的深红色旧窗格被统一替换成了褐色的百叶木窗；清水红砖外墙用富有时代特色的元宝缝衔接；四面斜坡屋顶外，围着一圈整齐的元宝栏杆。既保留了其原本的特色，又为其实现转型打下了坚实基础。如今，这座几经修缮的历史保护建筑与高 48 层的宝格丽大楼共同组成了上海宝格丽酒店，具有传播、消费等功能，东西方文化理念在此融合，不仅保留了建筑初始的商业功能，还将现代生活方式植入历史建筑，体现了新旧空间的协调。

工业类建筑的保护和再利用适应性较强，可根据城市功能发展的实际需求，丰富功能转换的可能性。如大洋晶典·天安千树的前身就是福新面粉厂和阜丰机器面粉厂这两座工业类历史建筑，经规划设计开发，将黄山与古巴比伦的空中花园作为灵感来源，在保留部分原有建筑特色（如面粉厂老钟塔）的同时又进行了大胆创新。作为苏州河畔的标志性建筑之一，大洋晶典·天安千树在发挥商业购物功能，加强与市民联动的同时，为苏州河畔增添了几分人文艺术色彩。

南京路是上海开埠后最早建立的一条商业街，前身是“派克弄”，在 1865 年被正式命名为南京路。1908 年，南京路开通有轨电车，其后的二三十年，南京路迎来了一个发展高潮，即由原来的小商摊、小商店转向大型百货商厦，相继建成了和平饭店、四大公司、国际饭店等建筑。1945 年，南京路被从列强手上收回后改名为南京东路，静安寺路改名为南京西路。20 世纪 90 年代，随着我国改革开放的深入，南京路迎来新的发展，不同风格的广告牌悬挂在大楼侧面，吸引着本地的、外地的游客进去消费。南京路曾有过商业繁华，也经历了被列强占领、日军轰炸，最后迎来了现代化。传统与现代在这条百年老街交织，它成了闻名全国的商业步行街，也成了历史文化的见证地。然而，随着经济的发展，各大城市也纷纷有了自己的步行街，南京路步行街作为上海的一条地标性道路，其特别之处又体现在哪里？除了在此集聚的知名品牌，其余的一些小商铺售卖的商品又真的能展现出上海独有的韵味吗？

从 1844 年起，外滩一带被划为英国租界，是旧上海租界区以及整个上海近代城市开始的起点，随后西方列强以他们的方式经营、管理、划租界，众多商行、金融企业在此经营。从 20 世纪起，外滩开始出现多层和高层建筑，式样五花八门，如英国古典式、巴洛克式、中西结合式等，呈现世界各国建筑共存的局面，因而在后来，北起苏州河外白渡桥，南至中山东一路金陵东路的这一片建筑群被誉为“万国建筑博览”。改革开放后，上海新建的各类金融机构、金融要素市场以及众多外资银行落户、回归外滩，再到后来，确立了“外滩金融聚集带”，其成为上海国际金融中心建设中的重要一环。如今，外滩承担着强化金融贸易体系的重要功能，向黄浦江上下游辐射多元金融产业业态，衔接和完善产业生态圈。作为优秀历史建筑和文物保护点的聚集地，外滩的历史文化风貌资源不仅得到了很好的保护，更是被较好地活化利用，展示了上海作为金融城市、港口城市、历史文化名城的魅力。

三、调查结论与总结

综上所述，苏州河沿岸的历史建筑见证了上海开埠以来的发展历程，它们通过功能转型，在保护历史的同时满足了现代城市的需求，使苏州河沿岸焕发出新的生机与活力。

从改革历程来看，一是文化教育功能随着上海向国际化大都市转型而不断完善。例如许多工业企业退出市中心，其旧厂房得到保留并改造成博物馆，如四行仓库抗战纪念馆，它成为重要的红色教育基地，承担起弘扬红色文化的重任，传承爱国主义精神；上海邮政博物馆，则展示了上海产业发展历史，是城市进步的见证者。二是随着城市发展，苏州河两岸交通设施不断改善。以昌平路桥为例，它不仅缓解了交通堵塞，同时也美化了河岸景观。新增多座现代化桥梁跨越苏州河，形成立体交通网，使交通更加便捷，城市的东西部得以连接，不仅丰富了河道景观，还带动了周边地区发展 ，由此形成正向循环。三是商业购物功能的进一步拓展。上海总商会旧址改造为宝格丽酒店，发挥商业功能的同时保留历史风貌；大洋晶典商场选择通过改造面粉厂旧址，与现代商业相结合的不同道路；而南京路步行街经过多个时期的发展，成为上海的商业名片。不同的选择都体现了上海苏州河流域在保证人文建筑的同时，探索商业新发展的道路。四是金融服务功能。外滩是上海金融业的发源地，开埠以来云集各国金融机构。改革开放后，则集聚了新的金融要素市场，连接上下游产业，强化了上海国际金融中心的地位。

但苏州河沿岸风貌依旧存在一些问题，如历史建筑利用率不高，博物馆人气偏低，河岸改造为封闭小区影响公共开放性等。对不同问题应对症下药，采取不同措施进行完善，评估建筑价值，探索潜力；加强宣传，丰富展览形式；在小区内增设连接通道，加强安保工作。

除此之外，还应继续深度挖掘苏州河文化内涵，注重外在形象的塑造，以提升苏州河的影响力。如2010年世博会以“城市，让生活更美好”为主题，选定苏州河沿岸作为主会场，向世界展示了苏州河作为“母亲河”重获新生的崭新形象；推出“看见苏州河”品牌项目，传播苏州河人文故事，丰富文化内涵，展现苏州河多彩魅力；运用互联网新技术，建设苏州河数字资源库，推进新媒体传播，打造苏州河数字文化体验中心，以沉浸式场景向公众展示苏州河的过去、现在、未来。通过持续创新的文化传播与品牌打造，进一步提升公众对苏州河的认同感和参与感，使苏州河成为上海城市文化的代表性窗口。

在改革开放进程中，党和政府高度重视历史文化名城的保护和传承，使之成为城市发展的鲜明印记；同时，充分利用历史建筑的区位和文化价值，既保护了历史，也为现代化发展提供了空间。下一步还需不断完善，解决新旧结合中的问题，加强公共意识教育，促进社区自治，践行“人民城市人民建，人民城市为人民”理念，让苏州河成为上海的生机河流。

四、学生调查后的收获或感悟

（一）陆晨瑜：九衢三市、踔厉奋进

在这次沿着苏州河亲身走访了这么多建筑与地点之后，很难不感叹苏州河沿岸风貌变化之大。由于远处松江，已经很久没有认真地感受过苏州河沿岸风貌了。这一次的走访让我仿佛置身于一个全新的上海。与小时候所见的苏州河相比，现在的苏州河在经过长时间的治理后，其沿岸的经济发展更加繁荣了；越来越开放包容的环境引得更多有才之人来这里大展身手，逐步使得该地段从以前人口稀疏的郊野变成了现如今的九衢三市之景，发展速度之快就连我这个上海人都叹为观止。苏州河沿岸的管理无疑是优秀的，但同时也需要注意在接下来的发展过程中积极发现问题，及时解决问题，帮助该管理办法走得更加长久。踔厉奋进，砥砺前行，我们要保持这样的热情继续积极建设我们的城市。

（二）费文蕾：再上新台阶

本次社会调研可谓收获颇丰。通过走访四行仓库和上海邮政博物馆，得以窥见随着经济的迅猛发展，苏州河两岸文明的历史沿革与繁荣。在19世纪中叶，上海成为中国对外贸易中心，之后的一百多年，苏州河形成了“南市北资”的格局。由此可见，苏州河流域的生活与工业气息因上海的经济繁荣而生，苏州河见证了这里一百多年的兴衰沉浮。如今，它也在努力与时俱进，

与祖国的创新发展相辅相成。

（三）施韵：沧海桑田

在走访众多苏州河沿岸建筑后，令我印象最深刻的莫过于上海总商会旧址，它不仅保留了自己的历史身份，更获得了新时代的身份——宝格丽酒店（入口处），这无疑彰显着时移势易后，我们依然保留着历史，更将历史成功融入当代生活。沧海桑田，我们的历史正与现代生活交相辉映！

（四）韩思唯：与日俱新

从农田、湿地错落散布的郊野之地，到贸易繁忙、人口密集的烟火之地，再到工厂林立、环境污染的工业之地，苏州河犹如一面巨大的镜子，映射着上海的发展与变迁，承载着一代又一代人的记忆。上海以“人民城市人民建，人民城市为人民”为理念，以“现代化国际都市”为目标，坚持“以人民为本”的原则，不断治理着苏州河。过去乌黑腥臭的苏州河，如今干净清澈。沿着苏州河岸，便能听到树叶的沙沙声、行人的谈话声，沿河而建的老旧厂房矗立一旁，凸显河窄、桥多、湾紧的水乡特色。

城市治理现代化是推进国家治理体系和治理能力现代化的重要内容，既要善于运用现代手段实现发展，又要着眼于历史，提高精细化水平，秀出上海自己的品质品牌。

（五）郝璐：城市精神

经过此次对苏州河沿岸历史风貌变迁的调研，我了解到苏州河沿线留下的大量丰富的历史人文资源，感受到上海城市精神和历史文脉，加强了认同感和归属感。从福新面粉一厂的故事中，我追寻着荣氏家族的苏州河印记，回顾苏州河在中国民族工业历史上曾经的辉煌成就，体会荣氏企业在苏州河两岸筚路蓝缕、负重前行的历程，领略中国民族工商业者的爱国情怀；在四行仓库抗日纪念馆内，看到一道高墙，满是弹孔，我仿佛置身于战场之上，感受中国军人浴血奋战、与敌寇厮杀的场景，战士们的爱国热情和永不消逝的希望信念令我深深敬佩。从中可以看出，苏州河沿岸经历历史遗存、文化积淀和沧桑巨变，饱含着上海的过去和现在的故事，留下了不可磨灭的上海城市精神印记。

（六）张若涵：日新月异

三十年来，苏州河的治理一直是上海城市发展的一项重要议题，从污染严重到现已开通水上旅游航线，沿岸工业用地成功转型为发挥不同城市功能的新场所。通过本次实地走访，我感受到苏州河两岸正逐渐迸发出更多活力，从最初的工业用地到如今商业、休闲、旅游观光等功能复合之地，苏州河见证了短短几十年来上海产业的升级与优化，城市文化的不断丰富，生态环境的不断改善。而对历史资源的活化与合理利用并非易事，苏州河沿岸的建设为丰富上海城市文化作出了重要贡献，使上海这座国际大都市更加富有其独特的魅力。